Das Buch

Das mit den Nazis, das erledige sich irgendwann von selbst. Denken viele. Doch das ist falsch. Die Rechtsextremisten werden klüger, und sie werden mehr. Deshalb muss jeder etwas gegen sie tun. Und jeder kann etwas tun. Dieses Buch sagt, was.

In 70 Kapiteln werden – unterteilt nach Wissen und Handeln – die wichtigsten Fragen rund um Rechtsextremismus beantwortet. Welche Rezepte gibt es, um friedlich und kreativ gegen Neonazis vorzugehen – sei es als Nachbar, im Sportverein, in der Schule oder am Arbeitsplatz? Und was ist Rechtsextremismus überhaupt? Was will die NPD? Soll man mit Nazis reden? Kann ich das lernen? Sind Sitzblockaden eigentlich strafbar? Und wie reagiere ich, wenn mein Kind in eine rechtsextreme Clique rutscht?

Journalisten und Wissenschaftler, aber auch Betroffene geben in diesem Buch Antworten. Beispielhafte Initiativen werden vorgestellt und Anlaufstellen für Ratsuchende empfohlen. Ein Anhang mit zahlreichen Fotos erklärt, woran man alte und neue Nazis erkennt.

Ein Projekt der *ZEIT* und der Bundeszentrale für politische Bildung

W0038704

Die Autoren

Toralf Staud, Jahrgang 1972, studierte Journalistik und Philosophie. Von 1998 bis 2005 war er Politikredakteur und Hauptstadtkorrespondent der *ZEIT*. Heute schreibt er als freier Autor u. a. für das *greenpeace magazin*. 2005 erschien sein Buch „Moderne Nazis. Die neuen Rechten und der Aufstieg der NPD" (KiWi 909), 2007 „Wir Klimaretter. So ist die Wende noch zu schaffen" (KiWi 998). Im Auftrag der *ZEIT* baute er 2008 das Portal www.netz-gegen-nazis.de mit auf.

Holger Kulick, Jahrgang 1960, nach Politikstudium Journalist für Politik- und Kulturmagazine in ARD und ZDF, Autor zweier TV-Dokumentationen zu Jugendgewalt und Rechtsextremismus, anschließend *Spiegel Online*-Korrespondent in Berlin. Seit 2005 Leiter der Redaktion www.mut-gegen-rechte-gewalt.de, Mitarbeit am Online-Dossier www.bpb.de/rechtsextremismus der Bundeszentrale für politische Bildung, Herausgeber des Taschenbuchs „Mut-ABC für Zivilcourage".

1130

Holger Kulick / Toralf Staud (Hrsg.)

DAS BUCH GEGEN NAZIS

Rechtsextremismus – Was man wissen muss,
und wie man sich wehren kann

Kiepenheuer & Witsch

Der Erlös dieses Buches fließt in den Cura-Fonds
der Amadeu Antonio Stiftung,
mit dem Opfer rechtsextremer Gewalt unterstützt werden.

www.opferfonds-cura.de

1. Auflage 2009

© 2009 by Verlag Kiepenheuer & Witsch GmbH & Co. KG, Köln
Alle Rechte vorbehalten. Kein Teil des Werkes darf in
irgendeiner Form (durch Fotografie, Mikrofilm oder
ein anderes Verfahren) ohne schriftliche Genehmigung
des Verlages reproduziert oder unter Verwendung
elektronischer Systeme verarbeitet, vervielfältigt oder
verbreitet werden.
Umschlaggestaltung: Barbara Thoben, Köln
Gesetzt aus der Helvetica Condensed und der Garamond
Innengestaltung und Satz: Stefan Wendel, Berlin
Druck und Bindung: CPI – Claussen und Bosse, Leck

ISBN 978-3-462-04160-6

„Wir gehen in den Reichstag hinein, um uns im Waffenarsenal der Demokratie mit deren eigenen Waffen zu versorgen. […] Wenn die Demokratie so dumm ist, uns für diesen Bärendienst Freifahrkarten und Diäten zu geben, so ist das ihre Sache. […] Uns ist jedes gesetzliche Mittel recht, den Zustand von heute zu revolutionieren. […] Wir kommen als Feinde! Wie der Wolf in die Schafherde einbricht, so kommen wir."

Joseph Goebbels,
der spätere Reichspropagandaminister,
in der NSDAP-Zeitschrift *Der Angriff*,
30. April 1928

Inhalt

HANDELN

ERKENNEN

Die Herausforderung, mit Rechtsextremismus umgehen zu müssen, ist für viele Menschen leider eine ganz alltägliche. Rechtsextremistische, rassistische, antidemokratische und fremdenfeindliche Verhaltensweisen sind in die Alltagskultur eingedrungen und bedrohen unser zivilgesellschaftliches Zusammenleben. Da wird jemand, direkt nebenan, verächtlich gemacht, weil er ein Migrant ist. Es werden „Witze" über Juden, Sinti und Roma erzählt, die verletzen und zornig machen. Da wird einer benachteiligt, weil er sich nicht konform verhält. Oder vor den Augen der Öffentlichkeit wird Gewalt ausgeübt, und viele wissen nicht, wie sie darauf reagieren sollen.

Fragt man Bürgerinnen und Bürger, warum sie wegschauen und schweigen, erfährt man häufig, dass sie sich in solchen Situationen hilflos und ohnmächtig gefühlt haben. Sie haben es nicht gelernt, auf solche Angriffe in geeigneter Weise zu reagieren, und sie trauen sich auch nicht zu, solche Konflikte in angemessener Weise austragen zu können. Diese Hilflosigkeit, diese Schwäche, ist eine Herausforderung für die politische Bildung in der demokratischen Zivilgesellschaft.

Wir brauchen geeignete Fragen und Antworten, die uns für diese Herausforderung kompetent machen, und wir brauchen Handlungsvorschläge, die wir auch im Alltag ein- und umsetzen können. Es geht um alltagstaugliche Kompetenzen und um plastische, lebendige, wirklichkeitsnahe Praxisbeispiele, an denen wir unsere Fähigkeiten erproben können. Genau diese Hilfsmittel bietet dieses Buch. Es gibt lebendige und realistische Einblicke in die Fragestellungen, um die es beim Rechtsextremismus geht, und es rät, wo Ratschlag nötig ist.

Das Buch konnte so gut gelingen, weil es das Produkt eines äußerst erfolgreichen Beratungsnetzwerkes ist: Die Wochenzeitung DIE ZEIT hat im Jahr 2008 die Internetseite www.netz-gegen-nazis.de gegründet. Neben den Informationen daraus flossen wichtige Inhalte des Online-Dossiers der Bundeszentrale für politische Bildung – www.bpb.de/rechtsextremismus – in das Buch ein. Das Angebot der bpb wurde Ende 2006 gestartet und wird seitdem intensiv genutzt. Diese Erfahrung hat uns gezeigt, wie stark die Nachfrage von immer mehr Menschen nach kompetenten und kompakten Informationen über Rechtsextremismus, Rassismus und Antisemitismus ist.

Dem „Buch gegen Nazis" ist eine große Verbreitung zu wünschen. Wir hoffen, dass es zu weiteren Vorschlägen anregt und vor allem dazu beiträgt, das zu bewirken, was wir am meisten brauchen: aktives, ganz praktisches Handeln gegen Rechtsextremismus im Alltag.

Thomas Krüger
Präsident der Bundeszentrale für politische Bildung

Zu Beginn der 1980er-Jahre, ich studierte in München, besuchte ich ein Seminar über den Holocaust. Mein Professor war der polnische Historiker Wladyslaw Bartoszewski, der später als Diplomat und Politiker Karriere machte. In jungen Jahren hatte er sich gegen die Nazis engagiert, 1940 war er von der SS verhaftet und nach Auschwitz gebracht worden. In seinem Seminar hielt nun ein Student ein Referat, das gespickt war mit rechtsradikalen Äußerungen. Widerspruch erntete er kaum: Außer mir sagte niemand etwas, und auch der Professor schwieg. Ich reiste ihm nach bis nach Wien, um ihn zu fragen, warum er geschwiegen habe. Er sagte: „Weil mich der Vortrag sehr verletzt hat."

Das Schweigen der Kommilitonen war Wasser auf die Mühlen des rechtsradikalen Studenten. Und ich fürchte, dass sich ähnliche Szenen täglich abspielen, an Schulen, in Vereinen, am Arbeitsplatz und sogar in Familien. Das Internet-Portal „Netz gegen Nazis", das die ZEIT im Mai 2008 auf Initiative des Verlegers Stefan von Holtzbrinck ins Leben rief, beruhte daher auf einer einfachen Idee: Wir wollten Menschen unterstützen, die sich im Alltag gegen Rechtsextremisten zur Wehr setzen, und wir wollten, dass Bürger sich dauerhaft mit dem Phänomen beschäftigen, nicht nur, wenn Gewalttaten für Aufsehen sorgen.

„Mit Rat und Tat gegen Rechtsextremismus" – unter diesem Motto ging netz-gegen-nazis.de online: Weil man nur zielgerichtet handeln kann, wenn man weiß, worum es geht, können sich User in einem Lexikon informieren und in einem Forum miteinander diskutieren. Zehntausende haben das bislang getan: Da fragt ein Lehrer, was er tun soll, wenn ein Schüler ein Hakenkreuz an die Tafel malt. Und da bittet ein Feuerwehrmann um Rat, dessen Kamerad rassistische Sprüche loslässt. Beide – und viele andere – haben Antwort erhalten.

Dass Millionen Menschen unser Portal besucht haben, verdanken wir nicht zuletzt unseren Partnern: dem Deutschen Fußball-Bund, der Deutschen Fußball-Liga, dem Deutschen Olympischen Sportbund, dem Deutschen Feuerwehrverband, dem ZDF und dem Netzwerk Studi/Schüler/MeinVZ. Die Bundeszentrale für politische Bildung unterstützt uns dabei, das Projekt mit diesem Buch fortzuführen.

Auf den folgenden Seiten drucken wir die besten Beiträge aus Lexikon und Forum ab. Ich wünschte, sie könnten den Demokraten Mut machen. Denn eine Gesellschaft, die Angst vor der Auseinandersetzung mit Neonazis hat, ist sich ihrer demokratischen Werte nicht sicher. Stürzen wir uns also mit Leidenschaft und guten Argumenten hinein! Das ist ebenso wichtig wie konsequentes Vorgehen von Polizei und Justiz gegen rechtsextreme Straftäter.

Giovanni di Lorenzo
Chefredakteur DIE ZEIT

Was ist Rechtsextremismus?

Wundern Sie sich nicht, wenn Sie auf verschiedene Definitionen für „Rechtsextremismus" stoßen – der Begriff ist unpräzise und in der Wissenschaft umstritten. Trotzdem lässt sich rechtsextremistisches Denken auf einen Kern reduzieren: Es lehnt die Freiheit und die Gleichheit (bzw. Gleichwertigkeit) aller Menschen grundsätzlich ab. „Rechtsextremismus" ist eine Kombination verschiedener Einstellungen – und einige von ihnen sind bis weit in die Mitte der Gesellschaft hinein verbreitet.

Bis heute streiten Experten um eine einheitliche Definition von „Rechtsextremismus". Aus Anlass einer großen Umfrage zum Thema bat die Friedrich-Ebert-Stiftung im Jahr 2006 elf führende Sozialwissenschaftler, sich zu einigen. Dies kam dabei heraus: „Der Rechtsextremismus ist ein Einstellungsmuster, dessen verbindendes Kennzeichen Ungleichwertigkeitsvorstellungen darstellen. Diese äußern sich im politischen Bereich in der Affinität zu diktatorischen Regierungsformen, chauvinistischen Einstellungen und einer Verharmlosung bzw. Rechtfertigung des Nationalsozialismus. Im sozialen Bereich sind sie gekennzeichnet durch antisemitische, fremdenfeindliche und sozialdarwinistische Einstellungen."

Rechtsextremistisches Denken ist also ein Mix verschiedener inhumaner Einstellungen, beispielsweise Rassismus, Antisemitismus und Nationalismus, Sexismus (Diskriminierung aufgrund des Geschlechts), Autoritarismus (Befürwortung einer Diktatur) und Chauvinismus (Glaube an die Überlegenheit der eigenen Gruppe). Rechtsextremisten meinen zum Beispiel, dass die Zugehörigkeit eines Menschen zu einer ethnischen Gruppe von größter Bedeutung ist, dass damit seine Fähigkeiten, sein Verhalten, sein Denken vorbestimmt sind. Völkische Rechtsextremisten – beispielsweise in der NPD – fordern explizit, dass jeder Einzelne sich und seine Interessen dem Kollektiv (der „Volksgemeinschaft") unterzuordnen habe. Oft beziehen sie sich positiv auf den Nationalsozialismus, dessen Verbrechen sie dabei relativieren oder gar leugnen (dies wird „Geschichtsrevisionismus" genannt).

Die Elemente rechtsextremer Ideologien sind in der Bevölkerung weitverbreitet; in gewissem Sinne ist der Begriff „Rechtsextremismus" deshalb irreführend, weil er klingt, als seien solche Einstellungen nur bei einer kleinen, extremen Randgruppe vorhanden. Dabei ermittelte schon 1979/80 eine Studie des Sinus-Instituts einen Anteil von 13 Prozent der Bundesbürger mit geschlossenem rechtsextremistischem Weltbild – darüber hinaus hätten 37 Prozent der 7000 Befragten eine autoritäre Einstellung gezeigt, die die Forscher als „Brücke nach rechts" bewerteten.

Kurz nach der Wiedervereinigung ergaben vergleichende Untersuchungen in Ost- und Westdeutschland noch, dass rechtsextremistische Einstellungen in den neuen Ländern weniger weit verbreitet waren als in den alten. Das hat sich inzwischen geändert, wie sich auch an den Wahlergebnissen der NPD in Ostdeutschland zeigt. Die bereits erwähnte Studie der Ebert-Stiftung („Vom Rand zur Mitte") ergab hohe Zustimmungen zu rechtsextremistischen Aussagen in allen Bundesländern, Altersgruppen und gesellschaftlichen Schichten. Rechtsextremismus ist also kein

WAS IST RECHTSRADIKALISMUS?

Der Begriff „Rechtsradikalismus" (aus dem Lateinischen radix, -icis: die Wurzel) ist noch unklarer und umstrittener als der Begriff „Rechtsextremismus" – in der Fachwelt gilt er als veraltet, ist aber in der Umgangssprache sehr gebräuchlich.

„Radikal" ist jemand, der eine grundsätzliche Kritik übt; als „extremistisch" aber wird eine Person oder eine Organisation erst bezeichnet, wenn sie sich – so formuliert es der Verfassungsschutz – „gegen den Grundbestand unserer freiheitlich-rechtsstaatlichen Verfassung" richtet, also beispielsweise die im Grundgesetz verankerten Menschenrechte ausdrücklich ablehnt.

Ost- und auch kein Jugend-Problem. Verschiedenen Studien zufolge sind Fremdenfeindlichkeit und Diktaturbefürwortung im Osten weiter verbreitet, im Westen dagegen Antisemitismus und Verharmlosung des Nationalsozialismus häufiger zu finden.

Die größte Studie zum Thema läuft seit 2002 an der Universität Bielefeld: Über zehn Jahre erforschen die dortigen Wissenschaftler das gesellschaftliche Klima in Deutschland, ihre Ergebnisse veröffentlichen sie jährlich in Buchform (*Deutsche Zustände*, Suhrkamp Verlag). Das Team um Prof. Wilhelm Heitmeyer spricht nicht von „Rechtsextremismus", sondern „Gruppenbezogener Menschenfeindlichkeit" – eben weil Rechtsextremisten ihre Ablehnung bestimmter Menschen mit deren (tatsächlicher oder unterstellter) Zugehörigkeit zu bestimmten Gruppen begründen. So fragt die Bielefelder Studie nach Ablehnung beispielsweise von Fremden, Juden oder Obdachlosen – und findet solche Einstellungen ebenfalls in großen Teilen der Bevölkerung.

Rechtsextremistisches Denken führt allerdings nicht automatisch zu rechtsextremistischem Verhalten. Bei Weitem nicht alle Bürger mit rassistischem Weltbild geben bei Wahlen ihre Stimme auch wirklich offen rassistischen Parteien. Die wenigsten Rechtsextremen (am ehesten noch junge Männer) setzen ihre menschenfeindlichen Ansichten in Gewalttaten um. Deshalb spiegeln Wahlergebnisse etwa der NPD oder Polizeistatistiken für rechtsextreme Kriminalität das Problem nur unzureichend wider.

Die organisierte extreme Rechte besteht aus vielen verschiedenen Gruppen und Strömungen, die sich in der ideologischen Ausrichtung unterscheiden – die teils miteinander kooperieren, teils konkurrieren oder sich gar direkt bekämpfen. Zur Beschreibung ihres Charakters werden oft die noch unschärferen Begriffe „rechtsradikal" oder „rechtspopulistisch" verwendet – präziser wäre es, die jeweils vorhanden Elemente extrem rechten Denkens zu benennen, also konkret von „rassistischen", „antisemitischen" oder „autoritären" Gruppen zu sprechen. Damit würde auch sofort klar, was solche Organisationen von den Demokraten unterscheidet.

MEHR ZUM THEMA

- Dossier der Bundeszentrale für politische Bildung unter www.bpb.de/rechtsextremismus
- Die Website www.braunerpeter.de bietet zwei Online-Tests zum Rechtsextremismus
- Das Buch „Rechtsextremismus im Wandel" von Richard Stöss gibt es kostenlos im Internet zum Herunterladen: http://library.fes.de/pdf-files/do/05227.pdf

… und wie weit ist er verbreitet?

Rechtsextreme Einstellungen sind keine Seltenheit. Und anders als oft in den Medien dargestellt, gibt es sie nicht nur in Ostdeutschland.

Für einen „starken Führer" – und gegen Ausländer

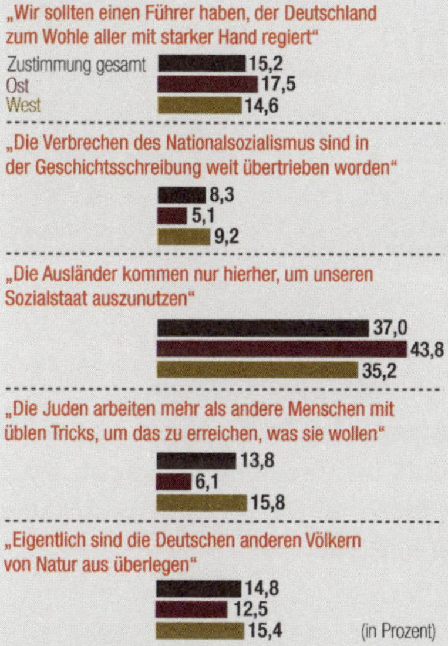

„Wir sollten einen Führer haben, der Deutschland zum Wohle aller mit starker Hand regiert"

Zustimmung gesamt	15,2
Ost	17,5
West	14,6

„Die Verbrechen des Nationalsozialismus sind in der Geschichtsschreibung weit übertrieben worden"

	8,3
	5,1
	9,2

„Die Ausländer kommen nur hierher, um unseren Sozialstaat auszunutzen"

	37,0
	43,8
	35,2

„Die Juden arbeiten mehr als andere Menschen mit üblen Tricks, um das zu erreichen, was sie wollen"

	13,8
	6,1
	15,8

„Eigentlich sind die Deutschen anderen Völkern von Natur aus überlegen"

	14,8
	12,5
	15,4

(in Prozent)

Ist die Jugend rechts?

Bei einer Befragung von mehr als 44 000 Neuntklässlern aus allen Schulformen stieß das Kriminologische Forschungsinstitut Hannover 2007/08 auf besorgniserregende Werte.

Frage: „In Deutschland gibt es zu viele Ausländer"

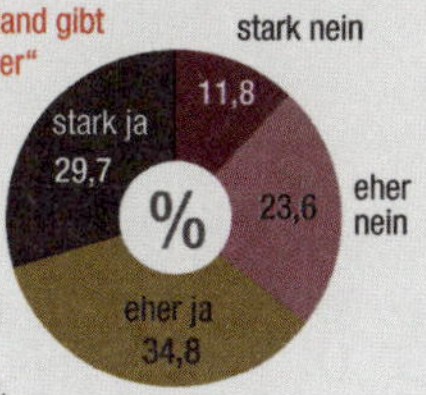

- stark ja 29,7
- stark nein 11,8
- eher nein 23,6
- eher ja 34,8

Bei Mädchen liegt die Zustimmung etwa zehn Prozentpunkte unter der von Jungen.

Liegt Bayern im Osten?

Bei der Länderauswertung ergaben sich teils überraschende Ergebnisse – die Zahl der Menschen, die allen abgefragten ausländerfeindlichen Aussagen zustimmten, war etwa in Bayern viel höher als in allen anderen West-Bundesländern.

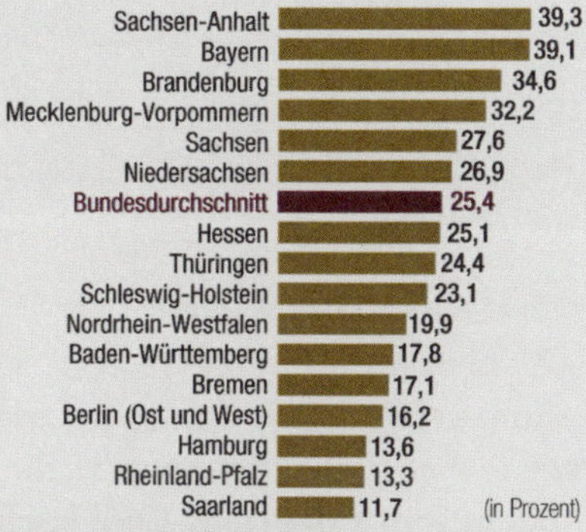

Sachsen-Anhalt	39,3
Bayern	39,1
Brandenburg	34,6
Mecklenburg-Vorpommern	32,2
Sachsen	27,6
Niedersachsen	26,9
Bundesdurchschnitt	25,4
Hessen	25,1
Thüringen	24,4
Schleswig-Holstein	23,1
Nordrhein-Westfalen	19,9
Baden-Württemberg	17,8
Bremen	17,1
Berlin (Ost und West)	16,2
Hamburg	13,6
Rheinland-Pfalz	13,3
Saarland	11,7

(in Prozent)

Wird der Rechtsextremismus stärker oder schwächer?

Die Langzeituntersuchung „Deutsche Studie" ermittelte 2008 einen leichten Rückgang im Westen, im Osten eine Stagnation. Interessant ist vor allem ein Blick auf einzelne Elemente rechtsextremen Denkens.

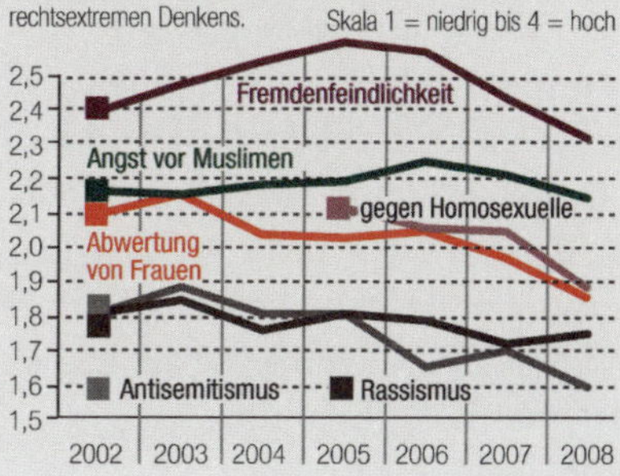

Skala 1 = niedrig bis 4 = hoch

- Fremdenfeindlichkeit
- Angst vor Muslimen
- gegen Homosexuelle
- Abwertung von Frauen
- Antisemitismus
- Rassismus

2002 | 2003 | 2004 | 2005 | 2006 | 2007 | 2008

Quellen: Seite 304

Warum eigentlich ist Demokratie besser?

Ja, wäre es nicht schön, wenn ein starker Mann schnelle Entscheidungen träfe? Wenn es eine Einheitspartei gäbe, die Politik im Sinne des Volkswohls machte? Ein Interview mit Hans-Gerd Jaschke, Professor für Politikwissenschaft an der Hochschule für Wirtschaft und Recht in Berlin

Herr Jaschke, in Meinungsumfragen bekunden gut 20 Prozent der Leute, dass sie eine Diktatur eigentlich gar nicht so schlecht finden. Woran liegt das? ▌ Unser modernes Leben ist sehr komplex und unübersichtlich geworden. Der einzelne Bürger hat heute oft das Gefühl, dass Entscheidungen sehr lange dauern, an ihm vorbeigehen – und er im Zweifelsfall sowieso keinen Einfluss darauf nehmen könnte, erst recht nicht im Zeitalter der Globalisierung. Demgegenüber verspricht eine Diktatur schnelle Entscheidungen, sie suggeriert Übersichtlichkeit und Klarheit. Allerdings ist das Lug und Trug, denn eine Diktatur kommt – wie alle historische Erfahrung zeigt – immer nur wenigen zugute, nämlich den Staats- und Parteiführern und ihrer Klientel. Das breite Volk hat in einer Diktatur noch nie einen wirklichen Gewinn gehabt.

Was wäre denn schlecht an schnellen Entscheidungen? ▎
Erst mal gar nichts. Nur lebt eine Demokratie eben davon,
dass Entscheidungen möglichst transparent sind und auch
hinterfragt werden können. Hierzulande kann man gegen
staatliche Entscheidungen, etwa die Genehmigung für eine
neue Autobahn, vors Verwaltungsgericht ziehen. Klar, das
ist eine Verzögerung – insofern sind Diktaturen effizienter.
Aber die Erfahrung zeigt, dass sehr, sehr viele Entscheidungen des Staates falsch waren oder zum Nachteil der Bürger.

Aber manchmal ist Demokratie doch unendlich mühsam!
Wenn Nazis Parlamente als „Schwatzbude" verächtlich machen, sprechen sie vielen Leuten aus dem Herzen. ▎Ganz
ohne Frage, in Politik und Staat gibt's eine Menge Reform-
bedarf. Aber mir geht es ums Prinzip: Die möglichst breite
Mitwirkung von Bürgern oder die erwähnte Rechtsweg-
garantie, da ist die Demokratie nicht verhandelbar. Und ich
bin sicher, dass es Menschen Spaß macht, wenn sie sich in
Politik einbringen können, wenn sie merken, ihr Engagement wird respektiert. Klar, da wäre einiges zu verbessern.
In Berlin etwa gab es in den letzten Jahren zwei Bürgerent-
scheide – und beide Male hat der Regierende Bürgermeister
klargemacht, dass ihm das Votum der Leute eigentlich egal
ist. Für den Gemeinsinn ist so etwas katastrophal.

Wie würden Sie einem Kind erklären, warum Demokratie
besser ist? ▎Demokratie ist besser, weil du mitmachen
kannst – Diktatur ist schlechter, weil du mitmachen musst.

Bei den alten Griechen, bei Platon und Aristoteles, wurde
die Demokratie eher negativ gesehen. Wäre es nicht besser,
wenn Experten die Welt regierten? ▎Experten sind unab-
dingbar für technische Fragen oder zur Erhellung von Details. Bei Fragen des Allgemeinwohls aber haben wir eher
schon zu viel Expertentum. Außerdem gibt es ja auch in Ex-
pertenkreisen widersprüchliche Auffassungen zu vielen Din-
gen. Deshalb ist Bürgerbeteiligung in den zentralen Fragen
unerlässlich.

WO ENDET DIE MEINUNGSFREIHEIT?

Neonazis bezeichnen Leute, die ihnen entgegentreten, oft als „Antidemokraten". Wenn Rechtsextremisten von Veranstaltungen ausgeschlossen werden oder das Mikrofon abgedreht bekommen, schimpfen sie laut über eine „Meinungsdiktatur". Denn es sei doch ein Grundrecht, immer und überall zu sagen, was man will.

Doch so einfach ist es nicht. Das Grundgesetz sagt in Artikel 5, Absatz 2 explizit, die Meinungsfreiheit finde „ihre Schranken in den Vorschriften der allgemeinen Gesetze, den gesetzlichen Bestimmungen zum Schutze der Jugend und in dem Recht der persönlichen Ehre". Deshalb sind beispielsweise Beleidigungen nicht als Meinungsäußerung geschützt. Und das Leugnen des Holocaust ist hierzulande nicht nur verboten, es ist auch schlicht eine Fehlinformation und trägt daher laut Bundesverfassungsgericht nicht zum geschützten Prozess der Meinungsbildung bei. Auch rassistische Parolen fallen nicht unter den Schutz der Verfassung. Und zur Wissenschaftsfreiheit, die von Holocaust-Leugnern gern strapaziert wird, steht dort: „Die Freiheit der Lehre entbindet nicht von der Treue zur Verfassung."

Aber ist „das Volk" nicht dumm? I Nein! Es ist bisweilen nicht informiert, das ist richtig. Doch auch das Parlament ist in bestimmten Details nicht als Ganzes informiert, deshalb wählt man ja den Weg über Fachausschüsse. Natürlich, wir brauchen immer Stellungnahmen und Vorarbeiten von Expertengremien, aber die eigentliche Entscheidung muss den Bürgern vorbehalten bleiben.

Warum sind Parteien oft langweilig und dröge? I Die *müssen* so sein, weil sie den Vorgaben des Parteiengesetzes folgen. Die Verbürgerlichung der Grünen hat nur diesen Grund. Ihre Theorie der Basisdemokratie ist ja nicht verkehrt, sie passte nur nicht zum Gesetz. Die klassische Partei geht auch von einem veralteten Begriff von Öffentlichkeit aus: Der konzentrierte sich aufs Wirtshaus, wo man sich einmal im Monat traf und diskutierte. Das ist längst antiquiert. Wir bräuchten eine gründliche Reform des Parteiengesetzes, aber daran haben viele Funktionäre kein Interesse, weil die alten Strukturen ihre Macht sichern.

Ist die Demokratie die absolut beste Gesellschaftsordnung? I Sagen wir so: Es ist keine bessere vorstellbar.

Es gäbe da noch Utopien von Rätedemokratie oder Anarchismus … I Das Nachdenken über Demokratie ist 2.000 Jahre alt. Das athenische Modell ist bis heute das Ideal: Bürger versammeln sich auf einem Marktplatz – wobei mit Bürgern damals weder Frauen noch Sklaven gemeint waren – und argumentieren frei und treffen dann die beste Entscheidung.

Mit 80 Millionen Einwohnern funktioniert das nicht mehr so recht. I Für mich ist unter den heutigen Bedingungen nichts Besseres denkbar als eine parlamentarische Demokratie mit breiter Bürgerbeteiligung und klarer Gewaltenteilung.

Wie weit entfernt ist die Bundesrepublik von diesem Ideal? I Ein gutes Stück, die Gewalten zum Beispiel sind nicht klar getrennt, Parlament, Regierung und Lobbyverbände zu sehr verschränkt. Aber wir werden *immer* entfernt sein vom Ideal.

MEHR ZUM THEMA

- Möllers, Christoph: Demokratie – Zumutungen und Versprechen. Wagenbach 2008
- „Demokratie verstehen lernen" – Unterrichtsmaterial unter www.lehrer-online.de/721816.php
- Der Verein www.mehr-demokratie.de fordert Volksabstimmungen und ein anderes Wahlrecht

04

Was ist Rechtspopulismus?

Gruppen wie „Pro Köln" gelten als rechtspopulistisch. Umgangssprachlich nennt man Politiker schon „populistisch", wenn sie den Massen nach dem Mund reden und einfache Lösungen präsentieren. In der Wissenschaft wird der Begriff enger gefasst. „Rechtspopulismus" bezeichnet hier eine politische Strategie, die autoritäre Vorstellungen vertritt und verbreitete rassistische Vorurteile ausnutzt und verstärkt. Rechtspopulisten machen gern eine „korrupte Elite" für Probleme des „einfachen Volkes" verantwortlich. Mit „Volk" meinen sie dabei implizit oder explizit eine ethnisch reine Gemeinschaft.

„Populistische Bewegungen sind ein Phänomen gesellschaftlicher Modernisierungskrisen", schreibt der Politikwissenschaftler Frank Decker, „sie treten auf, wenn infolge zu raschen Wandels oder zu großer Verwerfungen bestimmte Bevölkerungsgruppierungen die Orientierung verlieren und von Zukunftsangst geplagt werden." Der Begriff geht zurück auf die Populist Party, die Ende des 19. Jahrhunderts in den USA den Protest notleidender Farmer gegen die etablierte Politik in Washington zu vertreten versuchte. In etlichen Staaten West-

DAS MODELL „PRO KÖLN"

Die „Bürgerbewegung Pro Köln" wurde 1996 als eingetragener Verein gegründet.
Später traten Ex-Funktionäre der extrem rechten Deutschen Liga für Volk und Heimat (DLVH) bei, etwa der Kölner Verleger Manfred Rouhs oder der Leverkusener Anwalt Markus Beisicht. 2004 zog die Gruppe mit 4,7 Prozent in den Kölner Stadtrat ein, ein fünfter Ratssitz kam durch Übertritt eines „Republikaners" hinzu.

Einerseits versucht sich „Pro Köln" als demokratisch und „freiheitlich" zu inszenieren. Andererseits nennt sich die Organisation selbst „rechtspopulistisch" und vertritt teils offen rassistische Positionen. In ihrem Grundsatzprogramm werden – wie für Rechtspopulisten typisch – vorhandene Missstände verallgemeinert und drastisch zugespitzt: „Jugendliche Roma-Klau-Kids, die nunmehr über Jahre die ganze Stadt terrorisieren", heißt es dort etwa, „gehören unverzüglich abgeschoben."

Mit einer Kampagne gegen eine umstrittene Moschee erlangte „Pro Köln" zeitweise beachtliche Aufmerksamkeit, stieß mit groß angekündigten „Anti-Islamisierungskongressen" dann aber in der Domstadt auf breiten gesellschaftlichen Widerstand. Unter dem Signum „Pro NRW" und „Pro Deutschland" wird versucht, das Kölner Modell überregional auszudehnen.

europas spielen rechtspopulistische Parteien seit gut zwanzig Jahren eine Rolle – so FPÖ und BZÖ in Österreich, Front National in Frankreich oder Vlaams Belang (früher Vlaams Blok) in Belgien –, und in jüngerer Zeit auch in den jungen osteuropäischen Demokratien. Die Übergänge zum Rechtsextremismus und auch zu Gewalttätern sind fließend – beispielsweise erschoss im Mai 2006 ein junger Mann aus dem Umfeld des Vlaams Belang in Antwerpen auf offener Straße mehrere Migranten.

Demgegenüber haben sich rechtspopulistische Parteien hierzulande nicht etablieren können. Rechtspopulistische Versuche – ob von rechten Demokraten wie Jürgen Möllemann oder von Rechtsextremisten wie Franz Schönhuber (Die Republikaner) – scheiterten. Die Partei Rechtsstaatlicher Offensive des Hamburger Amtsrichters Ronald Schill errang 2001 in der Hansestadt dank kräftiger publizistischer Unterstützung des Springer-Verlages fast 20 Prozent der Stimmen und gelangte durch eine Koalition mit der CDU in die Regierung – verschwand aber bald wieder in der Versenkung. Seit einigen Jahren ist in Köln eine „Bürgerbewegung Pro Köln" (siehe Randspalte) aktiv.

Kern des Populismus ist eine demagogische Argumentation, die „den kleinen Mann" oder „das einfache Volk" gegen „das Establishment" oder „die da oben" stellt. Als Feind können Regierungsapparate, Konzerne, Parteien oder Lobbyverbände fungieren. Derartiges Reden ist sowohl von links wie von rechts denkbar. Rechtspopulisten aber grenzen die „Wir-Gruppe" nicht nur nach oben, sondern auch strikt nach außen ab, beispielsweise gegen andere ethnische oder religiöse Gruppen (in Deutschland meist gegen Türken oder Muslime). Soziale Missstände und Kriminalität versuchen sie durch rassische oder kulturelle Besonderheiten zu erklären.

„,Das Volk' wird von Rechtspopulisten grundsätzlich als homogene Einheit begriffen", analysiert der Politologe Oliver Geden. „Die in komplexen Gesellschaften vorhandenen Interessenkonflikte werden nicht als logische Folge einer zunehmenden Ausdifferenzierung von Milieus und Lebenswelten betrachtet, sondern als das Ergebnis einer eigensüchtigen Politik der herrschenden Eliten, als Fragmentierung, die wieder aufgehoben werden kann und soll." Solche – gewissermaßen romantischen – Vorstellungen homogener Gesellschaften teilen Rechtspopulisten mit Rechtsextremisten. Wirtschaftspolitisch aber vertreten Rechtspopulisten oft neoliberale Positionen – ganz im Gegensatz etwa zur NPD, die mit dem Konzept eines „nationalen Sozialismus" sehr starke staatliche Eingriffe und einen kümmernden Sozialstaat propagiert.

Oft wird der Begriff „Rechtspopulismus" verwendet, um eine salonfähige oder modernisierte Form von Rechtsextremismus zu bezeichnen. In der Tat gibt es Schnittmengen zwischen beiden Phänomenen, aber Rechtspopulismus ist eher eine politische Strategie als eine geschlossene Ideologie. Er zeichnet sich aus durch inszenierte Tabubrüche, das Einfordern radikaler Lösungen und den Hang zu Verschwörungstheorien. Rechtspopulisten vertreten autoritäre Politikkonzepte. In ihren Parolen fordern sie oft „mehr Härte" gegen Straftäter, Bettler oder „Zigeuner"; sie schüren Ängste vor einer „Überfremdung" durch Migranten und polemisieren gegen „Scheinasylanten". Oft profilieren sie sich mit der rabiaten Ablehnung von Moscheebauten. Bei Themen wie Abtreibung, Förderung von Ehe und Familie oder auch der Bildungspolitik ähneln ihre Positionen oft denen von Konservativen.

„Pro Köln" wird seit 2002 im nordrhein-westfälischen Verfassungsschutzbericht unter der Rubrik „rechtsextremistisch" geführt. Dagegen hat die Gruppierung mehrfach geklagt, für die Jahre 2002 bis 2006 wurden die Klagen bereits abgewiesen. Die Richter sahen es als erwiesen an, dass „hinreichende tatsächliche Anhaltspunkte für den Verdacht von Bestrebungen gegen die freiheitlich demokratische Grundordnung" vorliegen. Bei einem weiteren Verfahren steht das endgültige Urteil noch aus. Im 2008er Bericht zitiert der Verfassungsschutz wiederum Beispiele für das „Schüren von Ressentiments gegen die muslimische Bevölkerung und für fremdenfeindliche Agitation" aus „Pro Köln"-Publikationen.

MEHR ZUM THEMA

- Häusler, Alexander (Hrsg.): Rechtspopulismus als „Bürgerbewegung". VS Verlag 2008
- Einen kompakten Überblick bietet die Broschüre „Populismus" von Frank Decker und Marcel Lewandowsky, die es kostenlos bei der Landeszentrale für Politische Bildung NRW gibt.
- weitere Artikel und Aufsätze zum Thema unter
  www.netz-gegen-nazis.de/category/lexikon/rechtspopulismus

Wo beginnt Rassismus?

Rassismus behandelt Menschen nicht als Individuen, sondern als Angehörige einer Gruppe – und er unterstellt, dass aus dieser Gruppenzugehörigkeit sich unveränderliche Eigenschaften, Fähigkeiten oder Charakterzüge ableiten. Dabei halten Rassisten ihre eigene Gruppe meist für höherwertig. Klassischer Rassismus basiert auf einer wissenschaftlich längst überholten Einteilung der Menschheit in unterschiedliche „Rassen" – auch deshalb versuchen Rechtsextremisten seit den Siebzigerjahren, neue Begründungen für ihren Rassismus zu finden.

Rassismus findet sich überall: im Alltag, in der Geschichte, in der Politik – und sicherlich auch in Ihrem Kopf. Denn Rassismus kann bequem sein. Man kann sich damit ganz einfach die Welt erklären oder sich selbst über andere Menschen stellen.

Rassismus zeigt sich zum Beispiel in privaten Vorurteilen, in staatlicher Diskriminierung, in Gewalttaten oder – im extremsten Fall – in Völkermord. Politisch ist Rassismus sehr nützlich, um Herrschaftsverhältnisse zu begründen und Menschen beispielsweise für kriegerische Zwecke zu mobilisieren. Sätze wie „Alle Türken stinken" oder „Alle Deutschen sind fleißig" sind gleichermaßen rassistisch. In einer Schulungsbroschüre der NPD für ihre Kader heißt es: „Ein Afrikaner, Asiate oder Orientale wird nie Deutscher werden können, weil die Verleihung bedruckten Papiers [des bundesdeutschen Passes] ja nicht die biologischen Erbanlagen verändert, die für die Ausprägung körperlicher, geistiger und seelischer Merkmale von Einzelmenschen verantwortlich sind".

Hierzulande sprechen Politiker und Medien (anders als etwa in Frankreich oder Großbritannien) statt von „Rassismus" oft von „Ausländerfeindlichkeit" oder „Fremdenfeindlichkeit". Diese beiden Begriffe aber sind unpräzise: Deutsche Rechtsextremisten haben beispielsweise überhaupt nichts gegen blonde Schweden, wohl aber etwas gegen dunkelhäutige Deutsche – obwohl der eine eigentlich ein Fremder und der andere überhaupt kein „Ausländer" ist.

Frühe Formen von Rassismus zeigten sich bereits im antiken Griechenland, im Römischen Reich (Definition von Fremden als „Barbaren") oder auch im indischen Kastenwesen. Im europäischen Mittelalter gab es judenfeindliche Pogrome, nach der Entdeckung Amerikas wurden den dortigen Ureinwohnern und später afrikanischen Sklaven mit rassistischen Begründungen die Menschenrechte abgesprochen. In Meyers Lexikon heißt es: „Seit dem Aufkommen der Ideale der bürgerlichen Aufklärung (Freiheit, Gleichheit und Brüderlichkeit) bedurfte derartige Unterdrückung einer Rechtfertigungsideologie, die die ‚rassische' Überlegenheit der Europäer über die übrige Weltbevölkerung beweisen sollte. Verbreitung erreichte der Rassismus vor allem im 19. Jahrhundert, als die Theorien C. R. Darwins von der natürlichen Auslese in sozialdarwinistischer Interpretation in die Rassentheorien übernommen wurden. J. A. Graf von Gobineau entwickelte die Lehre von der Ungleichheit innerhalb der weißen Rasse, deren reiner Kern die 'arische' Rasse sei. Die rassistische Ausgrenzung von

WENN WORTE WEHTUN ...

Rassismus kommt oft unscheinbar daher – jedenfalls für Menschen, die nicht davon betroffen sind. Für die anderen sind oft die kleinen Dinge das Schmerzlichste. Die folgenden Zitate stammen aus Berichten von Betroffenen auf einer Tagung in Magdeburg:

„Kommentar meiner Oma, als ich ihr sagte, dass mein Freund ‚farbiger' US-Amerikaner sei: ‚Eisbären und Pinguine leben doch auch friedlich nebeneinander und müssen sich nicht gleich paaren.'"

„Ich bin mit einem Mann aus dem Kongo verheiratet. Zu Weihnachten schenkten meine Eltern unserem gemeinsamen Sohn eine afrikanische Trommel. Als er trommelte und tanzte, meinten sie „das habe er in den Genen". Leute nennen mein Kind ‚Mischling', ‚Negerkind' oder ‚Mulatte'. Ich wurde einmal in der Straßenbahn als ‚Negerschlampe' bezeichnet. An die mitleidigen oder angeekelten Blicke habe ich mich schon gewöhnt. Es ist schon nicht so einfach, aber ich bin sehr stolz auf meinen Sohn und ich habe ihn sehr lieb."

„Ich habe bei einer Zeitschrift gearbeitet und wurde immer als Quotentürke beschimpft. Und natürlich sollte es immer nur ein Scherz sein."

„DER BEGRIFF RASSE IST OBSOLET"

Auszüge aus einer „Stellungnahme zur Rassenfrage", die während einer UNESCO-Konferenz im Juni 1995 im österreichischen Stadtschlaining von 18 internationalen Wissenschaftlern unter Leitung des Anthropologen Horst Seidler veröffentlicht wurde:

„Die Revolution in unserem Denken über Populationsgenetik ... hat zu einer Explosion des Wissens über Lebewesen geführt. Zu den Vorstellungen, die sich tiefgreifend gewandelt haben, gehören die Konzepte zur Variation des Menschen. Das Konzept der ‚Rasse', das aus der Vergangenheit in das 20. Jahrhundert übernommen wurde, ist völlig obsolet geworden. ... Die neuen wissenschaftlichen Befunde stützen nicht die frühere Auffassung, dass menschliche Populationen in getrennte ‚Rassen', wie ‚Afrikaner', ‚Eurasier' (einschließlich ‚eingeborener Amerikaner'), oder irgendeine größere Anzahl von Untergruppen klassifiziert werden könnten. ...

Es ist leicht, zwischen Menschen aus verschiedenen Teilen der Erde Unterschiede in der äußeren Erscheinung (Hautfarbe, Morphologie des Körpers ... etc.) zu erkennen, aber die zugrundeliegende genetische Variation selbst ist viel weniger ausgeprägt. Obwohl es angesichts der ... morphologischen Unterschiede paradox erscheint, sind die genetischen Variationen ... sehr gering, wenn Populationsdurchschnitte betrachtet werden. Mit anderen Worten: Die Wahrnehmung von morphologischen Unterschieden kann uns irrtümlicherweise verleiten, von diesen auf wesentliche genetische Unterschiede zu schließen. ... [Es] gibt keine überzeugenden Belege für ‚rassische Verschiedenheit' hinsichtlich Intelligenz, emotionaler, motivationaler oder anderer psychologischer und das Verhalten betreffenden Eigenschaften ...

Rassismus ist der Glaube, dass menschliche Populationen sich in genetisch bedingten Merkmalen von sozialem Wert unterscheiden, sodass bestimmte Gruppen gegenüber anderen höherwertig oder minderwertig sind. Es gibt keinen überzeugenden wissenschaftlichen Beleg, mit dem dieser Glaube gestützt werden könnte. ... Es gibt keinen wissenschaftlichen Grund, den Begriff ‚Rasse' weiterhin zu verwenden."

MEHR ZUM THEMA

- Die vollständige Erklärung der Unesco-Experten:
  www.netz-gegen-nazis.de/artikel/unesco-zum-rassebegriff
- Der Anthropologe Ulrich Kattmann zur Frage „Warum klassifizieren Wissenschaftler Menschen?"
  http://zukunft-braucht-erinnerung.de/holocaust/antisemitismus/48.html
- Eine Serie über Alltagsrassismus:
  www.netz-gegen-nazis.de/artikel/warum-ich-das-nicht-mehr-hoeren-will-teil-4-fidschi

Juden (Antisemitismus) war eine ideologische Grundlage des Nationalsozialismus und führte schließlich zum Holocaust." [▶ Kapitel 6]

Scheinbar wissenschaftliche Begründungen für Rassismus sind heute längst widerlegt. „Es gibt keinen wissenschaftlichen Grund, den Begriff ‚Rasse' weiterhin zu verwenden", stellten 18 internationale Anthropologen 1995 in einer gemeinsamen Erklärung fest (siehe Kasten auf der linken Seite). Anhänger der Rassenlehre stützen sich deshalb nicht auf wirklich wissenschaftliche Konzepte, sondern bedienen (eigene oder fremde) sozialpsychologische Bedürfnisse. Dass rassistisches Denken allen Menschen von Natur aus eigen sei oder gar eine unvermeidliche Folge der Evolution, ist ebenfalls von Wissenschaftlern widerlegt worden.

Moderne Rechtsextremisten versuchen zunehmend, ihren Rassismus nicht mehr biologistisch, sondern kulturalistisch zu begründen, und haben sich eine Ideologie namens **„Ethnopluralismus"** ausgedacht. [▶ Kapitel 20] Statt von „Rasse" sprechen sie lieber von „Volk", „Ethnie" oder „Nation". Ethnopluralisten behaupten, verschiedene Völker hätten unterschiedliche Kulturen entwickelt, die strikt getrennt voneinander und im Innern sauber von fremden Einflüssen gehalten werden müssten. Dabei wird vollkommen ausgeblendet, dass sich verschiedene „Kulturen" in der gesamten Menschheitsgeschichte stets vermischt und gegenseitig beeinflusst haben. Der Ethnopluralismus vertritt vordergründig keine Ungleichwertigkeit der „Völker", sondern spricht lediglich von einer „natürlichen Verschiedenheit" – unterschwellig gehen aber auch diese Neo-Rassisten meist von der Überlegenheit ihrer eigenen „Kultur" aus.

WENN WORTE WEHTUN ...

„Ich lebe in dem Asylheim in Burg. Eines Abends war ich mit einem Freund in der Stadt aus. Wir kamen zu einem Café. Zwei weiße Frauen luden uns ein, mit ihnen was zu trinken. Das Café war gegenüber vom Polizeipräsidium, von wo aus wir wahrscheinlich beobachtet wurden. Plötzlich fuhr ein Streifenwagen mit Blaulicht vor. Zwei Polizisten stiegen aus und verlangten unsere Ausweise, die natürlich in Ordnung waren. Sie sahen sie durch und sagten, dass wir zurück zum Asylbewerberheim gehen sollten. Wir sagten, dass wir erwachsene Menschen seien und nur was trinken wollten. Dann schalteten sich die beiden Frauen ein. Zu denen sagten die Polizisten, dass, wenn sie schon nicht auf ihre Eltern hörten, sie dann wenigstens Respekt vor der Polizei haben müssten.
Hier gibt es so viele Nazis. Wen sollen wir rufen, wenn wir überfallen werden? Sicher nicht die Polizei!"

„Wenn ich als weiße Deutsche, mit einer oder einem Schwarzen irgendwo hingehe, reden die Leute immer mit mir über die andere Person: ‚Kann sie denn deutsch?' oder ‚Wo kommt sie denn her?' Es ist, als ob ich mit einem kleinen Kind unterwegs wäre. Es ist so peinlich."

Ist jeder fünfte Deutsche ein Antisemit?

Antisemitismus, also Feindseligkeit gegenüber Juden und Jüdischem, spielt sich häufig verdeckt ab – und oft in völliger Abwesenheit von Juden. An der Technischen Universität Berlin wurde das Phänomen 1982 zum Untersuchungsgegenstand. Professor Wolfgang Benz ist langjähriger Leiter dieses Zentrums für Antisemitismusforschung.

Herr Professor Benz, wie erklärt man am besten Antisemitismus? ❙ Antisemitismus ist der Oberbegriff für alle Formen von Judenfeindlichkeit, und es gibt auf jeden Fall vier Unterkategorien. Die älteste ist der aus der christlichen Religion entstandene Antijudaismus, also die Ablehnung des Juden, weil er „Jesus verraten" habe und schuld sei an aller Verfolgung, die daraus entstand. Diese Form nennt man „religiösen Antijudaismus". Dann gibt es – zweitens – einen rassistischen Antisemitismus, der ist im engeren Sinne eine Ideologie, die im 19. Jahrhundert entstanden ist und mit pseudo-wissenschaftlichen Unterstellungen arbeitet. Dieser „biologistische Rassenantisemitismus" gibt sich als Naturwissenschaft und hat den Anspruch, auf streng wissenschaftliche Weise „den

Juden" zu bekämpfen und nicht auf die ältere, emotional christlich-religiöse Weise. Diese Form eines rassistischen Antisemitismus hat mit Hitler den Höhepunkt erreicht.

Als dritte Erscheinungsform gilt der „sekundäre Antisemitismus", also Judenfeindschaft als Reflex auf den Holocaust. Dieser sekundäre Antisemitismus ist nach 1945 entstanden, er macht sich beispielsweise am Argwohn über Entschädigungsleistungen fest. Die vierte Form der Judenfeindschaft ist dann Antizionismus, also die fundamentale Ablehnung des Staates Israel verbunden mit der fundamentalen Ablehnung seiner Bewohner, weil sie Juden sind.

Mit diesen vier Haupterscheinungsformen von Judenfeindschaft hat man ein taugliches definitorisches Gerüst.

Wie sind die verschiedenen Formen im Alltag zu erkennen? ▌ Das ist nicht einfach, denn beim Antisemitismus ist der Umstand ganz besonders ausgeprägt, dass jeder die Deutungshoheit über den Begriff beansprucht – und viele beteuern: Ach das habe man doch gar nicht antisemitisch gemeint. Deshalb machen manche Antisemitismus ausschließlich an Gewalt oder staatlich verordneter Verfolgung fest. Aber das ist der Versuch, den Alltagsantisemitismus, die alltägliche Judenfeindschaft kleinzureden.

Tatsächlich existiert in der Bundesrepublik kaum brachiale Gewalt, kaum Radau, selten offene antisemitistische Pöbelei gegen Juden. Antisemitismus spielt sich meist auf einer sehr viel feineren, verdeckten Ebene ab.

Wie zeigt sich das? ▌ Da gibt es Feinheiten, die sind längst eingeübt, also bestimmte Chiffren und Codes, mit denen Antisemiten sich verständigen. Man muss sich ja nicht strafbar machen, indem man ausdrücklich sagt: „Die Juden sind eine betrügerische Bande von Leuten, die nur an Geld interessiert sind und an der Wall Street das Finanzsystem der Welt in den Händen haben." Stattdessen können sich zwei Judenfeinde leicht mit einem Tarnbegriff wie „Ostküste" verständigen, da ist das alles drin, und damit ist alles gesagt. [▶ Kapitel 25 und 28]

WAS IST ANTISEMITISMUS?

„Antisemitismus" bezeichnet die pauschale Ablehnung von Juden oder des Judentums. Geprägt wurde der Begriff erst Ende des 19. Jahrhunderts, aber Judenhass hat eine lange Geschichte. Er trägt häufig Züge eines religiösen Wahns und war eine der ideologischen Grundlagen des Nationalsozialismus.

Antisemiten behaupten gern, *jede* Kritik an einem Juden oder der Politik des Staates Israel werde gleich als antisemitisch gegeißelt. So versuchen sie, vom eigenen Rassismus abzulenken – denn natürlich darf ein Jude wie jeder andere Mensch auch kritisiert werden. Die Frage ist nur: Wie? Antisemitismus ist die grundsätzliche Abneigung gegen das angeblich oder tatsächlich Jüdische. Wird also ein Jude *als Jude* angegriffen, dann ist das sehr wohl antisemitisch. Oder wenn einem Juden wegen seiner Herkunft besondere Eigenschaften unterstellt werden (Reichtum, Verschlagenheit oder Teilnahme an Verschwörungen). Oder wenn ein Jude pauschal für Taten anderer Juden verantwortlich gemacht wird.

Antisemitismus gibt es nicht nur unter Rechtsextremen, sondern auch bei Islamisten. Oft wird er mit antiamerikanischen oder globalisierungskritischen Aussagen verbunden.

Man muss auch nicht grob und unflätig werden, sondern man sagt etwa: „Die Herrschaften da, na Sie wissen schon" – und hat sich darüber verständigt. In solchen Kreisen muss man nicht aussprechen, dass man Juden für schlecht hält und sie nicht ausstehen kann, das geht über solche Chiffren. Das ist dann zum Beispiel die Verständigung darüber, dass „die Juden" angeblich viel zu viel Einfluss in der Politik, in der Wirtschaft, in der Presse, in der Kultur, wo immer man will, haben. Oder dass sie viel zu viele Subventionen bekommen. Auch weil offener Antisemitismus und Volksverhetzung hierzulande verpönt sind und strafrechtlich verfolgt werden, gibt es diese stillschweigenden Chiffren.

Nimmt Antisemitismus zu? ❙ Eine schwierige Frage. Der langfristige Trend ist gleich bleibend mit vielleicht leicht abnehmender Tendenz, bewirkt durch mehr Bildung und Aufklärung. Aber diese Schwankungen sind so gering, dass man sie nicht hervorheben muss. Im Weltbild von ungefähr 20 Prozent der Deutschen finden sich judenfeindliche Einstellungen.

Ist also jeder fünfte Deutsche ein Antisemit? ❙ Nein, nicht automatisch. Denn zumindest ist nicht jeder Fünfte einer, der mit dem Messer durch die Straßen läuft und, wie es in einem Nazi-Lied heißt, „Judenblut spritzen" sehen will. Sondern das sind Leute, die mehr oder weniger starke Vorbehalte haben gegenüber dem Jüdischen. Die zum Teil ererbte Feindbilder oder Vorbehalte in sich tragen – ohne dass sie das als Hetze verstehen. Beispiel: Ein Mann wird gefragt: „Möchten Sie, dass Ihre Tochter einen Juden heiratet?" Er sagt „Nein", und damit hat er sich natürlich einen Platz erworben in der Skala der Leute mit antijüdischen Einstellungen. Er ist aber vielleicht ein fundamentalistischer Protestant. Für den ist das genauso schlimm, ob die Tochter einen Katholiken heiratet oder einen Juden, aber das wird nicht gefragt.

Sie haben einmal geschrieben, Antisemitismus sei ein „stilles Einverständnis der Mehrheit über die Minderheit". ❙ Das ist ein sozialer, ja ein sozial-psychologischer Mechanismus, der überall, in allen Gesellschaften funktioniert, und zwar vom Kindergarten bis zum Altersheim. Die Verständigung der Mehrheit über eine beliebige Minderheit stabilisiert die Mehrheit. Schuld an etwas ist die Minderheit, auf die sich die Mehrheit aufgrund von verbreiteten Klischees und Vorurteilen am ehesten einigen kann. Und dies trifft sehr häufig die Juden, weil sie in diese Rolle seit mindestens 2000 Jahren gedrängt sind. Die fallen einem daher am schnellsten ein, darüber kann man sich leicht verständigen, das sind die Schuldigen, weil die Großväter und Urgroßväter das auch schon geglaubt haben. Selbst das Unglück, das dann dieses Kollektiv, diese Minderheit betroffen hat in Form des Genozids während der Zeit des Nationalsozialismus – selbst das wird implizit zur Bestätigung herangezogen, denn ein Volk, das so ein beträchtliches Unglück getroffen hat, müsse das ja doch selbst mitverursacht haben. Diese Mechanismen aber funktionieren auch bei anderen Minderheiten. Die Albaner zum Beispiel – dass viele die nicht mögen, könne ja nur an denen liegen. Da laufen Projektionen nach sehr ähnlichem Prinzip.

Gibt es dann tatsächlich so etwas wie „ewigen Antisemitismus", der nicht kleinzukriegen ist? | Wenn man antisemitische Einstellungen mithilfe der Demoskopie misst, dann wird klar: Je älter die Leute sind, desto eher glauben sie an die Stereotypen. Je geringer der Bildungsgrad ist, desto anfälliger sind sie etwa für Verschwörungstheorien. Unter Gebildeten nimmt das ab.

Ich habe mich jüngst wieder lange und gründlich mit einer berühmten antisemitischen Verschwörungstheorie beschäftigt, den „Protokollen der Weisen von Zion", einer hundert Jahre alten russischen Geheimdiensterfindung,

Die Statistik zeigt uns: Je besser die Schulbildung, desto geringer der Grad an judenfeindlicher Einstellung.

die rechtsextreme Kreise aber auch heute noch gern als Wahrheit im Internet und in Veröffentlichungen streuen, um zu belegen, dass es eine jüdische Weltverschwörung gebe. Dem wird geglaubt wie nie zuvor. Absolut abstrus! Vollkommen irrational! Daran kann man nicht glauben, wenn man eine einigermaßen ordentliche Schulbildung bekommen hat. Doch je weniger Schulbildung jemand hat, desto ausgelieferter ist er den Rätseln dieser Welt – und dankbar für solch schlichte Welterklärungen wie „die Juden machen dies und das" oder „die Juden ziehen an allen Stricken und Strängen". Die Statistik zeigt uns: Je

„ICH KENNE DIE SITUATION"

Charlotte Knobloch, geboren 1932 in München, ist seit 2006 Präsidentin des Zentralrats der Juden in Deutschland. Ihre Großmutter wurde im KZ Theresienstadt ermordet. Als sie öffentlich die heutige Judenfeindschaft mit der Hitlerzeit verglich, wurde sie heftig kritisiert. „Leider", sagt sie, müsse sie weiter zu dieser Aussage stehen. „Ich wäre gern von etwas anderem überzeugt. Aber ich habe die Zeit damals miterlebt, ich kenne die Situation und weiß viel über Dinge, die Gemeindemitglieder heute erleben."

Knobloch überlebte das Dritte Reich, weil katholische Bauern aus Franken sie auf ihrem Hof versteckten. Kontakt zur Familie ihrer Retter hat sie nicht. „Die Nachkommen haben mich schon zu Lebzeiten der Menschen, die mich aufnahmen, gebeten, nicht mehr präsent zu sein, weil sie Morddrohungen bekommen haben. Und das nur, weil ich als Jüdin von ihnen aufgenommen worden war."

Die Präsidentin des Zentralrats wünscht sich, dass allen Menschen „die Religion des anderen egal sei". Und wie spricht sie heutzutage mit deutschen Jugendlichen? „Ich sage ihnen, dass sie keine Schuld an Verbrechen der Vergangenheit haben. Sie haben aber aufgrund ihrer nationalen Geschichte Verantwortung für die Gegenwart."

besser die Schulbildung, desto geringer der Grad an judenfeindlicher Einstellung. Daraus ist zu sehen, dass es eine Chance gibt; und diese Chance heißt Bildung.

Gibt es einen besonderen „linken" Antisemitismus? **I** Ich sehe den nicht als eine spezielle Kategorie. Es ist klar, dass Judenfeindschaft nicht nur unter Rechten vorkommen muss, sondern auch unter Linken vorkommen kann. Aber ich sehe das nicht in einer ideologisch verortbaren Form: Bei Rechtsextremen, bei Neonazis ist klar, dass sie – so gut wie immer! – Antisemiten sind und sich immer über Fremdenfeindlichkeit, über Rassismus, über historische Traditionen definieren, eigentlich immer etwas gegen Juden haben. Bei den Linken trifft das einfach nicht zu. Es lässt sich nirgendwo aus der Ideologie des Marxismus ableiten, dass „der Jude" ein Feind ist.

Zum Teil wird auch nur die Parteinahme Linker oder die Parteinahme des ehemaligen Ostblocks für die Sache der Palästinenser mit Antisemitismus verwechselt. Parteinahme gegen Israel muss nicht automatisch mit Antisemitismus zu tun haben, das kann auch anders gelagert sein. Der DDR zum Beispiel galt Israel als Filiale der Vereinigten Staaten und Freund der Bundesrepublik und somit als ein Feindstaat. Man solidarisierte sich mit Palästina, ohne sich Gedanken darüber zu machen, dass auf der anderen Seite Juden sind. Das ist der Unterschied zu den Rechtsextremen. Die machen sich diese Gedanken. Für die ist Israel die Inkarnation des „Weltjudentums" und mit allen rassistischen Eigenschaften behaftet.

Gibt es denn einen besonderen deutschen Antisemitismus? **I** Den gab es vielleicht nach dem Dritten Reich, als sich der sekundäre Antisemitismus in Westdeutschland entwickelt hat. Inzwischen aber haben wir in der Bundesrepublik alle vier Formen von Judenfeindschaft – parallel und sich überlagernd in allen möglichen Formen.

MEHR ZUM THEMA

- Benz, Wolfgang: Was ist Antisemitismus? Beck 2004
- Unter www.bpb.de/themen/YLQIBC,0,0,Schwerpunkt%3A_Antisemitismus.html findet sich ein Internet-Dossier der Bundeszentrale zum Thema.
- Die Amadeu Antonio Stiftung fördert unter anderem Projekte gegen Antisemitismus: www.amadeu-antonio-stiftung.de/die-stiftung-aktiv/gegen-as/

Woran erkennt man Rechtsextremisten?

Lange Zeit war es ziemlich einfach: Neonazis hatten meist Glatzen oder kleideten sich uniform und sprachen in platten Parolen. Doch ihr Erscheinungsbild hat sich gewandelt.

Dresden-Hauptbahnhof, ein Sonntag im Februar 2009. Die rechtsextreme Szene hat zum sogenannten Trauermarsch wegen der Bombardierung Dresdens 1945 geladen, ein breites Bündnis von Demokraten will dagegen protestieren. In Zügen treffen pulkweise junge Leute ein – Jeans, Basecap, Turnschuhe, dunkle Jacke. Die diensthabenden Polizisten wollen die Demonstranten sortieren, aber das ist nicht einfach. Nach eindringlicher Musterung dirigieren sie die Ankömmlinge zu unterschiedlichen Sammelplätzen. „Früher war das leicht", stöhnt ein Polizist, „da wusst' ich auf Anhieb, wer rechts ist, wer links".

Die Zeiten sind längst vorbei, als junge Neonazis auf den ersten Blick an Glatze und Springerstiefel zu erkennen waren und an sichtbaren Nazisprüchen auf ihren Klamotten. Dieses Klischeebild stammt aus den Achtziger- und Neunzigerjahren. Als wieder auflebende „nationale Bewegung" war es den Rechts-

DER RECHTSEXTREME KLEIDERSCHRANK

Wie die meisten Szenen definieren sich auch Rechtsextremisten sehr stark über den Kleidungsstil. Inzwischen können Neonazis unter verschiedensten Modemarken und Erkennungszeichen wählen. Da in den Neunzigerjahren viele rechtsextreme Symbole und Logos verboten wurden, versuchte die Szene anfangs, auf Codes und versteckte Zeichen auszuweichen. Am bekanntesten sind Zahlencodes wie „88" für „Heil Hitler" (zweimal der achte Buchstabe des Alphabets) oder – nach demselben Prinzip – die „28" für das Skinhead-Netz Blood&Honour.

Anfangs haben Rechtsextreme Marken aus dem Sportmilieu genutzt: Lonsdale, Fred Perry, Ben Sherman sind nur einige Beispiele. Je fester sich die Szene etablierte, desto mehr entstanden Marken aus ihr und für sie, etwa Masterrace oder Consdaple. Beliebt sind heute auch Thor Steinar und Erik & Sons, Pro Violence oder Max H8.

Weitere Informationen im Anhang dieses Buches
▶ ab Seite 271

extremisten damals wichtig, möglichst geschlossen als erkennbare Gemeinschaft aufzutreten. Grimmig dreinschauende Naziskinhead-Horden genossen es, schon durch bloße Anwesenheit Angst einzujagen. Andere setzten darauf, mit Hitlerbärtchen und im Gestapo-Mantel stolz zu zeigen, welche Vorbilder sie haben. Später setzten sich bevorzugte Modemarken durch, eine der wichtigsten war lange die britische Firma Lonsdale – wegen des „NSDA" im Namen. Irgendwann wehrte sich das Unternehmen und unterstützte demonstrativ Anti-Nazi-Aktivitäten. Inzwischen kursieren in der Szene Boykottaufrufe gegen Lonsdale, viel lieber trägt man heute Marken wie Masterrace oder auch Thor Steinar [▶ Kapitel 08]. Bei manchen Neonazi-„Kameradschaften" sind auch Handwerkerhosen und Karohemden zur bevorzugten Tracht geworden.

Vier Faktoren sind es vor allem, die den Wandel im Auftreten der Rechtsextremisten forcieren: Erstens die offiziellen Auflagen zur Kleiderordnung bei Demonstrationen – und die Reaktion der Szene darauf. Zweitens eine Lust, die Linke durch Imitation zu provozieren. Drittens: Mimikry zwecks Karriereaussichten im bürgerlichen Milieu. Und viertens nicht zuletzt die allgemein stärkere Mode-Orientierung des Nachwuchses.

Auch wenn sich die rechtsextreme Szene in Verbalradikalismus gegen den Staat kaum überbieten lässt, ist der Einfluss von Ordnungsämtern und Gerichten auf das äußere Erscheinungsbild von Neonazis enorm. Wenn die NPD oder andere einschlägige Veranstalter Demonstrationen anmelden, erlassen die Behörden seit einiger Zeit strenge Auflagen. Uniformierungen oder Springerstiefel werden oft von vornherein untersagt, und darauf stellen sich die Veranstalter ein. Im Internet veröffentlichen sie detaillierte Anweisungen, etwa diese zum braunen „Heldengedenktag" 2006 im brandenburgischen Halbe: „Verboten sind: Springerstiefel und alle Stiefel, die Springerstiefeln hinreichend ähnlich sehen (Rangers, Doc Martens mit Stahlkappe etc.). Dies gilt auch für entsprechende Stiefel, die nicht schwarz sind, sondern rot oder braun oder rotbraun. Die klassischen Doc Martens ohne Stahlkappe sind erlaubt! Verboten sind weiterhin Halbschuhe mit Stahlkappen. Bomberjacken in allen Farben; auch auf links gedrehte Bomberjacken mit orangefarbenem Innenfutter sind untersagt. Wir wollen nicht, dass zu einem Heldengedenken unsere Kameraden aussehen wie die Leute von der Müllabfuhr!"

An vielen Orten geht die Polizei rigoros gegen Teilnehmer vor, die gegen die Auflagen der Versammlungsbehörden verstoßen. Sie lässt verbotene Schuhe ausziehen, notfalls wird barfuß marschiert. Eine solche Demütigung macht kein Neonazi gern mit. Manchmal akzeptiert die Polizei, dass verbotene Logos auf der Kleidung oder auch einschlägige Tätowierungen mit Pflaster abgedeckt werden – aber auch dies ist störend. So heißt es beim „Freundeskreis Halbe": „Wir wünschen keine Teilnehmer zu sehen, die Aufdrucke auf ihrer Bekleidung (Lonsdale, Consdaple etc.) überkleben müssen. Wir wollen nicht, dass die Bekleidung der Teilnehmer aussieht wie ein ‚Flickenteppich'. Am sinnvollsten ist, Bekleidungsstücke zu tragen, die überhaupt keinen Aufdruck haben."

Auf diese Weise gemaßregelt, schauen Neonazis zunehmend bei linken Autonomen ab, was die bei Demos tragen. Schwarze Klamotten, um in der Masse schlechter für die Polizei identifizierbar zu sein. Sportschuhe, um schnell laufen zu können. Und sehr gern große Sonnenbrillen und Palästinensertücher, um das Gesicht zu verbergen. Nebenbei lässt sich mit dem „Pali-Tuch" unterschwellig Solidarität mit arabischen Gegnern des Staates Israel zeigen.

Bald ging die linke Szene auf Distanz zu diesem Demo-Accessoire. Schon seit 2002 kursieren Aufleber und Flyer mit der Überschrift: „Coole Kids tragen kein Pali-Tuch" oder „Nur Nazis tragen Pali-Tücher". Immer mehr Codes und Stile aus der linken Szene werden von Rechtsextremisten aufgenommen, vor allem von der Strömung der „Autonomen Nationalisten" [▶ Kapitel 18]. So versuchen Neonazis beispielsweise, ihren Antiamerikanismus in eine Reihe zu stellen mit antikolonialistischen Befreiungskämpfern der

„ORDENTLICH, SAUBER"

Vielfalt im Äußeren ist für Ideologen, die eine homogene Volksgemeinschaft propagieren, natürlich auch ein Problem. Das zeigt sich in Äußerungen von führenden Kadern der Szene:

„Solange Befindlichkeitsmode und teilweise grobe Entstellungen von Gesicht und Körper mithilfe von Formen primitiver Stammeskulturen [gemeint sind Tätowierungen und Piercings] das Bild einer Versammlung … ausmachen, wird sich niemals auch nur eine erkennbare Gruppe … abseits stehender Deutscher in unserer Mitte einfinden." (Christian Worch, Neonazi aus Hamburg)

„Junge Deutsche würden sich nicht nach ihren Feinden richten. Sie würden ganz normal und korrekt aussehen, nur eben besonders ordentlich und sauber und in gebügelten Hemden." (Ursula Haverbeck, Naziveteranin und Revisionistin)

„Um glaubwürdig zu agieren, müssen wir zunächst einmal selber überzeugend wirken. Das können wir aber nicht, wenn wir die Optik, Sprache (Anglizismen), Parolen und Inhalte des Gegners kopieren. … Wer eine Demonstration mit einem Faschingsball verwechselt, soll ihr lieber fernbleiben." (Erklärung des NPD-Präsidiums zum Auftreten bei Demonstrationen)

Sechzigerjahre, sogar Che Guevara ist deshalb auch bei Rechtsextremen inzwischen eine verbreitete Ikone.

Weniger beim rechtsextremen Fußvolk als bei den Führungskadern ist eine formvollendete Mimikry zu beobachten: Die NPD hat als eines der vier wichtigsten Betätigungsfelder den „Kampf um die Parlamente" formuliert, auf kommunaler Ebene verzeichnen Rechtsextremisten auch regelmäßige Erfolge – der Wähler aber wünscht sich's am ehesten geschniegelt und gebügelt. Deshalb sind Schlips und Kragen unter Rechtsextremisten mittlerweile selbstverständlich, auch für junge Wilde. Im hessischen Landtagswahlkampf 2008 etwa ließ sich der damalige NPD-Chef Marcel Wöll für Plakate wohlfrisiert ablichten, brav mit Hemd und Sakko. In Fotoarchiven finden sich ganz andere Aufnahmen aus dem Jahr 2004 – sie zeigen den damals 21-Jährigen mit Skinheadglatze und T-Shirt-Aufschrift „Old School Racist" nebst symbolischer 18, dem Szene-Code für Adolf Hitler. Etliche Kader wechseln munter – je nach Umfeld – ihr Äußeres. Die Führungsriege der inzwischen verbotenen Berliner Neonazi-„Kameradschaft" Tor etwa trat wechselweise in alt-nationaler Trachtenkleidung auf und im sportlichen Stil linker Autonomer. Viele rechte Strategen wissen, dass sie bei durchschnittlichen Jugendlichen heute nur ankommen, wenn sie ein modisches und cooles Outfit anzubieten haben.

Wie schnell die Fassade gebügelter Bürgerlichkeit einstürzen kann, zeigte sich beim NPD-Bundesparteitag im April 2009 in Berlin. Vor Beginn wurden Journalisten von Parteifunktionären wie Ordnern höflichst willkommen geheißen. Kaum war der Parteitag gestartet, trat ein mecklenburgischer Kader ans Mikrofon und forderte, das „Geschmeiß" von der Presse rauszuwerfen. Der Saal johlte. Mit dieser Vokabel hatte einst auch Joseph Goebbels seine Tiraden gegen Journalisten und Intellektuelle gespickt.

MEHR ZUM THEMA

- Detaillierte Erklärungen über Codes und Kleidungsstile der Szene ab Seite 271 in diesem Buch
- Ausführlich werden Lifestyles, Symbole und Codes von neonazistischen und extrem rechten Gruppen in der Broschüre „Das Versteckspiel" vorgestellt, die bei der Agentur für Soziale Perspektiven in Berlin (ASP) erhältlich ist. Im Internet unter: www.dasversteckspiel.de
- Schröder, Burkhard: Nazis sind Pop. Espresso Verlag 2000

Ist Thor Steinar eine Nazimarke?

Thor Steinar ist eine der meistgetragenen Modemarken in der rechtsextremen Szene. Das kommt nicht von ungefähr: Anders als Sportmarken wie Lonsdale oder Fred Perry, die aus normalen Geschäften stammen und von Neonazis „nur" vereinnahmt wurden, gab es Thor Steinar anfangs fast ausschließlich bei einschlägigen Naziläden und Versandhäusern zu kaufen. Aber wieso überhaupt ist die Marke für Neonazis so attraktiv? Eine Nahaufnahme von Johannes Radke.

Ein possierlicher „Wüstenfuchs" als Motiv? Kann daran irgendetwas bedenklich sein? Dass auch Generalfeldmarschall Erwin Rommel, einer der Helden des Dritten Reichs, diesen Beinamen trug, ist sicherlich nur Zufall. Oder?

Die Mediatex GmbH aus dem brandenburgischen Königs Wusterhausen, von der die Marke Thor Steinar vertrieben wird, betont stets den völlig unpolitischen Charakter ihrer Kleidung. Ein genauer Blick in den Thor-Steinar-Katalog macht nachdenklich.

Zufall Nummer 1: „Nordmark"

„Nordmark, ehemals die Grenzmark gegen die slawischen Heveller beiderseits der mittleren Elbe, später Altmark genannt", heißt es in *Meyers Lexikon*. So weit, so unverfänglich. Zufälligerweise wurde der Begriff „Nordmark" aber auch in der Zeit des N ationalsozialismus viel genutzt – und ist deshalb ein relevanter Bezugspunkt für die heutige rechtsextreme Szene. So gibt es im Raum Hamburg eine „Sektion Nordmark" des verbotenen Nazi-Skinhead-Netzwerks Blood&Honour. Während der NS-Diktatur existierte in Norddeutschland eine SA-Gruppe „Nordmark", und am Stadtrand von Kiel gab es ein NS-Arbeitserziehungslager gleichen Namens. Kurz vor Ende des Zweiten Weltkrieges waren dort mehr als 1600 Gefangene eingepfercht. Bevor die Alliierten die Menschen befreien konnten, erschossen die Wachmannschaften noch rund 300 Gefangene, vernichteten belastende Akten und flüchteten anschließend ins Ausland.

Zufall Nummer 2: „Wüstenfuchs"

Ein Tier-Motiv, oh wie süß! Jeder mag doch Tiere. Aber warum ausgerechnet der kleine Wüstenfuchs und nicht Knut, ein starker Gorilla oder ein Seehund? Was sagt *Meyers Lexikon*? „Rommel, Erwin, Generalfeldmarschall, führte seit 1941 das deutsche Afrikakorps, seit 1942 die deutsch-italienische ‚Panzerarmee Afrika', mit der der wegen seiner listenreichen Kriegführung ‚Wüstenfuchs' genannte Rommel im Sommer 1942 bis El-Alamein vordrang."

Zufall Nummer 3: „Flugschule"

Ein T-Shirt zum Thema Fliegen, was könnte falsch daran sein? Einiges. Denn zufälligerweise verwendet Thor Steinar für das Motiv keine zivilen Kleinflugzeuge, sondern ein deutsches Kampfflugzeug aus dem Zweiten Weltkrieg, die Messerschmidt Me 262. Der Verfassungsschutz nennt das eine „glorifizierende Sicht der Wehrmacht" und erklärt: „Mit dieser ‚Wunderwaffe' hoffte Hitler noch am Ende des Zweiten Weltkrieges auf die aussichtslose militärische Wende. Auch wegen dieser verbrecherischen Rücksichtslosigkeit der Nationalsozialisten ließen alleine im Kriegsjahr 1945 noch Millionen Menschen ihr Leben."

Zufall Nummer 4: Tarnfarbenmuster

Tarnfleck ist angesagt bei Jugendlichen. Ob Hip-Hop, Punk oder sportlicher Style – viele Modemarken benutzen das Militärdesign. Vor allem das derzeitige Tarnfarbenmuster der US-Army ist beliebt, aber auch die Tarnung anderer Streitkräfte. Thor Steinar hat ebenfalls Kleidungsstücke mit Tarnfarben im Programm, bei näherer Betrachtung aber sieht das dortige Muster etwas anders aus. Weder bei der US-Armee noch bei der Bundeswehr findet man ähnliche Muster. Eine Nachfrage beim Deutschen Historischen Museum bringt die Antwort: „Es ähnelt eindeutig dem Splittertarnmuster der Wehrmacht", sagt Museums-Historiker Sven Lütken. „Nur die Größenverhältnisse stimmen nicht ganz." (Das Bild rechts zeigt das originale „Splittertarn"-Muster der deutschen Wehrmacht.)

Zufall Nummer 5: „Ultima Thule"

Flotte Worte aus der nordischen Mythologie sind offenbar sehr beliebt bei den Thor-Steinar-Designern. Thule gilt als nördlichster Punkt Grönlands und „Rand der Welt". Andererseits wird der Begriff in der Neonazi-Szene oft verwendet. Schon 1918 gründete sich in München die völkische und antisemitische „Thule-Gesellschaft", die sich mit der „arischen Rassentheorie" befasste und in ihrem Wappen schon damals das Hakenkreuz nutzte. Thule-Mitglied Alfred Rosenberg war später Mitbegründer der NSDAP. Ein konspiratives Neonazi-Computer-Netzwerk aus den Neunzigerjahren wählte für sich den Namen „Thule-Netz". Und dann gibt es da noch die bekannte Rockband „Ultima Thule" aus Schweden. Sie gilt in der rechtsextremen Skinheadszene als eine der beliebtesten skandinavischen Gruppen. Eine CD-Produktion der Band wurde von einer rechtsextremen Organisation bezahlt und von dem extrem rechten Politiker Bert Karlsson produziert.

Zufall Nummer 6:
„No Inquisition"

Der Kapuzenpullover „No Inquisition" von Thor Steinar zeigt einen Adler, der einen Fisch in seinen Krallen hält. Nanu, wundern sich Kenner der deutschen Neonazi-Szene, ist das nicht ein einschlägig besetztes Motiv? Ein Anruf beim Deutschen Marken- und Patentamt in München bestätigt das. Tatsächlich hat sich die Rechte an dem Motiv eines Fisches in den Klauen eines Adlers die neonazistische „Artgemeinschaft" bereits im Januar 2003 durch den Nazi-Anwalt Jürgen Rieger als Bildmarke sichern lassen. Rieger, der auch stellvertretender Bundesvorsitzender der NPD ist, gilt als wichtiger Drahtzieher der rechtsextremen Szene und fungierte jahrelang als Anmelder von Rudolf-Hess-Gedenkmärschen in Wunsiedel.

MEHR ZUM THEMA

- Eine lesenswerte, ausführliche Broschüre zu Thor Steinar findet sich zum Herunterladen: www.investigatethorsteinar.blogsport.de
- Die Webseite einer bundesweiten Kampagne gegen Thor Steinar ist im Internet unter www.stopthorsteinar.blogsport.de zu erreichen.
- siehe auch: Kapitel 66 –
  Was ist schlimm daran, wenn in meiner Stadt ein Laden für rechte Szeneklamotten öffnet?

Wo spielt rechtsaußen die Musik?

Wenn Neonazis berichten, wie sie in die Szene gerutscht sind, spielt Musik auffällig oft eine herausragende Rolle. Auch der Verfassungsschutz nennt Rechtsrock eine „Einstiegsdroge". Ob Rock, Hardcore, Hip-Hop oder Liedermacher – fast jeden Musikstil gibt es mittlerweile auch als rechtsextreme Variante.

„Eigentlich fing alles vergleichsweise harmlos an", erzählt Oliver Westerwinter, ein ehemaliges Mitglied des Propagandastabes der NPD-Jugend Junge Nationaldemokraten. „Über einen älteren Freund kam ich zum ersten Mal neben Bier und Zigaretten auch mit noch älteren Jungs in Kontakt, die rechte Musik hörten und Stiefel mit Stahlkappen trugen." Und die hinterließen bei ihm „bleibenden Eindruck". Irgendwann, so Westerwinter, „kam einer der Älteren auf die Idee, bei einem Versandhaus T-Shirts und Musik zu bestellen. Ich bestellte mit ..." Als das Päckchen schließlich kam, lag auch ein Stapel Flugblätter und Aufkleber drin – und die seien, sagt Westerwinter rückblickend, „viel wichtiger für meine weitere Entwicklung" gewesen als das eigentlich Bestellte.

LANDSER: „VOLKSTREUE TANZMUSIK"

Keine Band ist unter Neonazis so populär wie „Landser", die 1992 zunächst unter dem Namen „Endlösung" auftrat und der Indizierung ihrer CDs entging, indem sie von vornherein im Ausland produzieren ließ. Mehr als 100.000 Tonträger dürften von Landser und ihrem Sänger Michael Regener kursieren. Die Gruppe bezeichnete sich selbst als „Terroristen mit E-Gitarren", ihre Mitglieder wurden wegen Bildung einer kriminellen Vereinigung verurteilt. Sänger Regener (Spitzname nach einer DDR-Wodkamarke „Lunikoff") trat vor Antritt seiner dreijährigen Haftstrafe demonstrativ der NPD bei. Nach seiner Entlassung Anfang 2008 setzte er seine Aktivitäten mit dem bereits vor der Inhaftierung gegründeten Musikprojekt Die Lunikoff-Verschwörung fort.

Volksverhetzende Aussagen gehören fest zum Repertoire, seien es Lieder gegen Polen („Polackentango"), Türken („Wieder mal kein Tor für Türkiyemspor"), Juden („Ran an den Feind"), Kommunisten („Kein Herz für Marxisten") oder Asylbewerber („Das Asylheim brennt"). „HEILfroh" heißt die jüngste Produktion der „Kapelle ohne Gnade", die Regener im Internet als „Volkstreue Tanzmusike" etikettiert. Dazu werden Devotionalien angeboten, etwa ein Band-Schal mit der Aufschrift „Krawall aus der Reichshauptstadt".

Rechtsextreme Musik ist zweifellos eines der wichtigsten Propagandamittel der Neonazi-Szene. Der Verfassungsschutz geht derzeit allein in Deutschland von rund 150 rechtsextremen Bands aus, mit Namen wie Spreegeschwader, Faustrecht oder Noie Werte, dazu kommen etwa 30 rechtsextreme Liedermacher, von denen die NPD den wohl populärsten, Frank Rennicke, 2009 sogar als Kandidaten für die Bundespräsidentenwahl vorschlug. Das sollte nach außen provozieren und nach innen das Markenbewusstsein schärfen.

Denn längst ist Neonazi-Musik eine gewinnbringende Branche mit rasantem Wachstumstempo. Im Jahr 1990 war gut ein Dutzend rechtsextremer Musikalben erschienen, heute sind es etwa zehn Mal so viele pro Jahr. In den zurückliegenden zwanzig Jahren ist – anfangs weitgehend unbeachtet von Sicherheitsbehörden oder Indizierungsstellen – hierzulande die weltweit größte extrem rechte Musikszene entstanden. Die Zahl einschlägiger Konzerte scheint allerdings wieder etwas abzunehmen, sie werden wegen zunehmenden Verfolgungsdrucks der Polizei häufig ins europäische Ausland verlegt. 127 Neonazi-Konzerte wurden 2008 offiziell in Deutschland gezählt, im Vorjahr 138 – plus eine erhebliche Dunkelziffer. Lediglich rund 15 Prozent wurden aufgelöst.

Lockmittel: Anerkennung und Konspiration

Die bekannteste und einflussreichste Form rechtsextremer Musik ist harte Gitarrenmusik, die unter dem Oberbegriff Rechtsrock zusammengefasst wird. Dieser Musikstil wurde in den Achtzigerjahren durch die britische Neonazi-Szene geprägt. Im Laufe der Neunzigerjahre erkannte beispielsweise die NPD die Attraktivität von Rechtsrock und stieg über den parteieigenen Versand selbst in das Geschäft ein. Mit eigenen „Schulhof-CDs" versucht die Partei regelmäßig, Aufsehen zu erregen und Zugang zu Jugendlichen zu finden. Der Trick ist ganz banal: Dort, wo sich Schüler sammeln, tauchen ältere Jugendliche auf. Sie verschenken dann mehr oder weniger eindeutige Propaganda-CDs oder laden zu einer Party „mit echt guter Musik" ein. Gerade Jüngere beeindruckt es, wenn sie von Älteren „auserwählt" werden, bei irgendetwas dabei zu sein. Bei den Partys läuft dann oft tatsächlich gute Musik – populäre Songs gemischt mit solchen von Rechtsrockbands. Es gibt preiswerte Getränke und freundschaftliche Gespräche. Auf diese Weise wird ein Gruppengefühl erzeugt. Neuzugänge werden einbezogen, ihnen werden kleinere Aufgaben übertragen, damit sie sich anerkannt fühlen, und manchmal werden kleine Mutproben gestellt, um den Jugendlichen Chancen zu bieten, sich Respekt zu verschaffen. Die politische Indoktrination folgt erst später – und in der Regel schleichend.

Heimlich organisierte Konzerte in abgelegenen Gasthöfen, Privathäusern oder Fabrikhallen erhöhen den Reiz, weil damit Abenteuerlust befriedigt wird. Konspirativ verabredet man sich per SMS, gemeinsam wird zu Treffpunkten gefahren, von wo aus es weitergeht zu vorher geheim gehaltenen Orten – wo dann das Konzert unentdeckt von der Polizei stattfinden soll, häufig als Geburtstagsfeier getarnt. Solche Touren führen oft über die Grenzen von Bundesländern oder auch nach Frankreich, Holland, Tschechien oder Polen, um polizeiliche Verfolger abzuschütteln – aber auch, weil Anwohner oder Gastwirte im Ausland das Thema meist nicht so interessiert.

Wie wichtig Rechtsrockkonzerte für die neonazistische Szene sind, beweist das Skinhead-Netz „Blood&Honour" („Blut und Ehre"). Seit 2000 in Deutschland verboten, organisiert es europaweit Rechtsrockkonzerte und vertreibt entsprechende Musik. B&H entstand in den Achtzigerjahren in England unter Führung des Sängers der Neonazi-Band „Skrewdriver", Ian Stuart Donaldson. Zum Namen der Organisation soll Donaldson durch einen NS-Propagandafilm über die Hitler-Jugend mit dem Titel „Blut und Ehre" inspiriert worden sein. Ziel von „Blood&Honour" ist, mit hartem Rechtsrock gewaltbereite Jugendliche an die Neonazi-Szene zu binden und zu politisieren. Donaldson selbst war Mitglied der

PROPAGANDA MIT MELODIE

„Musik ist das ideale Mittel, Jugendlichen den Nationalsozialismus näherzubringen. Besser als dies in politischen Veranstaltungen gemacht werden kann, kann damit Ideologie transportiert werden." (Ian Stuart Donaldson, Gründer und Sänger der britischen Rechtsrockband Skrewdriver)

„Deutsch ist Herz und Hirn und Hand und dennoch ist es gescheh'n / dass Ostpreußen, Du deutsches Land, konntest in die Hand des Feindes übergehen. / Seit über 40 Jahren geknechtet, verblutest Du jeden Tag ein wenig mehr / Lumpen haben Dich entrechtet, doch wir geben Dich niemals her." (Frank Rennicke: „Über Grenzen, Länder, Zäune")

„Gestern durften Neger auf Plantagen schuften / Aber heute schon nach teuren Deos duften / Gestern gab's die Peitsche für's Aufmucken / Heute dürfen sie schon weiße Frauen frech angucken. / Nigger, Nigger – raus aus unserm Land / Gestern noch im Urwald herumgehopst / Kommt jetzt zu uns das negride Gesocks [...] / Aber nicht mehr lange, dann seid ihr dran / Dann gibt's auch hier den Ku-Klux-Klan / Wenn in der Nacht die Kreuze brennen / Dann könnt ihr stinkenden Kaffer um euer Leben rennen." (Landser: „Nigger") britischen Rechtsextremisten-Partei National Front. Etwa 1993 wurde B&H auch in Deutschland aktiv. Reihenweise organisierte das Netzwerk illegale Neonazi-Konzerte in der ganzen Bundesrepublik. „Verbindendes Element der Bewegung" ist laut Verfassungsschutz „neben der aggressiven Musik die Ideologie von der globalen Dominanz der weißen Rasse und der Kampf für deren Erhaltung". Die Zahl der deutschen B&H-Aktivisten wurde Ende der Neunzigerjahre auf rund 500 geschätzt.

Nach dem Verbot durch das Bundesinnenministerium im September 2000 gab es zahlreiche Razzien, auch die B&H-Jugendorganisation „White Youth" wurde verboten. Seither benutzen Neonazis den Zahlencode 28 (der zweite und achte Buchstabe des Alphabets, BH), um ihre Sympathie zu der Neonazi-Gruppe zu zeigen. Unter dem Namen „Division 28" organisieren Mitglieder der Gruppe trotz des Verbots weiterhin Konzerte in Deutschland. Dabei pflegt das Netzwerk durchaus gute Verbindungen zur NPD. Doch für manche B&H-Aktivisten spielt inzwischen das Geschäft eine wichtigere Rolle als rechtsextreme Politik. Das führte in der Vergangenheit mehrfach zu Streitigkeiten innerhalb der Szene.

Ein braunes Millionengeschäft

Rechtsrock dient eben nicht nur dazu, Jugendliche in die rechtsextreme Szene zu locken, sondern auch dazu, Geld zu verdienen (das teilweise in die politische Arbeit fließt) und örtlichen Neonazi-Kadern sichere Jobs in Läden und Versandhäusern zu verschaffen. Mit CDs, T-Shirts, Fahnen, Postern und Ähnlichem werden jedes Jahr Millionenumsätze gemacht. Es gibt einen festen Kundenstamm, und seit einigen Jahren ist er so groß, dass sich nicht nur die Produktion lohnt, sondern sogar die Gründung eigener Kleidungsmarken [▶ Anhang S. 277]. Zudem gibt es Online-Auktionshäuser, die verbotene Nazi-CDs als Rarität vermarkten. Anfang März 2009 etwa gingen Zielfahnder der Polizei gegen eine solche Firma in Baden-Württemberg vor, die mehr als 800 feste Kunden in der Kartei hatte. Beschlagnahmt wurden CDs von bekannten Bands wie Landser, Skrewdriver und Kampfzone. „Das erste nationale Auktionshaus mit über 2.500 Benutzern" (Eigenwerbung) reagierte prompt: „Das Original kommt wieder", wurde auf der Website verkündet.

Um wirklich breite Jugendkreise mit rechtsextremer Musik zu erreichen, werden längst auch die großen und legalen Internet-Plattformen wie LastFM oder YouTube genutzt. Zahlreiche Songs von Nazibands sind dort zu finden, oft unter schnell wechselnden Namen. Zusätzlich werden in der Szene eigene Downloadseiten aufgebaut [▶ Kapitel 11].

Die oft hasserfüllten und rassistischen Textinhalte von Neonazi-Songs bleiben nicht ohne Wirkung, mitunter putschen sie Jugendliche direkt zu Gewalttaten auf. Als etwa im Februar 1999 der algerische Asylsuchende Farid Guendoul im brandenburgischen Guben nach einer rassistischen Hetzjagd verblutete, dröhnte aus dem Auto der ihn verfolgenden Naziskinheads das „Afrika-Lied" der Band Landser, das mit der Zeile endet: „Afrika für Affen, Europa für Weiße – Steckt die Affen in ein Klo und spült sie weg wie Scheiße." Oder im Sommer 2008 im nordhessischen Fritzlar: Rechtsextreme Schläger überfielen in den frühen Morgenstunden ein Zeltlager der linken Jugendorganisation Solid. Einer der Täter konnte später festgenommen werden, er hatte mit einem Spaten auf ein schlafendes 13-jähriges Mädchen eingeschlagen. Der Mann, so stellte sich heraus, war an der Produktion szeneeigener Videoclips beteiligt, die ebenfalls auf YouTube zu sehen waren, darunter modern geschnittene Songs voller Hass auf die Globalisierung und die Demokratie, unterlegt nicht nur mit Rechtsrock, sondern auch mit Hip-Hop.

Dieses Beispiel verdeutlicht die jüngste Entwicklung in der neonazistischen Musikszene – sie betätigt sich verstärkt auch in anderen Stilrichtungen. Ob Hip-Hop, Metal, Gothic, Techno oder Liedermacher-Songs: Von praktisch jedem Musikstil gibt es inzwischen auch eine rechtsextreme Variante. Darüber hinaus ist zu beobachten, dass Neonazis sogar versuchen, „linke" oder als „alternativ" geltende Musik zu vereinnahmen, etwa von Wir sind Helden oder Die Ärzte. Auf rechtsextremen Demonstrationen wird oft gespielt, was „angesagt" ist. Dass viele der Musiker sich eindeutig gegen Rechtsextremismus positionieren, wird einfach ausgeblendet.

MEHR ZUM THEMA

- Die Website www.turnitdown.de bietet umfassende Informationen zum Thema, unter anderem aktuelle Listen indizierter Musik und wichtiger rechtsextremer Bands.
- Dornbusch, Christian/Raabe, Jan (Hrsg.): RechtsRock.
  Bestandsaufnahme und Gegenstrategien, Unrastverlag 2002
- Ein Dossier der Bundeszentrale für politische Bildung zu rechtsextremer Musik:
  www.bpb.de/themen/EAVPGP,0,0,Rechtsextreme_Musikszene.html

10

Sind alle Skinheads rechtsextrem?

Skins, die keine Nazis sind? Gibt es das? Ja! Der 27-jährige Jens Becker aus Berlin ist einer von ihnen. Er liebt Ska und Soul-Musik, mischt sich ein, wenn Neonazis in der U-Bahn pöbeln, und hofft, dass irgendwann in den Medien das Wort „Skinhead" nicht mehr als Synonym für „Neonazi" verwendet wird.

Herr Becker, wie reagieren Sie, wenn Sie auf der Straße von jemandem als Neonazi angesprochen werden? I Dem sage ich einfach, dass ich kein Nazi bin. *(lacht)* Was soll ich anderes sagen? Wenn die Leute aussehen, als seien sie wirklich an einer Diskussion interessiert, dann erkläre ich auch schon mal, dass Skinhead nicht gleichbedeutend mit Nazi ist.

Sondern? I Die Skinheadkultur ist Ende der Sechzigerjahre in England entstanden. Manche sagen, es habe mit Jugendlichen angefangen, die sich vom bürgerlichen Erscheinungsbild der Eltern absetzen wollten, andere glauben, Skins hätten sich aus der unpolitischen Hooligan-Szene entwickelt. Der Name „Hautkopf" kommt von den kurzen Haaren, durch die man die Kopfhaut hindurch sieht.

Aber es gab von Anfang an Rechtsextreme in der Skinhead-Szene!? I Nein. Das war ursprünglich eine Jugendszene wie jede andere. Es gab sehr viele farbige Skins, die gemeinsam mit den anderen zu Reggae- und Ska-Musik in den Clubs getanzt haben. Das Abdriften mancher Skinheads in die Naziszene begann erst Ende der Siebziger.

… als die rechtsextreme Partei „National Front" in Großbritannien gezielt Skinheads anwarb. I Weil Skinheads oft zu Fußballspielen gingen und nicht selten gewalttätig auftraten, war diese Gruppe attraktiv für die Neonazi-Strategen. Sie hielten Skinheads für die ideale Gruppe, um über Straßengewalt die rechtsextreme Ideologie zu stärken. Durch die Organisation von Rechtsrockkonzerten schafften sie es tatsächlich, Teile der Szene zu vereinnahmen.

Sind Sie als Linker nicht wütend, dass Neonazis das Skinhead-Bild so geprägt haben? I Nicht wirklich. Idioten gibt es schließlich in jeder Jugendkultur. Aber es ärgert mich, dass in Medien das Wort „Skinhead" fast synonym für „Neonazi" verwendet wird. Kaum jemandem ist deshalb bewusst, dass es unpolitische und linke Skinheads gibt.

Stimmt es, dass Nazi-Skinheads weiße Schnürsenkel tragen und linke Skinheads rote? I Das ist völliger Unfug. Es gab da früher die wildesten Gerüchte: Stehen zwei rote Schnürsenkel für „Rotfront"? Oder für das rechtsextreme Skinhead-Netz „Blood&Honour"? Da erzählt jeder etwas anderes.

Wie kommt es, dass eher unpolitische Skinheads sich nicht von Rechtsextremen distanzieren – und manche von ihnen sogar gern Bier trinken mit Nazi-Skins? I Pure Dummheit. Natürlich gibt es „unpolitische" Skins, die sowohl mit linken als auch mit rechtsextremen Skinheads feiern. Das sind aber in der Regel Einzelpersonen. Es handelt sich eben um eine Jugendkultur und nicht um eine politische Strömung – dadurch fehlt oft die politische Sensibilität. Wenn ich mit Freunden ein Konzert oder eine

WELCHE SKINHEADS GIBT ES SONST NOCH?

In der Skinhead-Subkultur gibt es eine Vielzahl von Strömungen: Oi-Skins sagen von sich, dass sie unpolitisch sind – meist dient ein solches Statement schlicht dazu, sich von links wie rechts abzugrenzen. Viele Oi-Skins haben aber auch keine Berührungsängste gegenüber Nazi-Skinheads.

Seit den Achtzigerjahren existieren die SHARP-Skins, die Abkürzung steht für „Skinheads against racial prejudice", also anti-rassistische Skinheads. Diese kamen ursprünglich aus den USA und wollten den Vereinnahmungsversuchen der Neonazis etwas entgegensetzen.

Red-Skins sind explizit linke und politische Skinheads – oft auch in linken Gruppen organisiert. Hiervon gibt es in Deutschland nur wenige, etwa einige Hundert; dagegen stellen sie in Ländern wie Frankreich die größte Gruppe innerhalb der Szene.

Schließlich gibt es noch Gay-Skins, also homosexuelle Skinheads, die aber mit der eigentlichen Szene wenig zu tun haben, sondern die martialische Ästhetik anziehend und erregend finden.

Klassische Nazi-Skins gibt es kaum noch, weil die rechtsextreme Szene sich in ihrem Äußeren stark gewandelt hat.

Party organisiere, gilt: Wer mit Nazis feiert, hat bei unseren Veranstaltungen genauso wenig zu suchen wie die Nazis selbst.

Wie sieht Ihr politisches Engagement konkret aus? ❙ Wenn ich sehe, dass da jemand rassistisch angepöbelt oder bedroht wird, greife ich natürlich ein.

Sie ernten dann verblüffte Blicke, weil plötzlich „der Nazi" den Opfern zur Hilfe kommt? ❙ Meist ist es andersherum. Wenn junge Neonazis mich am U-Bahnhof sehen, denken sie manchmal, ich wäre einer von ihnen, und sie müssten vor mir den Macker machen. Die fangen dann an, rechte Sprüche zu bringen und Leute anzupöbeln, weil sie denken, dass ich ihnen zur Hilfe kommen würde. Umso überraschter sind sie, wenn ich sie zur Rede stelle.

Und was passiert, wenn Sie als Skinhead gegen einen Nazi-Aufmarsch protestieren wollen? ❙ Da hilft unser Aussehen meist, um Verwirrung zu stiften. Schon oft wurde eine Gruppe linker Skins von der Polizei für Nazis gehalten und bis zum Aufmarsch-Ort eskortiert. Dort haben sie dann plötzlich ein Transparent mit der Aufschrift „Skinheads gegen Nazis" gezückt und den Aufmarsch blockiert. Die Neonazis schauen dann immer schön blöd.

Es gibt das Klischee von Skinheads, die nur drei Dinge mögen: Musik, Alkohol und Gewalt. Ist da etwas Wahres dran? ❙ Also, ich trinke keinen Alkohol, mag aber Musik. Was Gewalt angeht, muss ich sagen, dass die eigentlich keiner von uns gut findet, manchmal ist sie aber nicht zu vermeiden. Ich glaube nicht, dass die Skinhead-Szene gewalttätiger ist als jede andere Jugendkultur.

Hört man als Skinhead eigentlich nur Rockmusik? ❙ Auf keinen Fall. Ich höre sehr viel Reggae, Soul, Ska, Punk und Oi, aber auch mal Oldies oder Arbeiterlieder. Interview: Johannes Radke

MEHR ZUM THEMA

- Ein Überblick über die Geschichte der Skinhead-Kultur von Klaus Farin:
  www.netz-gegen-nazis.de/artikel/die-geschichte-der-skinhead-kultur
- Farin, Klaus: Skinhead, A Way Of Life. Tilsner Verlag 2005
- Eine Internetseite mit vielen Informationen zum Thema findet sich unter
  www.du-sollst-skinheads-nicht-mit-nazis-verwechseln.de

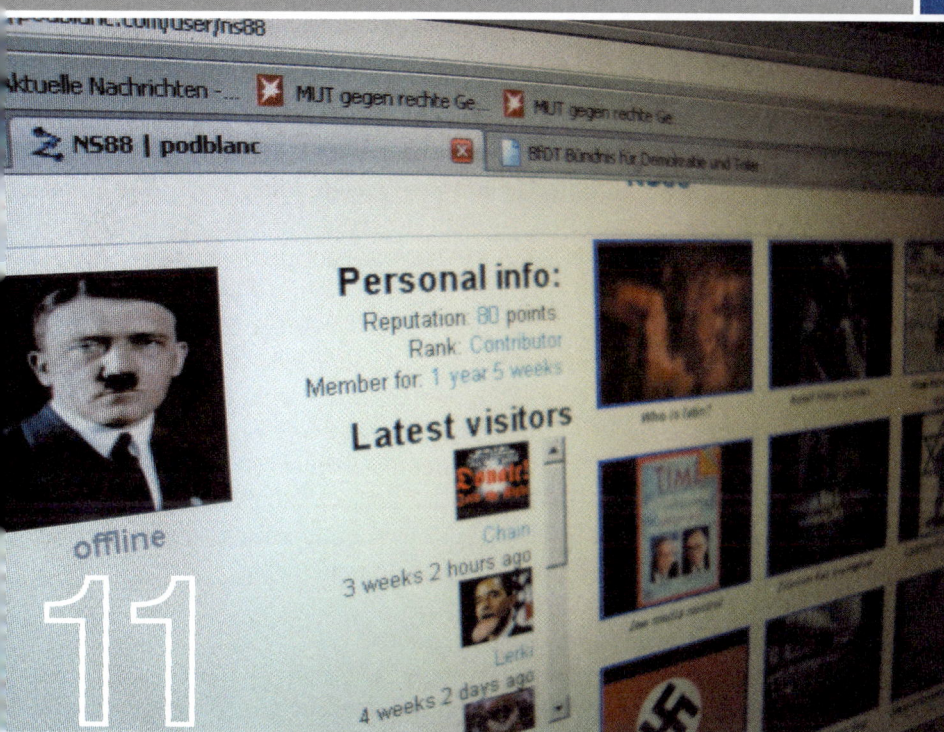

Was machen die Nazis im „Weltnetz"?

Deutschtümelnd sprechen Neonazis vom „Weltnetz", wenn sie das Internet meinen. Homepages heißen bei ihnen „Heimatseiten" und Links „Verweise". Egal wie man es nennt, das World Wide Web ist extrem wichtig für Rechtsextreme: Nirgends kann man schneller, anonymer und preiswerter Verabredungen treffen, Netzwerke knüpfen und mit Verbotenem handeln.

„Walküre2484" ist höchstens 20 Jahre alt, zu ihrem Freundeskreis gehören Leute mit vielsagenden Phantasienamen wie „HaSSangriff" und „Wotansbraut". „Walküre2484" selbst bietet sich als „deutsches Mädel" auf der Website einer Brandenburger Flirtline für Rechtsgesinnte feil. Hier findet sich alles, was einen Neonazi glücklich macht. Ein Chatroom heißt „Zeckenfreie Zone", und Themengruppen tragen Titel wie „Unsere Großväter waren keine Verbrecher" oder „Wenn mein Kind ein Punk wird, kommt es ins Heim". Der Besucher trifft auf noch mehr Mitglieder mit einschlägigen Namen. Zum Beispiel „EdelweiSS88". Der präsentiert sich auf Fotos in Uniform, bei einer Nazidemo, zu Hause im „Hatecore"-Pulli oder vermummt.

Das Internet ist für junge Neonazis der Ort, um ihre Phantasien auszuleben – und das seit vielen Jahren. Seit es das World Wide Web und seine Vorboten wie das Usenet oder schlichte Mailboxsysteme gibt, haben Rechtsextremisten es genutzt. Ein Vorreiter war in den Achtzigerjahren das „White Aryan Resistance"-Netz („WAR"-Netz) in den USA. Anfang der Neunzigerjahre wurden dann auch in Deutschland eigene Foren aufgebaut, das „Thule-Netz" war eines der ersten. Anfangs waren dies nur für Eingeweihte zugängliche Kommunikationsplattformen mit dem Ziel, „national denkende Gruppen" zu vernetzen. „Hier kann man auch als völkisch denkender Mensch mit Gleichgesinnten diskutieren, ohne gleich als Nazi oder Faschist diffamiert zu werden", warb 1994 „Tristan", der Betreiber einer „Thule-Box" namens „Werwolf". Doch Ziel war auch, dem wachsenden Verfolgungsdruck zu entgehen, denn die neuen Techniken ermöglichten Kommunikation unter falschem Namen, die kaum nachzuverfolgende Spuren hinterließ.

„Der Kreativität sind keine Grenzen gesetzt"

Auch die NPD entdeckte diese Chance früh. Schon 1991 bildete sie einen „Arbeitskreis Neue Medien und Techniken". Seitdem wird keine Neuentwicklung im „Weltnetz" ausgelassen, um rechtsextreme Propaganda zu verbreiten und Nachwuchs zu ködern. Auf der Parteiseite wird neben den üblichen Propaganda-Flugblättern auch die sogenannte Schulhof-CD [▶ Kapitel 53] zum Herunterladen bereitgehalten. Ein Brandenburger Kreisverband hat ein „Nationales Netztagebuch" für rechtsextreme Blogger gestartet. Als Anfang 2009 der Kurznachrichtendienst Twitter populär wurde, rief die NPD ihre Anhänger auch gleich zum Mitmachen auf: „Erstellen Sie sich kostenlose Twitter-Seiten und folgen Sie den Nachrichten bzw. Meldungen der NPD. Wenn Sie bereits über eine eigene Twitter-Seite verfügen, übernehmen Sie unsere Nachrichten und verbreiten Sie sie." Die einzelnen Landes- und Kreisverbände wurden von der Bundeszentrale aufgefordert, eigene Twitter-Dienste zu starten. Damit nicht genug: „Netzwerke wie Facebook, StudiVZ etc. bieten zudem weitere Möglichkeiten, nationalistische Positionen und Forderungen einer breiten Öffentlichkeit zugänglich zu machen. Der Kreativität sind hierbei keine Grenzen gesetzt. Wo sich für die NPD eine Tür schließt, stoßen wir zwei neue Tore auf ..."

Das braune Web 2.0 blüht aber auch fernab der Partei. Rund 1.000 rechtsextreme Seiten deutscher Betreiber zählt der Verfassungsschutz, besonders populär sind „Freie Netze" aus dem Spektrum der Neonazi-„Kameradschaften" und szeneeigene Medienproduktionen wie das „Netzradio Germania" oder „Volksfront Medien". Im Angebot sind: Musikvideos und Mobilisierungsappelle für

Demonstrationen, rassistische Nachrichtenspots im Stile der Tagesschau und Wahlwerbung, mitunter aber auch Unterhaltendes. So zeigt ein Kurzfilm aus Thüringen Neonazis als Karnevalisten – in voller Verkleidung mit ihren Transparenten eingereiht in den örtlichen Fastnachtsumzug.

Ein Großteil des Angebots ist wenig anspruchsvoll, mit dem Handy gefilmt; doch andere Clips sind durchaus professionell produziert, mit flotter Musik und schnellen Schnitten im MTV-Stil. Das Ziel der Propaganda wird dabei nicht verheimlicht: „Dieses System gehört ohne Prämie abgewrackt und das so schnell, wie es nur möglich ist", schreibt eine viel genutzte Szene-Plattform in ihrer Selbstdarstellung.

Weil Neonazis in ihrem direkten Umfeld oft kaum jemanden zum Reden haben, ist das Kommunikationsbedürfnis im Netz umso größer. Beim populären Nachrichtenportal „Altermedia" sind die Leserkommentare oft das Interessanteste, dort treten Feindbilder und Motive von Neonazis ungefiltert zutage. Auch dort erlaubt der Internet-Brauch, sich in Foren selbst erdachte Namen zu geben, tiefe Einblicke: Ein Nutzer nennt sich nach dem schrecklichen Nazi-Kriegsverbrecher „Dr. Mengele", ein „Prof. Swastika" schmückt sich mit dem englischen Wort für Hakenkreuz. Eine andere viel genutzte Plattform der Szene ist das „Thiazi-Forum" der „germanischen Weltnetzgemeinschaft". Für Einsteiger gibt es offene Chats, für Hardcore-Nazis den geschlossenen Mitglieder-Bereich. Das Angebot reicht von Beziehungstipps und Songtexten neuer Neonazi-Lieder bis hin zu Umfragen wie „Welche Religion ist für Deutschland die gefährlichste?". Die Mehrheit – wer will es hier anders erwarten – nennt den Islam, die zweitstärkste Gruppe das Judentum.

Versandhäuser bieten, was das Neonazi-Herz begehrt

Von praktisch jeder rechtsextremen Internet-Seite führen Listen mit „Netzverweisen" immer tiefer ins Nazi-Web. Viel geklickt werden Musikseiten – da ähneln die Vorlieben der breiten Öffentlichkeit denen von Neonazis. Ganz speziell

---

WO KANN MAN RECHTSEXTREME WEBSITES MELDEN?

Die meisten Neonazis fühlen sich im Netz sicher und glauben, sie könnten strafrechtlich nicht für Inhalte auf ihren Webseiten belangt werden. In vielen Fällen, vor allem bei deutschen Homepages mit einer „de"-Endung, stimmt dies aber nicht.

Gerade bei Volksverhetzung, Gewaltaufrufen und dem Zeigen verbotener Nazi-Symbole können die Behörden sehr wohl die Betreiber vor Gericht bringen. Das geht aber überhaupt nur, wenn sie auf diese Seiten hingewiesen werden.

Daher ist es durchaus sinnvoll, rechtsextreme Internetseiten mit möglicherweise strafbaren Inhalten sofort zu melden, wenn man auf sie stößt. Hilfe und Tipps dazu unter www.jugendschutz.net. Dort gibt es auch ein vorbereitetes Meldeformular. Die Institution, 1997 von den Jugendministern aller Bundesländer gegründet, kümmert sich dann um alles Weitere.

Einen ähnlichen Service bietet die private, jüdische Website Hagalil an unter www.nazis-im-internet.de

dagegen sind die Wünsche der Betreiber von Seiten wie „Sturmtrupp. net": „Gern gesehen sind Leute, die sich 100 Prozent zu der nationalsozialistischen Weltanschauung bekennen und dafür auch kämpfen." Und weil im realen Leben rechtsextreme Ladengeschäfte noch dünn gesät sind, wird virtuell umso mehr gehandelt. Für Propagandabücher, Rechtsrock und Kleidung ist das Internet der wichtigste Vertriebsweg. Von Kaffeetassen mit Naziemblemen bis zu T-Shirts einschlägiger Bands ist etwa beim Chemnitzer „Wotanversand" alles zu haben. Ähnlich wie bei Sexshops ist der anonyme Zugang für die Kunden der entscheidende Vorteil. Und durch die Ansiedlung von Versandhäusern in Skandinavien oder den USA lässt sich das deutsche Strafgesetzbuch, das allzu

Weil viele Neonazis in ihrem direkten Umfeld kaum jemanden zum Reden haben, ist ihr Kommunikationsbedürfnis im Internet umso größer

offene Nazi-Propaganda verbietet, relativ einfach umgehen. Die größeren Unternehmen der Szene machen jährlich Millionenumsätze, der NPD-Verlag *Deutsche Stimme* etwa ist dank seines angeschlossenen Versandgeschäfts profitabel geworden. Kleinere Webseiten sind allerdings oft Eintagsfliegen, sie werden temporär von Einzelpersonen betreut, und irgendwann enden einfach die Einträge im Blog oder im Gästebuch.

Die meisten Angebote sind für überzeugte Rechtsextremisten gedacht, aber es gibt auch unverfänglich daherkommende Websites, die Einsteiger ködern sollen und sich erst auf den zweiten Blick als neonazistisch entpuppen. Poppige Graffiti stehen da – mit Texten wie „Die BRD stinkt zum Himmel" oder „Hochfinanz heißt Dominanz". Man merkt, dass etliche Szene-Mitglieder inzwischen professionelle Ausbildungen zu Mediengestaltern hinter sich haben. Auch technisch rüstet die Szene auf: Ein führender Thüringer NPD-Kader versucht, einen eigenen Internetprovider aufzubauen, bei denen rechtsextreme Seiten Unterschlupf finden können – und so abgesichert wären gegen das häufige Abschalten durch die großen Telekom-Anbieter. Doch auch diese szeneeigenen Server wurden schon von Netz-Antifaschisten geknackt. In den vergangenen Jahren haben linke Hacker häufig Neonazi-Seiten abgeschaltet oder die – oft ziemlich umfangreichen – Kundendateien rechtsextremer Versandhäuser offen ins Netz gestellt.

Praktisch alle technischen Neuerungen, die sich im Internet neu bieten, werden ausprobiert und für die Szene umfunktioniert. Von Game-Communities über Wikipedia bis hin zu Esoterikangeboten und Plattformen wie StudiVZ,

MySpace und Facebook. Neonazis sind immer dabei und haben auch keine Scheu, Leserforen von Anti-Nazi-Seiten zu okkupieren. [▶ Kapitel 46] Gern genutzt wird auch YouTube. Lange Zeit herrschten dort regelrechte Wildwestzustände. Die Betreiber kümmerten sich wenig oder waren überfordert. Kein Wunder, minütlich wird dort eine für die Administratoren kaum überschaubare Menge neuer Kurzvideos eingestellt. Deren Kontrolle fand lange Zeit von den USA aus statt – nach den dort üblichen, weitaus milderen Kriterien als in Europa oder Deutschland. Anfang 2009 hat sich das aber geändert. Der Versandriese Amazon hatte die NPD in ihrem Partnerprogramm – bis das ein Thema in der Presse wurde und namhafte Politiker mit Boykottaufrufen drohten. Anderen Betreibern großer Websites dagegen scheint es an Problembewusstsein zu mangeln – so weigerte sich das größte deutsche Internetradioportal LastFM lange unter Verweis auf die Meinungsfreiheit, Nazimusik auf seiner Seite zu entfernen, selbst wenn sie ausdrücklich verboten war.

So manches üble YouTube-Video von Rechtsextremisten ist aber auch schwer zu identifizieren. Unter dem harmlosen Titel „Zu Besuch in Bad Lobenstein" fand sich auf der Plattform ein verdeckter Gewaltaufruf der „Anti-Antifa". Der Streifen zeigte zunächst touristische Stadtansichten, doch endete nicht ohne Hintersinn mit Kameraeinstellungen auf bestimmten Fenstern, einer Klingel und einem Briefkasten mit Namensschild in einer Plattenbausiedlung des Orts. Neonazis hatten dort einen ihrer „Volksfeinde" ausgemacht, einen Rentner, der sich zuvor über Nazivideos auf YouTube beschwert hatte.

MEHR ZUM THEMA

- Überblick zu Rechtsextremisten in Sozialen Netzwerken und Online-Portalen: www.netz-gegen-nazis.de/artikel/neonazis-ins-netz-gesickert
- Zwei Broschüren des Verfassungsschutzes NRW: www.im.nrw.de/sch/doks/vs/events.pdf und www.im.nrw.de/sch/doks/vs/white%20pride%20worldwide.pdf
- Eine Zeitreise in die Anfänge des Internets bietet das Buch Neonazis und Computernetze von Burkhard Schröder aus dem Jahr 1995.

Was will die NPD eigentlich?

Viele Flugblätter oder Plakate der NPD klingen populär – manche sogar einleuchtend. Doch dahinter steckt ein Programm, das mit den Grundwerten einer demokratischen und freiheitlichen Gesellschaft unvereinbar ist. Klarer als andere rechtsextreme Parteien vertritt die NPD eine völkisch-rassistische Ideologie – die in vielen Punkten Hitlers Nationalsozialismus gleicht.

Die Nationaldemokratische Partei Deutschlands (NPD) ist die älteste rechtsextremistische Partei Deutschlands. Seit ihrer Gründung 1964 hat sie eine erstaunliche Wandlung durchlaufen. Anfangs war sie eine antikommunistische, besitzbürgerliche, christlich-konservative Partei, zwar US-kritisch, aber Anhänger einer Westbindung der Bundesrepublik stellten doch die Mehrheit. Heute gibt sich die NPD als revolutionäre Kaderpartei, propagiert einen grundlegenden Umsturz und einen „nationalen Sozialismus". Sie ist radikal antiamerikanisch, lehnt das Christentum ab, pflegt stattdessen germanisch-heidnisches Brauchtum.

Ohne diese ideologische Neuorientierung und die besondere Betonung der „sozialen Frage" wäre ihr Wiederaufstieg in den vergangenen Jahren vor allem in den neuen Ländern nicht möglich gewesen. Im Grundsatz fand der programmatische Wandel bereits in den Siebziger- und Achtzigerjahren statt. Doch damals, in der alten Bundesrepublik, fehlte der Rahmen, um mit dieser Ausrichtung erfolgreich zu sein. Er bot sich erst im Ostdeutschland nach der Wiedervereinigung. Was sich aber über die Jahre nie im Grundsatz geändert hat, sondern nur in der konkreten Erscheinung, ist der Versuch der NPD, sich positiv auf das Dritte Reich zu beziehen, seine Verbrechen zu relativieren, die zugrunde liegende Ideologie zu verteidigen.

Die NPD ist „sozialistisch" und „revolutionär" ...

Seit seinem Amtsantritt 1996 hat Parteichef Udo Voigt soziale Themen in den Vordergrund gerückt. Gleich nach seiner Wahl startete eine Kampagne „Gegen System und Kapital, unser Kampf ist national!". Im Parteiblatt *Deutsche Stimme* begann eine rege Programmdebatte – mit antikapitalistischem Duktus: „Wer die Knete hat, hat die Macht – Der kapitalistische Sumpf muss trockengelegt werden", lautete da eine typische Überschrift. Unter Voigt ist der 1. Mai ein fester Termin im Demo-Kalender der NPD geworden. „Wir glauben fest daran: Sozialismus ist machbar!", rief Voigt etwa auf der Mai-Kundgebung im Jahr 1998.

Gleich im folgenden Satz deutete er an, dass die NPD unter dem Begriff Sozialismus etwas völlig anderes versteht als jeder Linke: „Unser Sozialismus ist aber ein Sozialismus des Volkes und nicht des internationalen Klassenkampfes." Im „Taschenkalender des nationalen Widerstandes", mit dem sich die Partei 2005 vor allem an Jugendliche wandte, ist es detaillierter nachzulesen: „Der Sozialismusbegriff" müsse „aus nationalistischer Sicht wieder als annehmbarer Begriff besetzt werden", heißt es. Sodann wird ausgeführt, dass ein Sozialismus à la NPD nicht soziale Gleichheit zum Ziel hätte: Die angestrebte Volksgemeinschaft werde „stets eine klare soziale Unterscheidung zeigen, als Folge der Verschiedenheit der Menschen". In Klammern werden dann Begründungen für Ungleichheiten aufgeführt, zum Beispiel „Begabung" und „Leistung", aber auch ein völlig nebulöser

WOHER KOMMT DAS GELD?

Wie jede Partei muss die NPD jährlich einen Finanzbericht beim Bundestag einreichen, deshalb sind – mit zeitlicher Verzögerung – gute Einblicke in die (offiziellen) Parteikassen möglich. 2007 nahm die Partei etwa 2,2 Millionen Euro ein (Vorjahr: drei Millionen). Wichtigster – und stabilster – Einnahmeposten sind private Spenden und die Beiträge der etwa 7.000 Mitglieder: 2007 mehr als 1,4 Millionen Euro. Die einzelnen Summen sind eher klein, die meisten NPD-Anhänger haben selbst wenig Geld. Größter Gönner war 2007 mit 66.000 Euro der Alt-Nazi Rolf Hanno, der im spanischen Marbella wohnt. Eine wichtige Geldquelle sind außerdem Erbschaften.

Etwa ein Viertel der 2007er-Einnahmen (2006: 45 Prozent) stammte aus der staatlichen Parteienfinanzierung. Wegen Spendenskandalen und fehlerhafter Buchführung forderte der Bundestag aber Millionensummen zurück, außerdem wurde der langjährige Schatzmeister Erwin Kemna im September 2008 wegen Veruntreuung von mehr als 700.000 Euro verurteilt. Deshalb balanciert die NPD derzeit am Rande der Pleite.

WER SIE SIND (I)

Seit 1996 ist **Udo Voigt** (Jg. 1952) NPD-Vorsitzender. Sein Vater war SA-Mitglied, schon mit 16 trat Voigt der NPD bei. Nach Abitur und Lehre als Metallflugzeugbauer ging er zur Bundeswehr, stieg dort bis zum Hauptmann auf. 1984 musste er ausscheiden, weil er sich weigerte, die NPD zu verlassen. Voigt verlegte sich ganz auf die Parteiarbeit, wurde Chef des NPD-Schulungszentrums, bayerischer Landes- und schließlich Bundesvorsitzender. Durch Öffnung der damals völlig überalterten Partei für militante, junge Neonazis stoppte er den Niedergang der NPD. Unter seiner Regie stiegen die Mitgliederzahlen und gelang der Einzug in zwei Landtage. Im April 2009 wurde Voigt wegen Volksverhetzung zu einer Bewährungsstrafe verurteilt, er legte Berufung ein.

Der Hamburger Anwalt **Jürgen Rieger** (Jg. 1946) ist seit beinahe vierzig Jahren einer der aktivsten Neonazis Deutschlands. Er ist in der heidnisch-germanischen Szene (u.a. der offen rassistischen „Artgemeinschaft") aktiv. Zur NPD hielt er jahrzehntelang Distanz, wurde aber von Voigt in die Partei geholt und auf dem Bundesparteitag im Mai 2008 zu einem der drei Vize-Vorsitzenden gewählt. Nicht zuletzt durch Darlehen in sechsstelliger Höhe ist sein Einfluss in der NPD immens.

Begriff wie „Haltung". Aus der ja zweifellos vorhandenen Ungleichheit von Menschen leitet also die NPD eine Ungleich*wertig*keit ab. Dieser Kurzschluss ist auch der Kern der gesamten Parteiideologie. Unter dem Schlagwort eines „lebensrichtigen Menschenbildes" versucht sie immer wieder, prinzipielle Unterschiede zwischen Menschen (oder auch „Völkern" und „Rassen") zu konstruieren. Die Gleichheit aller Individuen vor dem Gesetz (etwa von Mann und Frau), das grundlegende Verbot von Diskriminierung und das Prinzip der Unantastbarkeit der Menschenwürde lehnt die NPD ab. [▶ Kapitel 13] In den „Genuss" sozialer Leistungen soll jedenfalls nur kommen, wer die rassischen Anforderungen der Partei erfüllt – sie will, salopp gesagt, einen „Sozialismus nur für Deutsche".

Vor allem in Ostdeutschland kommt die NPD mit solchen Aussagen an – denn dort erinnern sich viele Leute positiv an den Kollektivismus der DDR (paradoxerweise umso positiver, je länger sie zurückliegt). Bewusst spielt die NPD die Ostalgie-Karte, ausdrücklich lobt sie die sozialen Errungenschaften der DDR. In einem Flugblatt des Landesverbandes Sachsen hieß es 1998 etwa: „Die Mehrheit unserer Mitglieder ist im 8. Jahr des Beitritts der DDR zur BRD der Meinung, dass die DDR das bessere Deutschland war. Wir wollen deshalb die positiven Erfahrungen der DDR in die deutsche Politik einbringen. … wir fordern ehemalige Hoheitsträger und Führungskräfte der DDR auf, in unserer Partei mit ihrer Sachkunde und ihrem politischen Kritikvermögen zu wirken."

Durch Reformen sind die „sozialistischen" Vorstellungen der NPD natürlich nicht zu verwirklichen. Folgerichtig führt die Partei unter Voigt das Wort „revolutionär" im Munde – seitenweise führt der NPD-Verbotsantrag der Bundesregierung aus dem Jahr 2001 Beispiele dafür auf. Die NPD freut sich zwar über Landtagsmandate, lehnt aber den Parlamentarismus prinzipiell ab – dieser könne „nicht das Endstadium sein", so Udo Voigt wenige Tage nachdem die Partei im September 2006 in den Landtag von Mecklenburg-Vorpommern einzog. Jürgen Schwab, langjähriger

Chefideologe der Partei, empfahl, „die Festung Parlamentarismus auf legalem Wege zu belagern und zu schleifen" und sich „auf die Errichtung einer nichtparlamentarischen Republik" zu konzentrieren.

Wie ihr Wunschstaat genau aussähe, lässt die NPD weitgehend im Dunkeln: Die Parlamente würden wohl – wie es in einem Schulungspapier heißt – durch „Volksabstimmungen in allen Lebensfragen der Nation" ersetzt, über allem stünde jedenfalls ein direkt gewählter, starker Führer. Das Grundgesetz wird von der NPD verachtet, Udo Pastörs, der Vorsitzende der Schweriner Landtagsfraktion, nannte es in seiner Siegesrede am Wahlabend ein „Machwerk". Auch Udo Voigt lässt keinen Zweifel: „Wir empfinden das Gegenwärtige", sagt er, „als so negativ, dass wir nichts daran finden, was sich lohnen würde, es zu erhalten."

… europa- und globalisierungsfeindlich …

Das in der Öffentlichkeit verbreitete Unbehagen über die EU versucht die NPD auszunutzen und zuzuspitzen. Ihrem Ethnopluralismus [▶ Kapitel 20] folgend, lehnt sie offene Grenzen strikt ab und will stattdessen abgeschottete Nationalstaaten. Insgesamt soll sich Europa in der Vorstellung der NPD außenpolitisch von den USA absetzen und künftig stärker mit Russland zusammenarbeiten. In die Europawahl 2004 zog die Partei mit einem ausdrücklich EU-feindlichen Programm: „Die Europäische Union ist keine Institution, die den Völkern Europas dient", hieß es etwa. „Sie ist vielmehr eine Institution zur Durchsetzung der Interessen des Kapitals und zur persönlichen Bereicherung ihrer Entscheidungsträger." Unverhüllt rassistisch wird in einer aktuellen Schulungsbroschüre ein „weißes Europa" gefordert.

Anders als viele Linke kritisiert die NPD nicht bestimmte Erscheinungsformen der Globalisierung, sondern lehnt sie grundsätzlich ab. „Globalisierung bedeutet Arbeitslosigkeit, Lohndumping, Sozialabbau, Naturzerstörung und Krankheit … Es gibt keine gerechte Globalisierung." Als Gegenmodell propagiert die Partei eine „raumorientierte Volkswirtschaft", „am heimischen Lebensraum der Men-

WER SIE SIND (III)

Eine steile Karriere hat **Udo Pastörs** (Jg. 1952) gemacht – erst seit 2000 Mitglied, zog die NPD schon 2006 mit ihm an der Spitze in die mecklenburg-vorpommersche Landtagswahl und holte 7,3 Prozent der Stimmen. Zuvor war Pastörs in der Deutschen Liga für Volk und Heimat und der 1994 verbotenen Wiking-Jugend aktiv. Mitte der Neunziger siedelte der Rheinländer ins mecklenburgische Lübtheen und eröffnete einen Juwelierladen. Bald war er als freundlicher Nachbar und aktiver Bürger bekannt, machte unter anderem in einer Initiative gegen einen geplanten Braunkohletagebau mit. Bei der Wahl holte er in Lübtheen überdurchschnittliche 16 Prozent. In der NPD ist Pastörs für besonders radikale Reden bekannt. Hitler nannte er „ein Phänomen … militärisch, sozial, ökonomisch", die Bundesrepublik titulierte er als „Judenrepublik". Im April 2009 kandidierte er erfolglos gegen Udo Voigt für den NPD-Bundesvorsitz.

Thorsten Heise (Jg. 1969) stammt aus dem Nazi-Skin-Milieu und ist Betreiber eines großen Versandhauses für rechtsextreme Musik. Bis zum Verbot der FAP 1995 war er dort aktiv, gründete dann eine Neonazi-„Kameradschaft". In die NPD, die er bis dahin als zu moderat abgelehnt hatte, trat er 2004 ein. Heise ist unter anderem wegen Körperverletzung und Volksverhetzung vorbestraft.

schen" orientiert und nach außen hin abgeschottet. Für die exportorientierte deutsche Industrie und Hunderttausende von Arbeitsplätzen hätte dies katastrophale Folgen.

… antichristlich …

Jahrzehntelang bekannte sich die NPD in ihrer Satzung zur „abendländisch-christlichen Kultur". In der Anfangszeit war sie ein Sammelbecken auch für das konservativ-katholische Spektrum. So forderte das erste Parteiprogramm 1967: „Die staatlichen Volksschulen sind christliche Gemeinschaftsschulen." Heute dagegen ist die NPD geradezu antichristlich. Kein Wunder, ist doch der universale Humanismus dieser Weltreligion das glatte Gegenteil der rassistischen NPD-Ideologie.

In der Weltsicht vieler NPDler hat mit der Missionierung und der Übernahme des „Judäo-Christentums" vor 2000 Jahren der Verfall des Germanischen begonnen. So schreibt die *Deutsche Stimme* in der Rezension eines Buches der heidnischen Religionswissenschaftlerin Sigrid Hunke zustimmend, sie lege „die Wurzeln europäischer Religiosität frei. Wurzeln – überdeckt, zugeschüttet und überwachsen von einer ausgewucherten fremden Lehre, dem Christentum." Folglich pflegt die Parteizeitung heidnische Bräuche, widmet beispielsweise der Walpurgisnacht ausführliche Artikel. „In ihrem Vernichtungsfeldzug gegen das Heidentum hat die christliche Kirche der Volksgläubigkeit der Germanen schwere Wunden zugefügt", heißt es da. „Doch es ist ihr nicht gelungen, sämtliche Sitten und Bräuche unserer Vorfahren vollends zu zerstören." Im Angebot des parteieigenen DS-Versands finden sich T-Shirts mit dem Aufdruck „Odin statt Jesus", runenkundliche Bücher und pseudogermanischer Wandschmuck. Natürlich gibt es nicht nur Heiden und Atheisten in der NPD. Erzkonservative Christen sind eine wichtige Zielgruppe, „da schlummern viele nationale Menschen", sagt Parteichef Voigt und führt als Beispiel den ehemaligen CDU-Bundestagsabgeordneten Martin Hohmann an. Deshalb unterhält die Partei auch einen „Arbeitskreis Christen in der NPD". Dessen

Mitglieder beklagen eine aber „teilweise offene Feindschaft" in der Partei.

Die antichristliche Grundhaltung der NPD passt gut zum weitgehend entkirchlichten Ostdeutschland. Im Programm zur sächsischen Landtagswahl 2004 etwa hieß es: „Religionsunterricht hat nach Ansicht der NPD an staatlichen Schulen nichts zu suchen und findet privat, an konfessionellen Schulen und in den jeweiligen Religionsgemeinschaften statt!" Seit 1967 hat sich also die Position ins Gegenteil verkehrt. Kein Wunder, dass in der seit März 2002 geltenden Satzung nur noch steht: Die NPD „bekennt sich zur deutschen und abendländischen Kultur".

… antisemitisch und rassistisch …

Eine historische Konstante der NPD ist ihr Antisemitismus. Offen wurde und wird er in der Partei selten geäußert, unterschwellig aber war und ist er stets spürbar. Aufschlussreich ist ein Blick in ein „Politisches Lexikon", das Ende der Sechzigerjahre für Mitglieder herausgegeben wurde. Dem Text zum Stichwort „Antisemitismus" ist deutlich anzumerken, wie filigran er konstruiert ist, um verharmlosende Formulierungen unterzubringen: „Seitdem jüdische Minderheiten verstreut oder in geschlossenen Siedlungen unter anderen Völkern leben, reagieren diese Völker abwehrend auf den jüdischen Auserwähltheitsanspruch und seine sozialen wie politischen Auswirkungen." Judenfeindlichkeit erscheint so als normale, ja fast verständliche Einstellung.

Unverhüllter Antisemitismus wurde unter den frühen NPD-Vorsitzenden nicht geduldet. Das änderte sich 1991 mit der Wahl Günter Deckerts, der später wegen Zustimmung zu Thesen eines Auschwitz-Leugners ins Gefängnis kam. Unter Udo Voigt ist allzu offene Judenfeindlichkeit nun wieder verpönt. Horst Mahler, der ehemalige RAF-Terrorist, der die NPD im Verbotsverfahren in Karlsruhe verteidigte, sorgte mit antisemitischen Tiraden für Aufsehen. Nachdem der Prozess geplatzt war und Mahler weiter den „Kampf um die Holocaust-Thematik" führen wollte, trennte sich Voigt von ihm.

WER SIE SIND (IV)

Der Historiker **Jürgen Gansel** (Jg. 1974) ist Mitglied der sächsischen NPD-Landtagsfraktion und gilt als Chefideologe der Partei. Aus der CDU kommend, schloss er sich während des Studiums der Burschenschaft der Dresdensia-Rugia an und wurde 2001 Redakteur beim NPD-Blatt *Deutsche Stimme*. Bekannt wurde Gansel, als er 2005 im Landtag die Bombardierung Dresdens im Zweiten Weltkrieg „Bomben-Holocaust" nannte und einen Eklat auslöste.

Andreas Molau (Jg. 1968) war Lehrer an einer Waldorf-Schule und Redakteur bei der Wochenzeitung *Junge Freiheit*, bevor er zur NPD stieß. Als Spitzenkandidat bei der niedersächsischen Landtagswahl 2008 blieb er erfolglos, Ende desselben Jahres kündigte er eine Kampfkandidatur gegen Parteichef Voigt an. Als er offen forderte, die NS-Nostalgie in der Partei zu überwinden und einen Kurs ähnlich der österreichischen FPÖ einzuschlagen, wurde er innerparteilich angefeindet. Im Frühjahr 2009 wechselte er zur DVU. Daneben ist er in der rechtsextremen Gesellschaft für freie Publizistik (GfP) und der Kontinent Europa Stiftung aktiv.

Ein umfangreiches Personenlexikon unter:
www.netz-gegen-nazis.de/wissen/wer-sind-die

UND WELCHE PARTEIEN GIBT ES SONST NOCH?

Sowohl von der Bedeutung als auch der Mitgliederzahl hat die NPD die anderen Parteien der extremen Rechten überholt. Die **Republikaner**, 1983 von ehemaligen CSU-Mitgliedern gegründet, hatten in den Neunzigerjahren unter ihrem charismatischen Vorsitzenden Franz Schönhuber einigen Erfolg. Außerhalb von Baden-Württemberg sind sie heute fast bedeutungslos, ganze Landesverbände traten inzwischen zur NPD über.

Die **Deutsche Volksunion (DVU)** dagegen hat sich mit einem jungen Vorsitzenden, Matthias Faust (Jg. 1971), neu organisiert. Jahrzehntelang war sie vom Münchner Verleger Gerhard Frey (*National-Zeitung*) autokratisch geführt worden, trotz einzelner Landtagswahlerfolge (etwa in Brandenburg) blieb sie eine weitgehend virtuelle Partei ohne stabile Strukturen. Nachdem in der NPD zuletzt der offen neonazistische Flügel erstarkte, versucht die DVU, gemäßigtere und enttäuschte Kräfte aufzufangen. In die Europawahl 2009 zog sie mit einem deutlich an die Neue Rechte [▶ Kapitel 20] angelehnten Programm.

Rechtspopulistische Gruppen wie Pro Köln [▶ Kapitel 4] sind bislang lediglich auf lokaler Ebene aktiv und nur begrenzt erfolgreich.

Aber auch Voigt pflegt antisemitische Ressentiments, behauptet etwa in Wahlkampfreden, der israelische Staat werde mit deutschen Steuergeldern finanziert. Er weiß, dass die Parteibasis solche Töne mag. Auch unter seinem Vorsitz finden sich in der *Deutschen Stimme* eindeutige Anspielungen: Ein Bericht über den Israelbesuch des damaligen SPD-Kanzlerkandidaten erschien 1998 mit der Überschrift „Gerhard Schröder verspricht Israel Treue" und unter dem Rubrikentitel „Mensch ärgere dich". Als der Brite Peter Mandelson von Premier Tony Blair für die EU-Kommission nominiert wurde, erschien im Parteiblatt ein ganzseitiger Text zur „Schlüsselstellung von Juden in den privaten und staatlichen Machtzentren des Weltkapitalismus". Die verschwörungstheoretische Suggestion: „Neben der US-Notenbank und der Weltbank wird demnächst auch das EU-Handelskommissariat in auserwählter Hand sein. Alles ein Zufall?" In diesem Zitat klingt an, wie die NPD heute ihren Antiamerikanismus am liebsten äußert: in antisemitischen (oder auch globalisierungsfeindlichen) Chiffren. Ständig wird in der Partei von „der Wall Street" oder „der Ostküste" schwadroniert, die die Welt beherrschten. [▶ Kapitel 25]

Ihren Rassismus und ihre Ausländerfeindlichkeit versucht die NPD heute zu tarnen und durch scheinrationale Begründungen plausibel zu machen. Meist heißt es nicht mehr platt: „Ausländer raus!" Stattdessen vertritt sie das der Neuen Rechten entlehnte Konzept des „Ethnopluralismus": Um die „kulturelle Identität" eines Volkes zu erhalten, sei die strikte Trennung von anderen nötig. Eine Höherwertigkeit der eigenen Ethnie wird nicht mehr ausdrücklich konstatiert – doch selbst bei gut geschulten NPD-Kadern bricht diese Vorstellung, wenn man nur lang genug nachfragt oder sie schon einige Biere getrunken haben, immer wieder hervor. [▶ Kapitel 20]

In Reinform findet sich der Rassismus der NPD in einer Schulungsbroschüre: „Ein Afrikaner, Asiate oder Orientale wird nie Deutscher werden können", heißt es da, „weil die Verleihung bedruckten Papiers [des deutschen Passes] ja nicht die biologischen Erbanlagen verändert, die für die Ausprägung körperlicher, geistiger und seelischer Merkmale von Einzelmenschen verantwortlich sind." Letzteres hat die Wissenschaft zwar längst widerlegt, für die NPD ist es trotzdem eine absolute Wahrheit.

... und sie verharmlost das Dritte Reich

Die NPD wäre nicht die NPD, würde sie nicht stets versuchen, Hitler zu verteidigen. Die Verharmlosung des Dritten Reichs ist *das* Identitätsthema der NPD. Kein anderes schafft es, die Anhänger so sehr zu binden und zu mobilisieren – in der Frühzeit der Partei durchaus noch aus persönlicher Betroffenheit, schließlich hatte damals ein Drittel der Mitglieder eine NSDAP-Vergangenheit; heute wohl aus dem typischen Drang von Nationalisten, die schlimmen Seiten der Geschichte ihrer Nation zu relativieren.

Mit einschlägigen Zitaten aus der NPD ließen sich jedenfalls Bibliotheken füllen. Schon im 1967er-Programm stand: „Wir weisen die Behauptung der Allein- oder Hauptschuld Deutschlands an den Weltkriegen entschieden zurück. Die Bekämpfung dieser Lüge ist die Aufgabe des ganzen Volkes." Der Todestag des Hitler-Stellvertreters Rudolf Hess ist einer der wichtigsten Demo-Termine für die NPD und ihr Umfeld. Zum 60. Jahrestag des Kriegsendes initiierte die Partei eine Kampagne unter dem Motto „1945 – wir feiern nicht". Der „Taschenkalender des nationalen Widerstandes" enthält reihenweise Geburtstage von Obersturmbannführern und Generalfeldmarschällen. Die mehrfach zitierte Schulungsbroschüre formuliert es so: „Nur weil es etwas schon im Dritten Reich gegeben hat, muss es nicht automatisch schlecht sein." Im NPD-Bundesvorstand, der im April 2009 nach heftigem Machtkampf gewählt wurde, sind offene NS-Nostalgiker sogar wieder stärker vertreten. Wahrscheinlich ist die NPD quasi gezwungen, das Dritte Reich zu beschönigen, weil so vieles von dem, was sie heute will, schon damals verwirklicht war.

MEHR ZUM THEMA

- Eine kompakte Handreichung über die NPD: www.apabiz.de/aktuell/NPDNeu.pdf
- Wie sozial ist die NPD wirklich? Eine Analyse von Gideon Botsch und Christoph Kopke unter: www.netz-gegen-nazis.de/lexikontext/wie-sozial-ist-die-npd-wirklich
- Staud, Toralf: Moderne Nazis. Die neuen Rechten und der Aufstieg der NPD. KiWi 2007 (auch bei der Bundeszentrale für politische Bildung als Lizenzausgabe erhältlich)
- Virchow, Fabian/Dornbusch, Christian: 88 Fragen und Antworten zur NPD. Wochenschau 2008

13

Welches Menschenbild hat die NPD?

Eines kann man der NPD nicht vorwerfen: Dass sie mit ihrer Weltanschauung hinterm Berg hielte. Ein genauer Blick genügt – aber nicht auf die oft gefälligen Flugblätter der Partei, sondern in ihr Grundsatzprogramm.

Es ist ein dünnes Dokument, gerade 14 Seiten stark, 1996 beschlossen. Gleich in Punkt 1 geht es um „die Grundlage des Staates"; und sofort wird klar, dass die NPD eine rechtsextremistische Partei ist, genauer gesagt: eine völkische.

> Volkstum und Kultur sind die Grundlagen für die Würde des Menschen.

Das liest man. Und stockt. Hier wird – geradezu beiläufig – die Menschenwürde an Voraussetzungen gebunden. Dabei ist die große Errungenschaft von Humanismus und Aufklärung und der Allgemeinen Erklärung der Menschenrechte von 1948, dass die Würde des Menschen keine Grundlage hat als den Menschen selbst. Durch die Geburt steht ihm ein unveräußerliches Recht auf Achtung seiner Würde zu – und zwar jedem Menschen! Egal welche Hautfarbe er hat, ob er behindert ist oder nicht, ob er für das Volk „nutzbringend" ist oder nicht.

Für die NPD gilt all das nicht. Der zitierte Satz klingt wie eine nur kleine Akzentverschiebung, aber er hat weitreichende Folgen: Indem die Partei die Würde des Menschen außerhalb seiner selbst begründet – nämlich in „Volkstum und Kultur" –, schränkt sie seine Rechte ein. Das zeigt sich gleich im folgenden Satz:

> Deswegen trägt der Staat, dessen Aufgabe der Schutz der Menschenwürde ist, Verantwortung für das Volk.

Nicht der Mensch also ist vom Staat zu achten, sondern ein – wie auch immer definiertes – Kollektiv. „Das Volk" gilt der NPD als Mittelpunkt aller Politik.

Aber was ist so schlimm daran? Ist nicht ein einzelner Mensch wirklich verloren ohne andere Menschen? Mag ja sein. Gibt man aber den Einzelnen als Quell der Menschenwürde auf, lässt man ihn schutzlos zurück – im Extremfall kann er sich nicht mehr gegen Willkür der Mehrheit oder des Staates wehren. Im Interesse „des Volkes", könnte die NPD fordern, müsse der Einzelne schon mal zurückstehen. Müsse Opfer bringen, vielleicht sogar sein Leben hingeben. Und wenn er das nicht einsehe, dann werde man ihm das schon beibringen …

Dies ist der grundlegende Unterschied zu den demokratischen Parteien – von ganz rechts bis ganz links: Bei ihnen steht der einzelne Mensch im Mittelpunkt. In der Bundesrepublik mit ihrem Grundgesetz kann sich das Individuum gegen Eingriffe in seine Grundrechte wehren – nicht zuletzt mit dem Gang zum Bundesverfassungsgericht. In einem NPD-Staat ginge das nicht mehr. Im „Politischen Lexikon" der Partei, in dem die NPD auf ihrer Internet-Seite die Grundbegriffe ihrer Weltanschauung erklärt, heißt es denn auch unverblümt:

> Die Volksgemeinschaft schafft die Verpflichtung für die Mitwirkung aller im Volk.

Um es klar zu sagen: Natürlich kann und soll sich jeder Mensch auch für andere einsetzen. Eine humane Gesellschaft basiert nicht auf purem Egoismus, sondern braucht Solidarität. Aber wenn man dazu *gezwungen* werden kann, sind Unfreiheit und Diktatur Tür und Tor geöffnet. „Das Volk" ist bei der NPD übrigens eine rassisch homogene Gemeinschaft. Für sie ist genetisch vorbestimmt, wer dazugehört. Deshalb kann sich bei der NPD niemand aussuchen, für welche Menschen er sich einsetzen oder auch Opfer bringen möchte.

Der Einzelne zählt für die NPD nur so viel, wie er für „das Volk" tun kann. Das zeigt sich überdeutlich in ihrer Familienpolitik. Mit sicherem Gespür fürs Populäre fordert die NPD „500 Euro Kindergeld". Wird irgendwo ein Fall von Kindesmissbrauch öffentlich, ist sie mit einer Demo zur Stelle, die „Todesstrafe für Kinderschänder" verlangt. Der tiefe Sinn offenbart sich im Grundsatzprogramm:

> Die Familie ist Träger des biologischen Erbes.

Sie ist also nur Mittel zum Zweck. Und weiter:

> Ein Volk, das tatenlos zusieht, wie die Familie zerstört wird oder ihre Kraft verliert, wird untergehen, weil es ohne gesunde Familien kein gesundes Volk gibt.

Kinder und Familie sind also vor allem deshalb wertvoll, weil sie dem Rasse- bzw. Volkserhalt dienen. Will man die gesamte NPD-Ideologie auf einen Satz bringen, dann auf diesen: „Du bist nichts, Dein Volk ist alles!" Er steht übrigens nicht im NPD-Grundsatzprogramm, sondern stammt von der NSDAP.

Sollte die NPD verboten werden?

Kaum eine Frage im Zusammenhang mit Rechtsextremismus wird so kontrovers diskutiert wie diese. Was spricht für ein Verbot? Und was dagegen?

„Die Parteien wirken bei der politischen Willensbildung des Volkes mit", besagt Artikel 21 des Grundgesetzes. „Ihre Gründung ist frei." Parteien werden also hierzulande nicht formell zugelassen. In Ausnahmefällen kann aber das Bundesverfassungsgericht eine Partei verbieten. In einem pluralistischen Staat ist dies eine heikle Sache. Erst zweimal in der Geschichte der Bundesrepublik wurden Parteien verboten: 1956 die Kommunistische Partei Deutschlands (KPD) und 1952 die Sozialistische Reichspartei (SRP), eine Nachfolgeorganisation der NSDAP.

2001 reichten Bundesregierung, Bundestag und Bundesrat einen Antrag auf Verbot der NPD ein, doch zu einer Verhandlung kam es nicht. Die Karlsruher Richter monierten, dass im Antrag auch Aussagen von V-Leuten des Verfassungsschutzes zitiert waren. Weil unklar war, ob womöglich der Staat Einfluss auf Aussagen der NPD genommen hatte, lehnten drei von sieben Richtern eine weitere Befassung ab – der Prozess war geplatzt. Sollte man einen neuen Anlauf wagen?

Bernd Wagner meint: Ja, Goebbels Erben müssten verboten werden!
Bevor wir an ein NPD-Verbot denken, sollten sich die Politiker darüber einig sein, ob der Verfassungsschutz seine Informanten, die V-Leute, abzieht oder nicht. Denn der vorherige Verbotsversuch scheiterte, weil man nicht überblickt, welchen Einfluss diese Leute möglicherweise auf die Arbeit der Partei haben.

Es gibt viele gute Gründe für ein Verbot. Die NPD will einen völkischen Staat, der das Prinzip der Menschenwürde aushebelt. Ihr Menschenbild basiert auf der angeblichen Überlegenheit der weißen Rasse. Dies ist für mich entscheidend. Weniger, dass einige Leute in der Partei immer wieder Hitler einen guten Mann nennen. Wie kann es gelingen, die NPD zu verbieten? Als Erstes, wie gesagt, müssten die Innenminister beschließen, alle V-Leute aus den Gremien der Partei abzuziehen – von den Ortsvorständen bis zur Bundesspitze. Das ginge

Die NPD nimmt alle Privilegien des von ihr verachteten
und bekämpften Rechtsstaats in Anspruch –
dies darf sich eine wehrhafte Demokratie nicht gefallen lassen

innerhalb von 24 Stunden. Davon nicht betroffen wären die sogenannten Neonazi-„Kameradschaften" und andere verdeckte Strukturen außerhalb der Partei. Die werden natürlich weiter observiert: aus Gründen der Gefahrenabwehr, nicht wegen ihres politischen Verhaltens.

Und dann sollten wir ein gesellschaftliches Bündnis gründen: Experten, Politiker, Vertreter der Wirtschaft, Kirchenleute, Jugendinitiativen. Dieses Bündnis sollte geduldig den neuen Verbotsantrag vorbereiten. Die Definition von Rechtsextremismus wäre nicht mehr nur Gerichten, Behörden und Wissenschaftlern überlassen. Auf diese Weise könnten die Bürger einbezogen und das verbreitete Gefühl struktureller Ohnmacht vermieden werden. Ein solcher Prozess würde dauern, ich denke, zwischen drei und fünf Jahre. Aber es lohnt sich.

Die NPD nimmt alle Privilegien des von ihr verachteten und bekämpften Rechtsstaats in Anspruch: Meinungsfreiheit, Verwaltungsgerichte, millionenschwere Parteienfinanzierung. Dies darf sich eine wehrhafte Demokratie nicht gefallen lassen. Wie sagte Goebbels? „Das wird immer einer der besten Witze der Demokratie bleiben, dass sie ihren Todfeinden die Mittel selbst stellte, durch die sie vernichtet wurde."

Bernd Wagner ist Gründer des Neonazi-Aussteiger-Projekts Exit.
Der ehemalige Kriminalpolizist berät als Rechtsextremismusexperte
Politik, Medien und Wirtschaft.

Anetta Kahane ist gegen ein Verbot, denn die NPD sei nur ein Symptom

Die Bedingungen für einen NPD-Verbotsantrag scheinen seit dem letzten Versuch nicht besser geworden zu sein. Der Staat hat die V-Leute noch immer nicht abgezogen, und es sieht nicht aus, als würde es bald geschehen. Selbst bei einem Abzug aber wäre der Ausgang des Verfahrens ungewiss. Und ein erneutes Scheitern wäre ein Triumph für die Neonazis.

Eine andere Frage scheint mir fast noch wichtiger: Würde mit einem Verbot wirklich erreicht, dass auf deutschen Straßen nicht mehr Inder, Ägypter, Nigerianer beleidigt, verfolgt, geprügelt werden? Und das unter Duldung oder gar Jubel der umstehenden Bevölkerung? Bestimmt nicht. Im Gegenteil. Denn die NPD ist eher ein Symptom als die Krankheit selbst. Kein vernünftiger Mensch wird annehmen, dass etwa die Bürger im sächsischen Mügeln die Jagd auf Inder im Sommer 2007 vereitelt hätten, wenn die NPD verboten gewesen wäre.

Die Erfahrung zeigt leider, dass Politik und Gesellschaft nur dann auf die rechtsextreme Bedrohung reagieren, wenn deren Parteien es in die Parlamente schaffen. Dann nämlich ist da eine andauernde Erinnerung, ein Menetekel, dass etwas nicht stimmt. Seit die NPD in Landtage eingezogen ist, wird der Rechtsextremismus auch von maßgeblichen Politikern endlich als ernste Gefahr wahrgenommen. Umgekehrt geben Politiker bei niedrigen Wahlergebnissen gleich Entwarnung – als gäbe es dann sofort kein Neonazi-Problem mehr, zum Beispiel auf den Straßen. „Keine NPD, kein Problem" – getreu diesem Motto werden sich nach einem erfolgreichen Verbot Politik, Gesellschaft und Medien abwenden.

Den Nazis nicht das Feld zu überlassen heißt: sich selbst zu kümmern. Um Demokratie im Alltag, um gute Schulen oder auch um Politik generell. Wenn Deutschland aus sich selbst heraus dazu bereit wäre, dann bräuchte es das Menetekel NPD vielleicht nicht …

Anetta Kahane ist Vorsitzende der Amadeu Antonio Stiftung. Diese fördert seit 1998 Initiativen gegen Rechtsextremismus, Antisemitismus, Fremden- und Demokratiefeindlichkeit – vor allem in Ostdeutschland.

MEHR ZUM THEMA

- Online-Dossier der Bundeszentrale für politische Bildung zur NPD-Verbotsdebatte:
  www.bpb.de/themen/33EARQ,0,0,Schwerpunkt%3A_Debatte_um_NPDVerbot.html
- Leggewie, Claus/Meier, Horst: Verbot der NPD oder Mit Rechtsradikalen leben? Suhrkamp 2002
- Diskutieren Sie mit unter www.netz-gegen-nazis.de/frage/soll-die-npd-verboten-werden

Wie machen Nazis sich in der Gesellschaft breit?

In der Kita gibt es plötzlich ein Kind namens Odin, der Dorftankwart hängt ein NPD-Plakat auf, in der Freiwilligen Feuerwehr bekommt die Anrede „Kameraden" einen ganz neuen Hintersinn. Neonazis verankern sich zunehmend in der Gesellschaft – sie selbst sprechen von einer „völkischen Graswurzelrevolution" mit dem Ziel, „das System" von unten „zu überwinden".

Eigentlich ein ganz normaler Vorgang: Ende 2004 geht bei der Freiwilligen Feuerwehr im Thüringischen Städtchen Schleusingen ein Aufnahmeantrag ein. Doch unterzeichnet hat ihn Thommy Frenck, ein junger Mann, der bis dahin eher als rechtsextremer Schläger aufgefallen ist. Die Feuerwehr ist etwas ratlos. Eigentlich kann sie jede Verstärkung gebrauchen, aber mit braunen Gewalttätern will sie nichts zu tun haben. Sie lehnt den Antrag ab. Der junge Mann aber legt, unterstützt von der NPD, beim zuständigen Landratsamt Widerspruch ein. Mit Erfolg. Politische Gesinnung, heißt es, sei kein Ausschlussgrund für eine Mitarbeit in der Feuerwehr.

Seit einigen Jahren sind die Rechtsextremisten – vor allem im ländlichen Raum – auf einem schleichenden Vormarsch. Wahlergebnisse sind dafür kein verlässlicher Indikator. Das, was der NPD-Ideologe Jürgen Gansel als „geräuschlose völkische Graswurzelrevolution" bezeichnet, findet im Alltag statt, in Sportvereinen oder Elternvertretungen oder eben in der Feuerwehr. In vielen kleineren Orten, gerade in der ostdeutschen Provinz, sind Feuerwehrvereine oft die einzige gesellschaftliche Struktur, die nach Schulschließungen und Abzug des örtlichen Pastors überhaupt noch geblieben sind. „Wir schicken unsere Leute in die Freiwilligen Feuerwehren, um dort die Arbeit zu machen, die Feuerwehren machen", sagt Frank Schwerdt, der Vorsitzende des Thüringer NPD-Landesverbandes, und fügt ganz offen hinzu: „Aber möglicherweise sind das auch gesellschaftliche Zusammenschlüsse, bei denen man sich nicht nur über die Feuerwehr unterhält."

Genau das ist das Kalkül: durch ziviles Auftreten und lokales Engagement alle gesellschaftlichen Bereiche durchdringen. NPD-Ideologe Gansel schrieb einmal, sobald „junge Patrioten" nicht mehr „das Klischee vom saufenden und prügelnden Skinhead" erfüllen, täten „sich ihnen ganz neue Wirkmöglichkeiten in der Mitte des Volkes" auf. Rechtsextremisten sollten sich vor Ort „wie Fische im Wasser" bewegen. Und dabei helfe es, als höflicher und netter und engagierter Nachbar bekannt zu sein. Das politische Bekenntnis folgt oft erst viel später.

Neonazi-„Kameradschaften" treffen sich zum Müllsammeln im Park oder pflegen das örtliche Kriegerdenkmal. In einem Dorf in der Oberlausitz sind sie es, die den traditionellen Maibaum in der Ortsmitte aufstellen. In Vor-

> „Wir schicken unsere Leute in die Freiwilligen Feuerwehren",
> sagt ein NPD-Kader ganz offen. Durch ziviles Auftreten
> und lokales Engagement sollen alle gesellschaftlichen Bereiche
> durchdrungen werden

pommern gründen Neonazis einen „Kulturkreis Pommern" und ziehen als Volkstanzgruppe von Dorffest zu Dorffest. Ein Neonazi-Kader aus Stralsund ruft seine Leute auf, sich bei Schöffenwahlen als Kandidaten anzubieten und so die Gerichte zu unterwandern, weil man dort „die Möglichkeit hat, sein individuelles Rechtsempfinden zumindest teilweise in den Gerichtsbeschluss einfließen zu lassen". Die ehemaligen Skinheads der Neunzigerjahre sind heute in einem Alter, wo sie Kinder haben – die nennen sie zum Beispiel „Odin", sie lassen sich in der Schule in die Elternvertretung wählen und fordern dann irgendwann mehr germanisches Liedgut im Unterricht.

Diese Durchdringung des gesellschaftlichen Alltags hat einen klaren Zweck. Sachsen-Anhalts NPD-Landeschef Matthias Heyer hat ihn 2009 in einem rechten Internetforum mit einem Satz auf den Punkt gebracht: „Das Ziel ist und bleibt die Systemüberwindung, der Weg dahin führt über gefestigte Strukturen inner- und außerhalb der Parlamente." Auf dem Weg dorthin veranstaltet die Partei Kinderfeste. Da werden Hüpfburgen für die Kleinen aufgebaut, es gibt kostenlose Bratwurst, und die NPD-Damen vom Ring Nationaler Frauen verteilen selbst gebackenen Kuchen.

Was man dagegen tun kann? Wachsam sein. Und sich engagieren – sich beispielsweise selbst als Schöffe anbieten oder in die Elternvertretung wählen lassen. Jedenfalls keine Lücken lassen, in die die Rechtsextremisten stoßen könnten.

Etliche Sportvereine haben inzwischen in ihre Satzungen einen Passus eingefügt, dass die Anwesenheit bekennender Rassisten den Vereinsfrieden stört. [▶ Kapitel 49] Aber es gibt auch ganz private Entscheidungen: Wer erfährt, dass ein örtlicher Anwalt nebenberuflich als Sänger der Neonazi-Band Noie Werte aktiv ist (dieses Beispiel ist nicht ausgedacht!), kann sich durchaus überlegen, ob er wirklich diesen Anwalt engagiert und mit der Honorarzahlung quasi einen rechtsextremen Propagandisten bezahlt. Als nahe Verden in Niedersachsen der heutige NPD-Bundesvize Jürgen Rieger ein Anwesen erwarb, um es zum Schulungszentrum auszubauen, formierte sich ein breites gesellschaftliches Gegenbündnis – selbst die Heizölhändler der Region sprachen sich ab, den Rechtsextremisten nicht zu beliefern und im Winter frieren zu lassen.

Im Thüringischen Schleusingen wehrte sich die Freiwillige Feuerwehr ebenfalls phantasievoll. Nachdem das Landratsamt die Pflicht zur Aufnahme von Thommy Frenck verfügt hatte, schrieb der Wehrführer seinem

„UNS TRAUT MAN"

Schon Anfang der Neunzigerjahre erschien in der NPD-Zeitschrift *Vorderste Front* ein Aufsatz, der das Einsickern in die Gesellschaft als Taktik beschrieb: „Alten Leuten kann man beim Ausfüllen von Formularen helfen, sie beim Einkauf unterstützen, man kann Babysitter bei arbeitenden Ehepaaren oder alleinstehenden Müttern spielen, man kann den Garten in Ordnung bringen, die Straßen sauber und durch regelmäßige Nachtpatrouillen sicher halten. Man kann gegen den Zuzug eines Supermarkts, die Vertreibung alteingesessener Mieter durch Miethaie, die Schließung des kleinen Eckladens […] oder den Bau einer Autobahn durch das Wohnviertel protestieren und agitieren. Man muss so handeln, dass man in einem Meer der Sympathie schwimmt, dass die ‚normalen' Bewohner für uns ‚die Hand ins Feuer legen'. Dann wird dem Staat jede Form der Unterdrückung nicht nur nichts nutzen, sondern das genaue Gegenteil bewirken: Die Menschen werden noch stärker in unsere Arme getrieben. Für die Menschen vor Ort werden WIR […] das Maß aller Dinge sein. WIR sind die Elite dieser Wohngegend, UNS traut man zuerst, WIR sind die Vorbilder."

Dienstherrn, dem Bürgermeister, einen offiziellen Brief, in dem er ankündigte, aus der Feuerwehr nach 30 Jahren Mitgliedschaft auszutreten, sobald der Rechtsextremist tatsächlich aufgenommen würde. 43 Feuerwehrleute setzten ähnliche Erklärungen auf. Einer von ihnen begründete seinen Entschluss mit dem Eventualfall bei einem Verkehrsunfall. Man stelle sich vor, schrieb er, „da ist ein Farbiger im Auto eingeklemmt, und ich habe dann so einen dabei", also einen bekennenden Rechtsextremisten. Auf so einen Kameraden könne er sich beim Einsatz „nicht verlassen". Die Aktion hatte Erfolg. Das Aufnahmegesuch wurde abgelehnt. Frenck beschwerte sich erneut, doch diesmal entschied die Kommunalaufsicht: „In der konkreten Situation war dem Bürgermeister nicht zuzumuten, im Interesse einer einzelnen Person die Arbeitsfähigkeit der gesamten Freiwilligen Feuerwehr Schleusingen zu gefährden."

Aber auch die NPD hat dazugelernt. Vier Jahre nach diesem Fall, zur Kommunalwahl 2009, erlebte dies die Freiwillige Feuerwehr im thüringischen Ernstthal nahe Sonneberg. Ausgerechnet ihr Wehrführer, ein 28-jähriger Mann, kandidierte plötzlich für rechtsextreme Parteien. Aber er outete sich eben erst, nachdem er angesehen und in Funktion war. Andere Parteien hätten ihm ja leider kein Angebot gemacht, „welches ich mit meinem Gewissen vereinbaren konnte", teilte er der verblüfften Lokalpresse mit und betonte, nicht braun zu sein, sondern weiß. Und, so seine Argumentation, er sei „nicht rechtsextrem, sondern einfach nur Deutscher".

MEHR ZUM THEMA

- Ruf, Christoph/Sundermeyer, Olaf: In der NPD. Reisen in die National Befreite Zone. Beck 2009
- Röpke, Andrea: Ferien im Führerbunker. Die neonazistische Kindererziehung der „Heimattreuen Deutschen Jugend (HDJ)". Arug Braunschweig 2009
- Ein Artikel über die NPD in Mecklenburg-Vorpommern und ihre Graswurzelstrategie: www.netzgegen-nazis.de/artikel/glatzenbrot-und-lebensrunen
- Braun, Stefan/Geisler, Alexander/Gerster, Martin (Hrsg.): Strategien der extremen Rechten. Hintergründe – Analysen – Antworten. VS-Verlag 2009

16

Und warum engagiert sich die NPD in der Kommunalpolitik?

„Bürgernähe zeigen, vor Ort siegen. Auf kommunaler Ebene kann die Ausgrenzung unterlaufen werden" – so war vor Jahren ein Artikel in der NPD-Zeitung *Deutsche Stimme* überschrieben. Soll heißen: Kommunalpolitik dient der Partei vor allem dazu, sich beim Bürger beliebt zu machen und Wahlerfolge auf Landes- oder Bundesebene vorzubereiten.

Aufrufe an die Mitglieder, sich in Städten und Gemeinden zu engagieren, sind so alt wie die NPD. Aber mit Ausnahme der Sechzigerjahre verfügte die Partei nie über so viele kommunale Mandate wie heute. Bei den letzten Kommunalwahlen im Juni 2009 errang sie allein in Sachsen mehr als 70 Sitze – eine Verdreifachung gegenüber den Wahlen fünf Jahre zuvor. In ihren Hochburgen in der Sächsischen Schweiz und auch in Vorpommern erreicht die NPD leicht zweistellige Prozentzahlen. 2007 in Sachsen-Anhalt steigerte sie bei Kreistagswahlen die Zahl ihrer Mandate von zwei auf 13 – wo immer die NPD Kandidaten aufgestellt hatte, gelang ihr der Einzug. Die enge Kooperation mit Neonazi-„Kameradschaften" war in Sachsen-Anhalt besonders deutlich erkennbar: Knapp ein Viertel der aufgestellten Kandidaten war jünger als 25 Jahre – davon können die demokratischen Parteien meist nur träumen. Und längst gelingen der NPD deutliche Zuwächse nicht nur im Osten: In Hessen und Niedersachsen etwa legte sie 2006 stark zu. Bundesweit hält die NPD heute mehr als 200 Kommunalmandate – fast fünfmal so viele wie Anfang der Neunzigerjahre.

Der anfangs zitierte Text der *Deutschen Stimme* appelliert an die NPD-Kader, sie sollten sich „in Zukunft viel stärker auf die ‚weichen Bürgeranliegen'" konzentrieren, unter anderem die vielerorts ungeliebte Gemeindegebiets-

Kommunale Mandate eröffnen der NPD Zugriff auf (bescheidene) finanzielle Mittel – viel wichtiger aber sind der Prestigegewinn und die Informationszugänge, die sich Gemeinderäten eröffnen

reform. Um populäre Themen zu identifizieren, rät das Blatt, sollten die Mitglieder regelmäßig die Lokalpresse lesen und bei Stadtratssitzungen zuschauen. In offenbar genauer Kenntnis milieuüblicher Vorlieben wird verklausuliert darum gebeten, man möge sich weniger um die Leugnung des Holocaust kümmern: „Denn der engagierte Bürger in Zittau beispielsweise interessiert sich wohl mehr für die Geschichte der eigenen Stadt und der Oberlausitz als für chemische Formeln im Zusammenhang mit irgendwelchen Vernichtungsmethoden."

Kommunale Mandate eröffnen der NPD Zugriff auf (bescheidene) finanzielle Mittel, die oft für den Druck von Flugblättern oder kostenlos verteilten Zeitungen eingesetzt werden. Viel wichtiger aber sind der Prestigegewinn und die Informationszugänge, die sich Gemeinderäten eröffnen. Für die NPD hat das lokale Engagement jedenfalls strategische Bedeutung: Sie will in Städten und Gemeinden direkte Kontakte zum Bürger schaffen, um eine Stammwählerschaft aufzubauen und so die Basis zu legen für spätere Wahlerfolge auf Landes- oder gar Bundesebene.

Das größte Problem ist dabei in der Regel das Personal. Vielerorts hat die NPD nicht genug Mitglieder, um ihre Mandate zu besetzen. Konzentriertes und sorgfältiges Arbeiten, wie es in Parlamenten und deren Fachausschüssen üblich ist, sind die meisten nicht gewöhnt. Mit einer Kommunalpolitischen Vereinigung versucht die NPD daher – so gut sie kann –, ihre Leute zu schulen. Trotzdem liegt, so eine Studie aus Mecklenburg-Vorpommern, die „Aktivitätsintensität" vieler NPD-Mandatsträger „nahe am Nullpunkt". Kompe-

tenz sei selten. „In zwei der vier (untersuchten) Kommu-
nalparlamente gelang es der NPD nicht einmal, formge-
recht Anträge zu stellen." Doch die Partei lernt hinzu,
das ist in vielen Orten zu beobachten. Und den Wählern
reicht oft schon der Eindruck, die NPD sei aktiv und
spreche auch unbequeme Themen an.

Anträge und Anfragen von NPD-Gemeinderäten er-
schöpfen sich nicht mehr nur in erwartbaren Polemiken
gegen „Ausländer". Häufigstes Thema ist die Sozial- und
Wirtschaftspolitik (allerdings meist ohne Lösungsangebote), es folgen Forderungen nach mehr „Sicherheit und
Ordnung" und in der Regel pauschale und populistische
Kritik an Behörden. Für die Entwicklung von Gegenstrategien ist es allerdings hilfreicher, die Aktivitäten der
NPD nicht nach deren Inhalt, sondern nach ihrer Funktion für die Partei einzuteilen.

Ein Teil der NPD-Arbeit ist nichts als nüchterne Sachpolitik – so wird versucht, Bindungen in die Gesellschaft
aufzubauen. Im Kreistag der Sächsischen Schweiz zum
Beispiel wandte sich die Partei in mehreren, stets akkurat
formulierten Anträgen gegen unpopuläre Schulschließungen. In der Bezirksverordnetenversammlung Berlin-Lichtenberg kaperte sie die Idee einer örtlichen Bürgerinitiative
zur Gestaltung und Benennung eines neuen Parks. Im
Bezirk Treptow-Köpenick kümmerte sich NPD-Bundeschef
Udo Voigt höchstpersönlich um die Aufstellung einer Fuß-
gängerampel vor einem Seniorenheim, anderswo protestier-
te die Partei gegen die geplante Schließung der letzten
Postfiliale im Ort oder stellte Anträge gegen eine Erhöhung
der Hundesteuer. Sie macht sich gern zum Sprachrohr von
(mehr oder weniger sinnvollen) Bürgeranliegen – und ist
dabei nicht selten sogar schneller als alle anderen Parteien.

Häufig aber sollen NPD-Initiativen in erster Linie Elemente der rechtsextremistischen Ideologie in die Öffentlichkeit transportieren, manchmal ganz offen, manchmal
geschickt verschlüsselt. Wenn etwa die NPD in der Sächsischen Schweiz die Kosten der Unterbringung von Asylbewerbern erfragt, bedient sie ein verbreitetes Ressenti-

**MENSCHEN
„WIE DU UND ICH"**

Zum strategischen Ziel von
Kommunalpolitik hieß es im
Mai 2004 im NPD-Parteiblatt
Deutsche Stimme:

„Dort, wo Nationaldemokraten
kommunalpolitisch aktiv sind,
ist eine überdurchschnittliche
Akzeptanz unserer Ideen in
der Bevölkerung zu
verzeichnen, die sich auch bei
bundesweiten Wahlen
niederschlägt [...]. Dort [...],
wo Nationaldemokraten
kommunalpolitisch in
Erscheinung treten, erkennen
die Bürger, dass hier
Menschen ‚wie Du und ich'
für ihre Ideen und Ideale
einstehen, dass sie Argumente
haben und dass das, was sie
sagen, ‚Hand und Fuß' hat.
[...] Die Bürger interessiert
(leider) nicht, ob eine Million
Ausländer mehr in Deutschland sind oder nicht, wohl
aber, dass sich in ihrem
Dorfkindergarten siebzig
Prozent nichtdeutsche Kinder
befinden. [...] Wir
Nationalisten müssen lernen,
die Sprache der Menschen in
diesem Land zu sprechen.
Und wo kann man dies besser
als in dem Dorf oder der
Stadt, in der man lebt. Daraus
folgt: Nationale Arbeit muss
an der Basis beginnen."

ment, demzufolge Ausländer dem deutschen Sozialstaat nur zur Last fallen. Hinter der Forderung nach Babyprämien versteckt sich oft eine rassistische Begründung – denn in den Genuss der Zahlung kommen soll stets nur ethnisch reiner, „deutscher" Nachwuchs. Praktisch überall versucht die NPD, nicht-rechte Jugendzentren oder zivilgesellschaftliche Initiativen, die gegen Rechtsextremismus aktiv sind, als „linksextremistisch" zu diffamieren. Häufig werden die Vorlagen für solche parlamentarischen Initiativen landes- und bundesweit ausgetauscht.

Ein wesentlicher Teil der kommunalen NPD-Aktivitäten aber hat mit Sachpolitik nicht das Geringste zu tun. Es sind bewusste Provokationen, die sich an ihre Gegner und die Öffentlichkeit richten, aber mehr noch nach innen, also an die eigene Klientel. Denn NPD-Abgeordnete müssen sich nicht nur Demokraten gegenüber rechtfertigen, sondern auch in der eigenen Szene. Dort ist eine Arbeit im Parlament oft verpönt, gilt als „systemnah" und reformistisch. Mandatsträger der NPD müssen deshalb ihrem eigenen, oft noch extremistischeren Fußvolk immer wieder beweisen, dass sie den Kontakt zu ihm nicht verloren haben, nicht der „Verbonzung" unterliegen. Das geschieht beispielsweise durch revisionistische oder chauvinistische Geschichtspolitik, etwa wenn ein Bezirksverordneter – wie in Berlin – die Hinrichtung eines kommunistischen Widerstandskämpfers durch die Nazis als rechtsstaatlichen Akt gegen einen „Waffenhändler" hinzustellen versucht oder gegen jüdische Einrichtungen polemisiert wird.

„Uns ist klar, dass man ein Haus nicht mit dem Dach anfängt", sagte vor Jahren Uwe Leichsenring, der inzwischen verstorbene Frontmann der Sachsen-NPD. Für ihn war – und für seine Parteigenossen ist – Lokalpolitik nur der erste Schritt für eine spätere „nationale Revolution".

MEHR ZUM THEMA

- Zwei wissenschaftliche Untersuchungen: Hafeneger, Benno: Politik der extremen Rechten. Wochenschau-Verlag 1995, und Beier, Katharina (u.a.): Die NPD in den kommunalen Parlamenten Mecklenburg-Vorpommerns. Steinbecker-Verlag 2006
- Detailliert beobachtet und analysiert die Initiative „Nazis in den Parlamenten" die Arbeit der NPD in Berlin (http://nip-berlin.de) und in Sachsen (http://nip.systemli.org).
- Weitere Analysen, Berichte und Reportagen zum Thema: www.netz-gegen-nazis.de/category/lexikon/kommunalpolitik

Was tun eigentlich die demokratischen Parteien gegen Rechtsextremismus?

Wenn die NPD oder andere Rechtsextremisten in ein Parlament gewählt werden, dann hat das meist auch mit Versäumnissen der demokratischen Parteien zu tun. Ein Interview mit Armin Jäger, dem langjährigen Vorsitzenden der CDU-Fraktion im Landtag von Mecklenburg-Vorpommern

Herr Jäger, was unterscheidet einen rechten Demokraten von einem Rechtsextremisten? | Ganz einfach, ein guter Konservativer wird immer die Grenze achten, die das Grundgesetz gezogen hat: die unbedingte Achtung der Menschenwürde. Ich weiß, die Verfassungsschutzgesetze der Länder definieren jemanden erst als extremistisch, wenn er eine explizit feindliche Haltung zum Grundgesetz hat. Aber ich würde die Grenze zur Unterscheidung von rechtskonservativ und rechtsextremistisch viel früher ziehen: nämlich dort, wo der Grundsatz in Zweifel gezogen wird, dass die in unserer Verfassung definierten Grundrechte auch für Nichtdeutsche gelten. Da ist für mich Feierabend. Und da gibt's auch keine Diskussion, ob man das mal ein bisschen ausbeulen sollte.

Mancher in der Union scheint sich mit dieser Frage schwerer zu tun. **I** Das hat mit einer allgemeinen Entwicklung seit „68" zu tun: In der Bundesrepublik galt es lange Zeit ja schon als latent rechtsextrem, wenn man mal die deutsche Flagge gezeigt hat. Oder Stolz auf unser Land bekunden wollte. Und das ist für die Union natürlich nicht akzeptabel. Aber spätestens seit der letzten WM hat sich der Umgang mit der Deutschlandfahne geändert. Ich glaube, dass man stolz sein kann auf eine Kultur, in die man hineingeboren ist und in der man sich wohlfühlt. Doch deswegen muss man nicht dauernd sagen: „Ich bin stolz ein Deutscher zu sein!" Trotzdem wäre es ein Riesenproblem, wenn die Union patriotische Leute rechts liegenlassen würde. Aber ein echter Patriot wird zum Beispiel nie sagen, von deutschem Boden sei immer nur Gutes ausgegangen.

Wenn Sie im rechten politischen Spektrum möglichst viele Leute einbinden wollen – könnte es da nicht nützlich sein, die Grenze bewusst offenzuhalten? **I** Nein. An der klaren Kante darf man nicht knabbern. Ich bin mir sicher, dass man viel offener diskutieren kann, wenn die Grenze definiert ist. Allerdings darf man sich nicht von Wählern abwenden, die dumpfe Vorurteile von sich geben. Man muss versuchen, sie ins demokratische Spektrum zurückzuholen. Deshalb darf ein Politiker nicht sagen: Du bist blöd! Sondern muss erklären, wie er selbst es sieht. Dies hat nichts damit zu tun, Verständnis für rechtsextreme Vorstellungen zu haben. Würden wir so tun, als hätten wir Verständnis für Regelüberschreitungen, dann beschädigen wir die Regel.

Warum ist von der Union wenig zum Rechtsextremismus zu hören? Oft hat man den Eindruck, sie überlasse das Thema linken Kräften. **I** Das sollten Sie nicht mich fragen! Ich gelte in der CDU als jemand, der teilweise überzogen reagiert. Mein Plädoyer für ein NPD-Verbot zum Beispiel wird von vielen Kollegen nicht geteilt. Ich würde sicherlich auch manches anders sehen, wenn ich heute noch in einem der alten Bundesländer wäre.

Der Kampf gegen Rechtsextremismus ist eigentlich eine Christenpflicht, denn das Weltbild der NPD ist meilenweit entfernt von unserem christlichen Menschenbild. Eigentlich kann ein guter Konservativer – denn Konservatismus ist in der abendländischen Kultur ja christlich geprägt – gar nicht in Gefahr kommen, da irgendwo tolerant zu werden. Nur eines macht die CDU auch nicht mit: eine Hysterie bei dem Thema.

Während der ersten Erfolgswelle der NPD in den Sechzigerjahren war die Union trotzdem viel offensiver. Damals druckte das Konrad-Adenauer-Haus

Aufklärungsbroschüren über die NPD – heute gibt es so was nur bei SPD, Grünen oder Linkspartei. I Na ja, ich selbst brauche solch eine Handreichung nicht. Aber in der Tat sollte das Problembewusstsein auch in unseren Reihen noch gefördert werden. Leider höre ich von Kollegen öfter: Wir müssen die NPD akzeptieren, weil sie in den Landtag gewählt wurde. Wenn ich mich im Vergleich an die Debatten erinnere, als die Grünen aufkamen: Da sagte Holger Börner, auf dem Bau würde man so was mit der Dachlatte klären. Dabei ist die NPD eine ganz andere Bedrohung! Die Grünen wollten niemals diesen Staat aus den Angeln heben – sie wollten nur eine andere Lebensweise in diesem Staat.

Viele in der Union vergleichen die NPD heute mit der PDS oder setzen Rechts- mit Linksextremismus gleich. Sie aber arbeiten im Schweriner Landtag mit der Linkspartei zusammen in der Auseinandersetzung mit der NPD ... I ... wofür ich in der Partei auch regelmäßig Prügel beziehe. Ich war immer und werde immer Antikommunist sein. Aber aus der Not heraus glaube ich, dass wir der NPD nicht erlauben dürfen, einen Keil zwischen uns andere Landtagsparteien zu treiben. Wir haben sehr gute Erfahrungen gemacht mit unserer Schweriner Linie: Wenn die NPD irgendeinen Antrag stellt, antwortet immer nur *ein* Redner der anderen Fraktionen. So geben wir Demokraten Paroli, ohne der NPD eine zu große Bühne zu bieten. Ich gebe zu, das ist für mich ein ganz schwieriges Thema. Natürlich habe ich große Probleme mit der Linkspartei. Natürlich gibt es da Strömungen, die Freiheitsrechte einschränken wollen und deshalb nicht auf dem Boden des Grundgesetzes stehen. Aber das sind einzelne Leute – bei der NPD dagegen ist die ganze Grundausrichtung ganz klar extremistisch.

Linksextremismus dagegen ist auf den Straßen in Mecklenburg-Vorpommern auch nicht wirklich ein Problem ... I In der Tat, das war in Berlin während meiner Zeit als Innenstaatssekretär ganz anders. Da musste man deutlich gegenhalten. Aber die Art von linken Autonomen, die

Armin Jäger (68) war bis Februar 2009 Vorsitzender der CDU-Fraktion im Landtag von Mecklenburg-Vorpommern.

Er ist Jurist und stammt aus Niedersachsen, arbeitete als Richter und Landrat. Von 1988 bis 1991 war er Vizepräsident des Bundesgesundheitsamtes.

1991 wechselte er in die Politik, war jahrelang Innenstaatssekretär im Berliner Senat und danach Innenminister in Schwerin. Innerhalb der Union ist er einer der wenigen Befürworter eines NPD-Verbots.

Jäger ist katholisch und hat drei Kinder.

ich da kennengelernt habe, kann man in Mecklenburg-Vorpommern auf die Rote Liste setzen.

Die wirkliche Bedrohung unserer Demokratie geht übrigens auch nicht von rechten Extremisten auf der Straße aus. Es wäre ein Fehler zu glauben, dass wir das Problem mit der Polizei beherrschen könnten. Die NPD versucht zielstrebig, innerhalb des demokratischen Systems Mehrheiten für ihre undemokratische Ideologie zu schaffen. Mittlerweile bin ich nicht mehr sicher, dass das ein aussichtsloses Unterfangen ist. Wenn Sie mir das vor zehn Jahren gesagt hätten, hätte ich geantwortet: Sie spinnen! Aber man muss es erlebt haben, wie sich Menschen beeinflussen lassen. Man muss gesehen haben, wie Udo Pastörs …

… der Chef der Schweriner NPD-Fraktion … | … den Leuten auf der Straße als Biedermann gegenübertritt, ihnen nach dem Mund redet – und es tatsächlich schafft, dass die sich auf ihn einlassen. Dabei benutzen Pastörs und Kameraden oft einen Jargon, der vielen noch aus der DDR bekannt ist: das Gerede vom weltbeherrschenden Imperialismus zum Beispiel. In der Tat gibt es Exzesse im Kapitalismus, da sagen auch wir als gestandene Konservative: Es reicht! In unserer Volkswirtschaft soll niemand rücksichtslos Profite machen. Das Grundgesetz sagt nun mal: Eigentum verpflichtet. Aber auch hier ist der Unterschied klar: Rechtsextremisten bauschen Missstände gleich zur Systemfrage auf.

Ich bin sehr für eine offene Auseinandersetzung mit denen, und da merkt man dann bald, dass der Pastörs so gut nun auch wieder nicht ist. Wenn der wirklich mal argumentieren muss, fährt er ziemlich schnell an die Wand. Das Dumme ist nur: Viele Menschen finden sich in der Kompliziertheit der augenblicklichen Welt nicht mehr zurecht und glauben nur zu gern der NPD. Wenn man genau hinschaut, dann hat die nur primitive Parolen zu bieten.

Warum schaffen Sie es dann nicht, dies den Wählern zu sagen? | Den meisten ist Politik einfach schnuppe, das merke ich sogar im eigenen Freundeskreis. Ich will gar nicht sagen, dass wir als Politiker alles richtig machen. Natürlich sind wir manchmal zu bequem. Und, ja, wir haben über Jahre hinweg Lücken gelassen, die die NPD heute füllt. Aber wir arbeiten sehr stark dran, dass das besser wird: Kürzlich haben wir zum Beispiel in der Fraktion ein Sorgentelefon eingerichtet. Da kann jeder Bürger anrufen, und es ist immer jemand erreichbar. Ich selbst merke in meiner Bürgersprechstunde, wie groß der Bedarf nach ganz einfacher Hilfe ist. Da kommen zum Beispiel Leute, denen ich eine Wohnung besorge. Menschen, die ganz praktische juristische Fragen haben und offenbar niemanden, dem sie diese stellen können.

Das bietet die NPD in ihren Bürgerbüros auch an. ❚ Aber das können wir Demokraten besser! Ich bin selbst Anwalt, ich darf zwar im Rahmen meiner Abgeordnetentätigkeit keine Rechtsberatung machen, doch was ich gelernt hab über Mietrecht, das sage ich weiter. Aber klar, so was setzt von einem Abgeordneten auch ein Stück Fleiß voraus …

In Vorpommern hatte man im Wahlkampf den Eindruck, manche Dörfer seien von den demokratischen Parteien aufgegeben. Da hingen fast nur NPD-Plakate. ❚ Das hat sich geändert. Wir haben unsere Bürgernähe massiv verbessert. Das weiß ich auch deswegen, weil meine Kollegen heute mit Themen in die Fraktion kommen, die sie früher nicht gebracht hätten. Plötzlich ist die GEZ bei uns ein Thema – da geht es zwar um läppische 17 Euro im Monat, aber das regt die Leute wirklich auf! Solche Stimmungen weiterzugeben – dazu muss ein Abgeordneter in der Lage sein. Wir haben da einen Job zu tun. Wir müssen rausgehen und mit den Menschen reden. Das ist nicht vergnügungssteuerpflichtig. In meinem Wahlkreis hier in Schwerin habe ich gemerkt, da können Sie an bestimmten Orten ab 16 Uhr keinen Wahlkampf mehr machen – weil dann viele Leute auf der Straße betrunken sind vor lauter Elend. Wenn ich zu einer Diskussion einlade, da geht es dann nicht um die Steuerreform – denn 60 Prozent der Leute zahlen dort gar keine Steuern. Sie wollen stattdessen wissen, warum die Stadt bei ihnen neuerdings nachts das Straßenlicht ausschaltet.

Wenn es Leuten schlecht geht und sie sehen, dass andere etwas kriegen, glauben die sofort, die bekämen mehr. Sobald sich etwa ein Mädchen aus einer Aussiedlerfamilie hübsch anzieht, wird sofort getuschelt: Wo haben die denn das Geld her? Da muss man ganz nüchtern antworten: „Hartz IV ist keine schöne Sache, aber Aussiedler kriegen auch nicht mehr!" So einfach ist das. Zur Wahrheit gehört aber auch, dass diese Leute oft sehr fleißig sind. Die Jungs, die bei uns im Wohngebiet die Zeitungen austragen und sich ein paar Euro verdienen, das sind Aussiedlerkinder! Wenn die NPD in so einer Situation herumwirbelt und ihre Neidparolen predigt, dann wird es schwierig. Sie ist auch in Vorpommern sehr aktiv, wo es Ängste gibt gegen eine polnische Überfremdung. Dabei könnte das Krankenhaus Pasewalk gar nicht mehr existieren, wenn da nicht auch polnische Ärzte arbeiten würden. Vor ein paar Wochen war unsere Fraktion zu Besuch in Stettin, und da wurde uns erzählt, auf dem dortigen Flughafen könnten noch viel mehr EU-Fördergelder verbaut werden, es fehle aber inzwischen an Baufirmen. Da haben wir gedacht: Denen können wir helfen, und haben deutsche Unternehmen vermittelt. Bedauerlicherweise muss man der NPD eines lassen: Sie sind sehr treffsicher im Ansprechen von Instinkten. Es gab ja in der DDR starke Vorurteile gegen Polen, die nach dem Aufkommen von Solidarność auch noch geschürt wurden. Wenn jetzt die Polen kommen und Eigenheime bauen, dann gelten die sofort als Schieber.

Es gibt den Vorwurf, die NPD sei in Mecklenburg-Vorpommern so stark geworden, weil die Landes-CDU so links sei. ❙ *(lacht)*

Von Ihren Kollegen in Sachsen fordern zum Beispiel manche Politologen ganz offen, sie müsse rechter sein, dann kriege man die NPD schon klein. ❙ Das glaube ich nicht. Natürlich müssen wir deutlich machen, dass Patrioten in der CDU eine politische Heimat haben. Aber der Erfolg der NPD hat nichts damit zu tun, dass wir uns zu sehr in die Mitte bewegt haben. Für den harten Sicherheitspolitiker, der ich in Berlin war, gibt es in Mecklenburg-Vorpommern kein Betätigungsfeld. Wenn sich in Kreuzberg Leute vor Überfremdung fürchten, kann man darüber reden. Aber bei uns ist das einfach nur absurd. In diesem Land gibt es keine Notwendigkeit des Säbelrasselns. Klar, auch bei uns ist der Anteil nichtdeutscher Straftäter in der Kriminalstatistik höher als ihr Anteil an der Bevölkerung. Das liegt aber auch daran, dass die wohlverdienenden Ausländer, die dann auch weniger straffällig sind, gar nicht nach Mecklenburg-Vorpommern kommen. Wenn Sie die Kriminalstatistik auf soziale Gruppen herunterbrechen, dann haben Sie in der Deliktshäufigkeit keinen Unterschied mehr zwischen Deutschen und Ausländern. Aber das müssen Sie den Leuten erst mal erklären.

Natürlich gibt es auch in meinem Wahlkreis Probleme. Da beschweren sich Leute, dass Spätaussiedler abends lange draußen sitzen und sich laut unterhalten. Im Urlaub finden die Leute das toll – aber nicht in Schwerin! Da muss ich mich mit auseinandersetzen. Doch als CDU haben wir es nicht nötig, daraus ideologische Konsequenzen zu ziehen. Ganz im Gegenteil: Es ist unsere Aufgabe, für Toleranz zu sorgen in einem Land, das vorher 40 Jahre lang nicht tolerant war. Ausländer wurden ja in der DDR kritisch beäugt, die Behörden haben sie isoliert.

In Asyldebatten sind von Unionspolitikern manchmal Sätze zu hören, die auch von der NPD stammen könnten. ▌ Das finden Sie bei der SPD genauso. Als Otto Schily, den ich lange vorher kannte, Bundesinnenminister wurde, da hab ich meinen Ohren nicht getraut. Am Ende wollte er ja sogar mit Hubschraubern gegen Graffiti vorgehen – das ist polizeitaktisch so dämlich, dass man es gar nicht denken darf. Aber in der Tat, Anfang der Neunzigerjahre, kurz vor dem Kompromiss zur Änderung des Asylrechts, da hatte die Politik sich heißgeredet. Da habe auch ich manchmal gedacht, jetzt sollte man innehalten.

Auch in der Familienpolitik ähneln rechtskonservative Positionen bisweilen dem biologistischen Menschenbild der NPD. Die glaubt auch, dass Frauen an den Herd gehören. ▌ Auch so was können Sie in keiner Partei ausschließen. Nur wäre es gefährlich zu glauben, Mitglieder der Union hätten eher eine Nähe zur NPD als Leute aus anderen Parteien. Das stimmt nicht, wie auch die Geschichte gezeigt hat. Zum Aufstieg der Nationalsozialisten haben Konservative beigetragen – ebenso wie Arbeiter. Die Ideologie der NPD hat auch Schnittmengen mit linken Positionen, hören Sie sich nur mal deren Kapitalismuskritik an!

Aber es stimmt, es gibt in unserer, Gott sei Dank, sehr weit gefächerten Partei Menschen, die ab und zu sagen: Da hat die NPD recht. Wenn sie wie kürzlich im Landtag vorträgt, Frauen seien nun mal von Natur aus besonders geeignet, Kinder zu erziehen – dann ist das erst mal furchtbar einleuchtend. Denn das war ja über Jahrhunderte so. Auch meine Mutter war nicht berufstätig – übrigens habe ich nicht darunter gelitten und meine Mutter auch nicht. Aber wir leben nun mal in einer Zeit, in der sich Menschen nicht mehr definieren über das Umsorgen eines Haushaltes. Und als Vater von drei Kindern sage ich, so schlecht sind Männer auch nicht. Meine Position ist ganz schlicht: Wenn eine Frau sich ein Leben am Herd wünscht, dann sollte der Staat ihr das ermöglichen. Aber ich würde nichts tun, um das zum Sog werden zu lassen.

MEHR ZUM THEMA

- Handreichung der CDU-Fraktion im Schweriner Landtag zum Umgang mit Rechtsextremisten: www.cdu-fraktion.de/service/download/publikationen/Aktiv_fuer_Demokratie.pdf
- Eine kleine Broschüre der SPD: www.meinespd.net/media/blogmaterial.php?id=3817
- „Ja, ich diskriminiere Rechtsextreme" – Interview mit zwei Jungpolitikern aus SPD und CDU: www.netz-gegen-nazis.de/artikel/juso-ju-npd-interview-ehlers-metz
- Hafeneger, Benno/Schönfelder, Sven: Politische Strategien gegen die extreme Rechte Parlamenten – ein Buch zum Herunterladen: http://library.fes.de/pdf-files/do/05021.pdf

Was sind Neonazi-„Kameradschaften"
und „Autonome Nationalisten"?

Neben den rechtsextremen Parteien gibt es viele ungebundene Neonazi-Gruppen, denen vor allem Jugendliche angehören. Zum Teil handelt es sich um lose Cliquen, denen es vor allem um Alkoholkonsum und Rechtsrock geht. Andere Gruppen aber sind straff organisiert, schulen sich ideologisch und gehen gezielt mit Gewalt gegen Andersdenkende und -aussehende vor.

Anfang der Neunzigerjahre wurden durch die Innenminister zahlreiche rechtsextreme Organisationen verboten, und als Reaktion darauf strukturierte sich die Neonazi-Szene um: Man wollte weitere staatliche Maßnahmen von vornherein ins Leere laufen lassen, indem die politische Arbeit in Gruppierungen ohne verbotsfähige Strukturen fortgesetzt wurde. Es entstand das Konzept der sogenannten „Freien Kameradschaften". Sie stellen bis heute die dynamischsten Zusammenschlüsse deutscher Rechtsextremisten dar. Das dort praktizierte Modell geht von eigenständigen Basisgruppen aus, die – offiziell – keine Anbindung an Parteien wie die NPD haben, sondern ihre Aktivitäten bloß lose vernetzt und unter dem Dach überregionaler „Kameradschaftsverbände" und „Aktionsbüros" bündeln. Diese Verbünde sind keine festen Zusammenschlüsse, sondern oft informell und basieren auf persönlichen, oft langjährigen Bekanntschaften. Als Sammelbegriff für ihre Szene verwenden die Mitglieder Bezeichnungen wie „Freie Nationalisten" oder „Nationaler Widerstand".

Drei Typen von „Kameradschaften"

„Die ,Freien Nationalisten' sehen es als gemeinsames Ziel an, das bestehende System der Bundesrepublik Deutschland ,grundlegend' zu verändern", lautet die Einschätzung des Verfassungsschutzes. Dabei agieren die „Kameradschafts"-Anhänger häufig extrem gewalttätig und schrecken teilweise nicht einmal vor terroristischen Taten zurück. In den letzten Jahren wurden Dutzende „Kameradschaften" gerichtlich verboten. Doch häufig arbeiten die gleichen Personen danach unter neuen „Kameradschafts"-Namen weiter wie zuvor. Mancherorts sind die „Kameradschaften" personell identisch mit dem NPD-Ortsverband.

Grundsätzlich sind drei Formen von „Kameradschaften" zu unterscheiden: Einerseits gibt es gut vernetzte, aktionistische und straff organisierte Gruppen, die bundesweite Kontakte pflegen. Zweitens existieren „Kameradschaften", die nur auf lokaler Ebene von Bedeutung sind. Drittens nennen sich auch manche Gruppen „Kameradschaft", in denen lediglich einige (meist männliche) Jugendliche zusammenkommen, um Rechtsrock zu hören und Alkohol zu trinken. Die Grenzen zwischen den Gruppentypen sind dabei fließend. Bundesweit geht der Verfassungsschutz von rund 150 „Kameradschaften" aus, in Ländern wie Sachsen oder Mecklenburg-Vorpommern sind sie praktisch flächendeckend vorhanden.

Die politischeren Gruppen achten oft sehr stark darauf, sich von der NPD abzugrenzen – vielen gilt die Partei schon als gemäßigt und zu bürgerlich. Trotz inhaltlicher Differenzen gibt es aber einen regen Austausch und auch

DIE JN ALS SCHARNIER

Die „Jungen Nationaldemokraten" (JN) sind die offizielle Jugendorganisation der NPD und erfüllen eine Scharnierfunktion zu den „Kameradschaften". Die JN wurden 1969 gegründet, viele hohe Parteifunktionäre begannen ihre Karriere einst in der Jugendorganisation, etwa Holger Apfel, der Chef der sächsischen Landtagsfraktion.

Derzeitiger JN-Vorsitzender ist Michael Schäfer. Offizieller Sitz der Organisation ist Dresden, die Bundesgeschäftsstelle befindet sich jedoch in Bernburg in Sachsen-Anhalt. Laut Verfassungsschutz hat die JN rund 350 Mitglieder.

Die JN gibt sich in ihrem Auftreten erlebnisorientiert und modern, in vielen Punkten erhebt sie noch extremere Forderungen als die Mutterpartei. Das wirkt anziehend auf junge Neonazis, denen viele ältere NPD-Kader zu bieder daherkommen. Etliche JN-Mitglieder waren zuvor in „Kameradschaften" aktiv und sind wegen Gewalt- oder Propagandadelikten vorbestraft.

Von ihren Mitgliedern fordert die JN „fortwährende und konstante persönliche Opfer- und Leistungsbereitschaft" und ein Leben als „politische Soldaten". Sie sieht sich als künftige Elite eines „neuen Deutschlands".

offene Zusammenarbeit. In Wahlkämpfen beispielsweise arbeiten „Kameradschaften" vielerorts als Plakatiertrupps für die NPD – manchmal ohne, manchmal mit Bezahlung, in Einzelfällen gab es auch formelle Vereinbarungen über eine Beteiligung von „Kameradschaften" an späteren staatlichen Wahlkampfkostenerstattungen.

„Das Bekenntnis zum historischen Nationalsozialismus, übereinstimmende Feindbilder und Ideologieelemente bilden die Basis für eine politische Zusammenarbeit von Freien Nationalisten und der NPD", analysiert der Verfassungsschutz. Mehrere wichtige Akteure der Szene sitzen in führenden Parteigremien. Signalwirkung hatte 2004 der Eintritt von drei der einflussreichsten Führungspersonen in die NPD: Thorsten Heise, Ralph Tegethoff und Thomas Wulff. In einer gemeinsamen Erklärung bezeichneten sie damals ihren Beitritt als „ein Zeichen der Annäherung an die Partei als vertrauensbildendes Signal an die Freien Kräfte". Heise und Wulff sind heute Mitglieder des NPD-Bundesvorstandes und dort explizit beauftragt mit der Kontaktpflege zu den „Kameradschaften".

„Autonome Nationalisten"

Eine Sonderform der üblichen „Kameradschaften", die sich auf den Nationalsozialismus, die Nazi-Skinhead-Kultur oder völkische Traditionen beziehen, sind die „Autonomen Nationalisten". Diese Strömung der „Freien Kräfte" ist erst vor wenigen Jahren entstanden, ihre Hochburg ist das Ruhrgebiet. „Autonome Nationalisten" orientieren sich in Kleidungsstil und Propagandamitteln an der linken Autonomenszene. [▶ Anhang ab Seite 271] „Autonome Nationalisten" ist dabei lediglich ein identitätsstiftender Sammelbegriff, unter dem lokale Gruppen Aufkleber und Plakate verbreiten oder Gewalt gegen Andersdenkende ausüben. Dass der Begriff „autonom", im Sinne von unabhängig, eigentlich im inneren Widerspruch zur rechtsextremen Ideologie steht, wird von den „Autonomen Nationalisten" ausgeblendet. Das rechtsextremistische Führerprinzip, das Konstrukt von „Rassen" und die Volksgemeinschaftsideologie könnte gegenüber dem Begriff „autonom" kaum gegensätzlicher sein.

Die „Autonomen Nationalisten" versuchen, sich antikapitalistisch, modern und militant zu geben, um damit erlebnisorientierte Jugendliche für ihre Sache zu gewinnen. Sie haben auch keine Berührungsängste mit der ansonsten unter Neonazis verhassten englischen Sprache; sie schreiben etwa „Fight the system, fuck the law!" auf ihre Transparente und kopieren Schrift- und Layoutstile der militanten Linken. Der Verfassungsschutz bescheinigt ihnen „eine strikt antiparlamentarische Politik und radikale Kampfformen". Als „Hauptangriffsziel" gelten die Polizei und politische Gegner. Am 1. Mai 2009 griffen beispielsweise mehr als 200 „Autonome Nationalisten" in Dortmund Teilnehmer einer Gewerkschaftsdemonstration und Polizisten mit Holzlatten, Steinen und Flaschen an.

Auf den ersten Blick sind „Autonome Nationalisten" äußerlich kaum von militanten linken Autonomen zu unterscheiden. Das heißt: Sie tragen schwarze, sportliche Kleidung (allerdings – anders als Linke – oft von Thor Steinar), Palästinensertücher (als Zeichen für ihre antisemitische Ideologie) und in der linksalternativen Szene beliebte Buttons und Anstecker. Bei Nazi-Aufmärschen versuchen sie den „Schwarzen Block" der linken Autonomen nachzuahmen. Dabei übernehmen sie auf Transparenten oft deren Motive und fügen lediglich eine rechtsextreme Parole hinzu. Einige „Autonome Nationalisten" haben sich eigenen Angaben zufolge im Sommer 2007 unter die linken Gegendemonstranten gegen den G-8-Gipfel in Heiligendamm gemischt.

Vor allem das Auftreten als „Schwarzer Block" und Angriffe auf die Polizei sorgen bei älteren Neonazis und Teilen der NPD für scharfe Kritik. „Etablierte Neonazis werfen den zahlenmäßig unbedeutenden ,Autonomen Nationalisten' vor", so der Verfassungsschutz, „durch ihren Hang zur Militanz und ihr Erscheinungsbild vermeintlich vorhandene Sympathien für das rechtsextremistische Spektrum innerhalb der Bevölkerung zu mindern und den Repressionsdruck des Staates auf die gesamte Szene zu erhöhen."

Trotz aller Widersprüche und Konflikte auch untereinander erhalten die „Autonomen Nationalisten" derzeit starken Zulauf aus dem traditionellen „Kameradschafts"-Spektrum. Doch auch die Zahl der Aussteiger bei den „Autonomen Nationalisten" ist auffallend hoch – mit der größeren Offenheit in Stilfragen scheint eine schwächere ideologische Bindungskraft dieser Szene einherzugehen.

MEHR ZUM THEMA

- Röpke, Andrea / Speit, Andreas: Braune Kameradschaften. Christoph Links Verlag 2005
- Ein Hintergrundtext zur Entstehung und Bedeutung von „Kameradschaften": www.bpb.de/themen/FG1GUI,0,0,Kameradschaften_als_Strategieelement.html
- Analyse der Magdeburger Arbeitsstelle Rechtsextremismus des Vereins Miteinander zu „Autonomen Nationalisten": http://miteinander-ev.de/pdf/arex1-2008.pdf

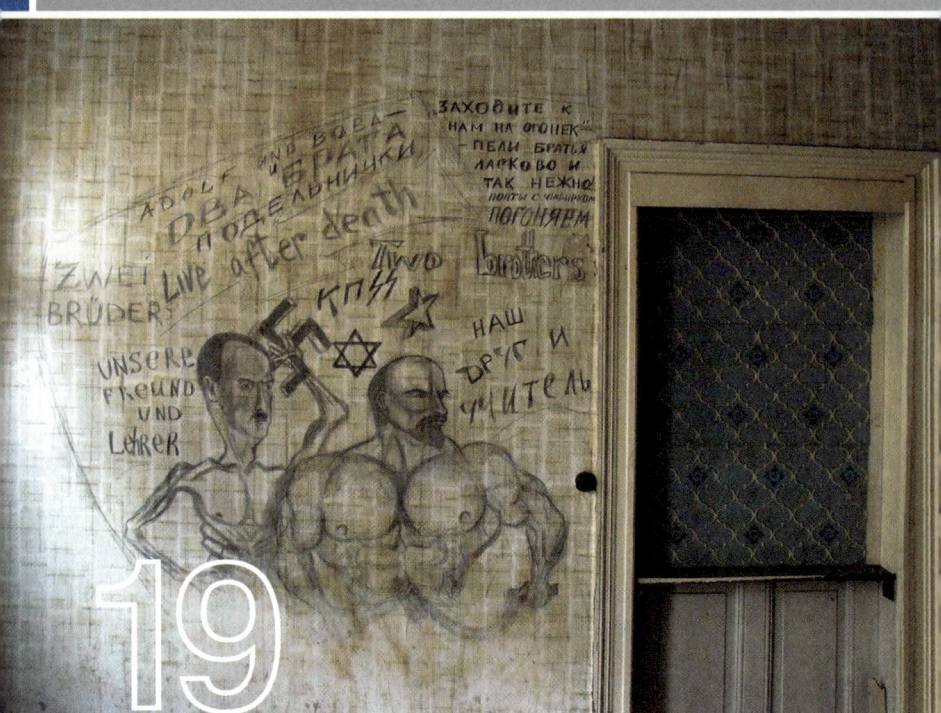

Wie gut sind die Kontakte
von Rechtsextremisten ins Ausland?

Via Internet sind Rechtsextreme schon lange international verbunden, auch in der realen Welt versuchen sie zu kooperieren. 2007 kam eine gemeinsame Fraktion im Europaparlament zustande, die aber nur zehn Monate hielt. Doch für das Selbstbild von Neonazis ist es durchaus wichtig, sich in Kampfgemeinschaft mit anderen Rassisten fühlen zu können.

Bei der jüngsten Europawahl im Juni 2009 war die Überraschung groß: Rechtspopulisten und -extremisten gewannen in vielen EU-Staaten Stimmen hinzu, teilweise spektakulär. In Holland beispielsweise wurde die islamfeindliche Freiheitspartei zweitstärkste Kraft. In Österreich verdoppelte die rechtspopulistische FPÖ ihren Stimmenanteil auf mehr als 13 Prozent. Zwei der britischen Parlamentssitze gewann die offen rassistische British National Party (BNP), die nur Weiße als Mitglieder akzeptiert und freundschaftliche Beziehungen zur NPD pflegt. Die ungarische Jobbik-Partei und die rumänische PRM entsenden je drei Abgeordnete nach Straßburg – insgesamt sitzen nun im neuen Europäischen Parlament drei Dutzend Abgeordnete der extremen Rechten aus 15 Ländern.

Zwar ist die Szene zersplittert – von Land zu Land unterscheiden sich die rechtsextremen Gruppen in ihrem Grad der Radikalisierung und dem Verhältnis zur Gewalt, aber auch die ideologischen Unterschiede sind groß. Trotzdem versucht man sich immer wieder zu verbünden. Im Januar 2008 etwa trafen sich führende Rechtspopulisten [▶ Kapitel 4] auf Einladung der FPÖ in Wien, um die Gründung einer europaweiten Rechtsaußen-Partei zu planen. Mit von der Partie waren Vertreter des separatistischen Vlaams Belang aus Belgien, des Front National aus Frankreich sowie der fremdenfeindlichen bulgarischen Partei Ataka (Angriff). Sie vertritt Positionen wie jene, dass Bulgarien durch die Ausländerflut, durch die Türken und „Zigeuner" im Land und durch die „unter jüdischem Einfluss stehenden" USA bedroht werde.

Aus Mangel an weiteren Partnern scheiterte auch dieser Versuch vorerst, aber die verschiedensten Gruppen treffen sich regelmäßig. So lud die rechtspopulistische Wählervereinigung Pro Köln bereits zweimal zu „Anti-Islamisierungskongressen" – trotz großspuriger Ankündigungen und auch wegen massiver gesellschaftlicher Gegenwehr in der Domstadt endeten die Veranstaltungen desaströs. Anfang Februar kommt jedes Jahr in Budapest die „European National Front" zu einem „Tag der Ehre" zusammen, um die „Rolle der Patriotischen Kräfte" in Europa zu koordinieren. Der ENF gehören eine Reihe neonazistischer und neofaschistischer Parteien und Organisationen an, darunter die deutsche NPD, die Forza Nuova aus Italien, die Falange aus Spanien und die Noua Dreapta aus Rumänien. Enge Kontakte bestehen zu Gruppen aus Litauen, Bulgarien, Griechenland und den Niederlanden. Generalsekretär ist der Italiener Roberto Fiore, der 1980 als Anführer der „Terza Posizione" wegen des blutigen Bombenattentats auf den Bahnhof in Bologna gesucht wurde. Später wurde er wegen Unterstützung einer terro-

„EUROPÄISCHE DENKFABRIK"

Der Name klingt wolkig: „Kontinent Europa Stiftung". Gegründet wurde sie im Jahr 2004 von dem schwedischen Geschäftsmann Patrik Brinkmann. Sein Geld soll er in der Immobilien- und der Bergbaubranche gemacht haben. 2008 trat Brinkmann durch den Kauf einer Villa in Berlin-Zehlendorf hierzulande erstmals in Erscheinung. Berichte einzelner Medien, dort entstehe ein „Schulungszentrum", bewahrheiteten sich zunächst nicht.

Im Jahr 2010 soll aber der offizielle Sitz der Stiftung, die sich als „europäische Denkfabrik" bezeichnet, nach Deutschland verlegt werden. In den Gremien sitzen Rechtsextreme vom ganzen Kontinent – aus Italien, Russland, Spanien, vor allem aber aus Deutschland. Als Stratege gilt Andreas Molau (einst NPD, jetzt DVU). Ziel ist eine europaweite Vernetzung von Rechtsextremen – von einer „Internationale der Nationalisten" ist die Rede. Die Betreiber der Stiftung hegen die Vision eines Westeuropa, das sich von den USA abwendet und gemeinsame Sache mit russischen Nationalisten macht. „Wir wollen ein Europa frei von US-Hegemonie", heißt es etwa im „Stockholmer Manifest" der Stiftung, „und wir wollen ein Europa, das sich beispielsweise gegen Afrikanisierung und Islamisierung wehrt."

ristischen Vereinigung verurteilt. Ideologische Vorbilder der ENF sind beispielsweise Corneliu Zelea-Codreanu, der 1930 in Rumänien die paramilitärische „Eiserne Garde" gründete, und José Antonio Primo de Rivera, der 1933
die spanische Falange ins Leben rief. Damit bekennen sich die beteiligten
Organisationen deutlich zu faschistischen Wurzeln.

Die deutsche NPD gilt als besonders umtriebig beim Knüpfen von Aus-
landskontakten. Bei Bundesparteitagen sprechen bisweilen Gäste aus Großbritannien oder Griechenland. Zum Rechtsrock-Festival „Fest der Völker", das
die Partei seit 2005 jährlich in Thüringen zu organisieren versucht, kommen

**Außer warmen Worten haben sich die rechtsextremistischen Gruppen
in Europa gegenseitig wenig zu bieten, denn an Geld
und intellektuellen Kapazitäten mangelt es praktisch allen**

zahlreiche Bands und Redner aus dem Ausland. Für das Selbstbild von Rechtsextremisten ist es nämlich wichtig, sich als Teil einer staatenübergreifenden
Kampfgemeinschaft zu sehen. Doch außer warmen Worten hat man sich gegenseitig wenig zu bieten, denn an Geld und intellektuellen Kapazitäten mangelt es praktisch allen rechtsextremen Gruppen. Am vielleicht wichtigsten sind
internationale Kontakte noch aus juristischem Kalkül: Von Skandinavien oder
den USA aus lassen sich Flugblätter oder Musik-CDs verschicken, die hierzulande verboten sind. Vereinzelt tauchten auch schon rechtsextreme Gewalttäter
aus Deutschland bei Gesinnungsgenossen im Ausland unter.

In Deutschland schnitt die extreme Rechte bei den Europawahlen ziemlich
schwach ab. Die DVU kam auf lediglich 0,4 Prozent, die Republikaner holten
1,3 Prozent und haben damit immerhin Anspruch erworben auf Geld aus der
staatlichen Parteienfinanzierung. Wie es mit den 37 Rechtsaußen-Abgeordne-
ten weitergeht, die es ins neue Europaparlament geschafft haben, ist völlig
offen. Der letzte Versuch rechtsextremer Parteien für eine eigene Fraktion
währte bloße zehn Monate: Unter dem Namen „Identität, Tradition, Souverä-
nität" (ITS) hatte man sich im Januar 2007 zusammengeschlossen, nachdem
durch den EU-Beitritt Bulgariens und Rumäniens die für eine Fraktion nötige
Mindestzahl an Parlamentssitzen erreicht war. Doch schon im November 2007
verließen die rumänischen Abgeordneten das Bündnis wieder, als – wie sie erklärten – „Zeichen des Protests gegen die fremdenfeindliche Haltung und An-
schuldigungen gegen das rumänische Volk". Zuvor hatte es in Italien eine
Welle rassistischer Vorfälle gegeben, und die neofaschistische Abgeordnete
Alessandra Mussolini (die Tochter des einstigen Diktators) hatte sich abschät-

zig über Immigranten aus Rumänien geäußert. Wutschnaubend verließen die rumänischen Ultranationalisten daraufhin die ITS-Fraktion, weil sie sich von der Neofaschistin Mussolini mit rumänischen Roma in einen Topf geworfen sahen, die sie aber selbst abgrundtief verachten.

Damit war – wieder einmal – gescheitert, was die Neue Rechte mit ihrem „Ethnopluralismus" [▶ siehe Kapitel 5 und 20] versucht: Nationalisten und Rassisten von Großbritannien bis nach Italien, vom Schwarzen Meer bis zum Atlantik zusammenzuhalten. Transnational agierende Nationalisten leiten ihre gemeinsame Identität aus einer Zugehörigkeit zur weißen beziehungsweise „arischen" Rasse und der Zugehörigkeit zum abendländischen Kulturkreis ab. Die kollektive Ideologie ist die eines pan-arischen Rassismus und Antisemitismus.

In der ethnopluralistischen Theorie sollen die europäischen „Nationen", jeweils ethnisch homogen und weitgehend „weiß", nebeneinanderleben. Den gemeinsamen, äußeren Feind geben in der Regel die Muslime ab (obwohl etwa die NPD sich eine Kooperation mit Islamisten vorstellen kann, solange es nur gegen Juden geht) oder das internationale Großkapital (das als jüdisch dominiert gilt). Resultat ist – in der Theorie zumindest – eine Weltanschauung, die nicht mehr antislawisch ist wie Hitlers Nationalsozialismus und ausdrücklich auch Osteuropa und Russland in ein Europa einschließt, das als „Hort der weißen Rasse" dienen soll.

Doch in der Praxis macht – nicht nur bei Alessandra Mussolini – der alte Vulgärrassismus die grenzüberschreitende Zusammenarbeit von Nationalisten meist unmöglich.   Romano Sposito

MEHR ZUM THEMA

- Dossier der Bundeszentrale für politische Bildung zu Internationalen Netzwerken der extremen Rechten: www.bpb.de/themen/K1H2VU,0,0
- Europa im Visier der Rechtsextremen – Broschüre zum Download: www.angelika.beer.de/stepone/data/downloads/3f/00/00/Europa_im_Visier_der_ Rechtsextremen.pdf
- Greven, Thomas / Grumke, Thomas (Hrsg.): Globalisierter Rechtsextremismus? Die extremistische Rechte in der Ära der Globalisierung. VS-Verlag 2006

Wer ist die „Neue Rechte"?

Als Gegenmodell zur linken Studentenbewegung Ende der Sechzigerjahre gründeten junge Akademiker in Frankreich die GRECE (französische Abkürzung für: „Recherche- und Studiengruppe für die europäische Zivilisation"). Aus diesem Kreis um den Philosophen Alain de Benoist entstand, was sich später „Nouvelle Droite – Neue Rechte" nannte. Sie greift auf autoritäre und elitäre Denkschulen der „Konservativen Revolution" in der Weimarer Republik zurück und versucht gezielt, gesellschaftliche Diskurse zu prägen und so Wahlerfolge extrem rechter Parteien vorzubereiten.

Den jungen rechtsextremen Akademikern galt die nationalistische „Alte Rechte" im Nachkriegseuropa ebenso wie der Nationalsozialismus als überholt. In Anlehnung an Theorien, die der italienische Kommunist Antonio Gramsci (1891–1937) entwickelt hatte, setzt die Neue Rechte auf die sogenannte „kulturelle Hegemonie", wonach sich staatlicher Machtwechsel in fortgeschrittenen kapitalistischen Gesellschaften nicht zuerst auf revolutionärem Wege vollziehe, sondern durch langwierige ideologische Überzeugungsarbeit in der „Zivilgesellschaft" (der Begriff „Hegemonie" stammt aus dem Griechischen und meint etwa so viel wie „Vorherrschaft", „Überlegenheit").

In seinem Buch *Kulturrevolution von rechts* beschrieb de Benoist 1985 das Ziel und wie es zu erreichen sei. Außerhalb der eigentlichen Sphäre von Politik müsse langfristig eine „Transformation der allgemeinen Vorstellungen" einsetzen, die schließlich zur Aufweichung des demokratischen Konsenses führe und einen Systemwechsel ermögliche. Ein solcher „Kulturkampf" müsse außerhalb des tagesaktuellen Geschehens von Intellektuellen um Grundsätzliches geführt werden. Dabei komme es auf „Behutsamkeit" und „weitreichende Ziele" an. Es sind die „liberalen westlichen Regime" und „die pluralistische politische Ordnung", gegen die in einem solchen Versteckspiel allmählich eine „ideologische Mehrheit" gewonnen werden soll – der Gegner ist damit klar benannt: die auf Pluralismus, das heißt auf Interessensausgleich zwischen den verschiedensten gesellschaftlichen Gruppen bauenden westlichen Demokratien, wie die Bundesrepublik eine ist.

Festzuhalten ist, dass die Neue Rechte in ihrem Kern eine zutiefst antidemokratische Denkschule darstellt, die auf bewusste Verschleierung setzt. In ihrer Grundhaltung gleicht sie der Konservativen Revolution, die zu ihren wichtigsten Stichwortgebern gehört. So nannte sich in der Weimarer Republik eine Gruppe Intellektueller um Arthur Moeller van der Bruck (1876–1925), die sich dem Kampf gegen Liberalismus, Parlamentarismus und Demokratie verschrieben hatte. Moeller van der Bruck, der Hitler wegen seiner „proletarischen Primitivität" verachtete, veröffentlichte 1923 sein Buch *Das Dritte Reich* und avancierte damit zu einem Stichwortgeber des von ihm belächelten Nationalsozialismus.

Wie das historische Milieu um die Konservative Revolution setzt die Neue Rechte auf Ideen der sogenannten „Querfront", also auf inhaltliche Überschneidungen und Gemeinsamkeiten quer durch die einzelnen weltanschaulichen Lager. Immer wiederkehrende Themen sind Antiamerikanismus, Antisemitismus, Antiliberalismus und Rassismus. Ganz im Sinne de Benoists Bestimmung vom „suggestiven Charakter", der „als solcher nicht klar erkannt wird", verurteilt die Neue Rechte zwar einerseits offene Xenophobie, andererseits behauptet sie aber die Existenz „menschlicher Ethnien", die sich durch „Anpassung an die natürlichen Milieus", das heißt an Klimazonen, Geografie usw., gebildet hätten. In solch biologischen Zusammenhängen von „Landschaft und Persönlichkeit" meint „Ethnie" nichts anderes als die gebräuchlichere Bezeichnung „Rasse". Folgerichtig haben so gebildete menschliche Gemeinschaften in neurechter Argumentation Eigenschaften, wie sie sonst nur bei Individuen vorkommen: sie haben „Geist", „Sinn für Maß und Nuancen", Völkern kann „die Seele" geraubt werden, sodass sie zu „Selbstmordkandidaten" werden (siehe Randspalte).

Konsequent tritt die Neue Rechte gegen „Rassenvermischung" an, die sie als Gefahr für die verschiedenen „Menschen- und Kulturtypen" begreift, sowie gegen „Einwanderung", deren „Schwierigkeiten allen betroffenen Gemein-

WAS IST ETHNOPLURALISMUS?

Der Begriff „Ethnopluralismus" – zusammengesetzt aus dem griechischen „ethnos" (Volk) und dem lateinischen „pluralis" (Mehrzahl) – propagiert eine „Völkervielfalt". Er wurde von Henning Eichberg geprägt, einem der wichtigsten deutschen Theoretiker der Neuen Rechten, Vorläufer des Konzepts finden sich aber schon bei Carl Schmitt.

Im Gegensatz zur humanistischen Idee einer gleichen Würde und gleicher Rechte für alle Menschen betont der Ethnopluralismus grundlegende Unterschiede zwischen Ethnien bzw. Völkern (die deshalb auch strikt voneinander getrennt zu halten seien) aufgrund kultureller, geografischer, religiöser oder anderer Einflussfaktoren. Eine Gruppe von Menschen, so das Grundargument, sei umso besser und stärker, je ähnlicher sich ihre Angehörigen sind. „Nur ethnisch geschlossene Gesellschaftskörper mit geringem Ausländeranteil sind solidar- und belastungsfähig, nur sie können positive Gemeinschaftskräfte zur Krisenbewältigung entwickeln", meint etwa ein Kader-Schulungsheft der NPD – ohne auch nur einen Beleg für die krude Behauptung anzuführen.
[▶ Kapitel 5]

INSTITUT FÜR STAATSPOLITIK

Das Institut für Staatspolitik (IfS) wurde im Mai 2000 von Karlheinz Weißmann und Götz Kubitschek gegründet, zwei regelmäßigen Autoren der *Jungen Freiheit* [▶ Kapitel 21]. Das IfS gilt als „Denkfabrik" der Neuen Rechten und hat seinen Sitz ist auf dem ehemaligen Rittergut Schnellroda im südlichen Sachsen-Anhalt.

Der nordrhein-westfälische Verfassungsschutz schrieb in seinem Jahresbericht 2002: „Ziel des IfS ist die Bildung ‚geistiger Eliten'. In Broschüren wurde auf antidemokratische Ideologen, insbesondere solche der ‚Konservativen Revolution', rekurriert und versucht, deren staatsphilosophische Erklärungsmuster weiterzuentwickeln." In späteren Jahresberichten tauchte das Institut nicht mehr auf. Als Referenten bei IfS-Tagungen traten u.a. der wegen einer antisemitischen Rede aus der CDU ausgeschlossene Martin Hohmann, der Vordenker der „Neuen Rechten" Alain de Benoist sowie verschiedene *Junge Freiheit*-Autoren auf.

schaften tiefgreifenden Schaden zufügen". Dem Einzelnen kommt in dieser Sicht kein eigener Wert zu, sondern nur als Mitglied einer Ethnie oder Volksgemeinschaft: „Der Einzelmensch besteht nach unserer Auffassung nur in Verbindung mit den Gemeinschaften, in die er eingeschlossen ist", sagt de Benoist. „Dem Interesse des Einzelnen kommt ‚an sich' keine Wertschätzung zu." Solche Welt- und Menschenbilder widersprechen grundsätzlich demokratischen Auffassungen vom Menschen, nach denen jeder Mensch als Mensch wertzuschätzen ist, unbesehen seines Geschlechts, seiner Religion und seiner Herkunft.

Strukturell darf man sich die Neue Rechte nicht als fest gefügte Gruppe vorstellen, die gut zu beschreiben wäre. Vielmehr trifft es das Bild eines losen Netzes aus Publizisten, Akademikern und anderen auf einer ähnlichen weltanschaulichen Basis. Sie versucht, ihren Einfluss weit in konservativen Kreisen zu verankern. Nicht immer jedoch gelingt diese Maskerade. Anlässlich des Ausbruchs des zweiten Irakkriegs im März 2003 veröffentlichte de Benoist einen Aufruf, in dem es hieß: „Ab diesem Donnerstag, 20. März 2003, 2.32 morgens, ist jeder Akt von Vergeltungsmaßnahmen, gerichtet gegen amerikanische Interessen und auch amerikanische Personen, militärisch, politisch, diplomatisch und administrativ, an welchem Ort, wie weit und breit, mit welchen Mitteln, unter welchen Umständen auch immer, von nun an zugleich legitim und notwendig." Als sich diese Botschaft wie ein Lauffeuer auf neonazistischen Homepages im Internet verbreitete, ruderte er zurück. Es komme für ihn nicht in Frage, „terroristische Aktionen zu befürworten".

MEHR ZUM THEMA

- Prof. Richard Stöss über die Neue Rechte in Deutschland:
  www.netz-gegen-nazis.de/artikel/die-neue-rechte-der-bundesrepublik
- Gessenharter, Wolfgang / Pfeiffer, Thomas (Hrsg.): Die Neue Rechte – eine Gefahr für die Demokratie? VS-Verlag 2004
- Braun, Stephan / Hörsch, Daniel (Hrsg.): Rechte Netzwerke – eine Gefahr. VS-Verlag 2004

21

Ist die „Junge Freiheit" ein rechtsextremistisches Blatt?

Seit mittlerweile zwanzig Jahren warnen Demokraten, rechte wie linke, immer wieder vor der Wochenzeitung *Junge Freiheit*. Zeitweise wurde sie in Verfassungsschutzberichten erwähnt. Manche Konservative dagegen verteidigen das Blatt – und das Blatt selbst wehrt sich mit schrillen Kampagnen gegen Kritik. Ist die *Junge Freiheit* denn nun rechtsextremistisch?

Die kurze Antwort lautet: Nein. Aber deshalb ist das Blatt noch lange keine ganz normale Zeitung. „Man wird an der *Jungen Freiheit* nichts Rechtsextremes erkennen", sagt Prof. Wolfgang Gessenharter von der Universität der Bundeswehr in Hamburg. „Denn sie vermeidet seit Jahren alles, was ihr nach den Rechtsextremismus-Kriterien des Verfassungsschutzes vorgeworfen werden könnte." Nur decken diese Kriterien eben längst nicht alles ab, was für einen konservativen Demokraten, so Gessenharter, „eigentlich unakzeptabel sein müsste". Die *Junge Freiheit (JF)* wurde 1986 von Dieter Stein gegründet, der noch heute ihr Chefredakteur ist. Einst war Stein in der CDU-Jugendorganisation Junge Union aktiv, die er später als „wachsweich" kritisierte. So ging er zu den Republikanern, wo er Chef eines örtlichen Hochschulverbandes wurde, schloss sich als Mitglied der Deutschen Hochschulgilde an, einer völkisch-elitären Korporation, und trat mehrfach als Referent bei extrem rechten Burschenschaften in Erscheinung. Stein und sein Blatt stehen in der Tradition der Neuen Rechten [▶ Kapitel 20]. Sie beziehen sich auf die Konservative Revolution, eine antidemokratische Strömung der Weimarer Republik, und verehren den NS-Staatsrechtslehrer Carl Schmitt, der aus seiner Verachtung der Bundesrepublik bis zu seinem Tod 1985 keinen Hehl machte. Zum Weltbild der Zeitung zählen beispielsweise die Behauptung einer „natürlichen Ungleichheit" der Menschen, ein klares Freund-Feind-Den-

> **„Wer sich mit der Jungen Freiheit gemein macht, muss wissen, dass er damit einer gefährlichen Relativierung des Grundgesetzes Vorschub leistet"**

ken, Antiamerikanismus und ein Hang zu völkischem Kollektivismus, ein verächtlicher Blick auf die Moderne und den Parlamentarismus. „Solange die *JF* nicht den radikalen Bruch mit dieser neurechten Weltanschauung vollzieht, die sie seit ihrem ersten Erscheinen stolz und unerbittlich vor sich herträgt", warnt Wolfgang Gessenharter, „muss jeder, der sich mit dieser Zeitung gemein macht, wissen, dass er damit einer gefährlichen Relativierung des Grundgesetzes Vorschub leistet. Nicht nur durch die direkten Attacken der Nazis, sondern auch an der Relativierung der ersten deutschen Demokratie, insbesondere durch die konservativen Eliten, ist die Weimarer Republik zugrunde gegangen."

Trotz ihrer schillernden ideologischen Grundlinie – oder genau deshalb – war und ist die *Junge Freiheit* (wöchentliche Auflage: ca. 18.000) um ein reputierliches Image bemüht. Sie hat ein modernes Layout, lädt bekannte Politiker zu Interviews ein, lässt den ehemaligen Generalbundesanwalt Alexander von Stahl für sich werben. Über Jahre stand die *JF* unter Beobachtung mehrerer Verfassungsschutzämter. Bis hinauf zum Bundesverfassungsgericht klagte das Blatt dagegen und setzte sich 2005 schließlich durch.

Um das Besondere an der *Jungen Freiheit* zu verstehen, hilft eine Typologie rechtsextremer Zeitungen von Thomas Pfeiffer, einem Mitarbeiter des Landesverfassungsschutzes Nordrhein-Westfalen. Demnach gebe es erstens Ideologieorgane, die ganz offen Ziele, Strategien und Taktiken vermitteln. Zweitens würden mit Zielgruppenorganen einzelne Teile der Szene „passgenau" angesprochen, hierzu zählt Pfeiffer beispielsweise die sogenannten „Skinzines", Blättchen für die Fans von Neonazi-Skinhead-Musik. Als dritten Typ gebe es noch Scharnierorgane, sie „verbinden die Bewegung mit der übrigen Gesellschaft". Diese Medien „vertreten fremdenfeindliche und nationalistische Positionen häufig in abgeschwächter Form und distanzieren sich von aggressiveren Teilen der Szene". Und die *Junge Freiheit* ist laut Pfeiffer „ein Scharnierorgan par excellence". Wie zur Bestätigung dieser Typologie ist das Blatt mit der NPD regelrecht verfeindet.

Die Mission der *JF* ist, die Grenze zwischen demokratischen und anti-demokratischen Positionen zu verwischen und damit – typisch für die Neue Rechte – eine unterschwellige Veränderung des Meinungsklimas in der Gesellschaft zu versuchen. Dazu bietet das Blatt eindeutig verfassungsfeindlichen Autoren ein Podium – aber daneben finden sich stets unverfängliche oder „nur" sehr konservative Texte von durchaus renommierten Persönlichkeiten wie Ex-*FAZ*-Redakteur Karl Feldmeyer oder Peter Scholl-Latour.

Häufiger Autor der *Jungen Freiheit* ist beispielsweise der Chefideologe der französischen Neuen Rechten, Alain de Benoist (der nach eigener Aussage „jederzeit ein nationalkommunistisches Regime einem westlich-liberal geprägten vorziehen würde"), ebenso de Benoists deutsche Kollegen Karlheinz Weißmann und Götz Kubitschek. Günter Zehm (*JF*-Kolumnist unter dem Alias „Pankraz") darf im Blatt gegen das Gedenken an den Holocaust polemisieren. Thorsten Hinz (alias „Doris Neujahr") verwendet in einem Text das Wort „Gesindel" für den schwulen Grünen-Bundestagsabgeordneten Volker Beck und schreibt gegen die Alleinschuld Deutschlands am Zweiten Weltkrieg an. Über Jahre hat auch der FPÖ-Politiker Andreas Mölzer, der mit rassistischer Kritik an einer „Umvolkung" Europas bekannt wurde, regelmäßig für die *JF* zur Feder gegriffen. Von Mölzer trennte sich das Blatt ebenso wie von Andreas Molau, der nach einer Station bei der NPD im Frühjahr 2009 Pressesprecher der DVU wurde.

„GLASKLAR ABGRENZEN"

Wolfgang Bosbach gilt als Vertreter des konservativen CDU-Flügels – und mit der *Jungen Freiheit* will er nichts zu tun haben. „Eine glasklare Abgrenzung" gegen Rechtsextremisten sei für rechte Demokraten „das Wichtigste", sagt er. „Ein Konservativer hat mit Rechtsextremisten nichts, aber auch überhaupt nichts am Hut." Den Unterschied erklärt Bosbach am Beispiel Zuwanderung: „Der Rechtsextremist sagt: ‚Ausländer raus!' Der Konservative aber sagt: ‚Bemüht Euch um Integration!'" Nationalismus, Antisemitismus, Ausländerfeindlichkeit, betont der Fraktionsvize der CDU/CSU im Bundestag, „hat alles nichts mit Konservativismus zu tun". Bosbach sagt, „gerade *weil* wir einen konservativen Flügel haben", werde die Union „immer aufstehen gegen jede Form von Extremismus".

Der *Jungen Freiheit* würde er nie ein Interview geben, hat Bosbach einmal gesagt. „Und dabei bleibt es auch!" Das Blatt habe sich „einige Zeit redlich bemüht, mich für ihre Zwecke einzuspannen, was ich immer abgelehnt habe", so Bosbach. „Anschließend erschien ein wüster Artikel, der mich in die Nähe von Kommunisten gerückt hat. Seitdem weiß ich, dass es richtig war, um diese Publikation einen Bogen zu schlagen."

Vielsagend ist auch, wen die *JF* als Werbekunden akzeptiert. Im Blatt würden „kontinuierlich Anzeigen rechtsextremer Organisationen" auftauchen, stellte die Bundesregierung vor Jahren fest. Beispielsweise druckte die *JF* Annoncen der antisemitischen Zeitschrift *Unabhängige Nachrichten*, des NPD-nahen Germania Verlages und des neurechten Ares Verlages. Die rechtsextreme Deutsche Partei durfte in der *JF* ebenso werben wie die Münchner Burschenschaft Danubia, deren Aktivitas (also der Verband der noch studierenden Mitglieder) jahrelang im bayerischen Verfassungsschutzbericht auftauchte.

Zweifellos ist die *Junge Freiheit* seit ihrer Gründung Schritt für Schritt gemäßigter geworden, doch demokratisch ist sie bis heute nicht. Das zeigt sich auch im äußerst rabiaten Umgang mit Kritikern. Als vor Jahren die Postbank das Blatt als Kunden loswerden wollte, entfachten Verlag und Redaktion eine öffentliche Kampagne (Motto: „Appell für die Pressefreiheit"). Die Leipziger Buchmesse wurde 2006 angegriffen, als sie der Zeitung keinen Stand vermieten wollte. Nachdem das NDR-Medienmagazin Zapp einen kritischen Hintergrundbericht ausstrahlte, wurden Redaktion und Intendanz über Wochen mit Protestanrufen, Faxen, E-Mails und Briefen von *JF*-Lesern bombardiert.

Die *Junge Freiheit* verstoße „nicht gegen geltendes Recht", hat Sebastian Edathy (SPD), der Vorsitzende des Bundestags-Innenausschusses, einmal über das Blatt gesagt. Natürlich gehöre es zu einer Demokratie, dass die Zeitung erscheinen darf. „Aber zur Demokratie gehört auch das Recht, sagen zu dürfen: Dieses Blatt ist ein rechtsradikal ausgerichtetes Blatt."

MEHR ZUM THEMA

- Essay von Thomas Assheuer über rechte und rechtsextreme Intellektuelle:
  www.netz-gegen-nazis.de/artikel/neue-heiden-hat-das-land
- Dietzsch, Martin (u.a.): Nation statt Demokratie. Sein und Design der „Jungen Freiheit".
  Unrast-Verlag 2004
- Braun, Stephan / Voigt, Ute (Hrsg.): Die Wochenzeitung „Junge Freiheit" –
  Kritische Analysen zu Programmatik, Inhalten, Autoren und Kunden. VS-Verlag 2007

Wie rechts sind Burschenschaften?

Studentische Verbindungen gelten als Hort konservativen Denkens, manche auch als rechtsextremistisch. In allen wird „das Vaterland" besonders hochgehalten – aber nicht zwangsläufig die Demokratie.

Der Name ist überdeutlich: „Burschenschaft Thormania88". Die „88" dürfte für „Heil Hitler" stehen, und auf den nordischen Donnergott Thor beziehen sich völkische Rechtsextremisten sehr gern. Das Wappen der Gruppe aus dem Raum Braunschweig zeigt eine Maske, die aussieht wie die Mischung aus einer Fechterkappe und einer Haube des rassistischen Ku-Klux-Klan. Auf ihrer Internetseite bekundet die „Burschenschaft" eine „ausdrückliche Verpflichtung zum Einsatz für das Vaterland", wobei „der uneingeschränkte Einsatz für unser deutsches Vaterland" von „einem Nichtdeutschen nicht verlangt und nicht erwartet werden" könne. Fotos auf der Website zeigen bullige Jungmänner in schwarzen T-Shirts, der „Netzladen" bietet T-Shirts mit dem Nazi-Emblem der schwarzen Sonne feil. Spätestens da wird klar, dass es sich bei der Gruppe um keine Studentenverbindung handelt, sondern eher um eine Neonazi-„Kameradschaft".

Aber irgendetwas, auch das wird klar, finden die Rechtsextremisten höchst attraktiv am Begriff „Burschenschaft" – und an der Ideologie dahinter.

„Ehre, Freiheit, Vaterland" war das Motto der „Urburschenschaft", die 1815 in Jena von Studenten gegründet wurde, die an den Befreiungskriegen gegen Napoleon teilgenommen hatten. Damals waren die Burschenschaften durchaus fortschrittlich – fast 200 Jahre später wirken nicht nur ihre Rituale, sondern auch ihre „Werte" gestrig. Etwa 300 Burschenschaften gibt es heute im deutschen Sprachraum (und daneben noch viele Hundert andere studentische Verbindungen). Allen diesen Korporationen gemeinsam ist das sogenannte Lebensbundprinzip – das heißt, die Mitglieder sollen der Verbindung ein Leben lang treu bleiben. Nach Ende des Studiums sind sie „Alte Herren" und helfen den Jüngeren bei der Karriere. Nicht alle Studentenverbindungen (aber alle Burschenschaften) sind „farbentragend" – damit ist das Tragen von Mützen oder anderen Erkennungszeichen auch außerhalb des Verbindungshauses gemeint. Nicht alle Burschenschaften pflegen die Mensur – einen ritualisierten Kampf mit scharfen Fechtwaffen, bei dem es zu Narben im Gesicht kommen kann, sogenannten „Schmissen". Und nicht alle Burschenschaften sind rechtsextrem – doch es gibt eine ganze Reihe von farbentragenden und pflichtschlagenden Verbindungen, *in* denen sich Rechtsextremisten finden.

Ein Hang zu Nationalismus ist fast allen Verbindungen eigen, nahezu alle sind reine Männerbünde. Doch während die Mitglieder nichtschlagender Verbände etwa des Cartellverbands der katholischen deutschen Studentenverbindungen (CV) der katholischen Kirche und den Unionsparteien nahestehen, bewegen sich die Mitglieder des Dachverbandes Deutsche Burschenschaft (DB) weit rechts davon. So lud der Verband im März 2007 zu einem „Festkommers" nach Landau in Rheinland-Pfalz. Unter dem Motto „Beschränkung der Meinungsfreiheit einst und heute" feierte man das 175-jährige Jubiläum des Hambacher Festes. Doch was in Landau unter „Meinungsfreiheit" fiel, ließ aufhorchen: Als Referentin stand etwa die Hamburger Anwältin Gisa Pahl auf dem Programm, ihr Thema: „Meinungsfreiheit heute". Doch Pahl ist bekannt als Ratgeberin und Verteidigerin zahlreicher rechtsextremistischer Straftäter. Nach Informationen der Brandenburger Landeszentrale für politische Bildung gehörte Pahl 1992 gemeinsam mit dem Hamburger Neonazi-Anwalt Jürgen Rieger, in dessen Kanzlei Pahl über Jahre beschäftigt war, zum „Gründungskreis des Deutschen Rechtsbüros, das sich als Kommunikations- und Informationszentrum für (rechtsextreme) Szene-Juristen versteht". Unter dem Pseudonym „Gisela Sedelmaier" gilt Pahl ebenso als Autorin des juristischen Handbuchs *Mäxchen Treuherz*, das „Aktivisten ein hilfreicher Ratgeber" sein soll, „um Konflikten mit der

Exekutive und Judikative des freiesten Rechtsstaates, der je auf deutschem Boden existierte, vorzubeugen".

Pahl war in Landau nicht die einzige Rechtsaußen-Referentin. Weitere Vorträge hielten unter anderem Dieter Stein, Chefredakteur der Wochenzeitung *Junge Freiheit* (Thema: „Die Entwicklung der Meinungsfreiheit im deutschen Kulturraum von 1832 bis heute") sowie aus Österreich der FPÖ-Abgeordnete Lutz Weinzinger („Die Meinungsfreiheit in der heutigen Republik Österreich"). Sein Auftritt war bezeichnend, denn in der Deutschen Burschenschaft sind auch eine Reihe österreichischer Bünde organisiert, was das großdeutsche und völkische Politikverständnis der DB unterstreicht. Während sich mittlerweile die allermeisten studentischen Verbindungen zu einer Anerkennung der geltenden deutschen Grenzen durchgerungen haben, wird in der Deutschen Burschenschaft weiter von einem Deutschland in den Grenzen von 1939 geträumt. Seit Jahren gelingt es den am deutlichsten rechtsextrem ausgerichteten Bünden, den Dachverband zu dominieren und immer wieder den DB-Gesamtvorsitz zu stellen, weil sie ihre Kräfte innerhalb des Verbands in einer eigenen Fraktion, der Burschenschaftlichen Gemeinschaft, bündeln.

„Eine kleine deutsche Kunstausstellung"

Auf eine Anfrage der Links-Fraktion im Bundestag vom Januar 2007 verneinte die Bundesregierung zwar eine Nähe der Deutschen Burschenschaft zum Rechtsextremismus, bestätigte aber „Auftritte rechtsextremistischer Referenten auf einzelnen Häusern" innerhalb des Verbands. Markantestes Beispiel ist die Münchner Burschenschaft Danubia. An ihren „Bogenhauser Gesprächen" nahmen in der Vergangenheit prominente Rechtsextremisten teil, zum Beispiel Reinhold Oberlercher, Horst Mahler oder Alain de Benoist, der Kopf der Neuen Rechten aus Frankreich. Die Danubia inseriert ihre „Bogenhauser Gespräche" häufiger in der *Jungen Freiheit*, dort warb sie auch für eine „kleine deutsche Kunstausstellung" im Sommer 2006 über die NS-Künstler Rudolf Warnecke, Ernst von Dombrowski und Georg Sluyterman

RECHTS ODER RECHTSEXTREMISTISCH?

Als Abspaltung von der Deutschen Burschenschaft (DB) gründete sich 1996 die *Neue Deutsche Burschenschaft (NDB)*. Sie kritisiert an der DB unter anderem die Mitgliedschaft österreichischer Bünde (womit ein Deutschland in den Grenzen von 1939 impliziert wird), das Festhalten an der Pflichtmensur, allzu offene Verbindungen in den Rechtsextremismus, aber auch die Weigerung, Kriegsdienstverweigerer als Mitglieder aufzunehmen.

Die NDB distanziert sich in ihrer Satzung explizit vom Revanchismus: „Die politischen Grenzen des deutschen Vaterlandes sind die Grenzen der Bundesrepublik." Ein prinzipielles Nein zu Nationalismus aber gibt es auch beim NDB nicht, weiterhin ist von „Vaterlandsliebe" als zentralem Wert die Rede.

Die Spaltung dürfte auch eine strategische Entscheidung gewesen sein. Offene Kontakte zum Rechtsextremismus führen ins gesellschaftliche Abseits. Das Schmuddelimage der Deutschen Burschenschaft behinderte deshalb das Hauptinteresse der Korporationen, nämlich, „national gesinnte Menschen in führende Positionen der Gesellschaft zu schicken", wie es vor Jahren Ex-Innenminister Manfred Kanther treffend formulierte.

von Langeweyde im Danubia-Haus im noblen Münchner Stadtteil Bogenhausen. Ins Gerede kam die Burschenschaft vor allem, als nach einem brutalen Skinhead-Angriff auf einen Griechen in München im Januar 2001 dem Haupttäter in den Räumen der Verbindung eine Übernachtungsmöglichkeit geboten wurde. Dadurch wurde auch der bayerische Verfassungsschutz auf die Danubia aufmerksam. „Eine Bereitschaft zur Abkehr von den bisherigen rechtsextremistischen Bestrebungen ist nicht erkennbar", schrieb die Behörde in ihrem Jahresbericht 2002 über die Aktivitas der Burschenschaft, den Verband ihrer studierenden Mitglieder. Seit 2007 taucht die Danubia in den Berichten nicht mehr auf.

Seit den 1970er-Jahren galt die Burschenschaft als Kaderschmiede für den Nationaldemokratischen Hochschulbund der NPD. Ende der 1980er-Jahre waren die Danuben eng mit der Partei Die Republikaner liiert, im Verbindungshaus wurde beispielsweise 1989 der Republikanische Hochschulverband gegründet. Etliche Führungskader von NPD und DVU kommen aus Studentenverbindungen, beispielsweise der sächsische NPD-Abgeordnete Jürgen Gansel, NPD-Bundesvize Karl Richter oder der DVU-Pressesprecher Andreas Molau.

„Asyl für Flüchtlinge aus Multikopia"

Verwunderlich ist all das nicht, die Nähe zur extremen Rechten reicht weit in die Geschichte zurück. Schon 1896 wurden Juden von der Mitgliedschaft im Dachverband Deutsche Burschenschaft ausgeschlossen. 1920 bekannte sich die DB per Beschluss zu einem lupenrein völkischen „Rassenstandpunkt". Sie stellte klar, dass „die ererbten Rasseneigenschaften der Juden durch die Taufe nicht berührt werden". So war es nur folgerichtig, dass die Burschenschaftlichen Blätter, das offizielle Organ der DB, 1923 über den Hitler-Putsch stolz berichteten: „Am 8. November ist in München versucht worden, eine revolutionäre Regierung der deutschen Einheit zu bilden. Wir bekennen mit Stolz, dass in diesen [den putschenden] Verbänden sich Burschenschafter befinden." 1933 bejubelte die Zeitung denn auch Hitlers Machtübernahme: „Was wir seit Jahren ersehnt und erstrebt und wofür wir im Geiste der Burschenschafter von 1817 jahraus jahrein an uns und in uns gearbeitet haben, ist Tatsache geworden."

Nach 1945 fand zwar bei vielen Bünden zumindest nach außen hin eine gewisse Distanzierung zum Nationalsozialismus statt, doch Kernelemente burschenschaftlicher Ideologie – völkischer Nationalismus, Elitedünkel, Autoritarismus – blieben unberührt. Im burschenschaftlichen Denken wird die Nation nach wie vor als Kultur- und Blutsgemeinschaft verstanden, was politisch weitreichende Folgen hat. Die Artikulation abweichender und individueller Interessen, in modernen und liberalen Gesellschaften der Normalfall, wird meist als schädlich empfunden. In diesem Denken ist die Einheit der Volksgemeinschaft durch eine lebendige Demokratie bedroht. Außerdem folgt aus dem burschenschaftlichen Nationenverständnis nach innen die Ablehnung von Migration und nach außen die aggressive Infragestellung bestehender Grenzen.

Deshalb ist die Danubia kein Einzelfall, mangelnde Berührungsängste nach ganz rechts sind sozusagen im burschenschaftlichen Weltbild angelegt. So traten auch bei der Erlanger Frankonia extrem rechte Redner wie Pierre Krebs und Horst Mahler auf. Für eine Veranstaltung „„David gegen Goliath' – Konzepte wider die Hegemonialpolitik der USA" warb die schlagende Verbindung Anfang 2007 mit einer Anzeige in der *Jungen Freiheit*. Als Referent war, neben anderen, der wegen Volksverhetzung und Verunglimpfung des Andenkens Verstorbener verurteilte Publizist Hans-Dietrich Sander angekündigt. Beim jährlichen Neonazi-Aufmarsch Mitte Februar in Dresden laufen in der Regel auch Burschenschafter mit, wenn auch eher anonym in den hinteren Reihen (das Foto auf Seite 97 zeigt die Demonstration im Jahr 2007.

Einige Verbindungen werben sogar im rechtsextremistischen Theorieorgan *Nation&Europa* um Mitglieder, etwa die Hamburger Burschenschaft Germania, die wie die Danubia und die Frankonia der erwähnten Burschenschaftlichen Gemeinschaft angehört. In einer Annonce der Burschenschaft Normannia zu Jena war zu lesen: „Suchen patriotische Studenten und Akademiker; bieten eine feste Gemeinschaft, preiswerte Zimmer und Unterstützung im Studium". Der Mitherausgeber von *Nation&Europa*, Peter Dehoust, ist Gründungsmitglied dieser Burschenschaft. „Seit ihrer Gründung", so der Thüringer Verfassungsschutz, gehören der Normannia zu Jena „auch aktive Rechtsextremisten an". Und die Germania aus Hamburg stellte sich in dem Blatt mit diesen Worten vor: „Wir bieten Asyl – für Flüchtlinge aus Multikopia! Deutsche Studenten in Hamburg kommt zur Hamburger Burschenschaft Germania – garantiert politisch unkorrekt." Gabriele Nandlinger / Henning Flad

---

MEHR ZUM THEMA

- www.netz-gegen-nazis.de/lexikontext/burschenschaften
- An vielen Universitäten beschäftigen sich Studierende kritisch mit dem Verbindungswesen, zum Beispiel in Dresden: www.stura.tu-dresden.de/kritik_stud_verbindungen
- Heither, Dietrich (u.a.): Blut und Paukboden. Eine Geschichte der Burschenschaften. Fischer 1997

Gibt es bei den Neonazis auch Frauen?

**„Weiber sind bei uns nichts wert / Auch wenn man sie nicht gern entbehrt",
sang einst die rechte Skinheadband Radikahl. Doch mittlerweile hat die NPD
erkannt, dass weibliche Aushängeschilder wichtig sind für Mitgliederwerbung
und Stimmenfang. Und etliche junge Frauen drängen in die rechtsextremen
Reihen. Eine Analyse von Andrea Röpke**

NPD und Neonazi-„Kameradschaften" sind überwiegend Männersache. Als junge Frau sei es dort „viel schwerer, Fuß zu fassen", erinnert sich die 22-jährige Aus-
steigerin Johanna aus Berlin. „Einige Kameraden lehnten uns prinzipiell ab", berichtet sie, aber das „animierte mich irgendwie dazu, den anderen zu beweisen,
dass sie mich gefälligst ernst zu nehmen haben, auch wenn ich eine Frau bin".
Dabei war Johanna sogar noch in einem als „fortschrittlich" geltenden Teil des
Neonazi-Spektrums aktiv gewesen, bei den „Autonomen Nationalisten".
[▶ Kapitel 18] Johanna machte in ihrer Gruppe beim Ausspionieren von Gegnern mit, trug Transparente, nahm an politischen Schulungen teil. Sie wollte besonders „cool" sein und mitmachen beim gewalttätigen Straßenkampf – irgend-

wann war das nicht mehr gerngesehen. Die männlichen Mitglieder erinnerten sie an ihre „Pflicht": die Rolle als Mutter. Sich so unterordnen, das wollte Johanna nicht und zog sich zurück. Dabei ersparte ihr „der gängige Sexismus", wie sie es nennt, sogar Racheakte und Repressionen – selbst im Ausstieg wurde sie noch als Angehörige des „schwächeren Geschlechts" und damit harmlos angesehen. Aussteigerinnen aus der rechtsextremistischen Szene berichten oft davon, selbst Gewalt erfahren zu haben oder nur für Hilfsarbeiten eingesetzt worden zu sein. Nur selten ließ man sie auch im Vordergrund agieren. In der NPD gab und gibt es kaum profilierte Frauen, im Bundesvorstand saßen – wenn überhaupt – stets nur einzelne weibliche Mitglieder. Hinter den Kulissen aber haben Frauen immer die Neonazi-Szene mitgeprägt. Zum Teil sind sie sogar selbst als Gewalt-täterinnen gegen Migranten oder politisch Andersdenkende aktiv.

Seit einiger Zeit wünschen sich die Strategen der NPD vorzeigbare weibliche Identifikationsfiguren, um die Wählerschaft zu erweitern. Seit Jahren wird ver-sucht, verstärkt weibliche Mitglieder zu werben, sogar eine eigene Frauenorgani-sation gibt es. Doch mehr noch als der durchschnittliche Mann sind NPD-Kader Machos, ihre völkische Ideologie schreibt die Zuständigkeit von Frauen für Kind und Küche geradezu vor. Frauen müssten sich „als Mutter adeln", fordert etwa der NPD-Abgeordnete im Schweriner Landtag, Tino Müller.

„Nationalismus ist auch Mädelsache"

Ohne ihre Frauen wären die Rechtsextremisten im Nachkriegsdeutschland nicht weit gekommen. Gleich nach Kriegsende übernahmen überzeugte Nationalso-zialistinnen organisatorische Aufgaben in neu gegründeten Vereinen wie der „Stillen Hilfe für Kriegsgefangene und Internierte e.V.", waren zuständig für Fleißarbeiten im Hintergrund. Auch die größte Kulturorganisation der Szene, die „Gesellschaft für freie Publizistik" (GfP), wurde lange von Frauen am Leben erhalten. Eine der wichtigsten Basisstrukturen des Neonazismus (und zugleich eine der unbekanntesten) ist die „Hilfsgemeinschaft für nationale politische Ge-fangene und deren Angehörige" (HNG). Sie betreut Inhaftierte im In- und Ausland, vermittelt Briefpatenschaften und Geschenkpäckchen – um sie, wie der Verfassungsschutz schreibt, „auch während der Haftzeit sozial und ideologisch weiter an die rechtsextremistische Szene zu binden und somit die staatlichen Ausstiegsangebote zu unterlaufen". Geleitet wird die HNG seit fast zwanzig Jahren von einer Frau, Ursula Müller aus Mainz.

Das Beispiel zeigt, dass es durchaus aktive Frauen in der Szene gibt, die aber eben kaum auffällig in Erscheinung treten. Sie sorgen für eine reibungslose Or-ganisation von Parteiveranstaltungen oder Konzerten, planen Kinderfeste und

Ausflüge, unterstützen die Männer bei Aufmärschen. Sie verteilen Flugblätter und NPD-Lollis, sorgen für warme Getränke und heiße Speisen und engagieren sich aufopfernd bei den „Ersthelfern", einem rechtsextremistischen Sanitätsdienst. Etwa 20 Prozent der NPD-Mitglieder sind nach Parteiangaben weiblich, Tendenz offenbar steigend. Mit dem Slogan „Nationalismus ist auch Mädelsache" geht die NPD gezielt auf Werbetour, vor allem in den neuen Bundesländern mit Erfolg. Nicht zufällig fand die Gründung ihrer Frauenorganisation „Ring Nationaler Frauen" (RNF) im Ostharz statt.

Acht Frauen stellten sich Mitte September 2006 unter einem Baum vor der Gaststätte „Zum Thingplatz" in Sotterhausen in Sachsen-Anhalt auf. Sie wirkten konservativ und adrett in ihren Blusen und Röcken, die langen Haare gewellt oder zum Dutt aufgesteckt. Bewacht von breitschultrigen tätowierten Glatzköpfen präsentierten sie der Öffentlichkeit den soeben gegründeten RNF. Stella Hähnel ist eine der Wortführerinnen. Die mädchenhaft wirkende Berlinerin saß bereits im Landesvorstand der dortigen NPD, war bis 2009 im Bundesvorstand fürs „Referat Familie" zuständig. Aber wie so viele rechtsextremistische Frauen ist sie auch die Partnerin eines hohen Parteikaders: Ihr Mann heißt Jörg Hähnel, ist Landeschef in Berlin, ein in der Szene populärer Liedermacher und außerdem Mitglied der inzwischen verbotenen braunen Nachwuchsschmiede „Heimattreue Deutsche Jugend" (HDJ). Stella Hähnel führte einst den „Skingirlfreundeskreis Deutschland" mit an (damals noch mit ihrem Mädchennamen Stella Palau), heute ist sie in der völkischen „Gemeinschaft Deutscher Frauen" (GDF) aktiv. Gastgeberin für die RNF-Gründung war Judith Rothe – sie ist liiert mit dem ehemaligen Anführer der „Kameradschaft Ostara", Enrico Marx, der heute einen Versand für rechtsextremistische Musik betreibt.

Die Frauenorganisation der NPD soll das Image weichspülen
Von ihrem Frauenring erwartet die NPD, mit dem Schmuddelimage aufzuräumen und mehr Akzeptanz in der Bevölkerung zu erreichen: Frauen wirken sanft, zivil, weniger gewalttätig. Sie sei Mitglied der Elternvertretung in der Schule ihrer Söhne, betont Judith Rothe gern, „von 24 Eltern gewählt!" Dieses Hervorheben hat seinen besonderen Sinn, beim Ringen um gesellschaftliche Akzeptanz wirkt das Bild heimeliger Familien besser als das prügelnder Männer. Auch die Wahlkampfplakate der NPD brüllen inzwischen nicht mehr nur „Schnauze voll!", sondern zeigen auch blonde Frauen und niedliche Kindergesichter, dazu den Slogan: „Heimat und Zukunft für deutsche Familien".

Mitmachen im Ring Nationaler Frauen kann, wer 16 Jahre alt ist, weiblich und „deutsch" – sowie einen Parteiausweis der NPD besitzt. Der RNF will jedoch keine Massen-, sondern eine Kaderorganisation sein. Die Mitglieder werden rhetorisch und politisch geschult, sie sollen besonders in der Kommunalpolitik aktiv werden und sich um soziale Themen kümmern. Regelmäßig ruft die Partei zu Demonstrationen auf, wenn irgendwo spektakuläre Fälle von Morden oder sexuellem Missbrauch bekannt werden. „Todesstrafe für Kinderschänder" lautet dann das Motto – die Organisation der Aufmärsche überlässt man am liebsten Frauen. „Das macht sich besser", sagt ein NPD-Stratege. „Und kommt bei der Bevölkerung gut an."

Etwa 70 Prozent der NPD-Wähler sind nach Expertenschätzung männlich, das Potenzial unter Frauen dagegen sei noch längst nicht ausgeschöpft. Vielleicht noch wichtiger ist der Effekt eines höheren Frauenanteils für die Stabilität der Szene. Bislang galt als häufigster Anlass für einen Ausstieg aus Jugendcliquen, „Kameradschaften" oder auch Parteien, dass die männlichen Mitglieder außerhalb eine Partnerin fanden – die mit der Szene nichts zu tun haben wollte. Inzwischen aber finden Eheschließungen immer häufiger innerhalb der eigenen Reihen statt, auch ablesbar an der wachsenden Zahl von Heirats- und Geburtsanzeigen in den rechtsextremen Zeitungen.

Wirklich verantwortungsvolle Positionen besetzen Frauen noch selten. Seit der letzten Wahl Anfang 2009 ist der Bundesvorstand der NPD wieder eine reine Männerbastion. Einzig der Landesverband Rheinland-Pfalz wurde zu diesem Zeitpunkt noch von einer Frau, Dörthe Armstroff, geführt. In Sachsen-Anhalt und Hamburg waren weibliche Vorsitzende rüde abserviert worden. In Berlin machte die Partei Anfang 2009 durch eine schmuddelige Affäre von sich reden – die Vorsitzende eines Kreisverbands wurde nach eigenen Angaben von Parteioberen mit der Drohung zum Rücktritt genötigt, man werde Bilder von ihr veröffentlichen, „die der Pornografie zuzuordnen" seien.

Die NPD-Landtagsfraktion in Schwerin besteht ausschließlich aus Männern. In Sachsen gibt es zumindest eine Abgeordnete, Gitta Schüßler, die zeitweise auch RNF-Vorsitzende war. Von rund 60 Mandaten, die die Partei bei den

RECHT EXTREME MÄNNLICHKEIT

Rechtsextremismus ist – salopp gesagt – ins Extreme gesteigerte Männlichkeit. Die Diskriminierung von Frauen, die Ausübung von Gewalt, das Verherrlichen von Kampfgeist, Kraft und Opferbereitschaft – all das sind Elemente eines althergebrachten Männerbildes. Man kann Rechtsextremismus als Versuch des verunsicherten „weißen Mannes" verstehen, seine Vorherrschaft in der eigenen Gesellschaft wie auf der ganzen Welt zu verteidigen.

Es ist jedenfalls kein Zufall, dass rechtsextremistische Gruppen so männerbündisch daherkommen und in vielem Burschenschaften und Armeen ähneln. Themen in diesen – stets hierarchischen – Strukturen sind Macht und Ehre und der Kampf gegen gemeinsame Feindbilder. Männerbünde lieben Uniformen und hassen Schwule, sie zelebrieren „Kameradschaft" und definieren sich durch den Ausschluss von Frauen, von denen sie Gehorsam und Gefolgschaft fordern.

Wenn junge Männer in rechtsextreme Gruppen einsteigen, sehen Psychologen das unter anderem als Versuch, dort klare Ordnung und Autorität zu finden, die ihnen in der modernen Gesellschaft fehlen. Und im Ausländerhass von NPD & Co. schwingt auch die Angst sexuell Frustrierter mit, sie könnten einheimische Frauen an potentere Männer aus der Fremde verlieren.

Kommunalwahlen 2009 in Mecklenburg-Vorpommern errang, entfiel weniger als ein halbes Dutzend auf Frauen. Eine von ihnen war Marianne Pastörs, die Ehefrau des Schweriner NPD-Fraktionschefs. Sie holte mehr Stimmen als die Kandidaten vor ihr auf der Parteiliste, zog an ihnen vorbei und in den Kreistag von Ludwigslust ein – verzichtete aber sogleich auf ihren Sitz, um einem Nachrücker aus der NPD-Männerriege Platz zu machen. Die Rolle der Frau ist für die NPD eben eine dienende, wie auch Udo Pastörs am Abend der Landtagswahl 2007 in einer Dankesrede bekundete: „Herausnehmen möchte ich unsere Frauen, die im Stillen Unglaubliches geleistet haben. Das fing an von der Bewirtung und dem Gutzureden unserer Kameraden und Kameradinnen, die aktiv draußen im Wahlkampf standen. Und das hörte auf beim Wäschewaschen."

Karrierefrauen sind Neonazis ein Graus

„Um das Frauenbild in der Bewegung ist es nicht gerade gut bestellt", hatte bereits vor Jahren der rechtsextreme „Arbeitskreis Mädelschar" um die Geschichtsstudentin Inge Nottelmann aus dem schleswig-holsteinischen Henstedt-Ulzburg ernüchtert festgestellt. Die Mädelschar will nicht nur klassische Frauenthemen wie Gefängnisbetreuung und Familienpflege besetzen, sondern forderte selbstbewusst eine aktive politische Mitgestaltung ein. Junge Mädchen werden in Themen wie „Dein Recht bei Polizeieinsätzen" geschult. Auf Kinderflohmärkten und Kleiderbörsen in der Region Hamburg verteilt man Flugblätter mit Texten zu Kinderarmut oder Konsumrausch von Jugendlichen. Auch war es Inge Nottelmann, die im Jahr 2008 jenen Erster-Mai-Aufmarsch der Kameradschaftsszene in Hamburg anmeldete, bei dem es zu zahlreichen gewalttätigen Übergriffen gegen Journalisten und Polizisten kam. Die Pädagogin und Rechtsextremismuskennerin Renate Feldmann registriert seit Längerem bei neonazistischen Frauen einen Trend zu mehr Selbstbewusstsein.

Das neonazistische Szene-Blättchen *Landser* etwa interviewte zwei junge Frauen, Eva und Magda. Sie klagten darüber, dass „Frauen und Mädel bisher meist als Anhängsel der Männer wahrgenommen" würden. Die beiden sprachen für die „Frauen in der F.A.F.", die weibliche Sektion der später verbotenen Neonazi-„Kameradschaft" Fränkische Aktionsfront. Eva und Magda sagten, sie wollten „einen politischen Freiraum nur für Frauen und Mädels schaffen, um diese reaktionären Strukturen aufzubrechen". Und klangen stellenweise fast wie Feministinnen: „Auch Gewalt in der Beziehung und wie gehen wir damit um, sind ganz bedeutende Fragen, die bisher in männerdominierten Zusammenhängen seltenst besprochen wurden." Die Gruppe wolle sich „führerfrei" und „ohne Hierarchie" organisieren. Und: „Die moderne, anständige, revolutionäre, selbstbewusste, nationale, deutsche Frau ist es, die wir als Ideal anstreben." Sollten solche rechtsextremen Frauen einen pseudo-philosophischen Unterbau suchen, könnten sie ihn bei Sigrid Hunke finden. Die 1999 verstorbene Orientalistin wurde als Bestsellerautorin über die arabische Welt bekannt, weitgehend verborgen blieb ihr Wirken als rechtsextreme Ideologin. In ihren Schriften verknüpfte sie emanzipatorische Forderungen mit altgermanischen Mythen und formulierte eine Art völkischen Feminismus. In vorchristlicher Zeit, so Hunke, seien die Frauen hoch geschätzt, gar als „göttliche Mütter" verehrt worden. Dann aber sei den Germanen das „artfremde" Christentum aufgezwungen worden samt einer „seit Jahrtausenden im Orient bestehenden Unterordnung der Frau". Damit habe der weibliche Leidensweg begonnen. Wer heute Gleichberechtigung wolle, betreibe also nichts anderes als die „Wiederergreifung unseres unvergänglichen Erbes germanischen Frauentums". So kommt Hunke zu einem Postulat, das wie geschaffen scheint für rechtsfeministische Flugblätter: „Der germanische Mann will die Frau selbstständig *neben* sich, und er will sie ebenbürtig."

Die meisten Neonazistinnen argumentieren schlichter. Nach dem Motto „Recht ist, was dem Volke nützt" trimmt die neonazistische Gemeinschaft Deutscher Frauen (GDF) ihre Anhängerinnen auf Gehorsam und Gefolgschaft. Die Partnerinnen von Neonazi-Anführern heißen im GDF-Jargon „Mutterfrauen", zuständig für Familie und Heim. „Der Mann ist Wegbereiter, die Frau Hüterin, Walterin des nie versiegenden Bornes deutschen Volksgutes", so die Lehre der GDF. „Die Mütterlichkeit" sei außerdem in der nordischen Seele „am herrlichsten ausgeprägt". Angelehnt an nationalsozialistische Vorstellungen, sehen sich die Frauen der GDF als Teil einer „Opfergemeinschaft". Folgerichtig ist Kindererziehung für sie mehr als die Verantwortung für die individuelle Entwicklung eines einzelnen jungen Menschen, sie wird als Aufgabe „für die Leistungsfähigkeit, die Überlebensfähigkeit, die Klugheit, die Reife und Persönlichkeit einer ganzen Generation" des Volkes angesehen.

NEONAZI-FRAUEN NICHT DAS FELD ÜBERLASSEN

Wo finden Mädchen und junge Frauen Hilfe, die aus der Nazi-Szene aussteigen wollen? Und wer hilft, damit sie gar nicht erst einsteigen? Im Kreis Ludwigslust (Mecklenburg-Vorpommern), einer Hochburg der NPD, hat die Berliner Amadeu Antonio Stiftung im Februar 2008 ein Projekt nur für Frauen gestartet. Den Macherinnen geht es nicht nur um Aufklärung und Ausstiegshilfen, sondern auch um gezielte Förderung eines demokratischen Engagements.

„Die Erfahrung zeigt", erklärt Projekt-Initiatorin Heike Radvan, „dass die überwiegende Mehrheit derjenigen, die sich überhaupt gegen Rechtsextremismus engagieren, Frauen und Mädchen sind." Und genau die wolle man unterstützen. Zweite Zielgruppe seien Frauen, „die sich vielleicht gar nicht politisch verorten". Sie sollen auch zum Bleiben in dieser von Abwanderung betroffenen Region bewegt werden.

Es gibt Vortragsabende und eine Hausaufgabenhilfe für Flüchtlingskinder. Unter dem Titel „Damenwahl" wird versucht, Frauen für die Kommunalpolitik zu bewegen – um Rechtsextremistinnen dort nicht das Feld zu überlassen.

www.lola-fuer-lulu.de

In ihrer Grundsatzschrift „Die Frau in der nationalen Bewegung" schreibt die GDF zwar, es sei „selbstverständlich, dass eine deutsche Frau einem deutschen Mann zur Seite gestellt ist – ihm also von Natur aus gleichgestellt ist". Doch wirkliche Gleichberechtigung oder gleiche Karrierechancen für Frauen bedeutet das nicht. Wie die NPD konstruiert sich die GDF ein „natürliches Frauenbild", aus dem die Pflichten „für den Erhalt der eigenen Art" abgeleitet werden. Und verweigert sich eine Frau an den „eigenen, naturgegebenen Pflichten", so mache „sie sich im schwersten Maße mitschuldig am Untergang des eigenen Volkes".

Gitta Schüßler, die Landtagsabgeordnete aus Sachsen, versteckt die Ungleichbehandlung von Mann und Frau hinter dem Slogan „Gleiche Rechte – verschiedene Pflichten" (was so ähnlich klingt wie klassisch konservative Positionen). Wie ihre Männer wettern die Neonazistinnen gegen Feminismus und Emanzipation, dies seien „Irrlehren" verhasster „BRD-Umerziehung". Die NPD setzt darauf, dass es für Frauen durchaus tröstlich sein kann, von der Doppelbelastung durch Familie und Beruf erlöst zu werden: Aber nicht etwa dadurch, dass der Mann oder der Staat die Kindererziehung (mit) übernehmen und so auch weibliche Berufskarrieren ermöglichen – sondern indem sie Frauen den Anspruch von Selbstverwirklichung außerhalb der Familie ausreden und sie stärker rhetorisch würdigen für das reine Mütterdasein.

Und widmen sie sich dann ganztags der Kindererziehung, dann soll das natürlich auch ideologiekonform geschehen. In einem Flugblatt schreibt der Ring Nationaler Frauen: „Unsere Kinder sollen nicht zu beliebig austauschbaren, global flexiblen Konsumenten werden, sondern sich als Deutsche, als Glieder in einer Kette von Vorfahren und Nachkommen sehen." Geschichtsrevisionismus gehört für die NPD-Frauen offenbar ebenfalls zur guten Erziehung: Man solle sich jedenfalls wehren, dass „auch unsere Enkel noch angebliche ,historische Schulden' abzutragen haben".

MEHR ZUM THEMA

- „Die ganz harten Weichspülerinnen" – eine Reportage aus der *Süddeutschen Zeitung* von Birk Meinhardt: www.bpb.de/themen/TL3W72,0
- Bitzan, Renate (Hrsg.): Rechte Frauen – Skingirls, Walküren und feine Damen. Elefantenpress 1997
- Themenschwerpunkte in Zeitschriften: „Gefährlich im Aufwind – Rechtsextreme Frauen" (Frauenrat 6/2008); „Männlichkeit und Gewalt – Kernelemente rechter Identität" (Antifaschistisches Info-Blatt Nr. 80); „Männer in der extremen Rechten" (Lotta Nr. 29)

24

Was ist Patriotismus?

Und was unterscheidet einen „gesunden Patriotismus" von „übersteigertem Nationalismus"? Lassen sich die beiden Phänomene überhaupt klar voneinander trennen? Ein Essay von Prof. Hans Vorländer

Als Bundespräsident Gustav Heinemann einmal gefragt wurde, ob er sein Vaterland liebe, antwortete er lakonisch: „Nein, ich liebe meine Frau." Das sorgte damals, Anfang der 1970er-Jahre, für erhebliche Irritation. Sollte nicht ein Bundespräsident seinen Staat, sein Vaterland lieben? Ist das nicht eine Selbstverständlichkeit? Heinemann, ein eigensinniger Politiker und beeindruckender Präsident, brachte damit zweierlei auf den Punkt. Zum einen, dass Liebe ein überwältigendes Gefühl zu einem nahestehenden Mitmenschen ist. Zum anderen – das war die politische Seite – brachte er zum Ausdruck, dass es für einen Deutschen angesichts der eigenen Geschichte schwierig ist, ein unmittelbares Gefühl der Liebe für Staat, Nation oder Vaterland zu entwickeln. Denn der Nationalsozialismus hatte Vaterlandsliebe missbraucht und diskreditiert. Zudem besaß Deutschland in den 1970er-Jahren keinen einheitlichen Nationalstaat. Die Trennung zwischen West und Ost machte es schwierig, ein Gefühl der nationalen Zugehörigkeit zu entwickeln, das mit dem Begriff der „Liebe" hätte belegt werden können. Stattdessen wurde in den 1980er-Jahren von Politikern und Philosophen der Begriff „Verfassungspatriotismus" geprägt. Damit gemeint ist eine besondere Wertschätzung für die im Grundgesetz niedergelegten Rechte, Prinzipien und Werte der politischen, demokratischen, rechts- und sozialstaatlichen Ordnung.

Nationalismus und Patriotismus bedienen verbreitete Bedürfnisse ...

Mit der deutschen Vereinigung von 1990 ist der Nationalstaat wiederhergestellt. Erneut wird diskutiert über das, was uns eint und was einem Gefühl nationaler Verbundenheit adäquat Ausdruck gibt. Dies ist gewiss nicht nur eine akademische, intellektuelle Diskussion, sondern berührt wirklich Gefühle und Selbstverständnis der Deutschen und vieler zugewanderten Bürger. Dass es ein Gefühl der Zugehörigkeit und Verbundenheit gibt, wurde während der Fußballweltmeisterschaft 2006 deutlich, als schwarz-rot-goldene Fahnen plötzlich massenhaft auf Straßen und Plätzen auftauchten. Ist es deshalb so, dass Deutschland nun ein entspanntes Verhältnis zur eigenen Nation entwickelt hat? Oder verstellt uns unsere Vergangenheit nach wie vor den Weg zu einem – wie manche sagen – „gesunden" Patriotismus? Oder braucht es gar eine solche symbolische Form des Ausdrucks nationaler Zugehörigkeit und Verbundenheit nicht? Zumal Deutschland zu einem Einwanderungsland geworden ist, in dem sich Menschen unterschiedlicher Herkunft, kultureller Prägung und ethnischen Selbstverständnisses in einem Gemeinwesen begegnen? Vielleicht reichen ja für den Zusammenhalt einer Gesellschaft Dinge wie Nächstenliebe und Solidarität vollkommen aus?

Nationalismus und Patriotismus sind Formen, in denen sich Menschen und Gesellschaften über ihr Zusammenleben verständigen. Sie zeigen zugleich ein Bedürfnis an, die faktisch bestehende Beziehung zwischen unterschiedlichen Menschen in Stadt, Land und Staat als Moment der Zugehörigkeit und Verbundenheit identifizierbar und damit auch von anderen Gruppen und Gesellschaften unterscheidbar zu machen. Wer sich national oder patriotisch definiert, gehört zu einer angebbaren Gruppe von Menschen – macht damit aber im Umkehrschluss auch deutlich, dass er nur zu dieser gehört.

Nationalismus und Patriotismus haben ein Innen und sie haben ein Außen. Nach innen können sie integrieren, Solidarität erzeugen und Verbundenheit symbolisieren. Nach außen hin grenzen sie ab, definieren den anderen als nicht zugehörig. Diese ein- und ausschließende Wirkung hat Konsequenzen, die dort besonders ins Auge fallen, wo sich Nationalismus oder Patriotismus als äußerst aggressive Formen darstellen, um den anderen als Feind zu stigmatisieren.

Die Geschichte des 20. Jahrhunderts, aber nicht nur sie, ist durchzogen von solchen Freund-Feind-Deklarierungen. Aggressiver, nach außen gewendeter Nationalismus führt zu Krieg und Vernichtung. Doch muss sich die Feinderklärung nicht immer nur nach außen richten; dort, wo der Nationalismus sich paart mit ethnischen, völkischen und rassischen Attributen, wendet er sich auch gegen einen Feind im Inneren. Was also unterscheidet den ‚guten' vom ‚schlechten' Nationalismus, den ‚entspannten' vom ‚angespannten' Patriotismus? Die Antwort ist nicht einfach, vor allem ist sie nicht für alle Zeiten gültig. Oft auch spielen die ‚guten' und ‚schlechten' Varianten zusammen, und das hat Gründe.

… und sind aber auch politische Kampfbegriffe

Denn Nationalismus und Patriotismus sind politische Begriffe, und als solche sind sie auch Kampfbegriffe. Sie bezeichnen Vorstellungs- und Deutungswelten von Mitgliedern einer politischen Gemeinschaft. Sie definieren, wer dazugehört und wer nicht. Zugleich können beide Begriffe, wie historisch vielfach geschehen, instrumentalisiert werden, um innenpolitischen Gegnern Unzuverlässigkeit („vaterlandslose Gesellen") zu unterstellen. Sehr oft wird damit auch versucht, die in einer Demokratie oder einem parlamentarischen System zwangsläufig bestehenden Streitigkeiten und Konflikte zu überspielen, ganz so wie der deutsche Kaiser, der am Vorabend des Ersten Weltkrieges erklärte, nun kenne er „keine Parteien mehr, sondern nur noch Deutsche".

Nationalismus und Patriotismus sind auch historische Begriffe. Sie gehen zurück auf das lateinische *natio* und *nasci* (geboren werden) einerseits und auf *patria* (Vaterland) andererseits. Im Mittelalter und der frühen Neuzeit bezog sich der Begriff Nation auf die Bezeichnung eines kleinen und eher lokal (das heißt städtisch) bestimmten Verbandes, einer Landsmannschaft oder einer bestimmten Herkunftsgruppe innerhalb von größeren Gruppen innerhalb eines bestimmten Siedlungsraumes. Damit war auch immer eine Verbundenheit der Menschen durch Geburt und das gemeinsame Leben in einem geteilten Raum gemeint.

„PARTY-PATRIOTISMUS" MIT FOLGEN

Während der Fußball-WM 2006 erlebte die Bundesrepublik eine Renaissance der Deutschlandfahne, Beobachter diagnostizierten einen „gesunden Umgang mit der Nation". Doch dieser „Party-Patriotismus" hatte Schattenseiten, wie Wissenschaftler der Universität Bielefeld im Rahmen ihrer Langzeituntersuchung *Deutsche Zustände* belegen konnten.

Frühere Studien hatten bereits gezeigt, dass Nationalismus (Stolz aufs „Deutschsein" und „die deutsche Geschichte") direkt mit Fremdenfeindlichkeit, Antisemitismus und Islamophobie zusammenhängt. Menschen, die ihren Patriotismus dagegen mit Stolz auf demokratische und soziale Errungenschaften begründen, entpuppten sich als weniger fremdenfeindlich.

Im Jahr 2006 führten die Forscher zwei Erhebungen durch. Fazit: „Personen, die nach der WM befragt wurden, waren nationalistischer und weniger patriotisch eingestellt als diejenigen, die vor der WM befragt wurden." Und das Nationalgefühl war auch nicht milder oder weltoffener geworden. „Während viele Menschen der Meinung sind, ein gesunder patriotischer Nationalstolz sei positiv, zeigen die vorliegenden Befunde, dass es sich hierbei um eine Fehleinschätzung handelt."

Patriotismus geht vor allem auf den Stolz der Stadtbürgerschaft zurück. Die Bürger in der Stadt sahen sich als frei und gleich an, sie genossen Recht und Schutz, die die Stadt gewährleistete. Zumeist entwickelte sich in den freien Städten Oberitaliens und Deutschlands Wohlstand und ein reiches Kunst- und Kulturleben, auf das die Bürger mit Stolz und Selbstbewusstsein blickten. Diese sogenannte ‚republikanische' Tradition des Patriotismus, die sich in Venedig oder Florenz, in Frankfurt, Nürnberg oder den Freien Hansestädten herausbildete, tradierte sich bis in die Neuzeit und die Phase der Herausbildung großflächiger Nationalstaaten im 17. und 18. Jahrhundert.

Der Patriotismus beflügelte die Amerikanische Revolution von 1776 wie auch die Französische von 1789. Patriotismus stand an der Wiege der sogenannten deutschen Befreiungskriege gegen die napoleonische Herrschaft Anfang des 19. Jahrhunderts. Sosehr Patriotismus die freie Herrschaftsform der Republik und die Demokratie beförderte, so wurde dieser freiheitliche Patriotismus doch auch nach und nach überlagert von einem starken Nationalismus, der schließlich, vor allem am Ende des 19. und im 20. Jahrhundert, zu einem aggressiven Mittel der Mobilisierung von Massen und zur Feindstaaterklärung geschmiedet wurde.

Deutschland kann kein ungebrochenes Verhältnis des Stolzes zu seiner Geschichte haben. Das unterscheidet Deutschland von anderen demokratischen Staaten und erklärt, warum die Deutschen weniger stolz auf historische und politische Errungenschaften sind als Angehörige anderer Nationen. Und doch gäbe es Grund, selbstbewusster auf die Leistungen der letzten Jahrzehnte zu blicken: auf die kritische Auseinandersetzung mit der eigenen Geschichte, den Aufbau einer freiheitlichen Ordnung, einen hohen Lebensstandard, Wohlstand und soziale Absicherung, auf eine kulturelle Infrastruktur, die ihresgleichen sucht. Und auf die friedliche Revolution von 1989 in der DDR und die Vereinigung beider deutscher Staaten. Ohne die Mobilisierung großer humaner und finanzieller Ressourcen und ohne das Gefühl der Verbundenheit und das anhaltende Moment der Solidarität wäre das Zusammenwachsen Deutschlands nicht möglich gewesen. Gründe für einen ‚entspannten' Patriotismus also gäbe es.

MEHR ZUM THEMA

- Wehler, Hans-Ulrich: Nationalismus. Geschichte – Formen – Folgen. Beck 2006
- Hobsbawm, Eric: Nationen und Nationalismus. Mythos und Realität seit 1780. Campus 2005
- Becker, J. / Wagner, U. / Christ, O.: Nationalismus und Patriotismus als Ursache von Fremdenfeindlichkeit. In: Deutsche Zustände, Folge 5. Suhrkamp 2007. S. 131–149

Wo ist eigentlich die „Ostküste"?

Rechtsextremisten wollen ihre Ideologie im Denken der gesellschaftlichen Mehrheit verankern, die NPD hat sogar explizit einen „Kampf um die Köpfe" ausgerufen. Ein beliebtes – und oft perfides – Mittel dafür sind gezielte Sprachschöpfungen: Begriffe wie „Asylbetrüger", „Schuldkult", „USrael" oder „inländerfreundlich" sind jedenfalls keine harmlosen Wortspiele.

Neonazis, aber auch Vertreter der Neuen Rechten, reden gern von einem deutschen **„Schuldkult"**, wenn es ums Erinnern an die Verbrechen des Dritten Reiches geht. „Der Schuldkult als Holocaust-Religion ist heute die Staatsreligion der Bundesrepublik", schreibt etwa die neurechte Online-Zeitschrift *Blaue Narzisse*. Der Gebrauch dieses Begriffs ist Teil eines umfassenden Versuchs, Ursachen, Verlauf und Folgen des Nationalsozialismus zu leugnen oder zumindest zu verharmlosen. Ein wichtiger Teilerfolg für die Rechtsextremisten wäre es, wenn über die grausamen Verbrechen nicht mehr öffentlich diskutiert und der NS-Opfer nicht mehr gedacht würde. Der Begriff „Schuldkult" soll jede kritische Auseinandersetzung mit der Vergangenheit als lächerlich und aufgezwungen erscheinen lassen. Oft werden auch diejenigen, die die Erinnerung an den Nationalsozialismus und dessen Opfer wachhalten wollen, als **„Umerzieher"** verunglimpft – wobei gleich noch mitschwingt, dass ein kritisches Verhältnis zur eigenen Geschichte „unnatürlich" sei.

Ähnlich beliebt unter Rechtsextremen ist das Entwerten des Begriffs „Holocaust". Seit den Siebzigerjahren hat sich das Wort als Bezeichnung für den nationalsozialistischen Völkermord an den Juden Europas etabliert. Im Januar 2005 provozierte der NPD-Abgeordnete Jürgen Gansel einen Eklat im Sächsischen Landtag, als er die alliierten Luftangriffe auf Dresden **„Bomben-Holocaust"** nannte. Indem das Wort Holocaust aus seinem ursprünglichen Bedeutungszusammenhang gerissen und für Opfer von alliierten Bombenangriffen verwendet wird, soll der geschichtlich einmalige, geradezu industriell organisierte Massenmord an den Juden relativiert und verharmlost werden. Dies ist so etwas wie die Vorstufe zum offenen Leugnen. [▶ Kapitel 28]

Vor allem wenn es um antisemitische Hetze geht, ist die Neonazi-Szene sehr geschickt im Finden neuer und vor allem strafrechtlich nicht greifbarer Begriffe. Zum Teil sind die Termini eindeutig, zum Teil enthalten sie aber auch antisemitisch konnotierte Chiffren und Codes, die nur Eingeweihte entschlüsseln können. In jedem Falle eignet sich das Phantasiekonstrukt einer **„Jüdischen Weltherrschaft"** dazu, komplexe und für viele Menschen schwer durchschaubare Zusammenhänge mit Verweis auf „jüdische Einflüsse" ganz schlicht zu erklären – zum Beispiel in der Geopolitik oder der Finanzwirtschaft.

Recht einfach zu verstehen ist **„USrael"**. Dieses Mischwort aus Israel und USA soll suggerieren, dass die amerikanische Politik und Wirtschaft von Israel gesteuert werden. Und Israel wird hier natürlich als Synonym für „den Juden" gebraucht, obwohl gut 20 Prozent der israelischen Staatsbürger arabischer Herkunft sind und natürlich zahlreiche israelische Juden die Politik ihrer Regierung kritisieren. Weniger verständlich ist das Reden von „Schaltzentralen der amerikanischen **Ostküste"**. Der Begriff steht für das angeblich von Juden dominierte internationale Finanzsystem. Neonazis vermuten, dass die weltgrößte Aktienbörse und auch die Banken in New York (an der Ostküste der USA) insgeheim von Juden kontrolliert würden. Auch der Begriff **„raffendes Kapital"** ist ein häufig genutztes Synonym für den Bankensektor. Als „schaffendes Kapital" hatten schon die Nationalsozialisten das gute, bodenständige, produzierende, quasi deutsche Industriekapital bezeichnet, dem sie das „raffende Kapital" der Zirkulationssphäre entgegensetzten. Und diese sei „ihrem Wesen nach jüdisch". Mit Bezug auf diese Unterscheidung können heutige Neonazis antisemitische Hetzartikel schreiben, ohne auch nur einmal das Wort „Jude" zu benutzen.

Typisch für das Mixen von offen und verdeckt antisemitischen Begriffen ist dieser Text aus der NPD-Parteizeitung *Deutsche Stimme* (5/2005): „Wie ein Krake hat der Dollar-Imperialismus die Welt im Würgegriff, und er unternimmt nicht einmal mehr die geringsten Anstrengungen, dies irgendwie zu verschleiern. Denn die Weltmachtstellung jüdischer Kapitalstrategen – gleich welche Staatsangehörigkeit sie zufällig haben – scheint ihrem weltgeschichtlichen Höhepunkt entgegenzutreiben [...] Deshalb existieren die Erbhöfe der Ostküste in Institutionen der Weltwirtschaft weder zufällig noch sind sie ungefährlich. Hier laufen die Fäden einer völkerfeindlichen Oligarchie zusammen." Der **„Krake"** war übrigens sogar schon vor der Zeit des Nationalsozialismus als Synonym für die erdachte Weltherrschaft von Menschen jüdischen Glaubens gebräuchlich.

Ein ebenfalls häufig genutzter antisemitischer Code ist das Kürzel **„ZOG"** („Zionist Occupied Government", zu deutsch: „zionistisch beherrschte Regierung"). Neonazis wollen damit verschiedenen Staaten unterstellen, jüdisch kontrolliert zu sein. Wann immer sich eine Regierung gegen Rechtsextremismus starkmacht oder andere Dinge tut, die Neonazis ärgern, führen sie dies auf geheime Einflüsse von Juden zurück. Alles, was den eigenen paranoiden Vorstellungen nicht entspricht, wird als „jüdische Propaganda" abgetan – so bestätigt sich die wirre Theorie auf wundersame Weise immer wieder von selbst.

Wenn es um Politiker der demokratischen Parteien geht oder Vertreter der Wirtschaft, dann scheinen sich Neonazis besonders anzustrengen: „Erfüllungspolitiker", „Globalisierungsfanatiker", „Nadelstreifen-Kriminelle", „internationale Plutokratie", „One-World-Mammonisten", „Globalextremisten" – diese Bezeichnungen stammen aus der *Deutschen Stimme*. Besonders oft werden dort Begriffe wie **„Systempolitiker"** oder **„Systemparteien"** benutzt, um die demokratischen Parteien und ihre Repräsentanten verächtlich zu machen und als Teil eines gemeinschaftlich agierenden, feindlichen Komplexes darzustellen. Noch weiter geht **„Besatzerregime"** – das Wort diffamiert die demokratische Verfassung der Bundesrepublik als von den Alliierten aufgezwungen und damit illegitim. Neben der Schaffung von Freund-Feind-Bildern versucht die NPD hier wie beim „Schuldkult" Schlagwörter zu prägen, in der Hoffnung, dass sie in die öffentliche Debatte Einzug halten.

Dasselbe Ziel verfolgen Wortschöpfungen zur grundsätzlich abgelehnten Migration. Begriffe wie **„Multikulti-Extremisten"** und **„Multikulti-Umerzieher"** suggerieren, dass Zuwanderung „unnatürlich" und nur gewaltsam durchsetzbar sei. Das Wort **„Asylbetrüger"** soll politisch Verfolgten legitime Gründe für ihre Flucht und die Aufnahme in Deutschland absprechen. Das Schlagwort der **„Überfremdung"** übertreibt den Anteil von Migranten hierzulande. Und wenn Neonazis den Begriff **„Kulturbereicherer"** benutzen, versuchen sie das antirassistische Argument, dass eine Gesellschaft von Zuwanderung profitiert, ironisch umzudrehen – denn er wird von Rechtsextremisten nur in den Mund genommen, wenn es um negative Phänomene geht, etwa um **„Ausländergewalt"**. Dieser Begriff versucht – wie

GEREIZT UND AGGRESSIV

„Neonazis sprechen und schreiben nicht einfach die Sprache der Nationalsozialisten. Ihre Kommunikation ist keine schlichte Neuauflage des historischen Vorbildes. Zwar findet derjenige, der die Flugblätter, Zeitschriften und Bücher studiert, immer wieder deutliche Anklänge an die NS-Sprache [...] Zwar entdeckt man immer wieder ähnliche Muster der Abwertung in Wort und Bild, sieht sich mit Formeln aus dem NSDAP-Programm, Material aus dem Propagandaministerium von Joseph Goebbels oder Karikaturen und Schlagzeilen konfrontiert, die aus den Hetzschriften eines Julius Streicher stammen. Das alles gibt es.

Neu und anders ist jedoch, dass Neonazis in der Gegenwart unter spezifischen Bedingungen kommunizieren, die ihren sprachlichen und argumentativen Mustern ein besonderes Gepräge geben. [...] Die neonazistische Kommunikation ist zu wesentlichen Anteilen die gereizte und hochgradig aggressive Reaktion auf den gesellschaftlichen Umgang mit dem Nationalsozialismus. [Sie] entwirft eine Gegensprache, versucht eine Diskurskorrektur [...]."

Prof. Bernhard Pörksen, Universität Hamburg

auch die Rede von einer **„multikriminellen Gesellschaft"** –, einen ursächlichen Zusammenhang von Einwanderung und Kriminalität herzustellen. Tatsächlich tauchen ja Migranten bei einigen Delikten überproportional häufig in Kriminalstatistiken auf – doch das hat nichts mit genetischer oder ethnischer Prägung zu tun, wie Neonazis unterstellen, sondern beispielsweise mit sozialen Problemen und mangelnden Bildungschancen, und davon sind Menschen mit ausländischen Vorfahren hierzulande öfter betroffen.

Zwar sprechen auch Boulevardmedien oder (vor allem) konservative Politiker bisweilen von „Ausländerkriminalität", doch bei den anderen genannten Begriffen gelang der NPD die Etablierung in der breiten Öffentlichkeit bisher nicht. Einzig die **„national befreite Zone"** ist in den allgemeineren Sprachgebrauch eingeflossen – allerdings mit einer durchweg negativen Konnotation. Anfang der Neunzigerjahre war in einer Zeitschrift der NPD-Organisation Nationaldemokratischer Hochschulbund (NHB) dazu aufgerufen worden, Straßenzüge, Stadtviertel oder ganze Ortschaften durch Rechtsextremisten so zu dominieren, sodass potenzielle Opfergruppen wie Schwarze, Homosexuelle, Behinderte oder nicht-rechte Jugendliche jederzeit mit Gewalt rechnen müssen. Es sollten Machtstrukturen parallel zur Staatsgewalt aufgebaut werden, durch die Gründung eigener Kleingeschäfte (genannt wurden beispielsweise Buchläden, Druckereien, Werbeagenturen oder „Reiseunternehmen für kleine Geldbeutel") sollte die Szene auch ein ökonomisches Rückgrat erhalten und so die Ausgrenzung von Neonazis auf dem Arbeitsmarkt unterlaufen werden. Ende der Neunzigerjahre wurde der Begriff „national befreite Zone" in der NPD breit propagiert, Medien griffen ihn daraufhin auf, und mit der Wahl zum Unwort des Jahres 2000 wurde der Terminus bundesweit bekannt. Rechtsextreme Internetforen bejubelten das damals ausgiebig.   Johannes Radke / Henning Flad

MEHR ZUM THEMA

- Schuppener, Georg. Sprache des Rechtsextremismus. Edition Hamouda 2008
- Pörksen, Bernhard: Die Konstruktion von Feindbildern. VS-Verlag 2005
- Jäger, Siegfried: BrandSätze. Rassismus im Alltag. DISS Duisburg 1995 – kostenlos zum Herunterladen: www.diss-duisburg.de/Internetbibliothek/Buecher/Brandsaetze/Brandsaetze.htm

26

Warum hassen Rechtsextremisten die USA?

Antiamerikanische Ressentiments gibt es in der ganzen Gesellschaft, NPD & Co. versuchen daran anzuknüpfen. Entsprechende Parolen sind auf Neonazi-Demonstrationen immer öfter zu sehen. Die USA steht dabei für alles, was die extreme Rechte ablehnt: Demokratie und Pluralismus, eine multi-ethnische Bevölkerung und ein liberales Staatsbürgerschaftsrecht. Von Michael Hahn

„Etwa 50 Aktivisten marschierten durch die Weindörfer Herxheim am Berg, Kallstadt und Erpolzheim", schrieb die rheinland-pfälzische NPD im September 2007 auf ihrer Webseite über eine Aktion. „Beim Marsch durch die engen Gassen der Dörfer wie durch die malerisch schönen Weinberge erschallten Kampflieder der deutschen Jugend." Unterwegs verteilten die Neonazis ein Flugblatt: „Deutscher Wein statt Ami-Fusel! Nur die NPD schützt einheimische Winzer!"

Nicht immer kommt rechtsextremer Amerikahass so beduselt daher, meist äußert er sich offen aggressiv. „Endlich sind sie mal im Herzen getroffen", freute sich etwa Horst Mahler nach den Anschlägen vom 11. September 2001. An der US-Militärbasis im pfälzischen Grafenwöhr organisierte die NPD 2005 ein „antiamerikanisches Kulturfest". Neonazis schreiben „US-Kriegsverbrecher stoppen" auf ihre Transparente oder „U-S-A: Internationale Völkermordzentrale" – Slogans, die in den 1980er-Jahren auf linken Demonstrationen beliebt waren. Mit derartigen Sprüchen wird auch versucht, an Friedenskundgebungen oder globalisierungskritischen Demonstrationen teilzunehmen und inhaltlich hieran anzuknüpfen. Meist stoßen die Neonazis dort auf klare Ablehnung. Aber immer wieder gibt es Veranstalter oder Demonstranten, die verunsichert reagieren – im Vorfeld des zweiten Irakkriegs konnte beispielsweise die „Kameradschaft München" ungehindert an Attac-Kundgebungen teilnehmen. Doch mit demokratischer Kritik an der US-Regierungspolitik hat deren Amerikahass wenig gemein.

Was stört deutsche Neonazis eigentlich an den USA? Historisch steht sicher die deutsche Niederlage im Zweiten Weltkrieg im Vordergrund. Neben der Sowjetunion spielten die USA eine zentrale Rolle bei der Befreiung Europas vom Nationalsozialismus. Das ärgert die Neonazis bis heute. Die Nürnberger Kriegsverbrecherprozesse waren für sie „Siegerjustiz", Demokratisierung und Liberalisierung in Westdeutschland verachten sie als „Umerziehung". In Ostdeutschland knüpft die NPD dabei an die offizielle DDR-Redensart von „angloamerikanischen Kriegsverbrechen" an. Heute gehören die Aufmärsche zum Jahrestag der alliierten Bombardierung Dresdens zu den wichtigsten Terminen der Szene.

Hitler selbst äußerte sich übrigens zwiespältig zu den USA. Bewunderung für technologische Leistungen (Ford als Vorbild für Volkswagen!) mischte sich mit Verachtung für die vermeintliche „Verweichlichung" der US-Gesellschaft: eine Denkfigur, die in der europäischen extremen Rechten eine lange Tradition hat. Die USA hätten „jahrhundertelang auf dem Wege der Auswanderung die besten nordischen Kräfte Europas erhalten", meinte Hitler 1928. Einige Jahre später dann: „Die amerikanische Gesellschaft ... ist halb verjudet, und die andere Hälfte halb vernegert. Wie kann man erwarten, dass solch ein Staat zusammenhält?" Das nationalsozialistische Regime ging rigide gegen US-amerikanische Einflüsse in Kunst und Kultur vor, beispielsweise gegen Jazz und Swing. Doch außenpolitisch bemühte man sich zunächst, die USA nicht zu provozieren. Das änderte sich erst im Vorfeld des Zweiten Weltkriegs. Von nun an galt US-Präsident Franklin D. Roosevelt als „Weltfeind", der sich vom „internationalen Judentum" gegen Deutschland aufhetzen ließ. Bis heute vertreiben rechtsextreme Verlage Bücher, die Roosevelt für den Zweiten Weltkrieg (mit)verantwortlich machen.

Die Abwehr von allem, was real oder imaginiert der US-amerikanischen Gesellschaft und den Besatzungstruppen zugerechnet werden konnte, war im Übrigen in der alten Bundesrepublik noch bis in die 1950er-Jahre weitverbreitet. Beispielsweise als offene Ablehnung der „Negermusik".

In den 1980er-Jahren wurde der rechtsextremistische Amerikahass mörderisch. Eine Terrorgruppe um den Neonazi Odfried Hepp verübte Bombenanschläge in US-amerikanischen Kasernen-Wohnvierteln, bei denen mehrere Soldaten schwer verletzt wurden. In einem Theorietext rief Hepp die radikale Linke zur Zusammenarbeit gegen die „Besatzer" auf (der Vorschlag wurde brüsk zurückgewiesen). Auch andere Rechtsaußen-Strömungen gingen gegen die USA in Stellung. In den 1990er-Jahren zettelten nationalkonservative Intellektuelle im Umfeld der *Jungen Freiheit* eine Debatte über die deutsche „Westbindung" an und forderten eine Loslösung vom US-amerikanischen Einfluss.

Heute setzen NPD und „Freie Nationalisten" vor allem auf die „Globalisierung" – die ist für sie praktisch gleichbedeutend mit „Amerikanisierung" und „US-Imperialismus". Im „Aktionsprogramm" der NPD finden sich Sätze, die so oder ähnlich auch von Attac stammen könnten. „Die USA betreiben seit ihrer Gründung eine imperialistische Politik. Sie begann mit der weitgehenden Ausrottung der Indianer und wird ihr Ende nicht in der Bombardierung Afghanistans und des Irak gefunden haben." In der von den USA angestrebten „neuen Weltordnung" dürfe das Kapital „an beliebigen Orten auf der Welt produzieren ..., um so die Ausgaben für soziale Sicherungssysteme, Löhne und Naturschutz minimieren zu können". Dagegen fordert die NPD „selbstständige Volkswirtschaften", den „Abzug aller fremden Truppen aus Deutschland" und ein „Interventionsverbot für raumfremde Mächte". Dass man aber selbst in Osteuropa „Lebensraum" erobern und deutsche Konzerne in anderen Ländern „Löhne minimieren" dürfen, war für Neonazis immer eine Selbstverständlichkeit.

Und wen macht die NPD verantwortlich für den „US-Imperialismus"? Spätestens hier merkt man, dass der Text nicht von Attac kommt. Schuld seien „die völkerverachtenden Strategen der US-Regierung, die sich mit dem Begriff ‚US-Ostküste' am besten symbolisch klassifizieren lassen". „Ostküste" ist seit über hundert Jahren – nicht nur bei Neonazis – ein Code für das angeblich allmächtige US-amerika-

„PROTECTED BY THE USA"

So sehr deutsche Neonazis die USA verteufeln – eigentlich müssten sie dankbar sein. Zwar bestraft die dortige Justiz Rassismus als „hate crime" besonders hart – aber erst wenn er zu Gewalt führt. (Dann können Opfer auch Schadensersatz einklagen, oft in sehr hohen Summen.) Doch die Meinungsfreiheit wird in den USA sehr weit ausgelegt, was deutschen Neonazis beim ungestörten Kommunizieren hilft und beim Handeln mit verbotenen NS-Devotionalien. Viele Websites mit deutschsprachiger Propaganda liegen auf US-Servern, denn im „Land der unbegrenzten Möglichkeiten" darf man ungehindert den Holocaust leugnen und unbehelligt Hitlers „Mein Kampf" verkaufen.

Ein in der Szene populärer Nutznießer ist der in Deutschland wegen Volksverhetzung inhaftierte Revisionist Ernst Zündel. Anfang der Neunzigerjahre mietete er Sendezeit bei einem US-Kurzwellenradio und verbreitete – auf deutsch – seine holocaustleugnenden und antisemitischen Ansichten. Zündels hasserfüllte Internet-Seite ist sogar mit dem ironischen Etikett versehen: „Protected by the US-Constitution!" – „Geschützt durch die US-Verfassung".

nische Judentum. [▶ Kapitel 25] Offen formuliert es der sächsische NPD-Abgeordnete Jürgen Gansel. Er definiert Globalisierung als „das planetarische Ausgreifen der kapitalistischen Wirtschaftsweise unter der Führung des großen Geldes. Dieses hat, obwohl seinem Wesen nach jüdisch-nomadisch und ortlos, seinen politisch-militärisch beschirmten Standort vor allem an der Ostküste der USA."

Laut NPD-Aktionsprogramm werden die vermeintlichen Weltherrschaftspläne von einem „Kulturimperialismus" begleitet: „Um Widerstand gegen diese Ausbeutungspolitik zu brechen, muss jede Form der kulturellen Zersetzung gefördert werden. ... Auf diese Weise wird ein wesentlicher Aspekt der völkischen Identität zerstört. Dies ermöglicht später auch die Vernichtung der biologischen Basis eines Volkes. Das klassische Medium des Kulturimperialismus ist das Fernsehen. Dieses wirkt kulturnivellierend und insbesondere dann, wenn amerikanische Produktionen gezeigt werden, gemeinschaftszersetzend." Dem Individualismus und Liberalismus der „amerikanischen Kultur" setzen die Neonazis ihre „völkische Gemeinschaft" entgegen – in die sich der und die Einzelne einzufügen hat und alles „Fremde" und „Andere" unerwünscht ist.

„Weltherrschaft", „nomadisch", „zersetzend" – mit solchen Begrifflichkeiten knüpft die NPD an NS-Propaganda an. Geschickt greift sie aber auch antiamerikanische Ressentiments auf, die weit über die rechtsextreme Szene hinaus verbreitet sind. Dass sich in den USA alles nur ums Geld drehe, die US-Gesellschaft extrem gewalttätig und die US-Kultur seicht sei, dass US-Lebensmittel stets gesundheitsschädlich und „gepanscht" seien („Ami-Fusel") – das glauben auch viele Deutsche, die keineswegs mit der NPD sympathisieren.

Natürlich ist eine demokratisch-aufklärerische Kritik an der Politik der jeweiligen US-Regierung und an manchen Entwicklungen in der US-amerikanischen Gesellschaft möglich: Sie sollte aber am konkreten Beispiel ansetzen und argumentieren, statt Allgemeinheiten über das vermeintliche Wesen „der Amerikaner" und ihrer Kultur zu kolportieren. Und sie sollte die eigenen, deutschen Zustände nicht aus dem Auge verlieren.

MEHR ZUM THEMA

- Hintergrundtext der Brandenburger Landeszentrale für politische Bildung:
  www.politische-bildung-brandenburg.de/extrem/glossar/antiamerikanismus.htm
- Eine Analyse des baden-württembergischen Landesamtes für Verfassungsschutz:
  www.verfassungsschutz-bw.de/rechts/rechts_spezial_antiamerik.html
- Diner, Dan: Feindbild Amerika. Über die Beständigkeit eines Ressentiments. Propyläen 2002

Weshalb ist Rudolf Hess ein Held der Rechtsextremen?

Jedes Jahr im August versuchen Rechtsextreme im bayerischen Wunsiedel aufzumarschieren, wo der Hitler-Stellvertreter Rudolf Hess begraben liegt. Warum stehen Rechtsextremisten so auf den verurteilten Kriegsverbrecher? Ganz einfach: Er gibt einen idealen Märtyrer ab.

Am 17. August 1987 nahm sich Rudolf Hess im Alter von 93 Jahren im Garten-pavillon des Militärgefängnisses Berlin-Spandau das Leben. Bis heute instru-mentalisieren Rechtsextremisten dies für ihre Propaganda. Mit mehr oder weni-ger abstrusen Theorien versuchen sie zu belegen, dass der einstige Hitler-Stell-vertreter umgebracht worden sein müsse. Dass Hess ein Kriegsverbrecher war und vom Nürnberger Tribunal wegen „Vorbereitung eines Angriffskrieges" und „Verschwörung gegen den Weltfrieden" verurteilt wurde, verschweigen sie gern. In seinem Schlusswort sagte Hess damals: „Ich bin glücklich zu wissen, dass ich meine Pflicht getan habe meinem Volk gegenüber, meine Pflicht als Deutscher, als Nationalsozialist, als treuer Gefolgsmann meines Führers. Ich bereue nichts."

SAUBERE WEHRMACHT?

Mit Sprüchen wie „Großvater, wir danken Dir" versuchen Neonazis bei Demonstrationen immer wieder, die Legende vom ordentlichen deutschen Soldaten hochzuhalten. Doch die Unterscheidung zwischen der untadeligen, rein militärisch operierenden Wehrmacht und der verbrecherischen SS, entspricht nicht der Realität. Die Wehrmacht und einzelne Mitglieder waren in Handlungen verstrickt, die gegen Kriegs- und Völkerrecht verstießen.

So befahl Georg von Küchler, der Oberkommandierende der 18. Armee, im Juli 1940, „dafür Sorge zu tragen, dass sich alle Soldaten der Armee, besonders die Offiziere, jeder Kritik an dem im Generalgouvernement durchgeführten Kampf mit der Bevölkerung, zum Beispiel der Behandlung [...] der Juden [...] enthalten. Die [...] Endlösung dieses Volkskampfes, der an der Ostgrenze seit Jahrhunderten tobt, verlangt besonders strenge Maßnahmen."

Mit Erlass vom 13. Mai 1941 erlaubte das Oberkommando der Wehrmacht jedem Truppenführer, „Freischärler [...] im Kampf oder auf der Flucht schonungslos zu erledigen" oder ganze Dörfer zu beseitigen. Und der sogenannte „Kommissarbefehl" sah vor, politische Kommissare der Roten Armee „grundsätzlich sofort mit der Waffe zu erledigen". Beides war rechtswidrig.

Bis heute ist der Mann für viele Neonazis geradezu ein Idol. Im Hess-Mythos, erklärt Michael Kohlstruck vom Berliner Zentrum für Antisemitismusforschung, bündeln sich gleich mehrere Phantasiekonstrukte: „Hess gilt als Opfer alliierter Rachsucht und Willkür, er wird als sogenannter Friedensflieger verehrt und schließlich zum Märtyrer stilisiert." So passe der Führer-Stellvertreter ideal in eine Ideologie, die Deutschland als „Opfer fremder Mächte" sieht.

Am wichtigsten für die Rechtsextremisten ist das Bild des „Friedensfliegers", der mit Verhandlungen den Krieg beenden wollte. Der Hintergrund: Hess war 1941 nach Schottland geflogen, um Großbritannien zum Friedensschluss zu bewegen. Mit einem Frieden an der Westfront wollte Hess Hitler imponieren und dem deutschen Heer den geplanten Überfall auf die Sowjetunion erleichtern. Die Briten hielten Hess für unglaubwürdig und setzten ihn fest. Denn ein Mann des Friedens war er (NSDAP-Mitgliedsnummer 16) nicht. Als „Stellvertreter des Führers" war Hess am Aufbau des „Führerstaates" und des „Führerkultes" maßgeblich beteiligt. Ebenfalls war er ab 1934 dazu bemächtigt, an allen Gesetzesentwürfen mitzuwirken. In Polen setzte Hess ein rassistisches Sonderrecht durch und sorgte für die größtmögliche Trennung von Deutschen und Polen. Überdies war er aktiv an der Organisation der Judenverfolgung beteiligt. 1936 war er Mitverfasser der Nürnberger Rassegesetze, die seine Unterschrift tragen. Hess damals: „Der Jude ist immer Parasit im Körper anderer Völker."

An diesen Hess wollen viele Neonazis heute nicht erinnert werden – stattdessen stellen sie seinen Tod als Mord dar, ohne Belege dafür zu haben. Dabei hatte Hess schon zuvor mindestens zweimal vergeblich versucht, sich zu töten, etwa 1977 durch das Aufschneiden seiner Pulsadern mit einem Tafelmesser. Mit einem Verlängerungskabel, das er an einem Fenstergriff befestigt hatte, beging Hess nach Angaben der Gefängnisleitung 1987 schließlich Selbstmord. Der Leichnam wurde von einem britischen Gerichtsmediziner obduziert, kurz danach folgte auf Wunsch der Familie eine zweite Untersuchung durch den deutschen Gerichtsmediziner Wolfgang Spann. Diese habe Widersprüche ergeben, behaupten Neonazis, beispielsweise lasse eine ungewöhnliche Ausrichtung der Strangulationsmale auf Erwürgen schließen. Doch ein plausibles Motiv für das behauptete Komplott des britischen Geheimdienstes können sie nicht nennen.

Aus humanitären Gründen hatten sich zahlreiche Persönlichkeiten für Hess' Freilassung eingesetzt, darunter mehrere Bundesregierungen und Bundespräsidenten. Doch bis zum Schluss und noch in einem Entlassungsgesuch wenige Wochen vor seinem Tod zeigte Hess keinerlei Reue. Sein Todestag wurde seit 1988 zum Anlass jährlicher Neonazi-Aufmärsche. Von 1991 bis 2000 waren entsprechende Demonstrationen im oberfränkischen Wunsiedel, wo Hess begraben liegt, verboten und wurden in andere Städte und auch ins Ausland verlegt. Vor Gericht setzten Rechtsextremisten ab 2001 Aufmärsche auch in Wunsiedel durch. Bekannt wurde der Ort dann durch die phantasievolle Initiative „Wunsiedel ist bunt, nicht braun", die den Spuk schließlich vertrieb.

2008 kündigten Neonazis an, die „private" Feier im nahen Warmensteinach abzuhalten. Dort bemüht sich NPD-Vize Jürgen Rieger, als „Grundstein zu einem nationalen Großprojekt" einen Gasthof mit angrenzender Länderei zu kaufen. Er plane ein „Siedlungsprojekt für nationale Familien oder junge deutsche Paare, die mit dem Gedanken spielen, in Zeiten des schleichenden Volkstodes eine Familie zu gründen", wurde Rieger auf der Website einer regionalen Neonazi-„Kameradschaft" zitiert.

Wie die Neonazi-Szene ihr Idol sieht, zeigt das Lied „Rudolf Hess" der Band Noie Werte: „46 Jahre warst du im Knast / Es ist unglaublich, was du ertragen hast / Dein halbes Leben haben sie dir geraubt / Doch bis zum Schluss hast du an Deutschland geglaubt / Du bliebst immer treu, kanntest keinen Verrat / Drum wartet auf dich diese feige Tat / Für diese Welt warst du viel zu gut / Nur deshalb floss dein Blut. [Refrain:] In einer dunklen Nacht / Haben sie dich umgebracht / Ein Märtyrer bist du / Im Grabe fandest du endlich deine Ruh'."

MEHR ZUM THEMA

- Michael Kohlstruck über die Mythologisierung von Rudolf Hess im deutschen Rechtsextremismus: www.netz-gegen-nazis.de/artikel/rudolf-hess
- Online-Dossier der Bundeszentrale für politische Bildung über rechtsextreme Mythen: www.bpb.de/themen/5SVSME,0,0,Rechtsextreme_Mythen.html
- Aufsatz über die Hess-Märsche als gemeinschaftsstiftendes Ritual der Neonazi-Szene: www.rechtsextremismusforschung.de/Doerfler-Klaerner_wunsiedel2004.pdf

Wie lügen die Leugner des Holocaust?

Den Völkermord an den Juden Europas zu bestreiten, ist hierzulande eine Straftat. Ganz unabhängig davon ist es eine glatte Lüge.

Den traditionellen Kern der Leugnung des Holocaust bildet die Anzweiflung der Opferzahlen. Die Hartnäckigkeit, mit der „die Sechs-Millionen-Lüge" von Revisionisten bekämpft wird, reicht zurück in die unmittelbare Nachkriegszeit. Die Argumentation ist seither, obwohl immer aufs Neue widerlegt, unverändert geblieben, lediglich angeblich neue „Beweisstücke" tauchen von Zeit zu Zeit auf.

Stets geht es darum, durch Anführung scheinbar unumstößlicher Beweise, durch Hinweise auf vermeintliche Experten oder Augenzeugen und durch Zitate aus angeblich wissenschaftlicher Literatur Verunsicherung zu erzeugen, Tatsachen zu negieren und an ihre Stelle eine erfundene Pseudorealität zu setzen. Um die Zahl der sechs Millionen jüdischen Opfer, die zweifelsfrei feststeht, anzufechten, werden immer wieder Statistiken vorgeführt, die mit der Opferbilanz gar nichts zu tun und stattdessen die Gesamtzahl der auf der

Welt lebenden Juden zum Gegenstand haben. In bunter Mischung ganz verschiedener Quellen, ohne nachprüfbare Angabe ihrer Herkunft, soll suggeriert werden, die Weltpopulation der Juden sei von 15,3 Millionen im Jahre 1933 auf 17,8 Millionen im Jahre 1986 angestiegen. Deshalb könne es keinen Holocaust gegeben haben, lautet die Schlussfolgerung.

Dass die Historiker aus begreiflichen Gründen Mühe haben, die Zahl der jüdischen Opfer des Nationalsozialismus exakt zu bestimmen, wird als weiterer Beweis genommen, dass der Völkermord gar nicht stattgefunden habe. Und die Tatsache, dass auf einer Gedenktafel in Auschwitz eine Zeit lang eine zu hohe Zahl der Todesopfer dieses Lagers angegeben war, wurde mit ebensolchem Triumph vermerkt wie die Korrektur. Die Entfernung der Gedenktafel galt den Revisionisten nicht als Eingeständnis eines im Übereifer erfolgten Irrtums, sondern wurde direkt als „Beweis" dafür gesehen, dass in Auschwitz gar kein Massenmord erfolgt sei.

Um Irrtümer zu vermeiden, müssen die Zahlen der in den Vernichtungslagern mit Giftgas ermordeten Juden genannt werden. Es sind Minimalzahlen, wie sie von Historikern und Juristen mit höchster Akribie und Professionalität anhand aller zur Verfügung stehenden Quellen ermittelt und immer wieder überprüft worden sind. In Chelmno (Kulmhof) waren es 152.000, in Belzec 600.000, in Sobibór 250.000, in Auschwitz-Birkenau eine Million, in Treblinka 900.000, in Majdanek 60.000 bis 80.000. Das heißt, allein in diesen großen Vernichtungslagern sind fast drei Millionen Juden ermordet worden. Hinzu kommen die Opfer der Einsatzgruppen der SS (nach deren eigenen Angaben sind von diesen Mordkommandos mindestens 535.000 Juden ermordet worden), zudem die mindestens zweieinhalb Millionen in Gettos und Konzentrationslagern Ermordeten, die durch Zwangsarbeit, Unterernährung, Schikanen, Misshandlungen oder auf andere Weise Getöteten. Es sind insgesamt eher mehr als sechs Millionen als weniger.

DIE LÜGE VON DER „AUSCHWITZLÜGE"

Der Begriff „Auschwitzlüge" geht zurück auf den Titel einer Broschüre des deutschen Nazis Thies Christophersen von 1973. Er war 1944 als SS-Mann in Auschwitz in einer Versuchsabteilung für Pflanzenzucht tätig, sein Arbeitsplatz lag an der Peripherie des Lagerkomplexes. Die Kompetenz des Augenzeugen in Anspruch nehmend, versuchte Christophersen nachzuweisen, dass Auschwitz für alle, auch für Häftlinge, ein eher harmloser Aufenthaltsort war; ja, es sei bei der Arbeit sogar getanzt und gesungen worden.

Eine andere Taktik, historische Realitäten anzuzweifeln, stammt vom US-Amerikaner Fred Leuchter. Mit technischen und naturwissenschaftlichen Argumenten versucht sein „Leuchter-Report" zu belegen, dass die Morde in Auschwitz und anderen Vernichtungsstätten gar nicht möglich gewesen seien. Leuchter spekuliert über die Wirkung des Giftgases Zyklon B, „berechnet" Koksverbrauch und Kapazität der Krematorien – immer mit dem Ziel, eine Unmöglichkeit des Völkermords an den Juden zu konstruieren. Ein ähnliches „Gutachten", garniert mit vielen Tabellen, Kurven und Zahlen, stammt von dem Deutschen Germar Rudolf. Doch das Urteil professioneller Wissenschaftler zu solchen Arbeiten ist vernichtend.

Die älteste „Quelle", auf die sich die Revisionisten bis zum heutigen Tag berufen, stammt angeblich vom Internationalen Roten Kreuz. Es soll nach dem Zweiten Weltkrieg offiziell festgestellt haben, dass es insgesamt nicht mehr als 300.000 Opfer rassischer, religiöser und politischer Verfolgung durch das nationalsozialistische Regime gegeben habe. Das wird seit 1950 immer wieder behauptet, und zwar in Magazinen und Zeitungen, die dann als „Quelle" zitiert werden. „Amtliche Zahlen" des Roten Kreuzes haben jedoch nie existiert, wie aus einem Brief des Chefs der Informationsabteilung des Comité

Allein in den großen Vernichtungslagern sind fast drei Millionen Juden ermordet worden. Hinzu kommen Opfer der SS-Einsatzgruppen und von Zwangsarbeit, Tote in Gettos und, und, und. Es sind insgesamt eher mehr als sechs Millionen Getötete als weniger

International de la Croix Rouge vom 17. August 1955 an den Direktor des Instituts für Zeitgeschichte in München hervorgeht: „Die Angaben des deutschen Wochenblattes (beruhen) auf keiner vom Internationalen Komitee vom Roten Kreuz gelieferten Information."

Gestört hat das die rechtsextremen Propagandisten bis zum heutigen Tag nicht im Geringsten, allenfalls erfanden sie neue „amtliche" Angaben. So fragt eine 1973 erschienene Broschüre mit dem Titel „Warum werden wir Deutschen belogen?": „Wussten Sie, dass die sicher beklagenswerten Verluste des jüdischen Volkes – nach Feststellungen der UNO, die keinen Grund hat, irgendein Volk besonders in Schutz zu nehmen – zweihunderttausend betragen haben?" Die Vertretung der Bundesrepublik Deutschland bei der UNO teilte auf Anfrage mit, dass die „erwähnte Zahl von 200.000 jüdischen Opfern des NS-Regimes mit Sicherheit nicht auf Feststellungen der Vereinten Nationen beruht". Dass die behauptete Quelle als Erfindung erwiesen ist, deren Herkunft im Dunkeln liegt, hindert die Interessenten an der Minimierung der Zahl der Opfer nicht, sie gebetsmühlenartig zu wiederholen. Zur Technik revisionistischer Propaganda gehört es, solche Feststellungen immer wieder zu zitieren, bis sie scheinbar fester Bestandteil des Quellenmaterials sind und nicht mehr weiter überprüft, sondern als bekannt und selbstverständlich vorausgesetzt und geglaubt werden.

Ein Flugblatt, verbreitet in deutscher Sprache von einem Institute for Historical Review, fasst die revisionistische Argumentation zusammen. Unter dem Titel „66 Fragen und Antworten über den Holocaust" wird die Leugnung des Völkermords als geschlossenes System offeriert. Die zentrale Behauptung des Flugblattes, es gebe keine Beweise außer den „Aussagen gewisser ‚Überlebender', deren Aussagen sich widersprechen" und die deshalb nicht ernst zu nehmen seien, ersetzt den Revisionisten jede weitere Auseinandersetzung darüber, dass die Geschichte des Holocaust durch Dokumente der Täter, durch Statistiken der SS, durch Lagerkarteien und viele andere Beweise belegt ist. Auf die Frage, was aus den europäischen Juden geworden ist, wenn man davon ausgehe, dass sie nicht von den Nationalsozialisten ausgerottet worden seien, heißt es in dem Pamphlet: „Sie befanden sich nach Kriegsende immer noch in Europa mit Ausnahme von etwa 300.000, die während des Krieges umkamen oder nach Israel, Amerika, Argentinien oder Kanada ausgewandert waren. Die meisten verließen Europa erst nach dem Krieg. Diese Auswanderer sind alle statistisch erfasst."

Zwei Millionen Juden seien, so die nächste Behauptung, „in die entferntesten Regionen der Sowjetunion geflüchtet" und hätten sich nie im deutschen Einflussbereich befunden, und „mehr als eine Million" sei zudem vor Kriegsbeginn ausgewandert. Das Abstruse solcher Behauptungen wird schon daran deutlich, dass in Stalins Sowjetunion keine fluchtartige Bevölkerungsbewegung in dieser Größenordnung möglich war und dass eine weitere Million Menschen weder einfach auswandern noch ohne Weiteres irgendwo einwandern konnte. Für jüdische Emigranten gab es damals keine Freizügigkeit, sondern nur bescheidene Einwanderungsquoten und lange Wartezeiten.

Die „Beweisführung", dass es keinen Völkermord gegeben habe, besteht aus Behauptungen, die mit den Tatsachen ebenso wie mit der Logik im Widerspruch stehen und in erster Linie auf ein Publikum zielen, das die Bereitschaft mitbringt, das Vorgetragene zu glauben, da es in ein bereits gefestigtes Weltbild passt. Bei den anderen sollen Zweifel geweckt und genährt werden, in der Hoffnung, sie schließlich für die propagierte Ideologie der Rehabilitierung des Nationalsozialismus zu gewinnen.

MEHR ZUM THEMA

- Argumente gegen Lügen und Mythen der Neonazis: www.bpb.de/publikationen/3STJZH
- Lipstadt, Deborah E.: Betrifft: Leugnen des Holocaust. Rowohlt 1996
- Benz, Wolfgang (Hrsg.): Dimension des Völkermords. Die Zahl der jüdischen Opfer des Nationalsozialismus. dtv 1996
- Browning, Christopher: Ganz normale Männer. Das Reservepolizeibataillon 101 und die „Endlösung" in Polen. Rowohlt 2002
- Hilberg, Raul: Die Quellen des Holocaust. Entschlüsseln und Interpretieren. Fischer 2009

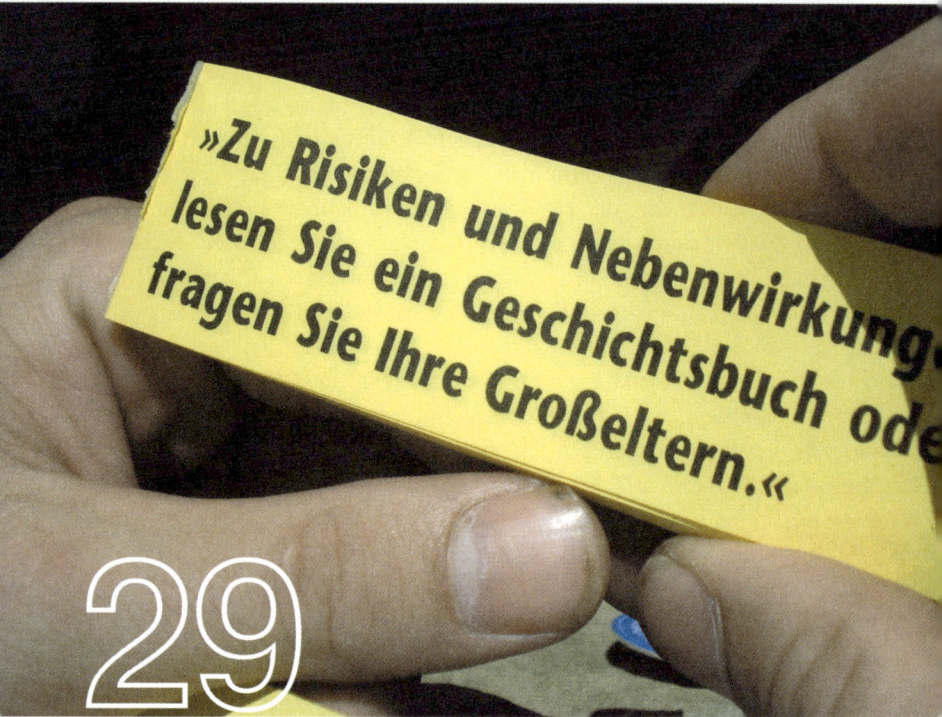

»Zu Risiken und Nebenwirkungen lesen Sie ein Geschichtsbuch oder fragen Sie Ihre Großeltern.«

29

War unter Adolf alles schlecht?

Oma und Opa erzählen manchmal, das Dritte Reich habe auch gute Seiten gehabt – und da sind sie sich mit Neonazis einig. Eine breite Debatte zum Thema kam in Gang, als sich im Jahr 2007 die ehemalige Tagesschau-Sprecherin Eva Herman positiv über Hitlers Familienpolitik äußerte. Professor Wolfgang Wippermann ist Historiker an der Freien Universität Berlin – wir fragten ihn, wo das Beschönigen des Nationalsozialismus beginnt.

Herr Professor Wippermann, hat Hitler denn nun die Autobahn gebaut? **|** Ja und nein. Nein, weil Hitler nicht der erste Politiker war, der eine Autobahn bauen ließ. Es gab in Deutschland und anderen Ländern schon lange vorher solche Schnellstraßen. Zudem hat ja nicht Hitler persönlich die Autobahnen gebaut. Trotzdem hält sich der Mythos seit 1945, nicht nur bei Stammtischgesprächen. Menschen, die zu jener Zeit gelebt haben, ist es einfach ein Bedürfnis zu sagen: „Es kann nicht alles schlecht gewesen sein." Viele haben damals an das System geglaubt, gekämpft, sind zum Teil dafür gestorben. Deshalb muss es quasi auch etwas Positives gegeben haben, für das man stand.

Welche Legenden zum Nationalsozialismus halten sich bis heute am hartnäckigsten? **| Schöngeredet wird vor allem Hitlers Familien- und Sozialpolitik.** Völlig vergessen wird dabei, dass diese eindeutig rassistisch motiviert war, dass nur „rassisch reine" und „erbgesunde" Familien in den Genuss von Sozialleistungen kamen. Außerdem wird ausgeblendet, dass die Wirtschafts- und Sozialpolitik im Nationalsozialismus untrennbar mit Kriegsvorbereitung und Vernichtungspolitik verbunden war.

Nicht nur Eva Herman sagt, Frauen seien damals wenigstens noch gewürdigt worden. **| Das Gegenteil ist richtig.** Frauen wurden im Dritten Reich erniedrigt und auf ihre biologische Funktion als „Muttertier" reduziert. Gezielt wurden sie aus höher qualifizierten Berufen verdrängt, später mussten sie in Rüstungsbetrieben für den „Endsieg" schuften. Und nach Kriegsende haben sie beispielsweise als Trümmerfrauen die Zeche gezahlt.

Warum hat Eva Herman die NS-Familienpolitik so gelobt? Sie war bis dahin ja nicht gerade als „Stammtisch-Frau" bekannt. **| Stammtisch-Frau trifft es aber sehr gut.** Sie hat im Fernsehen ausgesprochen, was ein großer Teil der Bevölkerung glaubt, aber nicht auszusprechen wagt. Herman hat sich zur Sprecherin dieser „schweigenden Mehrheit" gemacht, und sehr viele Menschen haben ja dann auch positiv auf ihre Äußerungen reagiert.

Wieso haben Sie sich anschließend ausgerechnet in der *Bild* dazu geäußert? Das Blatt arbeitet ja selbst kräftig an einer Geschichtsverklärung mit, indem es immer wieder sehr boulevardeske Artikel beispielsweise über Hitler druckt. **| Die Redaktion hat mich angerufen, um in aller Kürze auf einer Seite über die wichtigsten Legenden zum Nationalsozialismus aufzuklären.** Grundsätzlich habe ich viele Vorbehalte gegenüber dieser Zeitung, aber in diesem Fall war es sehr gut und vor allem wirkungsvoll, diese Seite zu veröffentlichen. Ich habe 30 Bücher über Faschis-

POST FÜR WIPPERMANN (I)

Wolfgang Wippermann saß im Oktober 2007 neben Eva Herman in der TV-Talkshow, aus der sie wegen ihrer Thesen geworfen wurde. Hinterher widersprach er ihr in der *Bild*. Und bekam so viel Hass-Post und Drohungen, dass sein E-Mail-Fach geschlossen werden musste:

„Sie sind eine unredliche, antiintellektuelle Ratte. [...] Die gleichnamigen Nager mögen mir verzeihen! Gottlob sind Ihresgleichen die Vergangenheit."

„Warum darf in Deutschland niemand seine Meinung äußern? Es gab in Nazideutschland auch gute und vernünftige Dinge."

„Stehen wir wirklich so unter dem Einfluss der Juden, dass Deutsche sich nicht frei, so wie es die Verfassung schreibt, in der Öffentlichkeit zu unserer Geschichte äußern können?"

„Herr Kerner sollte sich schämen – oder ist er auch ein Jude?"

„Wie lange wollen die Juden noch auf der Geschichte rumreiten? [...] Der Jude hat selber genug Dreck am Stecken und sollte sich mal an seine eigene Nase fassen."

POST FÜR
WIPPERMANN (II)

„Deutschland hat keine freie Presse oder Politik! Seit 1945 hat Deutschland einen alliierten/jüdischen Maulkorb. Deutschland hat sein Rückgrat verloren, und die Juden und die Freimaurer sorgen dafür, dass Ihr nie wieder eins kriegt [...] stattdessen Hartz IV.“

„Das größte Denkmal, das an Hitler erinnert, sind die Autobahnen – egal ob alt oder neu, und ich freue mich immer wieder, wenn ich eine befahren darf, und danke Hitler für diese großartige Leistung. Wohltuend zu wissen: Dieses Denkmal kann man nicht abreißen.“

„Zu Hitlers Zeiten gab es keine Kinderschänder und Verbrecher! Keine Frauen, die unfähig waren, ihre Kinder zu erziehen, das haben Mütter alles allein geschafft.“

„Früher herrschten Anstand, Zucht, Ehre und Ordnung. Heute haben wir eine Verluderung unserer Gesellschaft von A–Z. Daran ist die rot-grüne Weicheier- und Antiautoritäts-erziehung zu einem großen Teil mitschuldig.“

Die Zitate stammen aus Leserbriefen an die Bild *und aus Briefen direkt an Wolfgang Wippermann*

mus geschrieben, aber diese eine Seite in der *Bild*-Zeitung war wirkungsvoller als alle Bücher zusammen. Es kamen dann bergeweise empörte bis aggressive Leserbriefe – das hat gezeigt, wie wütend es die Menschen machte, dass plötzlich in „ihrem“ Blatt mal die Wahrheit gesagt wird. Dabei hatte ich nur zeigen wollen, was man über den Nationalsozialismus einfach nicht sagen sollte.

Und das wäre? ▌Ganz einfach: die Unwahrheit. Man darf die Verbrechen einfach nicht relativieren oder gar in Zweifel ziehen. Es geht hier um die Verbrechen und Begleiterscheinungen einer beispiellosen Diktatur, in der wirklich nichts, außer vielleicht dem Wetter, schön oder gut war.

Warum ist es so schlimm, das ein bisschen anders zu sehen? ▌Wenn so etwas öffentlich und unwidersprochen geäußert wird, fühlen sich viele Menschen in ihrer Meinung bestätigt. Mit dem Schönreden des Dritten Reiches ist aber immer und untrennbar die Relativierung der NS-Verbrechen verbunden.

Weshalb ignorieren so viele Menschen die historischen Fakten? ▌Das wird von Generation zu Generation weitergegeben. Früher dachte man, mit dem Aussterben der NS-Veteranen werde auch das falsche Bild der Nazi-Diktatur verschwinden. Leider ist das Gegenteil der Fall. Auch heutige Jugendliche kennen die Autobahn-Legende. Ein großes Problem ist auch, dass sehr viele Fernsehberichte zum Dritten Reich beschönigend sind, weil sie fast ausschließlich Propaganda-Aufnahmen benutzen. Andere Bilder existieren ja kaum. Man sieht bei Guido Knopp und anderen immer nur den schönen Schein jener Zeit. Die wenigen Schock-Bilder von Konzentrationslagern sind inzwischen mehr oder weniger wirkungslos, weil sie schon jeder kennt.

Passiert das Verbreiten von NS-Legenden denn immer bewusst? ▌Das Hauptthema des heutigen Faschismus ist das

Schönreden des früheren Faschismus. Ich glaube daher, dass das kein unkontrolliertes Dahinreden ist, sondern ein ganz bewusstes.

Auch bei einem 15-Jährigen? ▌ Ja, auch der weiß, wovon er redet, wenn er diese Geschichten von seinen Angehörigen gehört hat. Aus meinen Erfahrungen kann ich sagen, dass man das nicht unterschätzen sollte.

In der Eva-Herman-Debatte fiel auch der Begriff „gleichgeschaltete Presse", ein Wort, das aus der NS-Forschung kommt … ▌ … was von mir auch kritisiert wurde. Eine gleichgeschaltete Presse gibt es nur in Diktaturen. Wir leben aber in einer Demokratie und haben Pressefreiheit. Spricht man heute von „gleichgeschalteter Presse", wiederholt man damit praktisch die Angriffe von NS-Propagandaminister Joseph Goebbels gegen die „Systempresse", der man nicht glauben solle.

Wie sollte ein verantwortungsvoller Umgang mit der NS-Vergangenheit aussehen? ▌ Vor allem sollte man, beispielsweise im Schulunterricht, nicht nur historisch über den Nationalsozialismus reden, sondern das damalige Geschehen mit der Gegenwart verbinden. Und man sollte über Hitler-Deutschland hinausschauen auf die faschistischen Bewegungen weltweit. Man muss das allgemeine Phänomen verstehen. Der deutsche Nationalsozialismus mag Geschichte sein, das Problem des Faschismus aber besteht bis heute – und zwar nicht nur in Deutschland.   Interview: Johannes Radke

MEHR ZUM THEMA

- Das folgenschwere Wippermann-Interview der *Bild*.
  www.bild.de/BTO/leute/2007/10/12/herman-eva-diskussion/hitler-gefahr-lob.html
- Wippermann, Wolfgang: Autobahn zum Mutterkreuz. Historikerstreit der schweigenden Mehrheit.
  Rotbuch 2008
- Benz, Wolfgang (Hrsg.): Legenden, Lügen, Vorurteile. Ein Wörterbuch zur Zeitgeschichte.
  dtv 1998
- Benz, Wolfgang / Reif-Spirek, Peter (Hrsg.): Geschichtsmythen. Legenden über den
  Nationalsozialismus. Metropol 2005

Was ist falsch daran, wenn die NPD „mehr Gemeinschaft" fordert?

Hört man NPD-Kader reden, klingen die oft gleich. Kein Wunder, denn mit einer internen „Handreichung für Kandidaten und Funktionsträger" hat die Partei zu vielen Themen bestimmte Sprachregelungen vorgegeben. Der Erfurter Politologe Wolf Wagner hat einige davon im Auftrag der Thüringer Landeszentrale für politische Bildung auseinandergenommen, zum Beispiel diese: „Mensch kann der Mensch nur da sein, wo er unter seinesgleichen ist und eine solidarische Gemeinschaft ausbilden kann. Deshalb ist die multikulturelle Gesellschaft zutiefst inhuman."

Das Bedürfnis nach Gemeinschaft ist berechtigt und verständlich. Die Familie ist die erste Gemeinschaft. In ihr wächst man auf. Dann hat man die Gemeinschaft der etwa gleichaltrigen Jungs und Mädels, mit denen man zusammen spielt, streitet, lernt und die Welt entdeckt. Danach kommt die Gemeinschaft der Schulklasse und dann die der befreundeten Kolleginnen und Kollegen und vielleicht der neuen eigenen Familie.

Menschen brauchen Gemeinschaft. Was zeichnet solche Gemeinschaften aus? Es sind überschaubare Gruppen, in denen sich alle kennen und schätzen, in denen man etwa gleicher Meinung ist, an die gleichen Werte glaubt und sich gegenseitig unterstützt, also tatsächlich „unter seinesgleichen ist" und sich „solidarisch" (d. h. unterstützend) verhält. Sie sind aber auch enge Gebilde mit einem star-

Die Sehnsucht nach Gemeinschaft ist verständlich. Doch gehört es zum Erwachsenwerden, dass man eine breitere Gesellschaft mit ihren Unterschieden auszuhalten lernt

ken Zwang zur Harmonie und zur Anpassung. Abweichung und Vielfalt können sie nur schwer aushalten. Auftretende Konflikte werden unterdrückt und unter den Teppich gekehrt.

Aber der Mensch lebt eben nicht nur in Gemeinschaften. Die einzelne in sich gleiche und verschworene Familiengemeinschaft lebt neben vielen anderen Familien, die alle ein wenig oder auch völlig anders sind, je nachdem, ob sie zum Beispiel auf dem Land wohnen und Landwirtschaft betreiben oder in der Stadt und von Schichtarbeit leben. Die eigene Gemeinschaft der etwa Gleichaltrigen ist auch nur eine von vielen, und oft sind sich benachbarte Gruppen spinnefeind.

Auch die Gemeinschaft der Schulklasse ist eine von vielen in der Schule. Und je nach Alter und Zusammensetzung ist jede Klasse anders als die anderen. Die Schule selbst ist wieder nur eine von vielen Schulen im Land. Und die sind alle sehr verschieden voneinander, je nachdem, ob sie in der Stadt oder auf dem Land liegen, ob es Gymnasien sind oder Realschulen, ob sie Sportschulen sind oder allgemeinbildend, ob sie in Bayern liegen oder an der Nordsee. Außer in seiner Gemeinschaft lebt der Mensch in einer Ansammlung von vielen anderen Gemeinschaften, die alle voneinander recht verschieden sind. Diese Ansammlung unterschiedlicher Gemeinschaften nennt man Gesellschaft.

DIESE WEITEREN NPD-THESEN ...

... und ihre Widerlegung finden sich in der Broschüre der Thüringer Landeszentrale für politische Bildung:

Das Grundgesetz sei ein „Diktat der Westalliierten", es habe „Entstehungs- und Strukturmängel"

„Den Menschen" gebe es nicht

Deutsch sei man nur durch Geburt

Gemeinschaft existiere nur zwischen Menschen gleicher Abstammung

Demokratie sei nur Demokratie, wenn allein „die Deutschen" mitbestimmen

Einwanderung sei Mord und die multikulturelle Gesellschaft „inhuman"

Es gebe Rassen, und „Mischlinge" gehörten nicht nach Deutschland

Ausländer seien schuld an der Arbeitslosigkeit in Deutschland – und „Ausländer raus" sei die Lösung

Ein „volksgewählter Präsident" würde über den Parteien stehen

Die EU sei ein „Völkergefängnis"

Es müsse Schluss sein mit der Erinnerung an den Holocaust

In ihr gibt es Vielfalt der Werte und Meinungen, der Verhaltensweisen und Lebensverhältnisse. Und darum gibt es auch unvermeidlich Konflikte, die ausgetragen werden müssen.

Auch wenn in Deutschland kein einziger Ausländer leben würde, bliebe Deutschland eine multikulturelle Gesellschaft. Schon Bayern und Friesen haben durchaus unterschiedliche Kulturen. Großstadt- und Landbevölkerung haben unterschiedliche Werte, Ziele und Regeln. Unterschiedliche Werte, Ziele und Regeln sind das, was Kulturen voneinander unterscheidet. Wenn sie sich voneinander unterscheiden, hat man eine multikulturelle Gesellschaft. Und das ist gut so. Denn die Begegnung mit dem Fremden ist ja auch immer anregend und eine Chance zum Lernen, zur Entwicklung. Die europäische Kultur ist entstanden aus der Verschmelzung von arabischen, jüdischen, byzantinischen, römischen, griechischen und germanischen Elementen. Ohne diese multikulturellen Anregungen würden wir heute noch unter heiligen Eichen Met trinken und uns einmal in der Woche mit kaltem Wasser waschen.

„Mensch kann Mensch nur da sein, wo er in Gemeinschaft lebt", ist also offensichtlicher Unsinn. Wir sind Menschen immer zugleich in Gemeinschaften und in der Gesellschaft. Und jede Gesellschaft ist immer schon unvermeidlich multikulturell und braucht Anregungen aus der ganzen Welt. Die Sehnsucht nach Gemeinschaft ist verständlich. Doch gehört es zum Erwachsenwerden, dass man Gesellschaft mit ihren Unterschieden auszuhalten lernt. Wer das nicht schafft, ist Kind geblieben. Inhuman ist also nicht die multikulturelle Gesellschaft, sondern der Ausschluss des Fremden, den sich die Rechtsextremisten wünschen.

MEHR ZUM THEMA

- Die vollständige Broschüre von Prof. Wolf Wagner zum Herunterladen:
  www.thueringen.de/imperia/md/content/lzt/die_rechtsextremen_sagen.pdf
- „Trittbrettfahrer der sozialen Frage" – Materialien des DGB zur NPD-Propaganda:
  www.nord.dgb.de/cmsdocs/politikfeld_16_1189065438.pdf
- Eine SPD-Broschüre über die soziale Demagogie von Neonazis:
  www.meinespd.net/media/blogmaterial.php?id=3931
- Analyse programmatischer Parallelen zwischen NSDAP und NPD:
  www.kulturbuero-sachsen.de/dokumente/1Argumente.pdf

31

Wird die rechtsextreme Gewalt immer mehr?

Die Bilanz ist erschreckend: Allein 2008 starben hierzulande fünf Menschen, nachdem sie von polizeibekannten Rechtsextremen brutal misshandelt wurden. Im gleichen Jahr wurden Hunderte nicht-rechte Jugendliche, Punks, Obdachlose, Flüchtlinge und engagierte Gewerkschafter teils erheblich verletzt.

1.113 Fälle sogenannter „politisch rechts motivierter Gewalt" hat die Bundesregierung im vergangenen Jahr deutschlandweit registriert, ein Zuwachs von mehr als fünf Prozent gegenüber 2007. Noch besorgniserregender aber ist der Langfristtrend: Die Zahl ist die höchste überhaupt, die seit 1995 in einem Verfassungsschutzbericht ausgewiesen wurde. Dass viele Medien nur noch relativ selten über rechtsextremistische Gewalt berichten, ist also eher durch Abstumpfung zu erklären. Dabei gibt die offizielle Zahl der Bundesregierung nur einen Ausschnitt der Realität wieder, denn die Dunkelziffer ist hoch. Die Beratungsstellen für Betroffene rechtsextremer und rassistischer Gewalt haben im gleichen Zeitraum allein für die neuen Bundesländer und Berlin mehr als 800 Gewalttaten erfasst – und auch sie erfassen sicherlich nicht alle Fälle.

WER SIND DIE TÄTER?

Längst tragen sie nicht mehr Glatze und Springerstiefel, sondern schwarze Basecaps, Kapuzenpullover und Sonnenbrillen. Mit Bierflaschen, Schlagstöcken, Eisenstangen oder mit Quarzsand verstärkten Handschuhen attackieren junge, „erlebnisorientierte" Neonazis aus der Szene der „Autonomen Nationalisten" immer öfter vermeintliche oder tatsächliche „politische Gegner". Oft geschieht dies vor oder nach ihren Demonstrationen. Gefährdet sind vor allem Treffpunkte, Wohnprojekte und Veranstaltungen, aber auch schlicht Partys von nichtrechten Jugendlichen.

Bei rassistischen Angriffen findet sich eine weitere Gruppe von Tätern: Sogenannte „Gelegenheitsschläger" – oft, aber nicht immer alkoholisiert – die in Nahverkehrszügen oder Bussen, an Einkaufszentren oder Bahnhöfen plötzlich zuschlagen, wenn ihnen Menschen nichtdeutscher Herkunft begegnen.

Insbesondere wo Behörden zögerlich oder nicht reagieren, finden sich zunehmend rechtsextreme „Intensivtäter", die im Jugendalter in Cliquen und Szenen sozialisiert wurden und auch jenseits der 30 noch zuschlagen. Ebenfalls steigend ist die Zahl von Frauen, die bei Gruppenangriffen nicht nur anfeuern, sondern auch selbst prügeln.

Recherchen von *Frankfurter Rundschau* und *Tagesspiegel* wiesen im Jahr 2000 nach, dass seit der Wiedervereinigung hierzulande viel mehr Menschen durch rechtsextreme Schläger zu Tode kamen, als offiziell gezählt worden waren. Daraufhin wurde die behördlichen Erfassungsweise geändert, aber das Grundproblem ist geblieben: Die Zählkriterien der Polizei sind eng gefasst, und ohnehin ist die Statistik immer nur so gut wie der Polizist vor Ort, der eine Tat aufnimmt.

Für 2008 registrierten die Opferberatungsstellen mindestens vier politisch rechts motivierte Tötungsdelikte: den Mord an dem arbeitslosen 55-jährigen Meliorationstechniker Bernd K. am 22. Juli in Templin (Brandenburg), den Mord an dem 50-jährigen sozial randständigen Hans-Joachim S. am 1. August in Dessau (Sachsen-Anhalt), die tödlichen Messerstiche eines rassistischen Gelegenheitstäters in Berlin-Marzahn gegen einen Vietnamesen am 6. August und den Totschlag an einem nicht-rechten Kunststudenten in Magdeburg (Sachsen-Anhalt) am 16. August durch einen einschlägig vorbestraften Neonazi. Das Bundesinnenministerium erwähnt jedoch lediglich Rick L. und Bernd K. Ein weiterer Totschlagsfall ereignete sich am 24. August in Bernburg (Sachsen-Anhalt). Der 18-jährige Marcel W. wurde von einem ein Jahr älteren Rechtsextremisten getötet, der ihn wegen einer Zeugenaussage „abstrafen" wollte. Doch eine politische Motivation sah das Gericht nicht.

Wie sehr rechtsextreme und rassistische Gewalt tatsächlich den Alltag von immer mehr Menschen bestimmt, kann nur vermutet werden. Zwei Studien aus dem Frühjahr 2009 verweisen auf erhebliche Dunkelfelder: Im Auftrag der EU-Grundrechteagentur wurden europaweit 20.000 Menschen aus 27 Ländern zu rassistischer Gewalt und Diskriminierung befragt. Zwölf Prozent erklärten, sie seien im zurückliegenden Jahr Opfer einer rassistisch motivierten Gewalttat geworden; doch lediglich 20 Prozent von ihnen wandten sich an die Polizei. Jährlich blieben Tausende Fälle von rassistischer Gewalt, Bedrohung und Diskriminierung in den Statistiken unsichtbar, lautet daher die Schlussfolgerung der Behörde. „Die Untersuchung zeigt, wie hoch die Dunkelziffer ist", sagte Morten Kjaerum, Direktor der Grundrechteagentur. „Die offiziellen Angaben sind lediglich die Spitze des Eisbergs."

Die europaweiten Zahlen decken sich mit einer Befragung von bundesweit 50.000 Kindern und Jugendlichen durch das Kriminologische Forschungsinstitut Niedersachsen (KfN). Dabei erklärten rund 76 Prozent aller Jugendlichen, die rassistische Gewalttaten begangen hatten, danach keinerlei Kontakt mit Strafverfolgungsbehörden gehabt zu haben. Analog erklärten rund 80 Prozent der Jugendlichen, die Opfer einer Gewalttat waren, sie hätten keine Anzeige erstattet.

Frappierend ist eine Verschiebung bei den Opfergruppen: Die Zahl der (offiziell erfassten) Gewalttaten mit rassistischem oder fremdenfeindlichem Hintergrund sank in den vergangenen Jahren um mehr als 60 Prozent – gestiegen sind gleichzeitig Angriffe auf nicht-rechte, alternative und linke Jugendliche und Erwachsene. Der Hass von Rechtsextremisten richtet sich also zunehmend gegen „politische Gegner". Gut möglich, dass sich daran ein gestiegenes Selbstbewusstsein der Szene ablesen lässt – Erfolge wie zuletzt bei den Kommunalwahlen im Juni 2009 geben Rechtsextremen das Gefühl, sie seien auf dem Vormarsch und exekutierten mit ihren Taten den Willen einer schweigenden Mehrheit.

Dass Neonazi-Gewalt nicht mehr nur ein Problem im ländlichen Raum ist, zeigt sich seit geraumer Zeit mitten im Ruhrgebiet, in Dortmund. Im Jahr 2005 tötete dort ein 17-jähriges Mitglied der „Skinheadfront Dortmund-Dorstfeld" einen 32-jährigen Punk. Es folgten Drohungen, Buttersäureanschläge und Angriffe gegen Wahlkreisbüros von Grünen und Linkspartei sowie auf alternative Treffpunkte und Kulturprojekte. Am 1. Mai 2009 kam es zum vorläufigen Höhepunkt der Gewalt, als 300 Neonazis die traditionelle Gewerkschafts-Kundgebung mit Holzlatten und Pfefferspray angriffen. Vier Wochen später wurde ein 40-jähriger Mann mit Migrationshintergrund von zehn Angreifern lebensgefährlich verletzt. Er hatte ein antirassistisches T-Shirt getragen – in der Polizeistatistik tauchte die Tat jedoch nicht als rechtsextrem motiviert auf.

MEHR ZUM THEMA

- Unter www.mut-gegen-rechte-gewalt.de/news/chronik-der-gewalt/todesopfer gibt es eine Liste von Todesopfern rechtsextremer Gewalt. Der Verein Opferperspektive hat über diese Fälle eine Wanderausstellung erarbeitet, Infos dazu: www.opfer-rechter-gewalt.de
- Heitmeyer, Wilhelm (Hrsg.): Deutsche Zustände. Erscheint jährlich bei Suhrkamp
- Prozessbeobachtungsgruppe Guben (Hrsg.): Nur ein Toter mehr…
  Alltäglicher Rassismus in Deutschland und die Hetzjagd von Guben. Unrast Verlag 2003

32

Wieso bringen die vielen Projekte so wenig?

Wir wissen viel über Rechtsextremismus. Und wir tun eine Menge. Aber irgendetwas, meint Ulrich Dovermann, scheint zu fehlen.

Vieles ist sonnenklar, wenn es um Rechtsextremismus geht. Die Politologen sind sich weitgehend einig in der Definition dieser rassistischen, antisemitischen, autoritären, sexistischen und geschichtsrevisionistischen Weltsicht. Bei der Beschreibung der Ursachen wird es schon schwieriger, aber irgendwo in der Gemengelage von Erziehung, sozialen Unterschieden, gesellschaftlichen Ausgrenzungen und unserer politischen Kultur werden sie schon liegen. Und darin schließlich, dass Rechtsextremismus auch in der „Mitte der Gesellschaft" anzutreffen ist – vielleicht sogar aus ihr gespeist wird –, ist man sich weitgehend einig.

Nur hat all das offenbar noch nicht viel geholfen bei der Entwicklung erfolgreicher Handlungsstrategien. Die argumentative Widerlegung ihrer Annahmen kommt bei Rechtsextremisten nicht recht an, und dass die präventive Wirkung von Wissensvermittlung nicht zwingend ist, wird – nur als ein Beispiel – dadurch demonstriert, dass verurteilte rechtsextreme Gewalttäter zu einem hohen Prozentsatz in ihrer Schulzeit sehr wohl in KZ-Gedenkstätten gewesen sind. Auch der Hinweis auf die Werte unseres Grundgesetzes wirkt kaum, wenn es die Diskurspartner für ein Produkt US-amerikanischer Siegerpolitik halten und sich als Opfer der Verfassungs*wirklichkeit* fühlen. Die Sozialisations- und Erziehungserfahrungen dieser Menschen sind sehr real, und keines der vielen Hundert Projekte kann sie ihnen ausreden. Rechtsextremisten sind zum großen Teil wirkliche Verlierer, die wahrgenommen haben, dass Gewalt in ihrer Welt eben doch die einzig Erfolg versprechende Konfliktlösungsstrategie ist.

Wir brauchen also mehr. Wir müssen diese Menschen erreichen – und zwar nicht nur die rechtsextrem Redenden und Handelnden, sondern auch die unsichtbaren Rechtsextremisten in der Mitte der Gesellschaft.

Die zivilgesellschaftlichen Projekte, seit fast zehn Jahren die Hauptakteure der politischen Auseinandersetzung mit dem Rechtsextremismus, suchen nur zu einem ganz kleinen Teil den Diskurs mit den Rechtsextremisten selbst. Um es plakativ und vergröbernd zusammenzufassen: Wird die Intoleranz gegenüber den Intoleranten ausgerufen, ist der Dialog am Ende. Wohlgemerkt: Dies ist keine Pauschalkritik an den bestehenden Projekten. Und natürlich ist ein „Dialog" mit Rechtsextremisten auch nicht ihre Hauptaufgabe. Doch sie sollten lernen, tiefer in das Problem einzudringen, als das bisher oft der Fall ist. Die Zivilgesellschaft muss beispielsweise erkennen, dass nicht nur Rechtsextremisten die Kommunikation kappen – auch umgekehrt werden junge Menschen, die den Weg in die Szene beginnen, meist alleingelassen. Das ist fatal, denn wo die demokratische Gesellschaft schweigt, kann rechtsextremes Gedankengut ungehindert Wirkung entfalten. Sehr oft kann man junge oder auch ältere Neonazis treffen, bei denen nie jemand versuchte, sie in detailliertem, leidenschaftlichem und durchaus auch anteilnehmendem Streit von den Vorzügen der Demokratie zu überzeugen.

Wer adäquat auf Rechtsextremisten reagieren will, muss auch verstehen, dass sie zuallererst ein eher psychologisches Moment antreibt: eine gefühlte Notwehrsituation. Wer sich von Zuwanderung diffus bedroht fühlt, wird möglicherweise zum Nationalisten oder Rassisten. Aber wo jemand seine Existenz bedroht sieht, weil der Staat die Zuwanderung zulasse oder sie sogar als Waffe gegen ihn einsetze, da wächst eine selbst geschaffene Legitimation von Gewalt. Solche Her-

Rechtsextremisten sind nicht nur aus sich selbst heraus zu verstehen. Sie wachsen in sozialen Räumen auf und unter Bedingungen von Gewalt, denen gegenüber sie (Über)Lebensstrategien entwickeln

leitungen von Notwehrsituationen sind weitverbreitet in den westlichen Gesellschaften, und es hilft aus Sicht der politischen Bildung wenig, sie als dümmliche Verschwörungstheorien abzutun. Wo Menschen permanent zwischen Krisen und Katastrophen hin- und hergeschleudert werden – real oder medial –, da liegt irgendwann die Entscheidung zwischen Resignation und Notwehr nahe.

Rechtsextremisten sind nicht nur aus sich selbst heraus zu verstehen. Sie wachsen in sozialen Räumen und Bezügen auf und meist unter Bedingungen manifester Gewalt, die sie prägen und denen gegenüber sie (Über-)Lebensstrategien entwickeln. Solange sich alles Handeln auf eine Änderung der Menschen – also nur auf sogenannte „Zielgruppen" – richtet, die Räume aber so bleiben, wie sie sind, wird sich im Ergebnis wenig ändern.

Der Autor ist Fachbereichsleiter „Extremismus" bei der Bundeszentrale für politische Bildung, hat diesen Aufsatz aber ausschließlich in eigener Verantwortung verfasst.

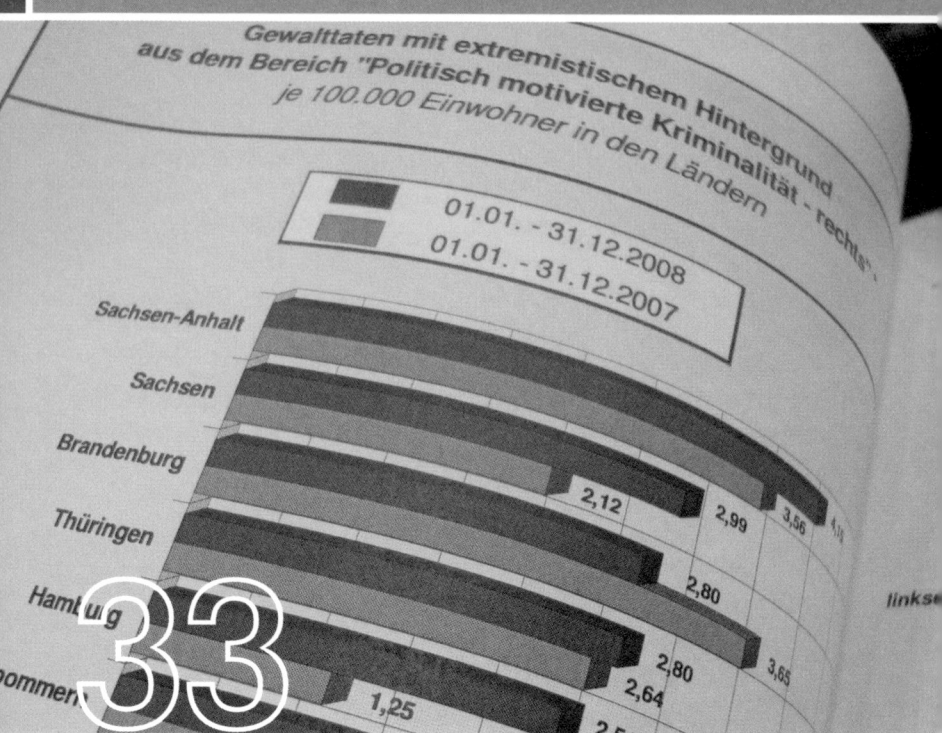

Gewalttaten mit extremistischem Hintergrund aus dem Bereich "Politisch motivierte Kriminalität - rechts" je 100.000 Einwohner in den Ländern

01.01. - 31.12.2008
01.01. - 31.12.2007

Sachsen-Anhalt

Sachsen

Brandenburg

Thüringen   2,12   2,99   3,56   4,1

Hamburg   2,80

Pommer   2,80   3,65

1,25   2,64

33   linkse

Ist der Rechtsextremismus im Osten anders?

Klar, Neonazis und rechtsextreme Gewalt gibt es auch im Westen. Aber alle Statistiken belegen, dass das Problem in den neuen Ländern größer ist. Die Ursachen dafür, argumentieren unsere Autoren vom Kulturbüro Sachsen, liegen auch in der DDR – obwohl die schon seit zwanzig Jahren Geschichte ist.

Damals, in der DDR, blühten wenige Dinge so sehr wie der politische Witz. Es ging um Mangelwirtschaft („Wie funktioniert man eine Banane zum Kompass um? Man lege sie auf die Mauer – wo abgebissen wird, ist Osten.") wie um Systemkritik („Wird einer von der Volkspolizei angehalten: ‚Können Sie sich ausweisen?' Er staunt: ‚Kann man das jetzt selbst?'"). Ehrlich diskutierte man nur im Privaten. Politische Beteiligung war nur möglich bei Anerkennung der SED-Ideologie, öffentliche Abweichungen und Kritik wurden bestraft. Witze waren ein Versuch, der Diskrepanz zwischen Ideologie und Realität zu entkommen.

Dieselbe Funktion erfüllte das Übertragen von Verantwortung auf den Staat. Er war zuständig für die Lebensgestaltung von der Wiege bis zur Bahre – dazwischen versuchte man, die Schwierigkeiten des DDR-Alltags durch einen übersteigerten Gemeinschaftssinn zu meistern. Dieser gilt vielen bis heute als positive Hinterlassenschaft, war aber eigentlich nur Ausdruck einer Notgemeinschaft, die den Mangel an öffentlicher Teilhabe und die Schwierigkeiten der Lebensorganisation privat auszugleichen suchte.

Das ging einher mit einer Ausgrenzung von Fremden. Laut Staatsdoktrin waren die sogenannten „Vertragsarbeiter" aus den sozialistischen „Bruderstaaten" willkommen, im Alltag aber gab es kaum Kontakte. Die Kubaner, Vietnamesen oder Mosambikaner mussten – den westdeutschen „Gastarbeitern" der frühen 1970er-Jahre ähnlich – teilweise Hilfsdienste erledigen, bekamen weniger Lohn, wurden in Wohnheimen isoliert. Auch gegenüber Nachbarn, den Polen etwa, wurden völkische Stereotype gepflegt, beruhend auf einem rassistisch konstruierten deutschen Arbeitsethos.

Zum Ideologiebestand gehörte weiterhin die Doktrin vom „Antifaschistischen Arbeiter- und Bauernstaat", nach der es im sozialistischen Teil Deutschlands keine „Faschisten" gab – denn die waren nach 1949 alle in die kapitalistische BRD gegangen. Eine tiefere Auseinandersetzung mit den Ursachen des Nationalsozialismus oder auch aktuellem Antisemitismus und Rassismus wurde vermieden.

Während der friedlichen Revolution 1989 bestand kurz die Chance für einen demokratischen Wertediskurs. Doch statt die Möglichkeit einer breiten Verfassungsdebatte nach Artikel 146 des Grundgesetzes zu nutzen, entschieden die bundesdeutschen Eliten (unter schweigender Zustimmung einer Mehrheit der Noch-DDR-Bürger), alle administrativen und politischen Institutionen der BRD im Rahmen eines „Beitritts" zu übernehmen.

Was das alles mit dem heutigen Rechtsextremismus in Ostdeutschland zu tun hat? Eine ganze Menge! Denn den fruchtbaren Boden der Ex-DDR haben seit 1989 Rechtsextreme mit Geld und Personal beackert. Die Situation heute kann man nur verstehen, wenn man die Vergangenheit im Blick hat. Die Mentalitäten der DDR-Notgemeinschaft und ihre kollektiven Entlastungsmomente (Abschieben von Verantwortung, Ressentiments, Alltagsrassismus)

BESCHRÄNKTER BLICK

In der DDR war die Faschismustheorie des bulgarischen Kommunisten Georgi Dimitrow Staats- und Schulddoktrin. „Faschismus" sei, definierte er in einer Rede 1935, „die offene, terroristische Diktatur der reaktionärsten, chauvinistischsten, am meisten imperialistischen Elemente des Finanzkapitals". Der Faschismus wurde als aggressive Antwort auf die sowjetische Oktoberrevolution und als Kampfinstrument gegen die weltweit im Aufstreben begriffene Arbeiterbewegung gedeutet. Im materialistischen Verständnis von gesetzmäßigen geschichtlichen Entwicklungen galt der „Faschismus" als Mittel der Imperialisten zur Durchführung eines Kriegs zur Vernichtung der Sowjetunion.

Noch heute ist diese Ansicht in Ostdeutschland weitverbreitet, vor allem im Milieu der ehemaligen PDS. Ein Blick auf den gegenwärtigen Rechtsextremismus und die Erfolge der NPD, der auch kulturelle und sozialisationstheoretische Erklärungen einbezieht, wird dadurch erschwert. Kritiker bezeichnen die Dimitrowthese wegen ihrer monokausalen ökonomistischen Erklärung komplexer Vorgänge als Agenten- beziehungsweise Verschwörungstheorie.

weisen Schnittmengen zu rechtsextremer Ideologie auf: In dumpfen rassistischen Pogromen, wie in Rostock-Lichtenhagen und Hoyerswerda, setzten sich Anfang der 1990er-Jahre Übergriffe fort, die es schon in der DDR auf „Vertragsarbeiter" und linke Punks gegeben hatte. Als sich die neue Gesellschaftsordnung als unübersichtlich erwies, war es sehr naheliegend, Verantwortung fürs eigene Leben wieder an den Staat zu delegieren. Klare Führung und einfache Antworten, wie aus der DDR gewohnt, boten nun die Rechtsextremen von NPD & Co.

Schon kurz nach dem Mauerfall trafen sich Führungsfiguren des westdeutschen Neonazismus, angeführt von Michael Kühnen, mit Vertretern informeller rechtsextremer Gruppen, die dort schon in den Achtzigerjahren entstanden waren. Ab Mitte der Neunzigerjahre arbeitete auch die NPD zielstrebig am „Aufbau Ost". Der Parteiverlag *Deutsche Stimme* wurde ins sächsische Riesa verlegt, die Bundesgeschäftsstelle der Jugendorganisation JN nach Dresden. Damit hatte man Logistikpunkte, von denen aus organisiert und publiziert werden konnte. Rechtsextreme Kader aus dem Westen zogen nach Sachsen, aber auch nach Mecklenburg-Vorpommern und Sachsen-Anhalt. Schnell fanden sie ideologischen Anschluss bei vor Ort angesehenen Bürgern wie dem Fahrschullehrer Uwe Leichsenring aus Königstein in der Sächsischen Schweiz. Rechtsextreme Gesinnung störte dort lange Zeit kaum jemanden. In einer verqueren Harmoniesucht, die ost-typisch ist, galten in den Dörfern und Kleinstädten nicht NPD-Kader als Nestbeschmutzer, sondern Leute, die deren Aktivitäten skandalisierten.

Die aus der DDR überkommenen mentalen Einstellungen und politischen Haltungen waren passfähig für das völkisch-kollektivistische NPD-Programm [▶ Kapitel 12, 13, 30] oder wurden passfähig gemacht. Schon 1998 ermahnte Parteichef Udo Voigt seine Kader, „positive Aspekte der DDR – gerade in der Sozialpolitik – aufzugreifen und positiv zu besetzen, für das Volk nachvollziehbare Bezugspunkte herzustellen". Man müsse „klarmachen, dass wir Nationalisten die faktische Nachfolge der Kommunisten in der Vertretung sozialer Lebensinteressen des deutschen Volkes angetreten haben".

Die NPD setzte auf rassistische Ressentiments und Ängste, die aus dem Kontrollverlust von privatem und öffentlichem Leben resultierten. Gezielt baute sie Verbindungen zur rechtsextremen Jugendkultur auf, die sich in Jugendclubs und „Kameradschaften" in den frühen Neunzigerjahren weitgehend ungestört von den Behörden entwickeln konnte. Jugendspezifische Angebote, wie Rechtsrockkonzerte und Musikvertriebe, entstanden. Die NPD griff Themen auf, die den Alltag in Ostdeutschland prägen: Arbeitslosigkeit, Unübersichtlichkeit, ein Gefühl sozialer Ausgegrenztheit, mangelnde Lebensperspektiven, verbunden mit der Abwertung von DDR-Erfahrungen. An Arbeitslosigkeit sind Ausländer schuld, bei Unübersichtlichkeit im eigenen Leben die Demokratie – und die Lösung für alles ist eine kuschelige deutsche Volksgemeinschaft.

Die Beteiligung der NPD an den Hartz-IV-Protesten und „Montagsdemonstrationen" des Sommers 2005 brachte ihr vielerorts Anerkennung ein. Nach dem Einzug in den sächsischen Landtag war sie die einzige Partei, die sich zum Beispiel gegen die drohende Schließung der Lausitzer Textilfirma Erba-Lautex starkmachte. In Plenardebatten präsentierte sich die NPD – während eine Delegation der Firma auf der Zuschauertribüne saß – als Hüterin der Interessen der Arbeiterschaft und einzige „volksnahe" Fraktion im Landtag. Im März 2007 vermauerten Rechtsextreme den Eingang der Arbeitsagentur im ostsächsischen Zittau und hinterließen auf dem Mauerwerk die Parole „Ein neues System bietet neue Alternativen", dazu die Unterschrift „Nationale Sozialisten". Kein Wunder eigentlich, dass die NPD in solchen Regionen mittlerweile fest verwurzelt ist.

Die Saat ist aufgegangen, in Ostdeutschland ist der Rechtsextremismus heute erheblich stabiler und breiter als im Westen. Rassistische Stereotype und Konformitätsdruck prägen die einstige DDR-Gesellschaft noch immer. Die Verflechtung mit ihrem jugendkulturellen Umfeld ermöglicht der NPD aktivere Wahlkämpfe als den demokratischen Parteien. Zugute kommt den Rechtsextremen auch die besondere Schwäche der demokratischen Zivilgesellschaft im Osten, eine Verständigung über demokratische Grundwerte und deren Grenzen fand und findet kaum statt. Durch Ignoranz und Verschweigen ließen die politischen, kulturellen und auch wirtschaftlichen Eliten jahrelang Raum, den die NPD zu nutzen wusste. Unvergessen ist die Aussage des damaligen sächsischen Ministerpräsidenten Kurt Biedenkopf, seine Sachsen seien „völlig immun [...] gegenüber rechtsradikalen Versuchungen".

Friedemann Bringt, Grit Hanneforth und
Danilo Starosta arbeiten beim Kulturbüro Sachsen und beraten seit Jahren
unter anderem Kommunen im Umgang mit Rechtsextremismus

MEHR ZUM THEMA

- Ein Aufsatz von Walter Süß, einem Forschungsmitarbeiter der Stasi-Unterlagen-Behörde: www.zeit.de/1993/18/Was-wusste-die-Stasi-ueber-die-Neonazis-in-der-DDR
- Siegler, Bernd: Auferstanden aus Ruinen. Rechtsextremismus in der DDR. Tiamat 1998
- Leo, A./Reif-Spirek, P.: Vielstimmiges Schweigen. Studien zum DDR-Antifaschismus. Metropol 2001
- Bugiel, Britta: Rechtsextremismus Jugendlicher in der DDR und in den Neuen Ländern. Lit 2002
- Scherzer, Landolf: Die Fremden. Unerwünschte Begegnungen und verbotene Protokolle. Aufbau 2004

34

Soll man mit der Antifa zusammenarbeiten?

Die Frage wird immer wieder gestellt, wenn sich irgendwo Menschen zu Aktionen gegen Rechtsextremismus zusammenfinden. Die Antwort von Erardo Rautenberg, seit 1996 Generalstaatsanwalt in Brandenburg: ein klares Ja

Herr Rautenberg, Sie warnen seit Jahren davor, dass die NPD ihre Strategie geändert habe. Was befürchten Sie? **I Die NPD will ihr Image als Bürgerschreck loswerden. Gerade im ländlichen Bereich versucht sie, sich bürgernah zu geben und jeden Eindruck von Gewalttätigkeit zu vermeiden. Die NPD spiegelt den Menschen vor, sie kümmere sich um deren Belange.**

Ebenso fordern Sie seit zehn Jahren ein Bündnis im Kampf gegen Rechtsextremismus, „das vom stramm konservativen bis hin zum autonomen Spektrum" reichen müsse. Wie wollen Sie diese Bandbreite unter einen Hut bekommen? **I Ich bin davon überzeugt, dass dieses breite Bündnis die richtige Strategie ist. Natürlich gibt es dann irgendwann im linken Spektrum Grenzen, wo die Gemeinsamkeit aufhört, die Autonomen sind ein sehr vielschichtiges Segment. Es gibt dort bekanntlich auch Kräfte, die gewaltbereit und demokratiefeindlich sind. Aber es gibt unter ihnen auch solche, die Gewaltlosigkeit für sich in Anspruch nehmen und sich gegen den Rechtsextremismus besonders engagieren.**

Häufig wird argumentiert, man dürfe, wenn über Rechtsextremismus gesprochen wird, den Linksextremismus nicht aus den Augen verlieren. **I Das ist Unsinn, wenn damit gemeint ist, man müsse gegen den Linksextremismus die Zivilgesellschaft genauso mobilisieren wie gegen den Rechtsextremismus. Der gewalttätige Linksextremismus findet in der Mitte der Gesellschaft heute keinerlei Unterstützung. Beim Rechtsextremismus ist das anders. Dafür gibt es in der Mitte der Gesellschaft einen Resonanzboden dergestalt, dass rechtsextreme Gewalttaten zwar nicht akzeptiert werden, aber Sympathien für die zugrunde liegende Motivation der Täter vorhanden sind. Gegen dieses rechtsextremisti-**

sche Gedankengut in der Mitte der Gesellschaft muss ein gesamtgesellschaftliches Bündnis geknüpft werden.

Worin sehen Sie die größere Gefahr: in der Strategie der NPD oder darin, dass die Zivilgesellschaft in ihrem Engagement erlahmt? ❙ Wir hatten es in Brandenburg bislang überwiegend mit der DVU zu tun, die auch im Landtag vertreten ist und dort vor allem durch Untätigkeit auffällt. Im Vergleich zur DVU ist die NPD deutlich stärker durchorganisiert und geht viel strategischer vor. Die demokratischen Parteien sind deshalb aufgerufen, sich dieser Herausforderung zu stellen. Anders als in Berlin gibt es in Brandenburg aber leider noch keine gemeinsame Front von SPD, CDU, FDP, Grünen und Linkspartei gegen rechtsextremistische Parteien. Das muss sich ändern.

Die Kandidaten der demokratischen Parteien müssen sich zudem auf die Auseinandersetzung mit den Kandidaten der NPD vorbereiten. Dazu gehört das Studium von Schulungsmaterialien der Partei. Verlässt man sich stattdessen auf die üblichen Wahlkampffloskeln, darf man sich nicht wundern, wenn man in der öffentlichen Auseinandersetzung mit der NPD schlecht aussieht. Von Ermüdungserscheinungen der Zivilgesellschaft spüre ich hingegen nichts, vielmehr wird die Kampfansage der NPD als Herausforderung angenommen.

MEHR ZUM THEMA

- Eine Leser-Debatte auf: www.netz-gegen-nazis.de/frage/demokratie
- Das Antifaschistische Pressearchiv und Bildungszentrum in Berlin gilt als eines der besten Rechtsextremismus-Archive und wird von Journalisten, Wissenschaftlern, Behörden und Schülern genutzt: www.apabiz.de
- Zeitschriften wie das Antifaschistische Info-Blatt – www.nadir.org/aib – oder Der Rechte Rand – www.der-rechte-rand.de – veröffentlichen detaillierte Hintergrundinformationen zum Rechtsextremismus, aber auch interne Positionspapiere verschiedener Antifa-Strömungen.

WAS IST EIGENTLICH DIE ANTIFA?

Der Begriff Antifa steht für „Antifaschistische Aktion". Unter diesem Namen gab es Anfang der 30er-Jahre ein Bündnis kommunistischer Gruppen, die sich gegen die Nationalsozialisten, vor allem gegen die Schlägertrupps der SA, wehrten. Mit der Machtübernahme durch Hitler wurde diese „Ur-Antifa" verboten, und viele Aktivisten wurden in Konzentrationslagern umgebracht.

Seit den 80er-Jahren wird der Begriff von linken Gruppen verschiedenster Strömungen in Deutschland wieder benutzt. In fast jeder größeren Stadt gibt es eine lokale Antifa-Gruppe. „Antifas", wie sie sich selbst nennen, leisten oft mühsame Recherchearbeit zu Neonazistrukturen in ihrer Region. Von deren Ergebnissen profitieren Journalisten oder Bürgerinitiativen, die sich mit dem Thema beschäftigen.

Trotzdem werden die Antifagruppen oft scharf kritisiert, da manche von ihnen auch Gewalt gegen rechtsextreme Geschäfte oder gar Personen befürworten. Immer wieder gibt es bei Demonstrationen gegen Rechtsextremismus „Antifas", die sich handgreifliche Auseinandersetzungen mit Neonazis oder der Polizei liefern – und viele friedliche Protestierer fühlen sich dadurch diskreditiert.

Darf man über Nazis lachen?

Was für eine Frage, man muss! Manchmal jedenfalls. Humor und Satire können beim öffentlichkeitswirksamen Bloßstellen der Nazi-Ideologie durchaus helfen, wie das Beispiel der „Front Deutscher Äpfel" zeigt.

Gereizte Stimmung herrschte am 2. Juni 2007 in Schwerin. Die NPD hatte an jenem Samstag einen großen Aufmarsch angemeldet, der aber verboten worden war. Dennoch war die Innenstadt gesperrt und ein großes Polizeiaufgebot präsent. Neugierige säumten die Straßen. Plötzlich hallten Sprechchöre durch die Fußgängerzone. Gut zwei Dutzend schwarz gekleidete junge Leute marschierten da mit roten Armbinden, fast wie einst bei der NSDAP.

Doch die Armbinden zierte kein Hakenkreuz, sondern ein schwarzer Apfel auf weißem Grund. Und die Parolen lauteten: „Was gibt der Deutschen Jugend Kraft? Apfelsaft! Apfelsaft! – Was tut der Deutschen Jugend weh? Die dumme, dumme NPeDeee...!" Kopfschüttelnd guckten die Passanten zu. Sie bekamen von den jungen Leuten Äpfel in die Hand gedrückt. Auf einer kleinen Bühne stellte sich schließlich ein Mann als „Gauleiter" vor und verkündete: „Heute gibt es keine braunen Äpfel in Schwerin. Stattdessen saftige bunte!"

Die Gruppe gehörte zur Front Deutscher Äpfel, einer Satiretruppe, die sich in Sachsen nach dem Einzug der NPD in den dortigen Landtag 2004 gegründet hat. Als 2006 auch in Mecklenburg-Vorpommern sich ein Wahlerfolg der rechtsextremistischen Partei abzeichnete, wollte der Greifswalder Politikstudent Sebastian Jabbusch etwas tun – aber nicht nur den ohnehin demokratisch aktiven Teil der Gesellschaft erreichen und sich abheben von den üblichen und bisweilen drögen Aufrufen zu mehr Demokratie und Toleranz. Also lud der damals 23-jährige Student – etwas blauäugig, wie er heute sagt – öffentlich zur Gründung eines Greifswalder Ablegers der Apfelfront auf. Sieben Leute kamen zusammen, darunter auch drei Neonazis, die aber doch irgendwann durch rassistische Äußerungen auffielen und hinauskomplimentiert wurden. Gleich die erste Aktion in der Greifswalder Innenstadt, sagt Jabbusch, sei ein „voller Erfolg" gewesen. „Die Leute wichen nach links und rechts aus und machten uns eine Gasse frei. Am Ende des kurzen Marsches rief uns eine alte Dame zu: ‚Schämen Sie sich, was wird dann aus der Demokratie?‘"

Der Verwechslungseffekt ist ein bewusster Teil der parodistischen Inszenierung. „Mit unserem Outfit und unseren Parolen", so Jabbusch, „wollen wir irritieren, provozieren, zum Nachdenken anregen und letztlich zeigen: So absurd wie wir sind, ist auch die NPD." Und die Irritation funktioniert. In Greifswald wollte die örtliche Polizei einmal eine Aktion der Apfelfront verbieten, weil deren Uniformierung gegen das Versammlungsgesetz verstoße – mehrere Kommunalpolitiker und auch der Landtagspräsident setzten sich für die Genehmigung ein, aber erst nach einer persönlichen Intervention des Innenministers begriff die Greifswalder Polizei den Sinn der Sache.

Ein paar Monate später, im vorpommerschen Städtchen Anklam, durchkreuzten die Apfelfrontler die Propagandapläne der NPD. Grünenchefin Claudia Roth hatte sich an-

„FRIEDEN AUF ERDEN"

Manchmal braucht es gar keine Satire – oft genug machen sich Rechtsextreme selbst lächerlich:

„Wenn Sie der Überalterung unserer Art entgegenwirken wollen, dann fördern sie endlich die deutsche Frau als Mutter und Hüterin der Familie und hören sie auf, unsere Frauen mit ihrem Wahnsinn von Frauenquoten verrückt zu machen."
Tino Müller,
NPD-Landtagsabgeordneter in Mecklenburg-Vorpommern

„Rum und Ehre der Waffen-SS"
Die – orthografisch schwache – Kameradschaft Aachener Land auf ihrer Internetseite

„Wir haben die Antwort für den Frieden auf Erden und den Wohlstand der Bürger. Wir werben deshalb für 500.000 Mitglieder! Dann wird alles besser! Werden Sie Mitglied! Jetzt!"
Andreas Akwara von der „Bürger Bewegung Duisburg"

„St. Martin Süßigkeiten gehören den christlichen Kindern!!! In den letzten Jahren kam es immer wieder zu unerhörten Szenen in den Stadtteilen Düsseldorfs. Christliche Kinder ziehen singend mit ihren Laternen den Martinszug entlang und wenn sie endlich los ziehen dürfen um die heißbegehrten Süßigkeiten zu ersingen bietet sich für unsere Kinder folgendes Bild: Muslimische Kinder und ihre Eltern … schubsen, drängeln und kämpfen wie Tiere um die Süßigkeiten! Unsere Kinder werden verhauen, bedroht oder verjagt … Dies ist unser Fest!!!!!!!!!!!!!!!!!"

Die „Autonomen Nationalisten Düsseldorf" verteidigen christliche Bräuche

„Ich weiss habe rechtschreibfehler aber ich bin nicht perfekt aber bin nicht dumm und möchte auch nicht in im bundestag gewählt werden ich kämpfe lieber auf der strasse fur unser sieg. Weil der NPD der weg zu freiheit ist und National ist Widerstand lässt sich nicht verbieten auch nicht mit rechtschreibfehler."

Aus dem Internet-Gästebuch der NPD Krefeld

Die Antifa-Zeitschrift Lotta *veröffentlicht in jeder Ausgabe Zitate wie diese.*

gemeldet, um sich ein Bild von den rechtsextremistischen Aktivitäten in der Stadt zu machen. Provozierend stellte sich der Anklamer NPD-Landtagsabgeordnete mit ein paar Kameraden und einem Info-Tisch auf den Marktplatz. Doch kaum jemand beachtete ihn. „Hallo Anklam, wir sind die einzige nationale Alternative", hallte es aus Richtung Bahnhof. Die Marschformation der Apfelfront mit ihren Fahnen, Transparenten und Parolen zog das Medieninteresse auf sich. Dass an jenem Tag mehrere Notrufe bei der Polizei eingingen, Nazis zögen durch Anklam, verbuchen Jabbusch und seine Leute als Erfolg: Vielleicht habe man wieder ein paar potenzielle Wähler zum Nachdenken gebracht.

Geradezu vernichtend wird die völkisch-rassistische Ideologie der NPD durch ein karikierendes Überzeichnen der Nazi-Ästhetik und eine kunstvolle Ironisierung der Parteiparolen bloßgestellt. „Keine Überfremdung des deutschen Obstbestandes mehr!", lautet etwa die erste „Zentralforderung" der Apfelfront. „In der Vergangenheit wurden rein deutsche Obstsorten wieder und wieder durch das Aufpropfen fremder Arten verunreinigt. Schluss damit!" Das klingt zunächst absurd, beim zweiten Blick aber erkennt man durch die Überspitzung umso klarer, welchen Blödsinn Neonazis als Heilmittel anpreisen. Oder Punkt zwei des „Programms": „Es kann nicht angehen, dass deutsche Kinder mit Bananen und Apfelsinen aufwachsen und den Nährwert eines guten deutschen Apfels oder einer reinen saftigen Birne nicht mehr zu schätzen wissen. Deshalb: Grenzen dicht für Fremdobst!"

Was darf Satire? „Alles", sagt der Greifswalder Student Jabbusch – mit einer Einschränkung: Die Opfer der NS-Diktatur und die Opfer der neuen Nazis seien tabu. Hinrich Kuessner, ehemaliger Landtagspräsident in Mecklenburg-Vorpommern, bestätigt die aufklärerische Wirkung der Apfelfront. Er erinnert sich noch gut an deren erste Aktion in Greifswald: Nie sei es so leicht gewesen wie an jenem Tag, sagt Kuessner, auf der Straße mit Menschen ganz unterschiedlicher Schichten in intensive und gehaltvolle Diskussionen zu kommen – nicht nur zum Thema Rechtsextremismus. Ganz offensichtlich hatte die Satire bei den Leuten etwas ausgelöst.

Zumindest indirekt ist die Initiative dem Mann zu verdanken, der die NPD in Sachsen im Landtag anführt: Holger Apfel. Was die Satiregruppe aber weit von sich weist: „Wir haben es gar nicht nötig, uns nach so einem Würmchen zu benennen." Jedenfalls hat die „Nationale Initiative gegen die Überfrem-

„Es kann nicht angehen, dass deutsche Kinder mit Bananen aufwachsen und den Nährwert eines guten deutschen Apfels nicht mehr zu schätzen wissen. Deshalb: Grenzen dicht für Fremdobst!"

dung des deutschen Obstbestandes und gegen faul herumlungerndes Fallobst", wie sie mit vollem Titel heißt, fünf Jahre nach ihrer Gründung durch ein paar Leipziger Schüler und Studenten bereits Gruppen in 15 weiteren Städten – beziehungsweise „Gauen", wie es stilecht bei der Apfelfront heißt. Und mittlerweile gibt es deutschlandweit kaum eine größere Nazidemo, wo nicht auch die Front Deutscher Äpfel, kurz FDÄ, Flagge zeigt – und viel mehr Beifall erntet als die NPD.

Die echte Apfel-Partei hat, so scheint es, wirklich Probleme mit der Satiretruppe. „Wir waren auf fast jeder NPD-Kundgebung dabei", erzählt der Greifswalder Student Jabbusch, „aber es hat fast zwei Jahre gedauert, bis die Rechten mit dem Spruch ‚Apfelfront hat nichts gekonnt' auf uns reagierten." Verglichen mit diesem Spruch wirken die Gegner des Rechtsextremismus irgendwie einfallsreicher. Und als sich die NPD auf ihrem Bundesparteitag Anfang 2009 heillos zerfleischte und beinah in Apfelmus auflöste, veröffentlichte die FDÄ eine knallharte Forderung auf ihrer Internetseite: „Reiß Dich zusammen Du, NPD, Du! Die Front Deutscher Äpfel wünscht sich starke Gegner! […] gegen diesen Haufen kann man sich ja kaum mehr auf der Straße blicken lassen!"

MEHR ZUM THEMA

- Internetseite der Front Deutscher Äpfel mit „Propagandamitteln zur Herunterladung": www.apfelfront.de
- Eine Galerie satirischer Filme: www.netz-gegen-nazis.de/artikel/satireclips-das-best
- Unter www.nazis-auslachen.de können Schüler selbst Anti-Nazi-Clips veröffentlichen
- www.rirecontreleracisme.fr – Lachen gegen Rassismus, eine frühe französische Initiative von SOS Racisme

Was kann jeder gegen Rechtsextremismus tun?

Politiker rufen gern zum „Aufstand der Anständigen" auf. Da nicken die meisten – doch die wenigsten wissen, was das konkret heißt und wie sie anfangen sollen. Anetta Kahane von der Amadeu Antonio Stiftung gibt Rat.

Auf die Frage, was gegen Rechtsextremismus zu tun sei, sind die Antworten meist überaus allgemein („Die Zivilgesellschaft muss Gesicht zeigen") oder so konkret, dass sie dem riesigen Thema auch nicht gerecht werden („Jeder kann mit seinem Handy die Polizei rufen"). Häufig wird das Neonazi-Problem wie eine heiße Kartoffel zwischen Politik und Behörden, zwischen der Gesellschaft und den einzelnen Bürgern hin- und hergereicht.

Dabei ist es eigentlich ganz einfach: Machen Sie die Augen auf! Wenn Sie sehen, was Nazis in Ihrer Umgebung treiben, dann rufen Sie ein paar Leute zusammen und überlegen Sie, 1. was Sie ganz allein machen wollen und können, 2. für welche Schritte Sie bei wem Rat und Hilfe brauchen und 3. wo Sie Anregungen geben, aber selbst nicht handeln können. Diese Schritte zu sortieren ist elementar. Der häufigste Grund fürs Scheitern ist, sich nicht klargemacht zu haben, wer was wann kann und wen man wofür braucht. Wer alles zugleich und allein erledigen möchte, macht nichts richtig und entmutigt sich selbst.

Es mag komisch klingen, aber wenn Sie aktiv werden wollen, nehmen Sie als Erstes einen Stift und ein Blatt Papier. Zeichnen Sie einen großen Kreis und darin in einen kleineren zweiten und in diesen, noch kleiner, einen dritten. Der innerste Kreis symbolisiert, was jeder selbst tun kann. Stellen Sie sich eine konkrete Situation vor, etwa die Bedrohung eines Mitfahrers im Stadtbus durch einen aggressiven Rassisten. Und jetzt malen Sie sich aus, dass Sie zu Ihrem Telefon greifen und die 110 wählen. Dies ist sicher nur eine der möglichen Handlungen. Und sie ist temporär. Um auf Dauer etwas zu verändern, braucht man mehr: Zeit, Energie, Verbündete! Das soll der zweite Kreis verdeutlichen. Man kann Pläne schmieden, Leute ansprechen, Briefe schreiben, Spenden sammeln, Veranstaltungen mit anderen organisieren – solche Sachen eben. Tipps für alle Handlungsbereiche finden Sie in diesem Buch zuhauf.

Kreis drei bezieht sich auf politische Entscheidungen: auf eventuell nötige Gesetzesänderungen oder die Verbesserung der Lebensbedingungen für Asylsuchende. Hierfür braucht man den längsten Atem und Mitstreiter, die nicht unbedingt gleich um die Ecke wohnen: Politiker, Prominente, Journalisten. Klappt nie, sagen Sie? Ausprobieren! (Fast) alles lässt sich machen, nur die einzelnen Schritte sollten Sie vorher klarhaben, Verantwortung delegieren, Aufgaben verteilen – und dann immer wieder fragen: Was ist geschafft? Wer fehlt noch im Boot? Nur zwei Sätze sind tabu: „Hat doch eh' keinen Sinn". Und: „Ehe nicht dies oder jenes Gesetz anders ist, ist alles Zeitverschwendung." Zeitverschwendung ist das nicht, sondern feige. Oder eben ein Durcheinander im Kopf.

Also: Sie werden herausfinden, was Sie tun können. Vom einfachen Griff zum Mobiltelefon bis zur Organisation eines großen Rockkonzerts. Vom Widerspruch am Stammtisch bis zur Anmeldung einer Demonstration. Vom Diskussionsabend im Verein bis zur Anhörung im Bundestag. Fangen Sie einfach an. Mit Herz, Spaß und den drei Kreisen! Und mit Durchhaltekraft.

MEHR ZUM THEMA

- Kulick, Holger (Hrsg.): Mut-ABC für Zivilcourage. Ein Handbuch gegen Rechtsextremismus. Edition Hamouda 2008
- Zivilcourage lernen – Analysen, Modelle, Arbeitshilfen. Eine 450-seitige Handreichung der Bundeszentrale für politische Bildung: www.bpb.de/publikationen/K74L8K
- Frohloff, Stefan: Gesicht zeigen! Handbuch für Zivilcourage. Campus 2001

37

Ich döse am Strand, ein Trupp Jungnazis kommt. Wie kann ich reagieren?

Ein Grillfest im Park, die Strandparty am Badesee, ein lauschiger Balkonabend – fast jede entspannte Situation kann sich von einem Moment auf den anderen komplett ändern: Wenn Rechtsextremisten auftauchen, die plötzlich rassistisch herumpöbeln, den Hitler-Gruß zeigen oder Nazi-Lieder grölen. Wann darf, wann muss man einschreiten? Der Generalstaatsanwalt des Landes Brandenburg, Erardo Rautenberg, erklärt das Strafrecht.

Der einschlägige Tatbestand ist Paragraph 86a Abs. 1 Nr. 1 des Strafgesetzbuches (StGB). Er stellt das öffentliche Verwenden von Kennzeichen verfassungswidriger Organisationen wie der NSDAP oder SS unter Strafe. Unter „Kennzeichen" im Sinne des Gesetzes fallen auch Symbole, Grußformeln, Parolen und Lieder. Für die Verwirklichung des Merkmals „öffentlich" kommt es nicht auf die Öffentlichkeit des Ortes an, sondern darauf, ob die Verwendung des Kennzeichens über den Kreis der Neonazis hinaus von einer nicht überschaubaren Anzahl von Personen wahrgenommen werden kann.

Auch Bars oder Gaststätten sind keine straffreien Betätigungsräume für Neo-nazis. Wer glaubt, er befinde sich in einem Lokal nicht in der Öffentlichkeit und könne somit dort seiner menschenverachtenden Gesinnung ungehemmt Ausdruck verleihen, befindet sich im Irrtum. Eine solche Vorstellung – Juristen sprechen von einem „vermeidbaren Verbotsirrtum" – bewahrt nicht vor Strafe. Ein betroffener Gastwirt ist zwar nicht zur Strafanzeige verpflichtet, sondern

DAS MEINEN LESER – Auszüge aus den Netz-gegen-Nazis-Foren

Bogo: „Da kann man wohl nur die Polizei rufen, wer will sich schon mit Nazis in Bierlaune an-legen. Meistens ist es ja so, dass solche Provokationen in Situationen hervorgerufen werden, wo sich die Nazis stark fühlen, also in der Gruppe oder in Bierlaune halt. Stellt sich natürlich die Frage, ob die Polizei etwas unternimmt. Wenn nicht, dann hätten wir wirklich ein Problem."

Erik: „Ich finde das alles ziemlich ‚banal'. […] jetzt mal ehrlich, wegen eines Landser-Liedes die Polizei rufen? Wie soll das bewiesen werden? Ich habe die Erfahrung gemacht, dass sie wieder abziehen, wenn der Rest in Zimmerlautstärke abgeht. Viele wollen einfach nur provozieren […] Wenn jemand singt ‚Opa war SS-Sturmführer ...' ja und?"

Atze: „Das Abspielen des Horst-Wessel-Liedes und Sieg-Heil-Rufe stellen Straftatbestände dar, die die Polizei verfolgen MUSS! Also den Notruf wählen […] Die Befürchtung, die Polizei würde lediglich die Personalien feststellen, kann ich aus praktischer Erfahrung heraus nicht teilen. Die werden schon erst mal mitgenommen. ... :-)))"

Bogo: „@Erik – Nein, als banal empfinde ich es nicht. Ein Lied, ein H.H.-Gruß oder Sieg-Heil-Rufe sind eine Bedrohung oder Zeichen der Wut von Rechtsextremen. Sie rufen Ängste in der Bevölkerung hervor, und wenn ein Stinkefinger oder Piepmatz-Zeichen bestraft werden, dann muss das erst recht bestraft werden."

Nazigegner: „Erst sage ich den Neonazis freundlich, dass sie sich einen anderen Platz suchen sollen. Wenn sie nicht nachgeben, sehe ich mich leider gezwungen, die Polizei zu rufen."

daniel_miesgebauer: „Das einzig Mögliche ist da, sofort die Polizei zu rufen und eventuell Fotos der Täter zu machen. Bis zum Eintreffen der Polizei müssen die Nazis festgehalten werden, damit sie sich nicht der Strafverfolgung entziehen können."

Lin_Ella: „Mir und Freunden ist so etwas Ähnliches letztes Jahr im Sommer passiert. Am Baggersee, ungefähr 50 Rechtsextremisten, die nicht zu übersehen & zu überhören waren. Wir riefen ungefähr 4-mal die Polizei, die sich leider nicht blicken ließ. Schätzungsweise war dieser ‚Aufmarsch' zu viel für die relativ kleine Besetzung unseres Stadtviertels. (Vermutlich war die bloße Anwesenheit der Rechten auch nicht Grund genug.) Aber wir fanden es trotzdem sehr erschreckend!"

Mitdiskutieren unter:
www.netz-gegen-nazis.de/frage/was-tun-wenn-neonazis-das-sommervergnuegen-stoeren

kann auch von seinem Hausrecht Gebrauch machen und derartige Gäste zum Verlassen seines Lokals auffordern, weil er die Begehung von Straftaten in seinen Räumlichkeiten nicht hinzunehmen hat. Aber die davon betroffenen Personen dürften ein solches Hausverbot nicht ohne Weiteres akzeptieren, zumal wenn sie alkoholisiert sind. Daher empfiehlt es sich, schon aus diesem Grund die Polizei zu verständigen.

Auch das Skandieren nationalsozialistischer Parolen in einer Wohnung oder in einem Auto kann gemäß Paragraph 86a des Strafgesetzbuches strafbar sein, wenn dies – etwa bei Öffnung der Fenster oder auf dem Balkon – so laut geschieht, dass eine Mehrzahl von Außenstehenden davon Kenntnis erhalten kann. Das Gleiche gilt übrigens für das Abspielen von Musik, die „zum Hass gegen Teile der Bevölkerung aufstachelt oder zu Gewalt- oder Willkürmaßnahmen gegen sie auffordert". Oder die die Menschenwürde anderer dadurch angreift, dass Teile der Bevölkerung beschimpft, böswillig verächtlich gemacht oder verleumdet werden. Dies ist als „Volksverhetzung" nach Paragraph 130 StGB unter Strafe gestellt.

Die rechtliche Einordnung ist allerdings nicht immer einfach. Das gilt auch für den Tatbestand des Paragraphen 86a Strafgesetzbuch. Denn danach ist nicht nur das öffentliche Verwenden von Kennzeichen verfassungswidriger Organisationen strafbar, sondern auch das von Kennzeichen, die denen verfassungswidriger Organisationen „zum Verwechseln ähnlich sind" (§ 86 Abs. 2 StGB). Daher sollte die Polizei auch in Zweifelsfällen gerufen werden.

MEHR ZUM THEMA

- Eine handliche Broschüre der Landeszentrale für politische Bildung Hamburg:
  www.hamburg.de/contentblob/72140/data/recht-gegen-rechts.pdf
- Tipps im Internet auf www.recht-gegen-rechts.de (erstellt vom Bayerischen Jugendring)
  und unter www.rechtgegenrechts.org (ein Projekt von Potsdamer Jura-Studenten)
- Die Broschüre „Recht gegen Rechts. Infos – Fallbeispiele – Ratgeber"
  kann gegen Erstattung der Versandkosten bei der Braunschweiger
  Arbeitsstelle Rechtsextremismus und Gewalt bestellt werden: www.arug.de/shop

Wie gründe ich eine Initiative und mache auf sie aufmerksam?

Auch in Ihrer Gegend machen sich immer mehr Neonazis breit und niemand tut etwas dagegen? Sie möchten das nicht hinnehmen? Sehr gut! Wir geben Tipps zur Gründung einer – effektiven – Initiative gegen Rechtsextremismus.

Das Wichtigste ist: Sie brauchen Verbündete. Und Öffentlichkeit. Aber zunächst fängt alles ganz klein an: Fragen Sie im Freundes- und Bekanntenkreis herum, denn zu dritt sollten Sie schon sein. Und dann suchen Sie weitere Verbündete, sei es an der Schule, in der Universität, im Betrieb, im Dorf oder im Stadtviertel. Werben Sie mit Aushängen, kleinen Klebezetteln oder Rundmails für sich. Es ist sinnvoll, für das erste Treffen drei verschiedene Termine anzubieten. Der Termin, der den meisten Zuspruch erhält, wird zum Gründungsdatum.

Dies sind die ersten Schritte

Wichtig ist, dann ein klares Ziel zu definieren. Wollen Sie ein Projekt gründen, das Geschichte erforscht? Das die Lebensbedingungen von Asylbewerbern verbessert? Jugendlichen demokratische Kultur vermittelt? Oder wollen Sie – etwas allgemeiner – eine Bürgerinitiative gegen Rechtsextremismus gründen, die verhindert, dass wieder Naziungeist in ihrer Kommune weht? Oder wollen Sie beides kombinieren? Wie auch immer, geben Sie Ihrer Initiative einen Namen, der für viele einprägsam und akzeptabel ist, beispielsweise „Bürgerbündnis ‚X-Dorf gegen Rechtsextremismus'" oder „Y-Stadt bleibt bunt". Und wenn es dazu ein griffiges Kürzel gibt, umso besser.

Verteilen Sie Aufgaben untereinander, und legen Sie Termine zur Erledigung fest. Von jedem Treff sollten Sie ein kleines Ergebnisprotokoll anlegen. Und vergessen Sie nicht, eine Liste mit Telefonnummern und E-Mail-Adressen herumgehen zu lassen! Dann die wichtige Frage: Wer besitzt von allen das meiste Vertrauen, ist – idealerweise – nicht parteipolitisch gebunden und hat Zeit? Diese Person sollte Koordinator der Gruppe werden, der bei allen Beteiligten immer wieder nachhaken darf: Ist dies und das schon auf den Weg gebracht?

Für die ersten Werbemaßnahmen, etwa Plakate, Flugblätter oder „Spuckies" (das sind preiswerte Aufkleber zum Befeuchten mit Spucke), brauchen Sie etwas Startkapitel. Anfangs werden die Gründungsmitglieder zusammenlegen. Später, wenn es zum Beispiel um eine Publikation geht oder die Finanzierung einer Veranstaltung, sollten Sie weitere Spender und Sponsoren suchen. Meist lohnt es sich, örtliche Geschäftsleute nach dem Motto „10 x 50" anzusprechen. Zehn respektierte Unternehmer werden gebeten, jeweils 20, 50 oder 100 Euro zu geben. Das dürfte niemanden überfordern und in einer Kleinstadt durchaus gemeinschaftsbildend wirken. Auch an Schulen funktioniert das Prinzip. Jeder Schüler gibt einen Euro, oder (mindestens) zehn Lehrer spenden jeweils fünf oder zehn Euro „Startkapital". Auf diese Weise kommen schnell 50 oder 500 Euro für die ersten Arbeitsmaterialien zusammen. [▶ Kapitel 38]

Nun sind also die ersten Flugblätter gedruckt – aber Breitenwirkung ist damit noch nicht erzielt. Um wirksam zu sein, muss sich Ihre Gruppe mit anderen Stellen vernetzen. Sie sollten möglichst schnell Kontakte zu Schulen, Kirchengemeinden, örtlichen Vereinen, Unternehmen und auch Parteien knüpfen. Wichtig ist, dass sich die Gruppe nach außen möglichst überparteilich verhält – und generationenübergreifend Mitmacher wirbt. Mit mindestens sieben Leuten besteht die Möglichkeit, einen Verein zu gründen. Dieser Status ist von Vorteil, wenn Sie langfristig arbeiten und Spenden einwerben wollen – Vereine sind gesetzlich aber auch zu einer Reihe von formalen Akten verpflichtet, die viel Zeit und Elan rauben können. Ratsam ist es, einen Anwalt oder einen Jurastudenten an Bord zu holen oder jemanden, der bereits in anderen Vereinen Funktionen innehatte (einige Tipps dazu unter www.vereinsrecht.de/verein.html).

Wie macht man auf die Gruppe aufmerksam?

Will Ihre Initiative kontinuierlich arbeiten, sollte sie regelmäßig auf sich aufmerksam machen. Das kann durch Kleinveranstaltungen geschehen, bei denen interessante Referenten auftreten oder Filme gezeigt werden. Lehrreiche Spaziergänge organisiert werden, beispielsweise über die Geschichte Ihrer Stadt in der Nazizeit. Sehr nützlich ist, eine bekannte Persönlichkeit zu werben – das erhöht die Aufmerksamkeit und ermuntert neue Leute zum Mitmachen. Ein Benefizkonzert – mit Bands oder auch Chören aus Ihrer Region – bringt zugleich Bekanntheit und Geld.

Auf Flugblättern und Plakaten ist der Eintrag einer Kontaktadresse sinnvoll, juristisch sind Sie sogar zur Angabe einer „V.i.S.d.P."-Person verpflichtet („Verantwortlich im Sinne des Presserechts"). Bauen Sie gute Kontakte zur regionalen Presse auf! Wichtige Lokalreporter sollten von Beginn an gezielt angesprochen werden. Laden Sie diese zu sogenannten „Hintergrundgesprächen" ein, in denen Sie über Ihre Planungen informieren. Der Termin für Pressekonferenzen sollte nicht nur einmal mitgeteilt werden, sondern am Tag zuvor noch einmal telefonisch daran erinnert werden. Zumindest beim ersten Kontakt mit der Redaktion sollten Sie gut vorbereitet sein: Schildern Sie Ihr Anliegen innerhalb einer Minute. Das kann man gut zu zweit in einem Fahrstuhl üben, bevor die Fahrt zu Ende und die Tür aufgeht, muss alles erläutert sein. Journalisten haben jedenfalls wenig Zeit und viele andere Gesprächspartner.

Wichtig für Pressekonferenzen: Termine an Freitagen sind ungünstig, dann haben viele Zeitungen früher Redaktionsschluss, und die Reporter möchten ins Wochenende. Zeitlich ist der späte Vormittag am günstigsten, und länger als eine Dreiviertelstunde sollte Ihre Pressekonferenz – inklusive Nachfragen der Journalisten! – nicht dauern. Mehr als drei Redner sind deshalb ungünstig. Das Wichtigste, was Sie mitteilen wollen, sollten Sie außerdem in einer vorbereiteten Presseerklärung (nicht länger als eine Seite) bereithalten. Diese sollte unbedingt die Telefonnummer eines festen Ansprechpartners der Gruppe enthalten und idealer-

---

ZUM BEISPIEL: GRÄFENBERG

Als bei einer NPD-Veranstaltung auf dem Marktplatz des fränkischen Städtchens Gräfenberg der Strom ausfiel, klingelten die Rechtsextremisten bei einem Wirt und boten ihm Geld für den Zugang zu seiner Steckdose. „Wir ham Yellow-Strom, keinen Braun-Strom", sagte der und knallte die Tür zu. Geschichten wie diese erzählt Michael Helmbrecht vom Bürgerforum Gräfenberg gern.

Die NPD kommt gern nach Gräfenberg, weil dort ein Kriegerdenkmal an Gefallene des Ersten und Zweiten Weltkrieges erinnert. Jedes Jahr zum Volkstrauertag versammelten sich die Neonazis – und nachdem ein neuer Grundstücksbesitzer die Zugänge sperrte, kommen sie monatlich, um dagegen zu demonstrieren. Die Einwohner gründeten daraufhin 2006 „Gräfenberg ist bunt", und sie sind kreativ: Zur Narrenzeit begrüßen sie die Nazis mit Faschingsmusik, ein andermal geht deren Kundgebung im Gekreisch von Motorsägen unter, weil die Einwohner genau an dem Tag Holz für den Winter bereit machten.

Die Neonazis sind inzwischen wütend. Sie veröffentlichen Bilder und Adressen aktiver Gräfenberger. „Es geht darum, wer zuerst müde wird", sagt Helmbrecht. „Wir werden es nicht sein."

ZUM BEISPIEL: PIRNA

Die Sächsische Schweiz war fest im Griff der Rechtsextremisten, als sich 1999 in Pirna die Aktion Zivilcourage gründete: Die NPD kam in der Region auf Ergebnisse von bis zu 20 Prozent, und in Pirna verprügelten Neonazis alternative Jugendliche und Migranten auf offener Straße. Ein paar junge Leute wollten sich nicht einschüchtern lassen und gemeinsam die demokratische Zukunft der Region mitgestalten.

Lange Zeit galt die Gruppe am Ort als „Nestbeschmutzer", heute wird sie vom CDU-Oberbürgermeister unterstützt. Unter den mehr als sechzig Mitgliedern, die sich ehrenamtlich in verschiedenen Projekten engagieren, sind immer noch viele Schüler, aber auch Rentner. Es gibt eine monatliche Disco (bei der Rechtsextreme natürlich draußen bleiben) und Gedenkstättenfahrten. Die größte Veranstaltung ist der „Markt der Kulturen", bei dem sich jedes Jahr auf dem Pirnaer Marktplatz Menschen unterschiedlicher Herkunft treffen, um sich kennenzulernen und miteinander zu feiern.

Der größte Erfolg der Aktion Zivilcourage: Die guten Beziehungen zu allen demokratischen Parteien, aber auch zur Polizei, den Kirchen und der örtlichen Sparkasse.

weise griffige Zitate in wörtlicher Rede, die von den Journalisten verwendet werden können. Vergessen Sie nicht, die Wochenwerbeblätter in Ihrer Region anzusprechen. Die suchen in der Regel händeringend nach Lesestoff mit lokalem Bezug. Der Vorteil: Diese kostenlosen Zeitungen landen in jedem Haushalt, eine Tageszeitung leistet sich längst nicht mehr jeder.

Falls Sie eine Demonstration vorbereiten: Journalisten berichten eher, wenn ihnen klare, schlüssige Fakten und ein origineller Einfall, ein gutes Bild versprochen werden. Hier heißt es: Kreativ sein! Informieren Sie nicht nur – machen Sie auch neugierig! Überlegen Sie, wie Sie aufmarschierenden Neonazis von vornherein „die Show" stehlen, also „bessere" Fotomotive anbieten können.

Immer wichtiger: das Internet

Da Zeitungen oder auch der Lokalfunk nur sporadisch über Ihre Initiative berichten werden, sollten Sie eine ständig aktualisierte Website schaffen. Drei Formen bieten sich an:

1. Solange Sie alleine sind, genügt eine persönliche Homepage, ein Blog oder eine MySpace-Seite. So etwas ist schnell und ohne große technische Kenntnisse machbar. Im Zweifelsfall fragen Sie Ihre Kinder um Rat!

2. Sobald Sie eine Gruppe sind, sollten Sie unbedingt eine aktuelle Internet-Seite anlegen. Sie sollten sich dort kurz vorstellen, über Ihr Engagement informieren und auch das Echo darauf wiedergeben. Um Arbeit zu sparen, können Sie Links zu Fach-Websites mit weiterführenden Informationen legen, etwa zum www.netz-gegen-nazis.de, www.bpb.de/rechtsextremismus oder www.mut-gegen-rechte-gewalt.de. Ein Gästebuch ist nur ratsam, wenn Sie es zeitlich schaffen, die Einträge regelmäßig zu kontrollieren. Sinnvoll ist auf jeden Fall eine Hausordnung: „Wir distanzieren uns von allen Einträgen im Gästebuch/Forum. Wir haben keinen Einfluss darauf, wer hier postet. Rechtsextremistische oder den Nationalsozialismus verherrlichende Einträge werden kommentarlos gelöscht." (Beispiel für die Website einer lokalen Initiative: www.abc-poessneck.de)

Eigene Internetseiten lassen sich heutzutage relativ preiswert, gegebenenfalls sogar kostenlos einrichten. Manche Provider geben auch „Sozialrabatt" für Initiativen. Wichtig ist, sich einen griffigen Domain-Namen auszudenken, der einprägsam ist und auch von Suchmaschinen wie Google schnell eingeordnet wird. Fast noch wichtiger ist, dass sich mindestens ein Mitglied der Gruppe für die Website verantwortlich fühlt und genügend Zeit dafür hat. Eine einigermaßen aktualisierte Internet-Seite mit einem moderierten Forum erfordert im Durchschnitt mindestens zwei Stunden Arbeit am Tag!

3. Wenn Sie ein größeres Event planen, kann eine temporäre Website speziell dafür ratsam sein. Auf Werbezetteln wird dann auf die Website hingewiesen, auf der sich alle wichtigen Aktualisierungen, Fotos und Details zum Programmablauf finden (ein Beispiel: www.leipzig-courage-zeigen.de).

Und lassen Sie sich nicht abschrecken, wenn manch andere Internet-Seite beneidenswert perfekt aussieht. Auch Sie selbst werden besser werden – das Motto „learning by doing" gilt für technische Fragen ebenso wie für die Arbeit Ihrer Initiative insgesamt. Wenn sie eingerichtet ist, sollten Sie versuchen, dass die Lokalzeitungen bei Berichten über Ihre Initiative auch die Adresse der Website angibt. Für die Homepage wie auch für Plakate und Flugblätter sollte das Vier-Augen-Prinzip gelten: Bitten Sie einen Freund, eine Kollegin oder ein Familienmitglied, geschriebene Texte gegenzulesen. Das erhöht die Verständlichkeit und tilgt Fehler.

Und wenn Rechtsextremisten Ihr Gästebuch stürmen, die Initiative beschimpfen oder bedrohen? [▶ Kapitel 56] Bleiben Sie erst mal ruhig und machen Sie in Antworten deutlich, dass Sie das nicht verunsichert, sondern sogar bestärkt. Wenn es explizite Drohungen gibt, sollten Sie die Polizei verständigen. Aber eigentlich können Sie sich freuen, wenn die Naziszene reagiert. Ihr Engagement wird augenscheinlich ernst genommen.

MEHR ZUM THEMA

- Hunderte Initiativen sind in der Deutschlandkarte des Bündnisses für Demokratie und Toleranz verzeichnet: www.buendnis-toleranz.de/cms/ziel/424692
- Eine ähnliche Datenbank gibt es bei der Bundeszentrale für politische Bildung: www.bpb.de/themen/Q9IP4X,0,0,Initiativen_gegen_Rechtsextremismus.html
- Die www.amadeu-antonio-stiftung.de berät und unterstützt bundesweit Initiativen gegen Rechtsextremismus.

... und woher bekommt man Geld?

Es ist eine Binsenweisheit: Initiativen gegen Rechtsextremismus, selbst wenn sie rein ehrenamtlich arbeiten, brauchen Geld. Und richtig wirksam sind Projekte nur, wenn sie lange durchhalten.

Die Eigenmittel frisch gegründeter Projekte sind in der Regel schnell erschöpft, also beginnt die Geldbeschaffung (neudeutsch: das Fundraising). Natürlich, das Einwerben privater Spenden ist der nächstliegende Schritt. Wenn Unternehmen um Unterstützung gebeten werden, spricht man von „Sponsoring". Aber die Spendenbereitschaft für gesellschaftspolitische Projekte ist hierzulande geringer als etwa in den USA. Der Musikmanager Jörn Menge, Initiator der Hamburger Kampagne Laut gegen Nazis, sagt, viele Unternehmen fürchteten, durch Engagement gegen Neonazis einen linksradikalen „Touch" zu bekommen. Dabei ist die Ablehnung von Rechtsextremismus erst mal überhaupt nicht links, sondern einfach nur demokratisch. Das „wohl heftigste Argument, welches uns im Zusammenhang mit einer Sponsoring-Akquisition entgegenschmetterte", so Menge, war dieses: „Wenn wir uns bei Ihnen gegen Rechtsextremismus, Rassismus und Antisemitismus engagieren, dann verlieren wir 30 Prozent unserer Kunden – nein, da müssen Sie uns einfach verstehen!"

Ähnliches passiert sogar höchst renommierten Institutionen. Professor Wolfgang Benz, Leiter des Berliner Zentrums für Antisemitismusforschung, berichtet: „Wir haben einmal über einen Verteiler der Industrie- und Handelskammer tausend Bitt-Briefe an Unternehmen verschickt – ohne jede Resonanz." Noch nicht einmal die Portokosten seien hereingekommen. Das Thema Antisemitismusbekämpfung sei „nicht reizvoll genug", wurde ihm auf Nachfragen beschieden, „ein anderes gern".

Umso wichtiger sind öffentliche Gelder. Im Jahr 2001 nahm sich die damals rot-grüne Bundesregierung des Themas an und startete Förderprogramme für Gruppen gegen Rechtsextremismus, Entimon, Civitas und Xenos wurden sie genannt. Ihr Ansatz war richtig: Die demokratische Gegenkultur stärken statt Sozialprojekte für rechtsextreme Jugendliche auflegen – doch in den Genuss des

Geldes kamen nur Projekte, die auch aus anderen Quellen eine „Ko-Finanzierung" auftreiben konnten. Damit und mit den teils komplizierten Antragsverfahren waren gerade kleine Gruppen oft überfordert. Zudem lief die Förderung schon nach drei Jahren wieder aus – laut Haushaltsrecht, so die Begründung, dürfe der Bund nur Modellprojekte unterstützen. 2005 krempelte die schwarz-rote Bundesregierung das System um – gegen Proteste von Initiativen und unabhängigen Experten. Die Arbeit gegen Rechtsextremismus geriet zum Streitthema zwischen CDU/CSU und SPD: Vor allem konservativen Unions-Leuten galt sie als linke Spielwiese, den rot-grünen Programmen wurde vorgehalten, da werde ein Gutmenschen-Milieu mit Staatsgeldern gefüttert. Zweifellos vorhandene Defizite bei Projekten wurden oft nicht zum Anlass für Verbesserungen genommen, sondern zur Diskreditierung der gesamten Arbeit.

Das neue Programm „Vielfalt tut gut" des CDU-geführten Familienministeriums stellte nun 19 Millionen Euro bereit, unter anderem für „Lokale Aktionspläne", wo aber nicht mehr die Zivilgesellschaft, sondern Kommunalbeamte den Ton vorgaben. Ein Fünf-Millionen-Paket „Kompetent für Demokratie" förderte zudem landesweite Beratungsnetzwerke. Zwei weitere Fördertöpfe wurden mit EU-Geldern im Bundesarbeitsministerium eingerichtet: „Xenos – Integration und Vielfalt", das den Abbau von Rassismus unterstützt, und „Xenos – Ausstieg zum Einstieg" zur Integration von Ex-Neonazis in die Arbeitswelt.

Mit dem Bundestagswahlkampf 2009 brach neuerliche Unruhe unter den Projekten aus. Wie geht es weiter? Unter der Regie eines anderen Ministeriums? Unterm Dach einer Bundesstiftung? Eine unendliche Geschichte; die – dringend notwendige – langfristige Arbeit von Projekten wird so nahezu unmöglich. Umso wichtiger ist es für sie, stets mehrgleisig zu fahren. Initiativen gegen Rechtsextremismus müssen sich darauf einstellen, dass Geldakquise eine zeitraubende Tätigkeit neben der eigentlichen Facharbeit ist. Auf der folgenden Doppelseite gibt es einige Tipps, wie man jenseits der Bundesprogramme an Mittel kommen kann.

GELD SPAREN

Zur Geldfrage gehört immer auch, möglichst wenig davon auszugeben. Als „Anfänger" macht man häufig kleine Fehler, die teuer sein können.

Beim Druck von Postern, Flugblättern oder Aufklebern – machen Sie sich erst mal klar, wie viel Material Sie wirklich brauchen. Je höher die Auflage, desto niedriger ist der Stückpreis. Aber wenn man nach einer Veranstaltung noch Plakate übrig hat, ist das auch blöd. Brauchen Sie einen Vierfarbdruck oder reichen auch eine oder zwei Farben? Hochglanz- oder Normalpapier? Sind diese Fragen geklärt, sollte man sich von mindestens fünf Druckereien Angebote für verschiedene Stückzahlen einholen. Inzwischen gibt es viele Online-Druckereien, die man mit gängigen Suchmaschinen findet und die sehr günstige Preise bieten. Trotzdem kann man vor jeder Auftragserteilung noch mal anrufen und fragen, ob es für einen „guten Zweck" nicht Rabatt gibt.

Dasselbe gilt für alle anderen Materialien: Egal ob T-Shirts, Banner oder Postkarten – nie das erstbeste Angebot nehmen! Immer in Ruhe Preise vergleichen und auch Freunde oder andere Initiativen nach ihren Erfahrungen fragen. Das spart viel Geld und Frust.

1. Denken Sie nicht nur an Geld, auch Sachleistungen können helfen. Fragen Sie bei regionalen Firmen, ob sie etwa Kopierer, Computer und Büromaterial stiften können. Technische Geräte werden in der Wirtschaft oft ausrangiert, wenn sie noch gut brauchbar sind. Oder fragen Sie, ob es Räume gratis gibt. Einem Verein im thüringischen Pößneck etwa kam 2005 der örtliche Sparkassendirektor zu Hilfe – und spendierte kostenlos Büros in einem Neubau mitten in der Stadt.

2. Seien Sie einfallsreich! Kreieren Sie ein Benefiz-Produkt, dessen Erlös in die Projektkasse fließt und zugleich für Ihre Sache wirbt. Bäcker in Verden zum Beispiel vertrieben 2005 an einem Aktionstag Backwerk mit Protestsignets einer örtlichen Initiative, in Eberswalde verkauft ein Naturkostladen Bananen mit 50 Cent Aufschlag pro Kilo zugunsten einer regionalen Bürgerstiftung.

3. Bitten Sie Unternehmen nicht um pauschale Förderung, sondern gezielt um Unterstützung einer ganz bestimmten Einzelmaßnahme, mit der sich eine Firma auch konkret schmücken kann. Attraktiv sind Ausstellungsprojekte, öffentliche Veranstaltungen, eine Publikation. Packen Sie Mittelständler bei ihrem Lokalpatriotismus. Fragen Sie jeden nach 20, 50 oder 100 Euro für ein Projekt, mit dem das gesellschaftliche Klima der Stadt und auch ihr Ansehen nach außen verbessert wird. Auch kleine Beträge summieren sich. Wenn Sie ein Seminar planen, bitten Sie örtliche Hotels um einen Sonderrabatt für soziale Projekte.

4. Regelmäßige Rundbriefe helfen bei der Kontaktpflege. Beschreiben Sie darin sehr persönlich Anliegen, Leistungen und Erfolge Ihrer Initiative. Dass am Ende eine Spendenbitte steht, gehört dazu. Wenn Sie einigermaßen etabliert sind, gründen Sie einen Förderkreis, der für Sie Lobbyarbeit betreiben kann.

5. Als gemeinnütziger Verein können Sie sich bei Gerichten registrieren lassen und Bußgelder erhalten, die in Prozessen oft anstelle von Haftstrafen verhängt werden. Da jede Kammer in der Regel mehrere Hundert Initiativen zur Auswahl hat, lohnt es sich, ein besonders einprägsames Faltblatt zu erstellen und sich den Richterinnen und Richtern regelmäßig per Brief in Erinnerung zu rufen.

6. Im Internet entstehen immer mehr Seiten wie helpedia.de oder spendenportal.de. Dort können sich kleine Initiativen präsentieren und um Spenden bitten. Auch auf ihrer eigenen Website sollten Sie einen Spendenbutton anbringen, der zeitsparend zu einem Online-Überweisungsformular führt. Ein „Spendenbarometer" mit Jahresziel und Zwischenstandsanzeige imponiert in der Regel auch.

7. Bemühen Sie sich um Preise! Sie bringen zugleich Geld und öffentliche Aufmerksamkeit. Jedes Jahr ehrt das Bündnis für Demokratie und Toleranz zahlreiche „Best-Practice-Beispiele" mit Zuschüssen von bis zu 5.000 Euro (mehr dazu unter www.buendnis-toleranz.de). Eine aktuelle Übersicht über Wettbewerbe gibt es unter: www.respectabel.de/ger/info/fordermoeg/wettbewerbe.php

8. Für kleine Zuschüsse zu Einzelmaßnahmen sind Stiftungen gute Adressaten. Die Antragsmodalitäten sind relativ einfach (eine Liste potenzieller Geldgeber: www.respectabel.de/ger/info/fordermoeg/stiftungen.php). Meist werden diese Stiftungen mit Anfragen überhäuft, Ihr Projekt muss deshalb besonders originell und glaubwürdig wirken. Lesen Sie die Förderbedingungen genau, sonst landet Ihr Antrag im Papierkorb. Ansprechpartner kann auch das Projekt www.respect. de der Aktion Mensch sein. Schicken sie nicht nur einen Bittbrief ab, melden Sie sich auch telefonisch oder per Mail und bieten sich für Rückfragen an.

9. Prüfen Sie, ob EU-Fördertöpfe existieren, in deren Raster Ihr Projekt passt. Es kann sinnvoll sein, dafür Kooperationspartner aus dem Ausland zu finden. Die Europäische Kommission schreibt Fördermaßnahmen häufig kurzfristig aus. Stöbern Sie auf deren Websites, einen Überblick gibt es unter http://ec.europa.eu/grants/index_de.htm. Zudem gibt es Stiftungen, die europaweit Maßnahmen gegen Rassismus fördern, etwa die belgische König-Baudouin-Stiftung. Aber auch Anfragen bei Einrichtungen wie dem Deutsch-Französischen oder dem Deutsch-Polnischen Jugendwerk (www.ofaj.org bzw. www.dpjw.org) lohnen.

10. Lassen Sie nichts unversucht, aber seien Sie nie penetrant. Wo auch immer Sie vorstellig geworden sind und Ablehnung erfuhren: Fragen Sie freundlich, woran es lag – denn der Formbrief, den man meist erhält, hilft selten weiter. Aber schimpfen Sie nicht. Es gibt immer ein zweites Mal.

MEHR ZUM THEMA

- „Fundraising in der Praxis" – eine fast 500 Seiten dicke Broschüre der Bundesregierung: www.vielfalt-tut-gut.de/vielfalt_tut_gut/content/e4458/e5526/PraxishilfeFundraising.pdf
- Ein Ratgeber der Amadeu Antonio Stiftung zur Mittelbeschaffung für zivilgesellschaftliche Initiativen: www.amadeu-antonio-stiftung.de/w/files/pdfs/fundrasising.pdf
- Übersicht über Finanzregeln und Fördermittel der EU für den Zeitraum 2007–2013: http://ec.europa.eu/budget/other_main/funds_rules_de.htm

NEIN ZUR NAZIPEST

40

Wie kann sich ein kleines Dorf gegen Neonazis wehren?

Oft fallen Kommunen in eine regelrechte Schockstarre, wenn Rechtsextremisten sich zu einer Demonstration ansagen. Anders Weißenohe, ein Dorf in Oberfranken. Innerhalb von nur fünf Tagen stellten die gut 1.000 Einwohner Gegenproteste auf die Beine. Das Erfolgsrezept: Von Antifa bis CSU haben alle Demokraten zusammengearbeitet. Eine Reportage von Albrecht Kolthoff

Am südlichen Rand Oberfrankens sind die Orte klein und liegen dicht beieinander. Fachwerk-Fassaden wechseln sich mit den überall gleichen Kastenbauten der Lebensmittel-Discounter an der Bundesstraße ab. Weißenohe ist so ein Ort: 1.100 Einwohner in zwei Ortsteilen, im Ortskern die sehenswerte Kirche und die Klosterbrauerei. Bis zur Großstadt Nürnberg sind es nur 25 Kilometer, aber hier kennt jeder jeden.

Anfang Juni 2008 war es mit der Ruhe plötzlich vorbei. Einen „Frankentag" hatte man den Weißenohern mitten in den Ort gesetzt. Wer hinter dem unverfänglich klingenden Veranstalter „Bund Frankenland e.V." steckte, war sofort klar: Neonazis aus der regionalen NPD und „Freien Kameradschaften". Als Redner war der einschlägig bekannte Hamburger Anwalt und NPD-Vizechef Jürgen Rieger angekündigt, dazu Rechtsrock-Bands aus umliegenden Regionen und sogar aus Kanada.

Direkt hinter der Kirche zwischen Friedhof und Kindergarten wollten die Braunen feiern. Dreihundert Neonazis sollten auflaufen, hieß es – so viele Weißenoher leben im Ortskern. Schnell war klar, dass es keine rechtliche Möglichkeit gab, die Versammlung zu verhindern. Für gerade 300 Euro hatten die Neonazis drei Tage lang die Wiese hinter dem ehemaligen Kloster angemietet – eine Feier auf Privatgelände.

Kein Wasseranschluss und keine Toiletten für die Neonazis

Doch die folgende Woche lief ab „wie im Zeitraffer", sagt Michael Helmbrecht. Tatsächlich passierte in fünf Tagen das, wozu andere Orte vielleicht fünf Jahre gebraucht hätten. Montagabend trafen sich die Einwohner zu einer Info-Veranstaltung, da kamen die Fakten auf den Tisch: Vermietet hatte das Gelände eine Firma namens Brentana Wohnbau KG Fonds Drei, die bei näherem Hinschauen einen dubiosen Eindruck erweckte. Vor etwa zehn Jahren hatte sie das ehemalige Kloster samt Außengelände erworben, das unmittelbar an die Pfarrkirche anschließt. Das Gebäude wurde saniert und sollte für Schulungen, Konferenzen, Seminare genutzt werden, doch viel Betrieb war dort nie. Seit fünf Jahren soll der Bau zum Verkauf stehen. In den vergangenen Jahren wurde er überhaupt nicht mehr genutzt; mittlerweile ist er durch Frostschäden und geplatzte Leitungen schon wieder baufällig.

Wenig Phantasie war nötig für eine Antwort auf die Frage, was die Braunen ausgerechnet ins kleine Weißenohe zog. Nachbargemeinde des Ortes ist Gräfenberg, das mittlerweile seit Jahren von regionalen Neonazis mit regelmäßigen Aufmärschen herausgefordert wird. In Gräfenberg war ein Bürgerbündnis entstanden, das sich mit Hartnäckigkeit und ideenreichen Aktionen gegen die braune Belagerung zur Wehr setzt und mittlerweile bundesweit als Beispiel für zivilgesellschaftlichen Widerstand angeführt wird. Einer der Sprecher des Gräfenberger Bürgerforums ist Michael Helmbrecht. Er wohnt wie eine weitere maßgebliche Aktivistin in Weißenohe, und direkt hinter ihren Grundstücksgrenzen sollte die Nazi-Party steigen.[▶ Kurzporträt in Kapitel 38, Tipps für kreative Demonstrationen in Kapitel 40]

Jede Unterstützung für den „Frankentag" sei ausgeschlossen, darüber war man sich unter den Anwohnern einig. Kein Wasser- und Stromanschluss, keine Toiletten, keine Ausschankgenehmigung. Mit einem großen Fest der Demokratie sollte das Nazi-Event gekontert werden. Drei Gottesdienste im Zwei-Stunden-Abstand sollten von „massivem Glockengeläut" begleitet werden.

Am besten Bündnispartner von außen ins Boot holen – rieten die erfahrenen Leute vom Bürgerforum Gräfenberg. Doch da gab es Knatsch: „Nicht mit der Antifa!", sagte der CSU-Ortsvorsitzende Dieter Körzendörfer. Weder Rechts- noch Linksextreme wolle man im Ort haben, ließ er noch in einer Presseerklärung im Namen seines Ortsvereins wissen und distanzierte sich vom Gräfenberger Bürgerforum. Dies hielt dagegen, Antifa-Gruppen aus Nürnberg, Fürth und Erlangen seien seit Langem bei den dortigen Protesten dabei, ohne Probleme zu verursachen. „Wir haben das bei 25 Veranstaltungen in Gräfenberg so gemacht, und alle liefen friedlich ab", unterstrich Bürgerforum-Sprecherin Karin Bernhart.

„Die Einbeziehung von Antifa-Aktivisten hat sich bewährt"
Auch in der eigenen Partei stieß der Alleingang des CSU-Ortschefs auf Widerspruch. Seine Stellvertreterin Carmen Stumpf trat von ihrem Amt zurück. In einem Brief, der von 13 weiteren CSU-Mitgliedern unterstützt wurde, schrieb sie: „Die Einbeziehung der Antifa-Aktivisten in die Überlegungen des Bürgerforums Gräfenberg hat sich in vielen Veranstaltungen als kalkulierbar bewährt." Ihr Ehemann ist einer der Protest-Organisatoren des Ortes.

Am Samstag sind schließlich doch alle dabei. Die Besucher werden von massiver Polizeipräsenz empfangen, doch die schwarz gekleideten Männer und Frauen des „Unterstützungskommandos" (USK) der bayerischen Polizei haben heute auf ihre sonst bei Demonstrationen üblichen Helme und schwere Schutzbekleidung verzichtet. Schwarz gekleidet sind auch die Antifa-Aktivisten, die der Einschätzung der zurückgetretenen CSU-Ortsvize alle Ehre machen. Keine Spur von Gewalt und Randale. Seit dem Donnerstag hatten zahlreiche Einwohner, Freiwillige Feuerwehr, Sport- und Gesangsvereine Hand angelegt. Die Dorfmitte wird durch eine „bunte Wand" aus einem mit farbigen Textil-Fahnen behangenen Baugerüst vom Nazi-Trubel abgeschirmt, die Häuser der Bürgerforums-Sprecher werden durch meterhohe aufgespannte Planen vor braunen Bedrohungen geschützt.

Einige der Neonazis sind schon am Donnerstag und Freitag angereist. Sie müssen die ganze Dauer ihres „Frankentags" über auf Großtransparente blicken, die von den Weißenohern an der Kirchen-Außenwand direkt hinter dem als Bühne hergerichteten Lastwagen aufgehängt wurden. Die Transparente kommen aus Nürnberg, wo sie seit zwei Jahren von der Stadt bei den Mai-Demonstrationen der NPD am Ort der Abschlusskundgebung montiert werden. Sie zeigen Bilder von Leichenbergen der nationalsozialistischen Konzentrationslager und die Aufschrift: „Nie wieder!"

Mit dem Bamberger Erzbischof gegen Neonazi-Rock

Hinter der Kirche wummert Nazi-Rockmusik, doch die massiven Kirchenmauern lassen sie nicht durch. Außen wird Hass gepredigt, innen Martin Luther Kings „Ich habe einen Traum" rezitiert und „Shalom Alejchem" gesungen. Wenn Menschen da sind, die den Frieden stören, sagt der Bamberger Erzbischof Ludwig Schick, müssen wir Flagge zeigen und Widerstand leisten.

Draußen sind Bühne und Bierzelte aufgebaut. Grußworte und Solidaritätserklärungen wechseln sich ab. Gekommen sind Bürgermeister und Gemeinderäte der umliegenden Orte. Ein Schwergewicht stiefelt in Lederkluft auf die Bühne: Karl-Willi Beck, der Bürgermeister von Wunsiedel, ist mit seinem Motorrad gekommen. Beim Kampf gegen die Rechtsextremisten gibt es für Beck kein Sankt-Florians-Prinzip nach dem Motto: „Verschon' mein Haus, zünd' andere an." Er ruft in die Menge: „Wir stehen ganz fest an eurer Seite!" Bekannt geworden ist Beck durch eine sitzende Aktion: Mit 200 Wunsiedlern hatte er sich vor vier Jahren einem braunen Aufzug zu Ehren des Hitler-Stellvertreters Rudolf Hess in den Weg gesetzt. Der CSU-Mann spricht von „zivilgesellschaftlichem Widerstand" und fordert vehement ein Verbot der NPD. Wenn das an V-Leuten in der Partei scheitere, sagt Beck, müsse man die V-Leute eben abziehen.

Dominik und Niklas von der Antifa werden auf der Bühne in einer kleinen Talk-Runde befragt und berichten über Strukturen und Führungsfiguren der Neonazis in der Region. Auf Hip-Hop folgt Peter Maffay, eine Punkband singt „Good Night, White Pride", der örtliche Männerchor intoniert „Wahre Freundschaft darf nicht wanken". Noch einmal spricht der Erzbischof zu Gläubigen und Ungläubigen, sein evangelischer Kollege, Landesbischof Johannes Friedrich, erzählt von einem Artikel, den er 1966 in der

ALLIANZ DER DEMOKRATEN

In den vergangenen Jahren ist Franken zu einem Hauptaktionsgebiet von NPD und Neonazi-„Kameradschaften" geworden – aber auch die Demokraten sind dort aktiv wie sonst kaum irgendwo in Deutschland. In zahlreichen Gemeinden gibt es Anti-Nazi-Gruppen, und seit März 2009 gar einen Verbund von über 130 Kommunen und Initiativen. Ziel dieser „Allianz gegen Rechtsextremismus in der Metropolregion Nürnberg" ist unter anderem, „den Widerstand gegen rechtsextremistische Aktivitäten zu stärken und möglichst viele Menschen bei aktuellen Anlässen zu mobilisieren" und „eine offensive öffentliche Auseinandersetzung mit dem Thema Rechtsextremismus zu fördern". Dazu sollen Gemeinden und Verbände vernetzt und Erfahrungen ausgetauscht werden.

Ein „Handlungsprogramm" empfiehlt in zehn Kapiteln detaillierte Maßnahmen – von lokaler Bildungsarbeit bis zur Einbeziehung von Unternehmen. Es sei an der Zeit, so Nürnbergs Oberbürgermeister Ulrich Maly, „dass sich die Bürgermeister selbst an die Spitze der Gegenbewegungen stellen, anstatt das Problem zu verharmlosen".

Schülerzeitung geschrieben hatte. Thema: eine kritische Auseinandersetzung mit dem Parteiprogramm der damals frisch gegründeten NPD.

Wenn es ein Geheimnis des Weißenoher Widerstands gibt, der innerhalb von fünf Tagen das ganze Dorf erfasst hat, dann liegt es in den Vorarbeiten von Wunsiedel und Gräfenberg – und der Zusammenarbeit aller Gutwilligen. Manche Einsicht brauchte dort Jahre, manches Einverständnis musste mit der Zeit wachsen. So gesehen, hat Weißenohe einen „Standortvorteil" mit dem erfahrenen Bürgerforum direkt vor der Haustür, einem motorradfahrenden Beck im Ein-Stunden-Radius und der bunten Metropolregion als Hinterland.

Massiver Widerstand verdirbt den Neonazis die Lust an ihren Demos

Entscheidend ist aber wohl die Bereitschaft, nicht etwa den Kopf in den Sand zu stecken und darauf zu hoffen, dass der Spuk von allein vergeht. Dass Demokraten den längeren Atem haben können als die neonazistischen Dauer-Demonstrierer, zeichnet sich im Nachbarort Gräfenberg ab. Selbst bei den Rechtsextremisten wird zunehmend kritisch nach Sinn und Zweck der ständigen Gräfenberg-Aufläufe gefragt, die Ego-Show eines Fürther NPD-Kaders sei das doch nur noch, grummelt es vernehmlich an der braunen Basis.

Zum Ende des ökumenischen Gottesdienstes geben die Teilnehmer ihren Sitznachbarn die Hand und wünschen sich gegenseitig Frieden. Draußen im Dorf sieht man offene und fröhliche Gesichter. Ein Kleinbus bahnt sich vom Konzert den Weg zum Bahnhof, ein Trupp Nazi-Skinheads will zum Regionalzug. Verkniffene Mienen blicken durch die Scheiben, die jede Bereitschaft zur kleinen Alltagsfreundlichkeit im Keim ersticken. Am Bahnhof rennen die Glatzköpfe zum Zug, den Ausflug hatten sie sich sicherlich anders vorgestellt.

MEHR ZUM THEMA

- Handlungsprogramm der Allianz gegen Rechtsextremismus in der Metropolregion Nürnberg: http://menschenrechte.nuernberg.de/admin/uploads/files/Rex-Handlungsprogramm.pdf
- Die bundesweit wohl längste Erfahrung in der Beratung von Kommunen, die für Demokratie und gegen Rechtsextremismus aktiv werden wollen, hat das Institut demos in Potsdam: www.gemeinwesenberatung-demos.de
- „Was Demokraten gegen Rechtsextreme tun können" – Einsteigerbroschüre für Kommunalpolitiker und Bürger: www.aktionsbuendnis.brandenburg.de/sixcms/detail.php?id=bb2.c.478262.de
- Die Bürgermeister sind ungemein wichtig in der Auseinandersetzung mit Rechtsextremismus – ein Offener Brief von Christian Petry, Freudenberg-Stiftung: www.bpb.de/themen/ATTIWZ

Wie organisiere ich kreative Demonstrationen?

Proteste gegen Rechtsextremismus müssen nicht langweilig sein, sie sollten Spaß machen. Ein regionales Bürgerbündnis im fränkischen Gräfenberg beweist seit Jahren Phantasie dabei, wie man Neonazis die Show stiehlt. Michael Helmbrecht, Sprecher der Initiative, gibt zehn Tipps.

Wenn die NPD oder andere Rechtsextremisten irgendwo eine Veranstaltung ankündigen, wird oft gefordert, „das" müsse verboten werden. Doch in einer offenen Gesellschaft ist das – aus formaljuristischen und auch grundsätzlichen Gründen – häufig nicht möglich. Dann solle man die Neonazis eben ignorieren, meinen viele, man dürfe NPD-Demonstrationen nicht noch durch Aufmerksamkeit aufwerten. Doch was vielleicht als *Be*schweigen gemeint ist, kann wie *Ver*schweigen oder wie Dulden wirken – oder gar wie Begrüßen.

Demokraten sollten es nicht einfach hinnehmen, wenn Rechtsextremisten für ihre antidemokratische Ideologie demonstrieren. Aber wie können Proteste aussehen, damit möglichst viele Bürger daran teilnehmen (können) und eine möglichst große (Medien-)Wirkung erreicht wird?

DAS ANMELDE-ABC

Versammlungen unter freiem Himmel sind nicht genehmigungs-, aber anmeldepflichtig. Spätestens 48 Stunden vor Bekanntgabe muss die zuständige Versammlungsbehörde (je nach Land bei Polizei oder Ordnungsamt angesiedelt) informiert sein. Oft gibt es Internetformulare, auf denen unter anderem Zweck, Zeitpunkt, Wunschstrecke und voraussichtliche Teilnehmerzahl einer Demo eingetragen wird. Weil Sie ein demokratisches Recht wahrnehmen, ist die Anmeldung kostenlos. Die Polizei ist sogar in der Pflicht, Ihre Demo zu ermöglichen und zu schützen – aber eben auch die der Neonazis.

Die Behörde wird sich bei Ihnen melden, eventuell um eine Änderung der Route bitten oder Auflagen erteilen. Gegen beides können Sie vor dem Verwaltungsgericht klagen. Daneben gibt es auch „Spontandemonstrationen", die NICHT angemeldet werden müssen.

Am Demotag sollten Sie Handynummern mit dem Einsatzleiter austauschen. Wie verständnisvoll er sein wird, ist schwer vorherzusagen. Handeln Sie mit ihm Kompromisse aus, bitten Sie um Zurückhaltung. Sollte Ihnen die Demo entgleiten, erklären Sie diese für alle hörbar für beendet. Dann sind Sie nicht länger haftbar, sondern jeder Teilnehmer eigenverantwortlich.

1. Gemeinsam statt getrennt

Dass man sich in der antifaschistischen Arbeit nicht spalten lassen darf, ist eine der zentralen historischen Lehren für alle Demokraten. Deshalb muss das Ziel sein, ein breites Aktionsbündnis zu schaffen, mit dem man unterschiedliche politische Milieus mobilisieren kann. Die Losung „Unsere Stadt ist bunt" ist zwar gewissermaßen eine Kulturalisierung des Problems, aber auch ein kluger gemeinsamer Nenner, auf den sich viele Gruppierungen einlassen können.

2. Ein politisch offenes Meinungspodium schaffen

All jene Gruppen, Verbände, Organisationen, Institutionen, Parteien und so weiter, die demokratische und menschenrechtliche Positionen teilen und den friedlichen Widerstand verwirklichen wollen, sollen sich darin wiederfinden.

3. Perspektivwechsel auf die eigene Gemeinde

Die Kommune sollte als „Schatzkiste" begriffen werden und nicht als Ansammlung von „Wegguckern" – auch wenn man als Aktivist bisweilen frustriert ist. Aber durch einen Perspektivwechsel erreichen Sie auch Menschen, die sich aus unterschiedlichen, teils nachvollziehbaren Gründen bislang nicht engagiert haben, aber prinzipiell bereit dazu sind.

4. Vielfältige Möglichkeiten der Mitwirkung schaffen

Zur Organisation und Ausgestaltung einer Gegendemonstration, Kundgebung oder Veranstaltung werden viele Köpfe und fleißige Hände gebraucht. Bieten Sie „Aktivitätsrollen" an, und zwar in der ganzen Breite – vom Bratwurstgrillen über Öffentlichkeitsarbeit bis hin zur Podiumsregie.

5. „Das Dunkel kann man nur mit Licht bekämpfen"

Der Spruch von Martin Luther King bedeutet: Auch wenn Rechtsextremismus ein ernstes Problem ist, dürfen und sollen die Gegenaktionen Spaß machen. Während Neonazis dumpf und uniform marschieren, soll auf der Seite der Demokraten erlebbar werden, wie eine bunte Vielfalt und ein solidarisches Miteinander aussehen.

6. „Schubumkehr"

Leiten Sie die negative Energie um, die Rechtsextremisten in die Stadt bringen. Eine Neonazi-Aktion verursacht unvermeidliche Medien-Aufmerksamkeit. Statt eine Rufschädigung einfach hinzunehmen, können Sie sich mit Gegenaktionen als menschenfreundliche, lebendige, offene, mutige Gemeinde präsentieren.

7. Gestaltung medienwirksamer Szenarien

Medien suchen „gute Bilder", martialische Neonazi-Aufmärsche liefern sie. Wenn Sie wollen, dass über die Gegenaktivitäten berichtet wird, sollten Sie schon beim Planen Ihrer Veranstaltung den Blick der Reporter, Fotografen und Kameraleute mitdenken – und ihnen „bessere" Bilder liefern als die Rechtsextremisten.

8. Überraschende Aktionen planen

Oft kalkulieren Neonazis die Reaktion der Demokraten schon ein – deshalb seien Sie nicht zu berechenbar! Man kann eine Demo auch demonstrativ „beschweigen" (muss dann aber subtil präsent sein). Mancherorts wurden die Bürger aufgerufen, nach Abreise der NPD symbolisch die Straßen zu kehren oder ihre Lufthoheit zu stören (mit Motorsägen, Kirchenglocken, Autohupen oder anderem).

9. (Aus-)Lachen ist erlaubt

Die oft unüberbietbar dummen Neonazi-Parolen lassen sich parodieren, Gegendemos jahreszeitlich kontextualisieren („Nikolaus schmeißt Nazis raus") oder die eigenen Ziele bildhaft und mit Mitmach-Möglichkeiten darstellen (zum Motto „Wir zerren die Rechtsextremisten ans Licht" Fackelzüge mit Flutlicht kontern).

10. Last but not least: Saul Alinsky lesen

Der US-amerikanische Bürgerrechtler und Antifaschist entwickelte in den 1930er- und 40er-Jahren wirkmächtige und inspirierende „community organizing"-Strategien. Einer seiner Kernsätze: Eine gute Taktik ist, was Spaß macht.

MEHR ZUM THEMA

- Die Internetseite des Bürgerforums Gräfenberg: www.graefenberg-ist-bunt.de
- Beispiel einer Polizeiwebsite zur Demoanmeldung mit den wichtigsten Paragraphen: www.hamburg.de/navigation-versammlungsbehoerde
- Tipps für Demonstrationen gibt es im Internet von vielen Organisationen, etwa diese: http://wiki.vorratsdatenspeicherung.de/Organisation_einer_Demonstration

Sind Sitzblockaden eigentlich strafbar?

Im September 2007 hatte die NPD im thüringischen Jena ihr sogenanntes „Fest der Völker" angesetzt. Dagegen versammelten sich 3.000 Bürger erst zu einer Kundgebung – und besetzten dann blitzschnell Straßen und Kreuzungen, um die Zufahrten zu ihrer Innenstadt zu blockieren. In vorderster Reihe dabei: Oberbürgermeister Albrecht Schröter (SPD).

Herr Schröter, wie viel Strafe mussten Sie dafür zahlen, mitblockiert, ja sogar dazu aufgerufen zu haben? ❘ Gar nichts. Alle Bürger kamen ohne Strafe davon. Denn es ist ihr gutes Bürgerrecht, deutlich zu machen, dass Neonazis in einer weltoffenen Stadt wie Jena nichts zu suchen haben. Nach allem, was die deutsche Geschichte gelehrt hat, sehe ich das sogar als eine Bürgerpflicht. Es wäre eine Verhöhnung der Naziopfer, einen Neonazi-Aufmarsch einfach zuzulassen.

Andernorts sehen Polizei und Justiz das anders. Blockaden werden abgeräumt und Teilnehmer wegen Nötigung bestraft. ❘ Es gibt in der Praxis immer einen Ermessensspielraum. In Jena war die Polizei bereit, den ersten Versuch einer

Blockade hinzunehmen und nur zu räumen, wenn tätliche Gewalt von Demonstranten ausgeht. Und die blieb aus.

Gewaltfreies Blockieren ist also legal? **|** Zumindest legitim, wenn dabei nicht gravierend gegen Recht und Gesetz verstoßen wird. Juristisch ist das natürlich eine Gratwanderung. Doch wenn zum Ausdruck kommt, dass die Blockade eine friedliche Willensbekundung sogar von vielen Bürgern ist – und möglichst von viel mehr Menschen als auf Neonazi-Seite –, dann wird ein kluger Einsatzleiter anerkennen, dass hier Bürgerwille zum Ausdruck kommt. Und er wird dies respektieren, wenn es dem Gesetz über die Versammlungsfreiheit nicht widerspricht, wenn also die Demonstranten zum Beispiel unbewaffnet und nicht uniformiert sind.

Die Rechtsextremisten wollten aber zu einer genehmigten Veranstaltung. Und sie pochen auch auf ein Grundrecht, nämlich ihre Versammlungs- und Meinungsfreiheit? **|** Das tun sie wohl. Aber: Neonazismus und Faschismus sind keine Meinung, sondern nachweislich ein Verbrechen. Und die Freiheit, gegen Neonazismus und Faschismus aufzutreten, nehmen sich die Bürger in so einem Moment. Es ist ein Akt zivilen Ungehorsams. Dazu gehört, im Zweifelsfall ein Bußgeld in Kauf zu nehmen.

Wie gezielt wurde die Blockade denn vorbereitet? **|** Von verschiedenen Aktionsbündnissen in Jena wurden allerlei Demonstrationsformen erwogen. Aber weil das allgemeine Entsetzen über den Nazi-Aufmarsch groß war, konnte man davon ausgehen, dass die Blockaden eine Art Selbstläufer werden. Natürlich bekommt man an einem solchen Tag auch mit, dass manche sehr strategisch herangehen. Da gibt es Schulungen, man teilt sich in kleine Gruppen auf, denen man Farben zuordnet. Und dann heißt es plötzlich via Megafon: „Der blaue Finger auf die Kreuzung soundso, der gelbe Finger da- und dorthin!" Wie die einzelnen Finger einer Hand werden dann etwaige Polizeisperren umgangen. Das soll es an jenem Tag in Jena auch gegeben haben.

WIE TEUER KANN EINE SITZBLOCKADE WERDEN?

Juristen streiten, ob Sitzblockaden den Straftatbestand der Nötigung erfüllen oder „nur" eine Ordnungswidrigkeit darstellen. Ob und wie viel Strafe fällig wird, hängt also im Zweifelsfall von Polizei und Richtern ab.

Ein Beispiel aus Halbe (Brandenburg). Dort, auf Deutschlands größtem Soldatenfriedhof wollten Neonazis wiederholt ihre Heldenverehrung treiben – ein breites Bündnis widersetzte sich (www.aktionsbuendnis-halbe.de). Mehrfach rief es zu erfolgreichen Steh- und Sitzblockaden auf. Am 3. März 2007 jedoch drängte die Polizei zahlreiche Teilnehmer von der Straße und erließ Strafbefehle in Höhe von je 124 Euro.

Die meisten Protestierer zahlten, aber zwölf von ihnen zogen vor Gericht: „Wir haben doch nur gemacht, was immer gefordert wird – Zivilcourage gezeigt." Mit Erfolg. Das zuständige Amtsgericht sprach sie – mit Verweis auf juristische Fehler der Polizei – frei. Kurz vor der Räumung hatte nämlich der Anmelder der Sitzblockade diese für beendet erklärt. Ab diesem Moment stellte sie eine „Spontanversammlung" dar. Und für diese habe die Polizei keine förmliche „Auflösungsanordnung" erteilt – die Straße folglich rechtswidrig geräumt.

Die Polizei rief sogar auf Flugblättern dazu auf, „Protestformen zu finden, die der Polizei eine Chance geben, sich zurückzuhalten". **|** Polizei soll ja nicht Gewalt ausüben, sondern helfen, Gewalt zu verhindern und Rechte durchzusetzen. Das wurde in Jena damals auch geschafft. Die Polizei hat letztlich zwar den Zugang zu dem Neonazi-Fest gewährleistet – aber die Bürger haben das „Fest" zumindest behindert. Was behördlich nicht verboten werden kann, sollte so erschwert werden, dass die Nazis keinen Spaß haben.

Andere Städte sind da rigoroser, vor allem mit Verweis auf „gewaltbereite Autonome". **|** Auch mit Autonomen kann man reden. Einmal grölten hier in Jena bei einer Demo Leute: „Klatscht die Nazis aufs Pflaster, bis das Blut spritzt." Da hab' ich gesagt: „Hört auf, sonst gehe ich nicht weiter mit euch. Und viele andere auch nicht." Damit war das geklärt. Ich bin nämlich fest davon überzeugt, dass solche Parolen die Bürger nicht zum Mitmachen anregen. Auch die sogenannte bürgerliche Mitte ist bereit, etwas gegen Neonazis zu tun – aber ohne Gewalt. Und nur gemeinsam ist eine Bürgerschaft stark. Hier wird nicht einer vor den Karren des anderen gespannt. Wir sind viele Karren – um im Bild zu bleiben –, und wir sind als Konvoi unterwegs zu einem gemeinsamen Ziel.

Haben Sie mit der Teilnahme daran nicht Ihre Neutralitätspflicht als Beamter verletzt? **|** Oberbürgermeister legen einen Amtseid auf die Verfassung ab – das verpflichtet sie, die Demokratie und ihre Werte ernst zu nehmen. Aber gegenüber Neonazis können Demokraten nicht neutral sein. Ich habe mir deshalb am Tag der Blockaden Urlaub genommen und die sonst mir obliegende Leitung der Versammlungsbehörde an meinen Dezernenten für Sicherheit übergeben. An der Blockade nahm also ein ganz normaler Bürger Albrecht Schröter teil.

MEHR ZUM THEMA

- Ein Aufsatz des Bundesverwaltungsrichters Uwe Berlit zum juristischen Umgang mit rechtsextremen Demonstrationen: http://library.fes.de/pdf-files/do/06431.pdf (darin S. 109 ff.)
- Das rheinland-pfälzische Innenministerium hat einen detaillierten „Leitfaden Versammlungsrecht" (nicht nur) für Kommunen veröffentlicht; einige Tipps finden sich auch in dieser Broschüre der SPD: www.meinespd.net/media/blogmaterial.php?id=3815
- Thüringens ehemaliger Oberkirchenrat Peter Zimmermann über zivilen Ungehorsam: www.aktionsnetzwerk.de/joomla/images/stories/pdfs/ziviler_ungehorsam.pdf
- Eine User-Debatte: www.netz-gegen-nazis.de/frage/sind-sitzblockaden-gegen-npd-demos-okay

Darf man Hakenkreuze übermalen?

Unbedachte Kinderkritzeleien sind es selten, eher eigenwillige Mutproben oder Provokationen: Hakenkreuze und andere Nazi-Symbole, hingeschmiert im öffentlichen Raum. Wie damit umgehen? Wegsehen? Melden? Oder was?

Berlin–Mitte, ein Spielplatz in einem hippen Kiez. Überall Hakenkreuze und SS-Runen, auf Mauern gekritzelt, in Figuren geritzt. „Die sind schon fast ein Jahr hier", sagt ein Anwohner, „das hat nie jemanden interessiert." Auch nicht das Gartenbauamt, das den Spielplatz regelmäßig säubert. Anders ein paar Schüler – sie besorgen sich Farbspray und Filzer. Keine Stunde später sind die Hakenkreuze phantasievoll verwandelt. Doch war das rechtens? „Jein", sagt Oliver Toelle, Justiziar der Berliner Polizei. „Eine Anzeige bei uns ist besser." So erfahre die Polizei, wo derlei vorkommt und wie oft, und könne „Handschriften erfassen". Zudem bestehe ein Risiko: Grundstücksbesitzer könnten versuchen, vom Übermalenden Schadenersatz zu fordern, weil der Hakenkreuzschmierer ja entwischt ist. „Aber ich kann mir kein Gericht vorstellen, das in diese Richtung urteilt – denn wer ein Hakenkreuz übermalt, beseitigt einen Straftatbestand."

Wie verhindere ich bei Veranstaltungen rechtsextremistische Störversuche?

Ein Diskussionsabend zum Thema Rechtsextremismus beginnt. Überraschend stehen ein paar junge Leute im Saal und maulen: „Wir wollen mitreden!" Sie werfen Flugblätter ins Publikum, stellen sich mit Transparenten vor das Podium, erobern das Mikrofon. Die Neonazis sind selbst da. Hinnehmen? Abbrechen? Rauswerfen? Oder souverän mit ihnen diskutieren?

Vor einiger Zeit in der sächsischen Kleinstadt Dippoldiswalde. Auftritt des Kabarettisten Serdar Somuncu. Das Publikum lacht unaufhörlich, denn er seziert auf bravouröse Weise Hitlers *Mein Kampf*. Plötzlich fliegt die Saaltür auf, und Mitglieder einer örtlichen Neonazi-„Kameradschaft" stürmen auf die Bühne, in den Händen ein Transparent: „Schluss mit lustig!". Für Serdar Somuncu ein gefundenes Fressen. Spontan überlässt er den jungen Leute die Bühne, geht ins Publikum, setzt von dort aus sein Programm fort – und führt die Neonazis gekonnt vor. Nach dem Motto: „Gut, dass Sie gekommen sind, ich bin gerade auf Seite soundso, da steht auch Folgendes über Sie drin …" Das Publikum krümmt sich wieder vor Lachen, und als auch noch Polizei erscheint, geben die braunen Bühnenbesetzer entnervt auf.

Doch so schlagfertig ist nicht jeder. Eher macht sich in vergleichbaren Situationen Hilflosigkeit breit. Insbesondere, wenn Neonazis längst im Raum sind, sich zunächst verdeckt eingeschlichen haben und erst nach und nach zu erkennen geben. Oft verstellen sie sich gekonnt: Da erscheinen biedere ältere Herren, die erst spät am Abend gegen Zuwanderer hetzen. Oder eine Jugendgruppe in unauffälliger Kleidung, die sich „Bürgerinitiative gegen Drogendealer" nennt oder „Jugendinitiative gegen Gewalt". Einer sogenannten „Wortergreifungsstrategie" [▸ Kapitel 45] folgend, versuchen sie die Deutungshoheit über Themen zu erringen und öffentliche Räume zu besetzen.

Selbst wenn man die Herausforderung annimmt – geschulte Neonazis werden sich praktisch nie überzeugen lassen. Das ginge gegen ihren Stolz. Gegen Argumente von außen – erst recht von den aus ihrer Sicht so genannten Gutmenschen – wehren sie sich mit einem regelrechten Schutzpanzer aus antrainierten Entgegnungen. In längeren Diskussionen wiederholen sie ihre Aussagen meist immer wieder in nur leicht variierter Form, was den Gegenüber zermürbt und ihnen einen fast uneinholbaren rhetorischen Vorteil verschafft. Sie bestimmen nicht nur das Thema, sondern auch die Rollenverteilung.

Jedenfalls kann – und sollte – man sich wappnen für potenziell heikle Veranstaltungen. Das Netzwerk Miteinander e.V. aus Sachsen-Anhalt hat dafür die folgenden Hinweise formuliert:

Tipps zur Vorbereitung

1. Klären Sie das Hausrecht und einigen Sie sich mit allen Mitveranstaltern auf das Ziel, die Zielgruppe und darauf, ob die Veranstaltung öffentlich oder in geschlossener Runde stattfinden soll.

2. Veranstalten Sie keine Podien und Diskussionsveranstaltungen gemeinsam mit Vertretern rechtsextremer Parteien oder Organisationen. Wer außerhalb des demokratischen Grundkonsenses steht, ist nicht Ihr Gesprächspartner.

3. Sorgen Sie dafür, dass diese Ablehnung im Schulterschluss mit allen anderen demokratischen Parteien und Teilnehmern geschieht, und verständigen Sie sich auf eine gemeinsame inhaltliche Begründung.

4. Insbesondere an Schulen sollten Sie Wert darauf legen, dass es sich um eine geschlossene Veranstaltung handelt, die sich auf einen beschränkten Teilnehmerkreis bezieht.

5. Bereiten Sie sich inhaltlich auf typische, rechtsextreme Argumentationsmuster und politische Themenfelder vor – sodass Sie, falls Neonazis auftreten,

deren völkisches Menschenbild und deren Vorstellung von „Systemüberwindung" bloßstellen können.

6. Klären Sie, wer für den Veranstaltungsort das Hausrecht hat, und lassen Sie es sich für die Zeit der Veranstaltung förmlich übertragen.

7. Wenn Sie den Teilnehmerkreis eingrenzen und Rechtsextremisten ausschließen wollen, müssen Sie darauf bereits in der Einladung (in Briefen, Mails) und in öffentlichen Ankündigungen hinweisen, einen Mustertext dafür finden Sie in der Randspalte. Dann (und nur dann) können Sie den unerwünschten Personen auch den Zugang zu der prinzipiell ja öffentlichen Veranstaltung verweigern, beziehungsweise die Betreffenden von der Polizei entfernen lassen.

Wenn Sie doch mit Rechtsextremisten konfrontiert sind:

1. Geben Sie vor Ihrer eigentlichen Rede eine Erklärung ab, dass es nicht Ihrem Wunsch entspricht, hier gemeinsam mit Personen zu sitzen, die außerhalb des demokratischen Grundkonsenses stehen.

2. Gehen Sie als Moderator nicht auf deren Parolen ein, sondern weisen Sie diese offensiv zurück, ohne sich von den rechtsextremen Akteuren in eine Diskussion verwickeln zu lassen.

3. Beharren Sie darauf, dass spätestens nach volksverhetzenden Aussagen Rechtsextremen die Redeerlaubnis entzogen wird.

Scheuen Sie sich nicht, Ihr Hausrecht durchzusetzen!

Für einen Ausschluss von Rechtsextremisten bieten sich nach dem Versammlungsgesetz (VersG) grundsätzlich zwei Möglichkeiten an:

1. Wie gesagt, in der Einladung zur Veranstaltung können nach Paragraph 6 VersG bestimmte Personen oder Personenkreise ausdrücklich von der Teilnahme ausgeschlossen werden.

2. Aber auch noch während einer Veranstaltung können nach Paragraph 11 VersG Teilnehmer/innen, welche die Veranstaltung „gröblich stören", von der Veranstaltungsleitung ausgeschlossen werden. Das ist gegeben, wenn die Störung „besonders schwer empfunden wird". Auch das subjektive Bedrohungsgefühl von (potenziellen) Opfergruppen kann dieses Kriterium erfüllen, ebenso die Veränderung des Versammlungscharakters durch permanente und aggressive „Wortergreifung".

In beiden Fällen wird der Ausschluss über das Hausrecht, das die Veranstaltungsleitung hat, umgesetzt. Sie kann das Hausrecht auch anderen Personen übertragen, beispielsweise einem Wachschutz. Wer aus der Versammlung ausgeschlossen wird, hat sie sofort zu verlassen. Wer Waffen bei sich führt, muss grundsätzlich gehen. Dies gilt auch für Teilnehmer, die gegen Strafgesetze verstoßen oder dazu aufrufen (Zeigen verfassungswidriger Kennzeichen, Volksverhetzung, Körperverletzung etc.), wenn sie dieses Verhalten trotz Abmahnung fortsetzen. Ein zwangsweiser Ausschluss von der Versammlung darf letztlich nur durch die Polizei vollzogen werden.

Arbeiten Sie diese Checkliste Punkt für Punkt ab

1. Geben Sie erst eine Pressemitteilung heraus, wenn Sie sicher sind, dass die Veranstaltung öffentlich sein soll.

2. Schließen Sie nach Möglichkeit Rechtsextreme bereits in der Einladung (Flyer, Plakate, Briefe etc.) aus.

3. Suchen Sie im Vorfeld von öffentlichen politischen Veranstaltungen den Kontakt zur Polizei und besprechen Sie Szenarien im Rahmen einer Sicherheitspartnerschaft. Lassen Sie sich eine direkte Durchwahl geben, unter der möglichst auch am Abend der Veranstaltung jemand erreichbar ist (beispielsweise die Mobiltelefonnummer des Einsatzleiters).

4. Bestehen Sie darauf, dass Polizei vor Ort ist, um die Veranstaltung auch vor Beginn und nach ihrem Ende zu schützen, sodass Besucher ungefährdet kommen und gehen können.

5. Besetzen Sie den Einlassbereich rechtzeitig mit Personen bzw. Ordnern, die idealerweise sowohl örtliche als auch überregional agierende Neonazis kennen. Holen Sie dazu rechtzeitig Unterstützung von szenekundigen Institutionen.

6. Besetzen Sie ggf. wichtige Plätze und Positionen (erste und letzte Stuhlreihe, Plätze an Gängen, Türen, Bühnenaufgängen, Saalmikrofonen, Lichtschaltern und Ähnliches) rechtzeitig vor Beginn der Veranstaltung mit Ihnen bekannten Personen.

Während der Veranstaltung:

1. Stellen Sie klare und transparente Diskussionsregeln auf und geben Sie diese zu Beginn der Veranstaltung bekannt, etwa das Verbot, Menschen zu diskriminieren.

NAZIS SIND UNERWÜNSCHT

Wenn Sie bei einer öffentlichen Veranstaltung Rechtsextremisten nicht dabeihaben wollen, müssen sie bereits in Einladungen und Ankündigungen darauf hinweisen. Zum Beispiel durch einen Text wie diesen:

„Die Veranstaltenden behalten sich vor, von ihrem Hausrecht Gebrauch zu machen und Personen, die rechtsextremen Parteien oder Organisationen angehören, der rechtsextremen Szene zuzuordnen sind oder bereits in der Vergangenheit durch rassistische, nationalistische, antisemitische oder sonstige menschenverachtende Äußerungen in Erscheinung getreten sind, den Zutritt zur Veranstaltung zu verwehren oder von dieser auszuschließen."

Falls Sie Vermieter eines Raumes sind und bei einem Mietinteressenten nicht sicher sind über seine Pläne: Verankern Sie im Mietvertrag unbedingt eine Klausel, die Ihnen den Rückzug aus einem Vertrag oder den Abbruch einer Veranstaltung ermöglicht, wenn dort rassistische oder volksverhetzende Inhalte verbreitet werden.

Über Mustermietverträge berät beispielsweise die Mobile Beratung gegen Rechtsextremismus in Berlin: info@mbr-berlin.de

2. Stellen Sie Transparenz über die Kriterien eines eventuellen Ausschlusses von Teilnehmern her.

3. Legen Sie zu Beginn der Veranstaltung fest, ob fotografiert oder gefilmt werden darf – wenn ja, von wem (beispielsweise nur von Fotografen mit offiziellen Presseausweisen).

4. Geben Sie ein Saalmikrofon nicht aus der Hand, sondern lassen Sie es von einem/einer Helfer/in beziehungsweise Ordner/in halten (zum Beispiel an einer Verlängerungsstange).

5. Unterbinden Sie diskriminierende (rassistische, antisemitische, sexistische) Äußerungen (Mikrofonanlage mit einem Techniker besetzen).

6. Bitten Sie auf keinen Fall Rechtsextreme auf das Podium und bieten Sie diesen nie ein Podium (auch keine langen Monologe ermöglichen).

7. Sollten sich Personen psychisch oder physisch bedroht fühlen, greifen Sie ein, nötigenfalls in Absprache mit der Polizei oder Ordnern.

8. Wenn trotz eines versuchten Ausschlusses doch Rechtsextreme an der Veranstaltung teilnehmen und sich erst spät durch „Wortergreifung" outen, darf das nie unwidersprochen bleiben. Auch das müssen Sie vorher organisieren und gegebenenfalls üben.

9. Begleiten Sie – falls nötig – gefährdete Personen (Migranten oder Personen, die aufgrund ihres politischen Engagements gefährdet sind) auf ihrem Weg von der Veranstaltung nach Hause.

10. Bleiben Sie entspannt und selbstbewusst. Wenn Sie Nervosität zeigen, fühlen sich die Nazis schon als Sieger.

MEHR ZUM THEMA

- Die vollständige Broschüre des Magdeburger Vereins Miteinander zum Herunterladen:
  http://miteinander-ev.de/pdf/streiten_mit_neonazis02.pdf
- Drei weitere Ratgeber zum Umgang mit Rechtsextremisten bei Veranstaltungen:
  www.mbr-berlin.de/rcms_repos/attach/mbr_handr_wort_2007.pdf,
  www.kulturbuero-sachsen.de/dokumente/9Umgang.pdf und
  www.mobit.org/Materialien/MOBIT-Broschuere_'unerwuenscht'.pdf
- Argumente 2008 – Eine Handreichung für Demokraten zur Entgegnung typisch rechtsextremer Propaganda:
  www.tolerantes.brandenburg.de/media_fast/3663/mmzargumente2008.pdf

Soll man mit Nazis reden?
Und wie kann ich das lernen?

Rechtsextreme Parolen kommen meist unerwartet, sind aggressiv, zugespitzt, emotional und pauschalisierend. Eine rationale und differenzierte Antwort scheint oft unmöglich. Wie man sich darauf vorbereitet, erklärt Peter Hufer, der seit Jahren Argumentationstrainings zum Thema organisiert.

Eine extrem rechte Gesinnung – damit meine ich rechtsextremistische wie -populistische gleichermaßen – ist häufig nicht sofort zu erkennen und zu entschlüsseln. Doch will man den im Kern ja immer menschenverachtenden, demokratiefeindlichen Parolen entgegentreten und sie kontern, dann sollte man sich zunächst das zugrunde liegende Weltbild klarmachen. Es ist rassistisch, antisemitisch, nationalistisch, antiliberal und sexistisch. Es verklärt oder relativiert den Nationalsozialismus und ist stets mit der Bereitschaft verbunden, die eigene Gesinnung gegebenenfalls gewaltsam durchzusetzen.

Inhaltlich kreist das Gedankengut vielfach um Ausländer-, Sozial-, Familien-, Rechts- oder Innenpolitik. Zentrales Thema sind immer wieder die sogenannten

DIE WORTERGREIFUNGS-STRATEGIE

Wenn Rechtsextremisten bei Veranstaltungen auftauchen, die sie nicht selbst organisiert haben, geht es ihnen meist nur um eines: Mit allen Mitteln zu Wort zu kommen. Gelingt ihnen das nicht, werden sie oft aggressiv und gewalttätig. Und wo man ihnen das Wort überlässt, geht es ihnen nicht um einen Austausch von Argumenten, sondern um die Verbreitung ihrer Propaganda. Für dieses Vorgehen haben sie einen Begriff erfunden: „Wortergreifungsstrategie".

„In der direkten Konfrontation mit dem Gegner soll dieser nicht mehr in der Lage sein, über Nationalisten, sondern nur noch mit ihnen zu diskutieren", formuliert die NPD-Jugendorganisation JN das Ziel. Dazu werden die eigenen Mitglieder ausgiebig geschult. Will man über Rechtsextremismus konzentriert diskutieren und Gegenstrategien erörtern, werden Rechtsextremisten immer stören.

Oft versuchen sie, durch bedrohliches Auftreten oder demonstratives Fotografieren Besucher einzuschüchtern oder abzuschrecken. Häufig schleichen sie sich auch als unauffällige Gäste ein und „outen" sich erst durch ihre Redebeiträge. Wenn ihnen dann das Wort entzogen wird, kehren sie zu den altbekannten Verhaltensmustern zurück.

Ausländer. Eine der häufigsten Parolen ist: „Die Ausländer nehmen uns die Arbeitsplätze weg." Mit dieser Behauptung werden gleich mehrere Botschaften verkündet: 1. Wir haben zu viele Ausländer hier. 2. Auch du hast Grund, Angst um deinen Arbeitsplatz zu haben. 3. Schuld daran sind die Ausländer. 4. Wenn wir sie rauswerfen oder ausweisen, sind die Probleme gelöst. 5. Dazu ist aber dieses politische System nicht in der Lage. 6. Wir brauchen wieder einen starken Mann. Damit sind im Klar- wie im Subtext dieser Parole nahezu alle Merkmale rechtsextremer Ideologie versammelt.

Mit Gegenfragen die Initiative ergreifen

Eine sinnvolle Gegenstrategie bestünde zunächst darin, das Gewirr der Begründungen und Belege zu entknoten, Ungereimtheiten und Widersprüche aufzuzeigen, die eigentliche Absicht aufzudecken und so die politischen Folgen offenzulegen. Das sollte mit Gegenfragen geschehen, um gar nicht erst in eine Verteidigungsrolle zu geraten – wichtig ist, die Initiative zu ergreifen. Also: Woran misst du die Zahl „der Ausländer"? Wen genau meinst du überhaupt – den japanischen Manager, die polnische Altenpflegerin, den holländischen Krankengymnasten, den brasilianischen Fußballstar? Begründe bitte, wieso diese Menschen dir deinen Arbeitsplatz wegnehmen! Wie würde unser Leben aussehen, wenn sie alle nicht mehr da wären? Wo bekämst du deine Pizza her? Wie lange müsstest du dann auf eine notwendige Facharztbehandlung warten? Was ist mit dem Polizisten italienischer Herkunft? Auch ein Ausländer? Wenn ja, wieso? Wie willst du denn das Problem – wenn es überhaupt eines ist – lösen? Sollen wir Transporte organisieren, um die Leute loszuwerden? Gab's das nicht schon einmal?

Die pauschalen Vorurteile auflösen

Wichtig ist, selbst aktiv zu werden – und vor allem das pauschalierende „die" aufzulösen. Hinter den Sprüchen und Parolen stehen immer soziale Vorurteile. Ein Vorurteil sucht immer selbstsüchtig nach Bestätigung und ist resistent gegen Widerspruch. Mit Vernunft kann man es zunächst nicht entkräften. Eine echte Argumentation in dem Sinne, dass sich gleichberechtigte Partner Informationen, Thesen und Überlegungen mitteilen, sie dann gemeinsam prüfen und unter Umständen modifizieren – solch eine Argumentation ist ein durch Vorurteile beladenes Gespräch mit einem Rechtsextremen natürlich nicht. Ultrarechte Ideologien sind so dogmatisch, dass sie kein Wenn und Aber vertragen, sondern nur Zustimmung herstellen oder provozieren möchten.

Ihr Adressat sind die passiv wirkenden Dabeisitzer

Dennoch ist es wichtig, den Parolen entgegenzutreten, und zwar aus mehreren Gründen. Erstens wahrt man so seine Selbstachtung und macht zweitens deutlich, dass man Plätze, Versammlungen, Tischgesellschaften, Ladentheken und Gartenzäune nicht den Rechtsextremisten überlässt. Drittens schützt man diejenigen, die am Ende physische Opfer der verbalen Attacken werden könnten. Viertens sind die eigentlichen Adressaten Ihres Widerspruchs nicht die Sprücheklopfer und Parolenschwinger, sondern die unentschieden und passiv wirkenden Dabeisitzer. Fünftens muss Demokratie immer wieder neu verteidigt werden.

Übrigens kann man platte Parolen auch mit Ironie entlarven. Dem Spruch „Die Ausländer nehmen uns die Arbeitsplätze weg" könnte entgegnet werden: „Ich wusste gar nicht, dass du früher eine Dönerbude hattest!?" Manchmal aber sollte man auch entscheiden, die Auseinandersetzung nicht zu führen – denn jedes Reagieren vermittelt ein Gefühl sozialer Anerkennung. Behauptet beispielsweise jemand allen Ernstes, Auschwitz sei eine Lüge, was sich auch wissenschaftlich beweisen lasse – dann ist das eine steinharte rechtsextremistische Lüge, die in ihrer ganzen Menschenverachtung nicht durch ein seriöses Gespräch salonfähig werden darf. Das Beste ist, man geht mit deutlichem Protest weg.

MEHR ZUM THEMA

- Von Klaus-Peter Hufer sind im Wochenschau-Verlag die Bücher „Argumente am Stammtisch" und „Argumentationstraining gegen Stammtischparolen" erschienen
- Weitere praktische Ratgeber: Lanig, J./Schweizer, M.: Ausländer nehmen uns die Arbeitsplätze weg. Rechtsradikale Propaganda und wie man sie widerlegt. Verlag an der Ruhr 2005; Tiedemann, M.: In Auschwitz wurde niemand vergast. 60 rechtsradikale Lügen und wie man sie widerlegt. Goldmann 2000; Gloel, R./Gützlaff, K.: Gegen Rechts argumentieren lernen. VSA 2005
- Eher theoretisch: Schleichert, Hubert: Wie man mit Fundamentalisten diskutiert, ohne den Verstand zu verlieren. Anleitung zum subversiven Denken. Beck 2004
- Zur „Wortergreifungsstrategie": http://kulturbuero-sachsen.de/dokumente/8Wortergreifung.pdf

Hilfe, meine beste Freundin hat NPD gewählt!

Es ist relativ einfach, Neonazis abzulehnen. Aber wie soll man reagieren, wenn ein naher Angehöriger, die eigene Tochter, der uralte Sandkasten-kumpel, plötzlich nach Rechtsaußen abrutscht? Die Freundschaft aufkündigen? Jetzt erst recht Kontakt halten? Auf Netz-gegen-Nazis.de gab es dazu eine ausführliche Diskussion. Auszüge:

Am Anfang stand diese Frage der Leserin „Nela": „Eine Freundin von mir hat mir neulich erzählt, dass sie die NPD gewählt hat. Ich war total geschockt und wütend, und wir haben uns dann darüber unterhalten. In erster Linie ging es um die Abschiebung krimineller Ausländer. Zwischendurch sagte sie Dinge wie ‚Ich stehe dazu', ‚Na ja, die wären eh nicht über fünf Prozent gekommen'. Ihre Aussagen haben mir gezeigt, dass sie wohl sehr gefrustet ist und aufgrund dessen die NPD gewählt hat. Gleichzeitig hat sie aber Dinge von sich gegeben, die eindeutig rassistisch sind, aber immer wieder versucht, mich davon auszunehmen und mich in Schutz zu nehmen. [Die Fragestellerin, so stellte sich im Laufe der Diskussion heraus, hat selbst einen Migrationshintergrund.]

Ich weiß ehrlich gesagt nicht, wie ich damit umgehen soll. Ich hab schon über Kontaktabbruch nachgedacht, weil ich solche Menschen nicht zu meinem Freundeskreis zählen möchte. Ich werde mit ihr auch nicht noch einmal drüber reden können, weil sie gar nicht gewillt ist und am Ende nur meinte ‚Ist ganz schön schwierig, sich über Politik zu unterhalten.‘ Meine Frage an Euch hier im Forum: Was würdet ihr an meiner Stelle tun? Habt ihr ähnliche Erfahrungen gemacht?"

„Waechter" schrieb daraufhin: „Habt ihr noch gemeinsame Freunde? Wenn ja, würde ich mich erst mal mit denen austauschen und fragen, was sie darüber

> **„Wer auf dem Weg ins rechtsextreme Spektrum ist, kann davon nur abgehalten werden, wenn der Kontakt zu vernünftigen Leuten nicht abbricht, die versuchen, ihn von dem Unsinn abzubringen"**

denken. Denn sie kennen deine Bekannte ja auch und können vielleicht helfen herauszufinden, ob sie (dummerweise) die NPD einmal aus Protest gewählt hat, oder ob es ihrer Einstellung entspricht."

Userin „Christine" fügte hinzu: „Ich war in einer ähnlichen Situation. Ich denke, die Freundschaft zu kündigen, sollte der letzte Schritt sein, den du tust. Ich finde es in erster Linie wichtig, dass du dich mit deiner Freundin noch mal in Ruhe darüber unterhältst und ihr auch wirklich feste Gegenargumente gibst. Ich denke nicht, dass deine Freundin von Grund auf rassistisch ist, ich glaub einfach, dass sie eventuell aus Verzweiflung heraus (z. B. kein Job) auf diese Schiene gekommen ist. Im Internet gibt es wirklich viele gute Seiten, die Argumente gegen die ‚sozialen' NPD-Forderungen geben."

Nutzer „Meierdings" meinte: „Ich würde sofort den Kontakt abbrechen. Wenn die erst mal Kontakt zu den Braunen aufgenommen hat, bist du sehr schnell in der braunen Matsche mitgefangen. [...] Nur durch Ausgrenzen zeigst du denen, wo du stehst: Nämlich auf der richtigen Seite."

„Jonas" widersprach: „Ich denke, dass jemand, der auf dem ‚besten' Weg in das rechtsextreme Spektrum ist, von diesem Weg nur abgehalten werden kann, wenn der Kontakt zu vernünftigen Menschen nicht abbricht und diese versuchen, denjenigen vom Unsinn rechtsextremen Gedankenguts abzubringen."

Eine Leserin mit dem Namen „NichtDieMama" fragte genauer nach: „Rassistisch sind diejenigen Leute, die für die NPD werben, und es sollte daher auch die Frage im Raum stehen, wie deine Freundin überhaupt auf die NPD gekommen ist. Es scheint vermutlich jemanden gegeben zu haben, der ihr gegenüber behauptet hat, an dem NPD-Parteiprogramm sei nichts auszusetzen." Tatsächlich berichtete „Nela" daraufhin, ihre Freundin habe seit Kurzem einen neuen Freund, den all ihre Bekannten kaum kennen. Anschließend konzentrierte sich die Diskussion auf diesen Aspekt.

„NichtDieMama" führte aus: „Vieles deutet darauf hin, dass die Ursache des Wandels in ihrem persönlichen Umfeld zu suchen ist, denn 1. hat man im beruflichen Umfeld in der Regel ganz andere Sorgen und 2. sorgen beispielsweise Internetbekanntschaften normalerweise nicht für einen derart radikalen Wandel. Sie hat also einen Freund, der in ihrem sonstigen Freundeskreis kaum bekannt ist. Das ist meiner Meinung nach schon suspekt. Dem würde ich entgegenwirken. Ladet doch einfach mal beide zusammen als Paar ein und schaut, wie ihr Freund so drauf ist. Einfach mal fiktiv angenommen, dort ist die Ursache tatsächlich beherbergt [...]

1. Es lohnt sich dann nicht, bei einem politischen Streit persönlich zu werden, denn sie merkt wahrscheinlich sowieso, dass sie mit dieser Haltung überall aneckt, außer bei ihren ‚coolen neuen Freunden'. Was jedoch wichtiger sein sollte, das ist der Zusammenhalt unter echten Freunden. Sprich: Teilt die Haltung nicht, aber haltet eure Freundin!

2. Jeder Mensch sucht sich den Weg des emotional geringsten Widerstandes, und überall, wo sie auf emotionale Ablehnung stößt, wird sie vermutlich mit ebensolcher antworten. Dies würde sie nur weiter in diese Ecke treiben. Also bei politischen Auseinandersetzungen: sachlich bleiben, und das Thema wechseln, sobald es emotional wird. Man kann nicht in einem einzigen Gespräch eine ganze Haltung ändern.

3. Man sagt, ‚Blut ist dicker als Wasser'. Das ‚Blut' ist in diesem Falle die langjährige Freundschaft, und das ‚Wasser' sind in diesem Falle die ‚neuen Freunde' beziehungsweise das Umfeld des neuen Freundes. Ich würde vorschlagen, sie mehr zu integrieren als je zuvor, und ihr mehr Rückhalt zu geben als sie von irgendeiner anderen Gruppe jemals bekommen kann. Ihre ‚neue Haltung' sollte kein Grund zu einer völligen Ablehnung der Person sein, sondern eher ein Grund, sie auch auf andere Gedanken zu bringen."

MEHR ZUM THEMA

- Die vollständige Debatte unter: www.netz-gegen-nazis.de/frage/freundin-waehlte-npd
- Professionellen Rat für Probleme dieser Art bietet der Verein Gegen Vergessen – Für Demokratie anonym und kostenlos unter: www.online-beratung-gegen-rechtsextremismus.de

47

Was tun, wenn sich in „meinem" Internetforum Rechtsextremisten breitmachen?

Nicht nur auf den Websites ihrer Szene sind Neonazis aktiv, sondern auch auf Musikforen, bei Schüler- oder StudiVZ und sogar bei Netz-gegen-Nazis. Um zu verhindern, dass Rechtsextremisten ein Forum dominieren, sind nicht nur die Betreiber gefragt, sondern auch die Nutzerinnen und Nutzer. Toni Peters vom Berliner Verein Apabiz beschäftigt sich schon lange mit dieser Frage.

In vielen Bereichen unterscheidet sich das Internet nicht so sehr vom realen Leben. Fast alle politischen Einstellungen, die es in der Gesellschaft gibt, finden sich im Netz – so auch der Rechtsextremismus. Natürlich surfen, chatten und mailen auch Neonazis, sie haben Blogs und Homepages [▸ Kapitel 11] und beteiligen sich in Web-Communities.

In der virtuellen Welt gilt wie im realen Leben: Diskriminierung und Rassismus sind menschenverachtend und inakzeptabel. Sie sind jedenfalls keine Meinung wie jede andere, die ergebnisoffen oder gar launig diskutiert werden könnte. Wer andere ausgrenzen will, gehört selbst ausgegrenzt. Ein demokratischer

Dialog setzt Gleichberechtigung aller Beteiligten voraus – genau diese aber lehnen Rechtsextreme ab. Im Übrigen geht es ihnen fast nie darum, Argumente auszutauschen. Sie wollen agitieren und Räume für ihre Positionen erobern. Dies zu durchkreuzen, ist nicht nur legitim, sondern wichtig – auch im Internet. Was also tun, wenn man in Foren und Web-Communities auf Rechtsextreme stößt?

Sachlich bleiben, aber deutliche Worte finden
Auch im Umgang mit Rechtsextremisten jeder Couleur gilt die Netiquette, also der Benimmregelkatalog des Netzes. Bei aller inhaltlichen Deutlichkeit sollte man höflich und sachlich bleiben und nicht in Polemik oder Beschimpfungen abgleiten. Dass man über rechtsextreme Positionen nicht diskutieren muss und will, kann mit kühlen, klaren Worten formuliert werden. Wenn weiter provoziert wird, ist es im Interesse der Diskussion sinnvoll, die Störer vorerst zu ignorieren.

Beispiel: In einem Internetforum wird über Kriminalität diskutiert, und ein User verdirbt jede ernsthafte Debatte, indem er immer wieder pauschalisierend auf „die Ausländer" hinweist, die quasi für jeden Gesetzesbruch in Deutschland verantwortlich sein sollen. Da sollte man das Thema nicht tabuisieren und Stellung beziehen. Wenn jemand pauschalisiert oder Aspekte zur Ursachenforschung (beispielsweise Armut) abweist, dann liegt zumindest ein unangemessener Diskussionsstil vor. Das sollte man in Antworten kritisieren – und auch darauf hinweisen, wenn eine Argumentation rassistische Vorurteile transportiert. Man kann auch – kurz und deutlich – mit Fakten kontern: dass bestimmte Delikte, etwa Verstöße gegen das Ausländer- oder das Asylverfahrensgesetz, überhaupt nur von „Ausländern" begangen werden können oder dass soziale Faktoren eine Kriminalstatistik besser erklären als ethnische. [▶ auch Kapitel 45]

Entweder gelangt die Diskussion danach wieder auf eine konstruktive Ebene. Oder aber die Fronten klären sich, und der Gegenüber outet sich als Rassist. Dann sollte man – allerdings mit Begründung! – die Diskussion abbrechen. Immerhin verfolgen Rechtsextreme auch im Internet eine Art „Wortergreifungsstrategie". Das heißt, sie wollen Themen setzen und Dominanz erringen. Und aus taktischen Gründen geben sie sich häufig nicht sofort zu erkennen.

Störenfriede herauswerfen
Wenn auch nach einer sachlichen Intervention weiter gestört und gepöbelt wird, empfiehlt es sich, (gegebenenfalls zusammen mit anderen Diskutanten) für eine Sperrung des rechtsextremen Users einzutreten. Immerhin haben die meisten Foren und Online-Communities detaillierte Nutzungsbedingungen, mit denen sich ein Ausschluss begründen lässt. Doch nicht immer gehen Betreiber adäquat

auf solche Beschwerden ein, und – wie in vergleichbaren Situationen im realen Leben – man darf sich keine Illusionen machen: Gesperrte Online-Nazis werden schnell wieder auftauchen, angemeldet mit einem neuen, noch unbelasteten Account. Aber das macht ihnen doch erst mal ein wenig Mühe.

Es wird sicherlich eine lange Auseinandersetzung, die Beharrlichkeit und ständige Aufmerksamkeit erfordert; doch sie kann sich lohnen. Rechtsextreme müssen Gegenwind bekommen. Wenn ihre Hetze isoliert wird, sind sie genervt und manchmal auch irritiert und verunsichert – und ein wenig Raum für demokratische Diskussionen ist zurückgewonnen.

Betreiber zum Handeln bringen und rechtsextreme Websites melden

Was in Foren gilt, in denen sich Rechtsextreme breitmachen wollen, gilt nicht unbedingt in Communities wie MySpace, Wer-kennt-wen, Lokalisten, Studi- und SchülerVZ. Dort netzwerken Rechtsextreme oft in eigenen Gruppen und haben dann auf ihrem Teilterrain der Community von vornherein die Oberhand. Hier wird oft mit deutlicher Symbolik und derben Aussagen gearbeitet: Schließlich soll ja nicht agitiert, sondern die eigene Weltanschauung zelebriert werden. Um gegen solche extrem rechten Parallelwelten vorzugehen, sind die Administratoren die ersten Ansprechpartner. In jedem Falle sollten die Betreiber darauf aufmerksam gemacht werden, was auf ihren Seiten geschieht. Bei Gesetzesverstößen – etwa Volksverhetzung – sind sie unter bestimmten Bedingungen sogar zum Eingreifen verpflichtet. Aber auch politisch kann argumentiert werden. Eine Community kann nicht gleichzeitig Rechtsextreme dulden und demokratische Werte (wie Meinungsfreiheit oder Diskriminierungsverbot) hochhalten. Vermietet ein Wirt seine Kneipe bewusst an Neonazis, dann sollte er dafür kritisiert werden – dasselbe gilt im Netz: Wer eine Plattform zur Verfügung stellt, trägt dazu bei, dass sich Rechtsextremismus ausbreitet.

Neben direkter Intervention gegen rechtsextreme Gruppen (und Einzeluser) ist es sinnvoll, selbst Stellung zu beziehen. Warum nicht eine eigene Gruppe gegen Rechtsextremismus gründen oder sich einer bestehenden anschließen? Warum nicht ein Banner gegen Neonazis auf die eigene Profilseite stellen?

Weit weniger Einfluss besteht naturgemäß bei Websites, die von Rechtsextremen für Rechtsextreme betrieben werden. Man kann aber helfen, dass Institutionen, die sich um diese kümmern, auf dem Laufenden bleiben. Das Portal Hagalil betreibt beispielsweise die Seite www.nazis-im-internet.de, bei der rechtsextreme Homepages gemeldet werden können. Das Antifaschistische Pressearchiv und Bildungszentrum Berlin (Apabiz) sammelt und registriert ebenfalls einschlägige Fälle. Auch auf jugendschutz.net gibt es ein Meldeformular.

KLARE REGELN AUCH IM NETZ

Um konstruktive Debatten zu ermöglichen, sind Diskussionsregeln immer hilfreich.
Wenn es ums Thema Rechtsextremismus geht, ist es praktisch unerlässlich, dass
deren Einhaltung von geschulten Moderatoren kontrolliert wird. Das Jugendportal
www.stoerungsmelder.org hat beispielhafte Blogregeln formuliert:

1. Störungsmelder ist ein Weblog, das sich mit Rechtsextremismus und Strategien
gegen Neonazis beschäftigt. Das heißt: Neonazis haben hier nichts verloren. Wir
erwarten von Usern und Autoren, dass sie rechtsextreme Ideologien ablehnen. Insbesondere werden wir rassistische, antisemitische, chauvinistische, revanchistische,
sexistische und antidemokratische Beiträge löschen. Beiträge ohne Bezug zum Thema
dieser Seite müssen wir ebenfalls löschen. Wir diskutieren hier nicht über scheinbar
verwandte Themen, etwa sogenannten Ausländerextremismus oder Gewalt von
Linksextremen. Verweise auf rechtsextremistische Seiten werden wir ebenso entfernen
wie Wahlwerbung, insbesondere, wenn sie rechtsextremistische Parteien anpreist.

2. Gesetze gelten auch hier. Kommentare, die den Tatbestand der Volksverhetzung,
üblen Nachrede oder Beleidigung erfüllen, werden entfernt. Ebenso Aufrufe zu
Straftaten und Gewalt.

3. Bleibt ruhig, auch wenn andere Teilnehmer es nicht sind. Gebt euch Mühe.
Wortwahl und Formulierung sind wichtige Bestandteile der Diskussionskultur.

4. Beleidigungen, Herabwürdigungen und Ähnliches sind hier nicht gewünscht und
werden von den Moderatoren entfernt.

5. Solltet ihr entdecken, dass gegen die Regeln verstoßen wird, schickt uns eine Mail
mit Fundstelle, Namen des Verfassers und einem Hinweis auf den Sachverhalt.

6. Bevor ihr auf „Kommentar absenden" drückt, lest noch einmal euren Beitrag durch
und überlegt, ob ihr den richtigen Ton getroffen und euch unmissverständlich ausge-
drückt habt. Zynismus und Ironie sind in Schrift schwer zu erkennen und sollten als
solche gekennzeichnet werden.

MEHR ZUM THEMA

- „Saalschlacht im Chatroom" – Erfahrungen mit rechtsextremen Usern bei Netz-gegen-Nazis.de
  www.zeit.de/2008/32/Netz-gegen-Nazis
- Eine Schülerbroschüre „Klickt's – Geh' Nazis nicht ins Netz" zu rechtsextremen Strategien in Online-
  Communities ist bei der Landeszentrale für politische Bildung Hessen erhältlich: www.hlz.hessen.de
- Diskutieren Sie mit unter: www.netz-gegen-nazis.de/artikel/neonazis-in-internetforen

48

Wie sollen Journalisten über Rechtsextremismus berichten? Vielleicht gar nicht?

„Feindpresse" – so titulieren Neonazis Medien und Journalisten, die nicht zur eigenen Szene gehören. Dabei haben gar nicht viele Reporter genug Zeit, Lust und Mut, beim Thema Rechtsextremismus am Ball zu bleiben. So zeigt die Berichterstattung oft nur Klischees und folgt Ritualen. Oder bleibt ganz aus.

„Es ist wie bei Brandungswellen, die entstehen, wenn ein schwerer Kahn vorbeifährt." So beschreibt Annette Ramelsberger, Redakteurin der *Süddeutschen Zeitung*, wie in Deutschland – wenn überhaupt – über Rechtsextremismus berichtet wird. Der Anlass kann eine brutale Gewalttat sein oder ein erschreckendes Wahlergebnis, dann branden fünf Wellenschläge auf: 1. der Aufschrei (Das kann doch nicht wahr sein! Unglaublich! Eine Schande!), 2. Beschwichtigung (Nicht übertreiben! Das kann es andernorts auch geben.), 3. Aufklärungsversuche (Was ist da eigentlich los? Nur Protest? Wer steckt dahinter?), 4. die Forderungen (Es muss etwas getan werden! Ganz schnell!) und schließlich 5. Beteuerungen (Es ist doch schon viel gemacht worden! Man wird sich auch ganz tolle neue Programme ausdenken.) „Und dann", schreibt Ramelsberger, „ist es wieder vorbei." Bis zum nächsten Ereignis.

„Was fehlt, ist die kontinuierliche Berichterstattung", beklagt auch Frank Jansen vom Berliner *Tagesspiegel*, einer der wenigen deutschen Journalisten, die sich seit Jahren mit Rechtsextremismus beschäftigen. Er trifft sich mit Neonazis direkt, beobachtet Aufmärsche und lässt deren Beschimpfungen über sich ergehen, besucht Prozesse gegen Gewalttäter und spricht regelmäßig mit deren Opfern, die er auch Jahre, nachdem sie zu Krüppeln geprügelt wurden, noch besucht. Bei Gerichtsverhandlungen fragt er sich manchmal: „Wo sind eigentlich die anderen Kollegen?" Jansens Arbeit wäre ohne Rückhalt in seiner Redaktion unmöglich. „Kein Text, den ich vorgeschlagen habe, wurde nicht gedruckt", berichtet er – eine Ausnahmesituation. Anderswo heißt es eher: Nicht schon wieder Nazis, hatten wir doch neulich erst. „Neulich" ist oft schon ein Jahr her ...

„Muss ich Angst haben, wenn ich über Neonazis berichte?"

Es ist aber nicht nur Desinteresse. Mancherorts verschließen Lokalzeitungen vor Rechtsextremismus die Augen, um gute Beziehungen zum Bürgermeister zu sichern, der nicht will, dass das Thema „aufgebauscht" wird. Andere schieben Angst vor: „Bei uns wird das jetzt auch zum Thema, muss ich damit rechnen, dass mir ein Stein ins Fenster fliegt, wenn ich darüber berichte?" Mit dieser Frage wandte sich vor einiger Zeit einmal ein Thüringer Kollege an die Kollegen beim Online-Portal www.mut-gegen-rechte-gewalt.de. Der Rat an den Reporter: Nein, Angst müsse er nicht haben, im Gegenteil, wenn er mit kühlem Kopf die örtlichen Neonazis entzaubere, wachse vielleicht auch dort Respekt, schließlich wissen die meisten Kader selbst, wie verlogen sie argumentieren. Natürlich braucht ein Redakteur die Rückendeckung von Vorgesetzten und Kollegen – aber wenn er bedroht wird, dann ist auch das ein Thema zum Berichten. Der Thüringer Kollege schreibt seitdem regelmäßig über das Thema. Unbedrängt.

Eine zweite Sorge: „Kann ich über Aktivitäten gegen Rechtsextremismus berichten und Fotos der engagierten Leute zeigen? Die gefährde ich dann doch ..." Das Gegenteil stimmt: Häufig wollen Vertreter der Initiativen gern in die Zeitung, um „Gesicht zu zeigen" – als Vorbild für andere. Zudem bedeutet Öffentlichkeit gerade für Wagemutige auch Schutz.

Meist fehlen in den Redaktionen Zeit und Personal, gerade in Zeiten von Anzeigenkrise und Auflagenschwund. Vielerorts wird „Outsourcing" betrieben, also das Auslagern redaktioneller Arbeiten. Dass dies nicht immer von Nachteil sein muss für die journalistische Qualität, bewiesen die *Nordbayerischen Nachrichten*. Im April 2009 lag dem Lokalblatt eine aufwendig produ-

NICHT AUS DER ROLLE FALLEN!

Gibt es Regeln für Journalisten, wenn sie über Rechtsextremismus berichten?
Der Mainzer Publizistik-Professor Axel Buchholz hat einige Grundprinzipien formuliert
(Langfassung im Internet unter www.bpb.de/themen/Y2OIL8):

Absichtliches Totschweigen aus Prinzip ist kein korrektes journalistisches Verhalten.

Auch bei der Berichterstattung über Extremisten gelten die allgemein anerkannten Regeln des journalistischen Handwerks wie korrekte Recherche, Objektivität und Fairness. Unerwünschte Solidarisierungseffekte sind zu vermeiden. Sie können leicht entstehen, wenn Zuhörer/Zuschauer journalistisches Verhalten als unfair empfinden.

Zur gründlichen Recherche und korrekten Information gehört auch das Aufdecken von Widersprüchen, beispielsweise zwischen programmatischen Aussagen und tatsächlichem Verhalten oder zwischen den wirklichen und den verlautbarten Absichten.

Journalisten werden von Rechtsextremen oft beschimpft und bedroht. Darauf sollte man vorbereitet sein und gelassen reagieren – wozu gehören kann, darüber zu berichten.

Das Herangehen an Themen muss – wie immer – distanziert und rational bestimmt sein. Die eigene politische Einstellung darf nicht zu emotionalem Verhalten verführen. Weder Betroffenheits-Journalismus ist gefragt noch ein erhobener Zeigefinger.

Wie für andere Gebiete auch, sollte eine Redaktion auch für das Thema Rechtsextremismus über Spezialisten verfügen. Kritisches Hinterfragen erfordert genügend Zeit und entsprechende Kenntnisse des Interviewers.

Die Darstellungsform sollte mit Bedacht gewählt werden (Live, Aufzeichnung, Reportage...). Überlegt wollen auch die Risiken sein, die jeweils damit verbunden sind.

Ereignisbezogene Berichterstattung darf sich nicht instrumentalisieren lassen, darf also dem Ereignis keine unangemessene Bedeutung oder zu viel Sendezeit/Platz einräumen. Sie muss durch einordnende Berichterstattung, also Hintergrund, Analyse und Dokumentation, in angemessenem Umfang ergänzt werden.

Die Berichterstattung darf sich nicht auf den unmittelbar politischen Bereich verengen (also nicht nur auf die NPD). Sie muss sich mit dem Umfeld befassen, etwa Musikgruppen, der Skinhead-Szene, Kameradschaften, Publikationen und so weiter.

Die Berichterstattung muss auch Aktivitäten von Personen, Gruppen und Institutionen aufgreifen, die sich mit der rechtsradikalen Szene auseinandersetzen. Dabei gilt – wie immer – der Grundsatz, dass der Journalist sich mit keiner Sache gemeinmachen sollte, auch nicht mit der von ihm als gut angesehenen.

zierte Sonderbeilage „Bunt statt braun" bei – erstellt von Studenten der Uni Bamberg. Für das Projekt gab es sogar noch Bundeszuschüsse.

Inzwischen finden in vielen Medienhäusern, beispielsweise den öffentlich-rechtlichen Anstalten wie RBB, MDR und NDR, spezielle Weiterbildungen zum Rechtsextremismus statt. Manchmal ist das Thema schon fest in die Volontärsausbildung integriert. Zu klärende Fragen gibt es genug: Was genau ist der Unterschied zwischen rechts und rechtsextremistisch? Wann laufe ich selbst Gefahr, rassistische Stereotypen zu verbreiten? Oder auch: Darf ich mich auf Interviews mit Neonazis einlassen? Zu Letzterem lautet die Antwort: Klar, wenn wirklich kompetente Fragen gestellt werden – und man auch fit genug ist, die häufig mit Propagandaphrasen gespickten Antworten zu entschlüsseln. Keinesfalls sollte man Geld für Gespräche anbieten, denn in den 1990er-Jahren haben sensationsheischende TV-Teams gelegentlich Bilder bei Neonazi-Cliquen „eingekauft" und so manche braune Zelle mitfinanziert.

Was eine Zeitung leisten kann, zeigt vorbildlich der *Weser-Kurier* mit Sitz in Bremen. Hier wurde eine Redakteurin extra fürs Thema Rechtsextremismus freigestellt und konzipierte seit 2005 drei Sonderpublikationen – dick wie Bücher, für Abonnenten gratis und außerdem zum freien Herunterladen auf der Zeitungs-Website. Darin finden sich die lehrreichsten Texte des Zeitungsverbunds zum Rechtsextremismus, ergänzt durch Studien. Darüber hinaus wurden einem Schulverbund in Verden drei Ausgaben einer gemeinsamen Schülerzeitung über Nazis und Rassismus finanziert. All das hat viel mit der Persönlichkeit des Alt-Verlegers zu tun. Herbert C. Ordemann, geboren 1926, erlebte nämlich noch selbst, wie es ist, wenn Rechtsextremisten die Macht übernehmen: „Zwölf Jahre lang durften ausschließlich die offiziellen Meldungen des Reichspropagandaministeriums verbreitet werden. Und das waren meist perfide Lügen", schreibt er im Vorwort der ersten Verlags-Sonderpublikation mit dem Titel *Sie marschieren wieder.* Wer diese Zeit miterlebt habe, erkenne „mit der Entwicklung des Neofaschismus eine unheimliche Duplizität der Ereignisse".

MEHR ZUM THEMA

- Online-Dossier der Bundeszentrale für politische Bildung: www.bpb.de/themen/TIFY6W,0,0
- Dokumentation eines Journalistenworkshops zum Thema: www.eundc.de/pdf/47000.pdf
- Tipps für Journalisten von der Hochschule Darmstadt: www.info-rechtsextremismus.de
- Learning by doing: Sonderschwerpunkt von Absolventen der Journalisten-Akademie der Konrad-Adenauer-Stiftung: http://extremismus.journalisten-akademie.com

Soll man Nazis aus dem Sportverein werfen?

„Juden raus"-Rufe oder schwulenfeindliche Parolen sind keine Seltenheit in Fußball-Fanblocks. Auch direkt in den Vereinen versuchen Rechtsextremisten immer stärker mitzumischen – um Nachwuchs zu rekrutieren und sich Sympathien in der Gesellschaft zu erarbeiten. Dabei widerspricht die Neonazi-Ideologie allen sportlichen Werten. Vereine können – und sollten – deshalb Rechtsextreme vor die Tür setzen.

Schon mit acht Jahren kickte Matthias M. beim ATSV Wurzen. Als 29-Jähriger bescherte er seinem Verein eine Überraschung: Der mittlerweile hochgelobte Stammtorhüter der ersten Männermannschaft wurde bei der Kommunalwahl im Juni 2009 in den Wurzener Stadtrat gewählt – für die NPD. Insgesamt kam die Partei in dem westsächsischen Städtchen auf 7,1 Prozent. „Wir wussten zwar, dass Möbius mit der NPD sympathisiert", zitierte hinterher die Lokalpresse den Vereinspräsidenten, „dass er für die Partei auch kandidiert, haben wir erst am Sonntag erfahren." Das klingt reichlich naiv, denn Kandidatenlisten werden lange vor dem Wahltag veröffentlicht. Zudem war der Sportsfreund, wie eine lokale Initiative gegen Rechtsextremismus herausfand, schon 2004 für die NPD gewählt worden. Damals hatte ihn der Vereinspräsident zum Mandatsverzicht überredet, dasselbe kündigte er jetzt wieder an. Denn, so die Begründung, M.'s Parteiengagement „schadet unserem Verein erheblich". Er „konterkariert die Bemühungen", sich „klar gegen rechts zu positionieren".

Aber ist dies wirklich das Hauptproblem? Erst ein Fußballfan im Online-Gästebuch des ATSV Wurzen fand klare Worte: „Fußball ist ohne Toleranz und Völkerverständigung nicht denkbar. Ein Torwart, der für die menschenverachtende NPD kandidiert, sollte deshalb aus dem Tor und aus dem Verein geschmissen werden." Ein – anonymer – User antwortete: „Sorry Tobias, aber ich kann und will dich nicht verstehen ... Kannst du sicher sein, dass nicht auch andere im Verein NPD gewählt haben? Willst du die alle aus dem Verein schmeißen? ... Lass die Leute doch einfach Fußball spielen ... Es ist doch das Wichtigste, dass der Mensch, der in einer Mannschaft spielt, seine Leistung bringt ..."

Nein, lautet die mittlerweile in den meisten Sportvereinen vertretene Antwort, wichtiger als Leistung ist das Zusammenspiel. „Mach mit gegen Rassismus!" lauten alljährlich weltweit Erklärungen, die von Nationalspielern verlesen und in gemeinsamen Aktionen verbreitet werden, organisiert von der Europäischen Fußball-Union (Uefa), dem Deutschen Fußballbund (DFB) oder Netzwerken wie „Fußball gegen Rassismus in Europa" (www.farenet.org). Denn Rassisten grenzen andere Menschen aus, sie verletzen die sportlichen Grundwerte.

Auch die Fußball-Bundesliga organisiert regelmäßig Aktionen, bei denen alle Spieler und Zuschauer eine „Rote Karte gegen Rassismus" hochhalten. Meist zielen diese Aktionen in Richtung Tribüne, denn unter Fußballfans herrschte jahrzehntelang praktisch unwidersprochen eine rohe Männerkultur, die nicht nur rassistisch war, sondern auch sexistisch und schwulenfeindlich. Dass sich Spieler oder Funktionäre im Verein plötzlich als besondere Rechtsaußen entpuppen, ist vergleichsweise neu – auf diese Art und Weise in die Gesellschaft einzusickern, hat die NPD ausdrücklich zu ihrer Strategie erklärt. [▶ Kapitel 15]

Eine Broschüre der Regionalstelle für Bildung, Integration und Demokratie (RAA) in Mecklenburg-Vorpommern erklärt detailliert, wie Demokraten solche Unterwanderungsversuche abwehren können. Denn das Vereinsrecht erlaubt es sehr wohl, Rechtsextremen die Mitgliedschaft zu verweigern, und das gilt in der Regel auch für gemeinnützige Vereine und Empfänger öffentlicher Fördergelder. Ablehnungen müssen nicht unbedingt begründet werden. Etwas schwieriger ist der Ausschluss von Rechtsextremisten, aber mit einer deutlich formulierten Satzungsklausel ist auch dies machbar. Im Mittelpunkt der Broschüre steht der Sportverein Concordia Lübtheen. Das mecklenburgische Städtchen ist überregional bekannt geworden, weil sich mehrere NPD-Spitzenkader dort angesiedelt haben, unter anderem der Chef der Schweriner Landtagsfraktion, Udo Pastörs. 2008 beschloss die Mitgliederversammlung einstimmig eine Satzungsänderung, die es erlaubt, Rechtsextremisten auszuschließen. In der Vereinssatzung heißt es jetzt unter

§ 6 – Beendigung der Mitgliedschaft:

3. Ein Mitglied kann ausgeschlossen werden: (…)
– bei unehrenhaftem Verhalten innerhalb und außerhalb des Vereins, insbesondere durch Kundgabe rassistischer, antisemitischer oder ausländerfeindlicher Gesinnung (…)

Eine gedeihliche Entwicklung des Vereins, begründet Geschäftsführer Dieter Karczewski die Satzungsänderung, „ist nur auf demokratischer Basis möglich". Der SV Concordia sei offen für alle demokratischen Bürger und die Kinder und Jugendlichen, die es werden wollen. Doch bei deren Entwicklung stören Antidemokraten nun einmal: „Wir beabsichtigen keine Ausgrenzung von unserem Vereinsleben, geben aber Grenzen vor, die unsere Interessen und unser Handeln bestimmen." Als Reaktion auf derartige Maßnahmen versuchen Rechtsextremisten verstärkt, selbst Sportvereine zu gründen – bisher allerdings ohne allzu große Erfolge.

Die Lübtheener Satzungsergänzung geht weiter als viele Hausordnungen, die sich immer mehr Fußballvereine in den vergangenen Jahren zugelegt haben, um besser gegen rechtsextreme Fans vorgehen zu können. Diese wurden spätestens in den Achtzigerjahren immer auffälliger – sowohl im Westen, wie auch in der DDR. Auf den Stadiontribünen mischten sich Alltagsrassisten, gewaltbereite Hooligans und Neonazi-Kader – es entstanden Gruppen wie die „Borussenfront" in Dortmund oder der „Ostwestfalenterror" in Bielefeld. Michael Kühnen, einer der damals führenden bundesdeutschen Rechtsextremisten, antwortete 1983 auf die Frage, wo er Anhänger rekrutiere: „Unter Skinheads und Fußballfans."

WIR SIND ADE

Für den ehemaligen Mittelfeldspieler des FC Sachsen Leipzig, den aus Nigeria stammenden Adebowale Ogungbure, gehörte es lange zum Alltag, dass er von „Fans" auf dem Spielfeld mit rassistischen Beschimpfungen oder Affenlauten empfangen wurde. Anfang 2006 zum Beispiel wurde er im Stadion des Halle'schen FC bespuckt und angegriffen. Fans und Spieler seines Vereins initiierten daraufhin eine Solidaritätsaktion. Unter dem Motto „Wir sind Ade" ließen sich die Spieler schwarz anmalen und fotografieren – in ihrer Mitte, weiß angemalt, Ogungbure. Fans bastelten eine Website, auf der Fußballbegeisterte und Nicht-Fans „Farbe bekennen" konnten für den Nigerianer und gegen Rassismus.

Inzwischen hat Ogungbure den Verein gewechselt. Und auch die Initiative hat sich weiterentwickelt, nennt sich jetzt Bunte Kurve. „Unser Ziel ist ambitioniert", geben die zwei Dutzend Engagierten zu: „Im Zentrum unseres Wirkens soll die fortführende Arbeit für Toleranz und gegen jegliche Form der Diskriminierung stehen. Diese soll sich nicht nur auf die Vereine und Fußball beschränken, sondern auch außerhalb des Stadions integrativ wirken."

www.bunte-kurve.de

Der Szene-Aussteiger Gabriel Landgraf, einst Kopf einer Berliner Neonazi-„Kameradschaft", erinnert sich, wie er 1989/90 als 13-Jähriger im Olympiastadion angeworben wurde. „Da herrschte eine große Szene von Hooligans, von teilweise Rockern, Fußballfans und halt auch Neonazis. Damals war die Stadionüberwachung noch nicht so ausgereift, sondern es kam vor, dass 300 Leute in dem Fanblock ,Sieg Heil' geschrien und den rechten Arm erhoben haben. Ich hatte da einfach eine Faszination daran, irgendwas Böses zu tun oder einfach aufzufallen."

Inzwischen wird solchen Szenen – zumindest in der Ersten und Zweiten Bundesliga – relativ konsequent vorgebeugt. Aber der Weg dorthin war weit für viele Vereine, als Vorreiter gelten unter anderem Hannover 96, Borussia Dortmund und Schalke 04. Der Hamburger Alternativ-Club St. Pauli verankerte in den Neunzigerjahren als erster deutscher Ligaverein in seiner Stadionordnung, dass rechtsextreme Sprechchöre und entsprechende Fahnen, Banner oder Bekleidung mit Hausverbot geahndet werden. Über die Ablehnung von Rassismus hinaus wird auf dem Millerntor sogar eine explizit antirassistische Kultur gepflegt, „Refugees welcome", also „Flüchtlinge willkommen" steht etwa auf Transparenten der Fans (siehe Foto am Beginn dieses Kapitels). Als einziger Ligaclub

Der Hamburger FC St. Pauli verankerte in den Neunzigerjahren als erster Verein der Fußball-Bundesliga in seiner Stadionordnung, dass rechtsextreme Sprechchöre oder Banner zu Hausverbot führen

hat St. Pauli auch ein Mahnmal für NS-Opfer im Stadion errichtet: „Zum Gedenken an die Mitglieder und Fans des FC St. Pauli, die während der Jahre 1933 bis 1945 durch die Nazi-Diktatur verfolgt und ermordet wurden."

Der Deutsche Fußball-Bund (DFB) versandte 1998 an alle Bundesligavereine einen Zehn-Punkte-Plan gegen Rassismus und Fremdenfeindlichkeit. In der Stadionordnung von Hannover 96 zum Beispiel wurden danach nicht nur Symbole und Gesten verboten, die unter das Strafrecht fallen (etwa Hakenkreuz oder Hitlergruß), sondern auch Zeichen, Aufnäher, Aufdrucke und Parolen, die „den Eindruck" einer rassistischen oder fremdenfeindlichen Einstellung hervorrufen könnten. „Damit hatte man erstmals auch die Möglichkeit, in einer Grauzone aktiv zu werden", loben die Wissenschaftler Sven Achilles und Gunter A. Pilz in einer Studie. Bei Clubs wie Hertha BSC in Berlin, Borussia Dortmund und natürlich dem FC St. Pauli gibt es zudem Verbote von Kleidungsmarken wie Thor Steinar. Doch in den unteren Ligen und im Breitensport sind viele Vereine von solcher Konsequenz noch weit entfernt.

„DEM RASSISMUS DIE ROTE KARTE!"

Um Rechtsextremismus und Rassismus vorzubeugen, hängen mittlerweile in vielen Berliner Stadien Hausordnungen wie diese:

1. Der Berliner Fußball-Verband e.V. (BFV) distanziert sich im Namen seiner Mitglieder nachhaltig von jeder Form gewalttätigen, rassistischen oder menschenverachtenden Verhaltens.

2. Wir sind alle eine große Fußballfamilie. Nicht nur die Mitglieder unserer jeweiligen Mannschaft oder unseres Klubs sind unsere Sportkameraden – sondern das sind auch die Menschen aus dem anderen Team und dem anderen Verein. Daher sollten wir uns stets gegenseitig achten und schützen.

3. Verunglimpfende Äußerungen – insbesondere solche mit Bezug auf Hautfarbe, Geschlecht, Herkunft, Sprache oder Religion – haben auf unseren Fußballplätzen absolut nichts verloren. Sie stehen in krassem Gegensatz zum Fairplay-Gedanken und zu den Anti-Gewalt-Aktionen des BFV.

4. Wir zeigen Zivilcourage! Jeder einzelne Spieler, Trainer, Betreuer und Zuschauer ist gefordert, sich anständig und vorbildlich zu verhalten. Und wenn wir diskriminierende Äußerungen anderer hören, so bitten wir diese sofort, aber höflich, damit aufzuhören.

5. Der BFV appelliert an alle seine Vereine, sämtliche vertretbaren Möglichkeiten auszuschöpfen, um insbesondere rassistische Geschehnisse auf unseren Sportanlagen eigenverantwortlich zu verhindern. Hier gilt es für jeden Platzverein, rechtzeitig von seinem Hausrecht Gebrauch zu machen.

(…)

8. Gemeinsam zeigen wir dem Rassismus die Rote Karte!

MEHR ZUM THEMA

- Die RAA-Handreichung „Im Verein – gegen Vereinnahmung" gibt es unter anderem hier zum Herunterladen: www.osz-gegen-rechts.de/index.php?id=67
- Broschüre „11 Fragen nach 90 Minuten", herausgegeben unter anderem von der Deutschen Sportjugend: www.buendnis-toleranz.de/cms/beitrag/10028677/425892/
- Bundesweites Bündnis Aktiver Fußball-Fans (BAFF): www.aktive-fans.de
- „Wir möchten einen sauberen Sport – nicht nur beim Doping". Sportbundpräsident Weiss im Interview: www.netz-gegen-nazis.de/interview/rechtsextremismus-im-sport

Ist Fußball unpolitisch?

10. November 2008, das Stadion des VfL Bochum: Zum Ende des Spiels gegen Werder Bremen entrollten Anhänger einer rechtsextremen Gruppe „Nordsturm" ein Transparent „Pro Rassismus", umgehend skandierten andere Bremer Fans „Nazis raus" und fordern die Polizei zum Eingreifen auf. Aber wie soll in kleinen Stadien reagiert werden. Fragen an DFB-Chef Theo Zwanziger

Herr Zwanziger, was sollten Spieler und Schiedsrichter tun, wenn Zuschauer am Spielfeldrand rassistische oder rechtsextreme Parolen rufen? | Wir haben klare Vereinbarungen: Wenn rassistische Äußerungen – woher auch immer – kommen, muss das Spiel unterbrochen werden. Handeln müssen dann aber alle. Das ist wichtig, um jene zu stärken, die sich mit Zivilcourage dagegenstellen. Wir haben das in einer guten Weise im Spiel Bochum gegen Bremen erlebt. Diese Aufgabe herunterzubrechen bis unten, ist nicht einfach, ja vielfach richtig schwierig.

Sollten deshalb auch kleine Vereine Hausordnungen formulieren [▶ Kapitel 49], die rechtsextreme Parolen und Zeichen verbieten? | Es ist überall gut, dass man solche Dinge deutlich thematisiert und schlicht und einfach nicht wegguckt. Rassismus und Rechtsextremismus, das ist schleichendes Gift. Bagatellisieren ist der falsche Weg. Es frühzeitig erkennen und rechtzeitig handeln, den Anfängen wehren und sich dagegenstemmen – das ist der entscheidende Punkt. Ich glaube, dass das die Menschen in unserem Verband und auf den Plätzen zunehmend erkennen und sehr vielfältig dagegen vorgehen.

Verstehen Sie sich als eine Art „Wachrüttler"? ▌Ich hoffe, ja! Ich freue mich an meinem Leben in einer Demokratie; und ich hoffe, dass ich dies auch noch ein paar Jährchen kann, um auch meinen Kindern und Enkelkindern weitervermitteln zu können: Demokratie muss verteidigt werden. Auch im Fußball, aber

DAS MEINEN LESER – Auszüge aus den Netz-gegen-Nazis-Foren

Stefan: „Jeder Verein dürfte ein großes Eigeninteresse daran haben, seine Fanszene nazifrei zu halten. […] In jedem Fall gilt es, klar Stellung zu beziehen, sei es durch den Ausschluss solcher Mitglieder aus den Fanclubs, den geschlossenen Protest-Austritt aller normalen Fanclub-Mitglieder, Transparente in den Stadien, Stadion-Verbote oder Ähnliches."

Lasmiranda: „Ich hab einen Neonazi in einer kleinen Diskussion nach dem Spiel sprachlos gemacht, nachdem er vorher üble Sprüche abgelassen hat (bezüglich ausländischer Spieler auf dem Rasen) und ich mir den nach dem Abpfiff vorgeknöpft hab, als er zum Ausgang ging (er war zum Glück alleine beim Spiel, in der Gruppe wäre er wohl aggressiver gewesen). Ich bin Bayer muss man dazu wissen, und es fand auch in Bayern statt, aber nicht beim gleichnamigen Bundesligaverein ;-) Der Herr mit kurzem Haar hatte einen deutlichen Akzent, der dem Berliner Raum zuzuordnen ist, war also Zugezogener. Sinngemäß habe ich auf seine Anfeindungen gegenüber Ausländern entgegnet, er sei doch selber Ausländer hier in Bayern. Und ich sei zwar ein stolzer Bayer, aber ganz gewiss kein stolzer Deutscher, […] und weder mag ich Eisbein und Pils noch irgendein neues Reich – wenn dann will ich die bayerische Unabhängigkeit, und er solle sich gefälligst in die bayerische Kultur integrieren. Ich hab natürlich überzeichnet, in Wahrheit sind mir derlei Dinge relativ gleichgültig, schließlich leben wir schon längst im Vereinten Europa; aber es zeigt doch sehr deutlich, dass man die auch mit den eigenen Waffen schlagen kann."

VampirBiber: „Mein Erfahrungswert (da ich nebenberuflich dem Sicherheitsgewerbe nachgehe) ist, dass es meist ziemlich sinnlos ist, sich [im Stadion] an das Sicherheitspersonal zu wenden, da diese meist selbst in der rechtsgerichteten Szene stecken beziehungsweise solche Meinungen vertreten und ebensolche Störenfriede kennen und deshalb nicht reagieren!"

JP1: „Wenn immer mehr Mittel für Fanprojekte und Jugendhilfe gestrichen werden und damit Sozialarbeit […] das treibt die gefährdeten Jugendlichen direkt in die Fänge von NPD und Co."

Mitdiskutieren unter: www.netz-gegen-nazis.de/frage/nazis-im-fussballverein

„NUR ZWEI GERMANEN"

Seit Theo Zwanziger an der DFB-Spitze steht, setzt sich der Verband engagiert mit Rechtsextremismus auseinander. Das war nicht immer so. Vor einigen Jahren noch wurden antirassistische Fans, oft als Querulanten, linksradikale Spinner und Nestbeschmutzer gesehen.

Eine Ausstellung des Bündnisses aktiver Fußballfans (BAFF) mit dem Titel „Tatort Stadion" führte 2001 zum Eklat. Erst schickte der DFB ein Grußwort und sagte finanzielle Unterstützung zu. Doch in der Schau ging es (natürlich) auch um fragwürdige Zitate des damaligen DFB-Chefs Gerhard Mayer-Vorfelder: „Wenn beim Spiel Bayern gegen Cottbus nur zwei Germanen in der Anfangsformation stehen, kann irgendetwas nicht stimmen", polterte der einst. Da zog der DFB die Unterstützung zurück und empfahl den Mitgliedern, nicht mit dem BAFF zusammenzuarbeiten. Doch das ist lange her.

www.tatort-stadion.de

nicht nur dort. Demokratie ist nicht selbstverständlich, sie fällt nicht vom Himmel – man muss auch was dafür tun.

Fußball ist also keineswegs unpolitisch? ▌ Er ist nicht parteipolitisch, aber er muss politisch sein. Das bedeutet: Sich an der Stelle, an der jeder steht, für Freiheit, Solidarität und Menschenwürde einzusetzen. Fußballer spielen eine Vorbildrolle. Insbesondere von unseren Nationalspielerinnen und Nationalspielern erwarte ich, dass sie sich dessen bewusst sind und das praktisch vorleben, indem sie sich unter anderem für Demokratie und Menschenwürde einsetzen.

Was würden Sie Kindern oder Jugendlichen sagen, die im rechtsextremen Milieu mitlaufen? ▌ Das ist immer auch eine Frage von Bildung. Die Kinder müssen einfach wissen, was einst unter dieser Flagge in Deutschland passiert ist. In der Fußballsprache erzähle ich immer gern folgendes Beispiel. Wir im DFB vergeben jährlich den Julius-Hirsch-Preis für vorbildliche Vereine und Fan-Initiativen, die sich diesem Thema stellen. Julius Hirsch war ein Nationalspieler, der von einem Tag auf den anderen als Insekt behandelt wurde. Man sollte sich nur mal zwei Minuten vorstellen, das würde mit einem unsere heutigen Nationalspieler passieren, nur weil er eine andere Hautfarbe hat oder einem anderen Glauben anhängt. Ich glaube, dann rastet bei den meisten Menschen ein, dass man Rassismus und Rechtsextremismus nicht akzeptieren darf.

MEHR ZUM THEMA

- Hintergrundtexte, Interviews, Reportagen aus aktiven Vereinen und vieles mehr unter: www.netz-gegen-nazis.de/category/lexikon/sport
- Broschüre „100 Tipps für Präventionsarbeit gegen Gewalt und Rassismus im Amateurfußball": www.amballbleiben.org/media/news/2007/pdf/impulse_juli_2007.pdf
- „Rechtsextremismus im Sport. Nicht mit uns" – Empfehlungen des Landessportbundes Thüringen: www.dosb.de/uploads/media/Rechtsextremismus-Flyer.pdf
- Reportage der *Süddeutschen Zeitung* über den neuen Umgang des DFB mit Rechtsextremismus: www.philipplahm.de/fileadmin/Dateien/philipp_lahm/pdf_presse/080606_sz_philipp.pdf

Was sollen Sozialarbeiter tun, wenn in ihrem Jugendclub Nazi-Musik auftaucht?

Manchmal sind es Textstellen, die Sozialpädagogen an der Lieblingsmusik von Jugendlichen auffallen. Mal wecken Bandnamen wie Kraftschlag oder Landser ihren Argwohn. Oft ist die Beurteilung nicht einfach – und die Reaktion darauf erst recht nicht. Jan Raabe, Mitherausgeber des Standardwerkes *RechtsRock* und selbst Sozialpädagoge, gibt Tipps.

Um CDs einzuschätzen, die Jugendliche mitbringen, genügen oft schon wenige Klicks im Internet. Das Portal www.turnitdown.de zum Beispiel hat sich auf das Monitoring extrem rechter Musik spezialisiert, dort gibt es Listen mit Bandnamen oder die monatlichen Indizierungen der Bundesprüfstelle für jugendgefährdende Medien. Teilweise genügt auch schon eine Suche bei Google, um die Band politisch einordnen zu können. Um einen ersten Eindruck zu bekommen, lohnt ebenso ein Blick in die Informationsbroschüren der Bundes- und der Landesämter für Verfassungsschutz – deren Qualität und Verlässlichkeit schwanken allerdings regional stark.

Schwieriger ist es, wenn es sich nicht um klassischen Rechtsrock handelt, sondern um völkischen Black-Metal, extrem rechten Hatecore oder faschistischen Industrial. Denn inzwischen hat sich in der rechtsextremistischen Musikszene eine fast unendliche Stilvielfalt herausgebildet. Aber auch hierfür gibt es Fachliteratur, die eine genauere Einordnung ermöglicht und Brüche, Uneindeutigkeiten und den Kontext erläutert. Erst dieses Wissen ermöglicht oftmals eine Unterscheidung: Handelt es sich um einen Mitläufer, der auf dem Schulhof getauschte Musikdateien für den MP3-Player mitgebracht hat? Oder um Szenegänger, die nicht nur extrem rechte Bands hören, sondern auch entsprechende Symbole und eine szenetypische Bekleidung tragen? [▶ Anhang, S. 271]

Aber was soll man nun tun, wenn es sich bei einigen Tonträgern, die die Jugendlichen von zu Hause mitgebracht haben, tatsächlich um Produkte neonazistischer Bands handelt? Eine Standardlösung gibt es nicht. Die Antworten unterscheiden sich je nach Lage der Dinge: Welcher Tonträger wurde gefunden? Wie ist das Verhältnis zu dem Jugendlichen? Wie schätzt man ihn

DAS MEINEN LESER – Auszüge aus den Netz-gegen-Nazis-Foren

Kisu-Chan: „Meine kleine Schwester ist täglich in einem Jugendzentrum. Bei ihr war das auch mal eine lange Zeit der Fall, dass rechtsextremistische Musik mitgebracht wurde. Der Jugendclub wurde dann ganz schnell zum Treffpunkt der Neonazis. Also, auf keinen Fall gefallen lassen! Ich hab ein paar Mütter angerufen und wir sind alle gemeinsam zur Leiterin gegangen, um sie zu überzeugen, dass das so nicht weitergeht. Denn sie wusste auch nicht, was sie tun könnte. Letztendlich hat sie die Leute rausgeworfen und es gab Hausverbote. Wir haben auch nie wieder was von denen gehört, also ist das wohl die beste Methode."

Hanna15: „Viele in meinem Alter wissen gar nicht richtig, was für Auswirkungen ihr Handeln hat, also zum Beispiel das Hören von Neonazi-Musik. Deshalb denke ich, dass die Sozialarbeiter die Jugendlichen ansprechen sollten und sie richtig aufklären müssen. […] Bevor man es mit harten Strafen wie Hausverbot versucht, sollte man zuerst kommunizieren."

MannmitHut: „Doch was soll man tun, wenn Kommunikation nicht mehr ausreicht und die Betroffenen etwa Gewalt androhen. An welche Stellen kann man sich wenden, soll man wegen jedem Fall von rechtsextremer Musik gleich zur Polizei rennen?"

Keinbockaufnazis: „Anzeigen! Nazimusik ist menschenverachtend und deshalb auch meistens illegal. In einen Jugendklub gehört keine Nazimusik."

Thenextstar: „Ich selbst würde den Kontakt zu den Leuten abbrechen, jemanden auf das Problem ansprechen und entweder den Nazis die Welt richtig erklären lassen oder rausschmeißen, anzeigen, und denen mal zeigen, in was für einer Gesellschaft wir wirklich leben!"

und seine politische Orientierung ein? Manchmal können pädagogische Maßnahmen, manchmal aber auch polizeiliche Eingriffe notwendig sein.

Auch die juristische Lage verlangt ein unterschiedliches Vorgehen. Werden die Liedtexte der CD als volksverhetzend eingeschätzt oder finden sich im Booklet strafrechtlich verbotene Symbole wie Hakenkreuze, sollte man die CDs sofort sicherstellen und die Polizei einschalten. Wenn die Bundesprüfstelle für jugendgefährdende Medien (BPjM) die CD indiziert hat, also als jugendgefährdend einstuft, muss das Abspielen der CD im Jugendclub – einem öffentlichen Raum – ebenfalls sofort aus juristischen Gründen unterbunden werden.

Wichtiger als das Strafrecht ist die pädagogische Einschätzung

Die Liedtexte vieler CDs sind inzwischen jedoch so formuliert, dass sie weder strafrechtlich relevant sind noch indiziert werden. Nicht das Strafrecht muss deshalb in diesen Fällen das Handeln bestimmen, sondern die pädagogische Einschätzung. Selbstverständlich darf man das Abspielen nicht dulden. Stattdessen sollten die Tonträger Anlass sein für eine produktive Auseinandersetzung mit extrem rechter Ideologie. Man sollte mit den Jugendlichen also über die Inhalte reden und Propagandastrategien diskutieren – und als Sozialpädagoge dabei einen klaren, demokratischen Standpunkt beziehen. [▶ auch Kapitel 54]

Es kann jedoch auch sein, dass Jugendliche oder junge Erwachsene nicht (mehr) offen sind für eine Auseinandersetzung. Möglicherweise wollen sie nur Propaganda betreiben und andere Jugendliche für die extreme Rechte anwerben. In diesem Fall sollte ihnen – soweit möglich – die Nutzung der Einrichtung und der Kontakt zu den anderen Besuchern verwehrt werden.

MEHR ZUM THEMA

- Dornbusch, C./Raabe, J.: RechtsRock. Bestandsaufnahme und Gegenstrategien. Unrast-Verlag 2002
- Dornbusch, Christian/Killguss, Hans-Peter: Unheilige Allianzen. Black Metal zwischen Satanismus, Heidentum und Neonazismus. Unrast-Verlag 2005
- Speit, Andreas (Hrsg.): Ästhetische Mobilmachung. Dark-Wave, Neofolk und Industrial im Spannungsfeld rechter Ideologien. Unrast-Verlag 2006
- Hintergrundartikel über „Rechte Einflüsse im HateCore": www.turnitdown.de/155.98.html
- Eine Broschüre des Bundesamtes für Verfassungsschutz zu rechtsextremer Musik: www.verfassungsschutz.de/download/SAVE/broschuere_2_0707_rexmusik.pdf
- Broschüre zu pädagogischer Rechtsextremismusprävention : www.mbr-berlin.de/Materialien/323.html
- Köttig, Michaela: Gegenstrategien in der Jugendarbeit – Auszug aus einem Handbuch der Friedrich-Ebert-Stiftung zum Herunterladen: www.fes.de/rechtsextremismus/pdf/Koettig.pdf

Wie organisiere ich ein Konzert gegen Rechtsextremismus?

Die Idee ist 30 Jahre alt, aber immer noch genial: Bereits 1979 fand in Frankfurt / Main das erste „Rock gegen Rechts"-Konzert statt, um gegen ein NPD-Treffen zu protestieren. Auf der Bühne stand damals unter anderem Udo Lindenberg – aber so große Stars braucht man gar nicht, damit ein Konzert zum Erfolg wird. Robert Högel von der Jugendkampagne Kein Bock auf Nazis erklärt, worauf man achten sollte.

Ein Konzert gegen Nazis ist immer eine gute Möglichkeit, um Kulturarbeit, Spaß und Informationen zu bündeln. Gleich fünf wichtige Ziele könnt ihr damit erreichen: Menschen, die sich engagieren wollen, können sich treffen und vernetzen. Es wird ein öffentlichkeitswirksames Zeichen gegen Nazis gesetzt. Mit den Einnahmen können weitere Kampagnen gegen Neonazis und Rassisten finanziert werden. Mit einem Konzert erreicht man auch Leute, die sonst nicht für Rechtsextremismus sensibilisiert werden könnten. Und, nicht zuletzt, alle Menschen, die sich aktiv gegen rechtsextreme Ideologien starkmachen, können an diesem Abend in Ruhe feiern – niemand muss sich vor pöbelnden Neonazis fürchten, die es sonst ja bei fast jedem Discobesuch zu sehen gibt.

Los geht's

Als Erstes braucht ihr ein festes Team und vor allem ein Konzept. Ein Konzert benötigt längere Vorbereitungen, und es gibt vieles, was organisiert werden muss. Mindestens zwei Monate Vorlaufzeit solltet ihr einplanen. Besser mehr. Tut euch zusammen und klärt, was ihr euch genau vorstellt. Ihr solltet euch auf jeden Fall Hilfe bei jemandem holen, der schon öfter Konzerte organisiert hat. Oft können auch lokale Initiativen, Jugendzentren, Gewerkschaften oder Sozialarbeiter helfen.

Dann kann die konkrete Planung starten. Dabei gilt: Lieber klein anfangen! Ihr müsst jetzt nicht die Toten Hosen oder Grönemeyer buchen, nur weil es ein „Konzert gegen Nazis" ist. Ein kleines Festival mit 200 oder 400 Leuten ist ein super Start. Bei größeren Konzerten wird die Organisation viel schwieriger, und auch das finanzielle Risiko steigt enorm. Am besten ist es, lokale Bands anzufragen und eventuell noch eine größere Band als Hauptact zu buchen. Lieber eine ausverkaufte 300er-Halle, als einen Klub mit Platz für tausend Gäste – der am Ende nicht mal halb voll ist.

Ihr seid nicht-kommerziell!

Jetzt braucht ihr eine Halle und Sponsoren für Poster, Flugblätter und andere Werbung. Vergesst nicht, allen Beteiligten – auch den Bands – klarzumachen, dass ihr ein nicht-kommerzielles Benefiz-Konzert gegen Rechtsextremismus macht. Ihr verdient nichts daran und erwartet auch vom Hallenvermieter und den anderen, dass sie im besten Fall nur ihre Unkosten berechnen oder noch besser: Die Bands spielen umsonst, und die Halle kriegt ihr auch gratis. Wenn ihr einen gemeinnützigen Verein als Mitveranstalter gewinnt, können Firmen für ihre Leistungen sogar Spendenquittungen bekommen, die dann steuerlich absetzbar sind.

AUFMUCKEN MIT MUSIK

Im niedersächsischen Weyhe hat sich, nachdem Neonazi-Aktionen Schlagzeilen machten, im Jahr 2000 ein „Aktionsbündnis gegen Rechts" gegründet. Erste Idee: ein Aktionstag. Eine Gruppe junger Leute beschloss, ein kostengünstiges Konzert zu organisieren, in dessen Rahmen auch diskutiert werden kann und sich Initiativen vorstellen. Bands aus der Gegend wurden gebeten, möglichst gagenfrei aufzutreten. Der Bürgermeister stellte die örtliche Mehrzweckhalle zur Verfügung und ließ die Flugblätter im Rathaus drucken. Das Konzert schlug ein, und schnell wuchs der Entschluss, dies jährlich unter dem Titel „aufMUCKen" fortzuführen – bis heute. Den Initiatoren ist wichtig, auch „unpolitische" Jugendliche zu erreichen und sie – „ohne erhobenen Zeigefinger" – weniger anfällig für rechtsextreme Propaganda zu machen.

www.aufmucken.com

Eine noch längere Tradition hat das Festival www.leipzig-courage-zeigen.de, das Prinzen-Sänger Sebastian Krumbiegel seit 1998 mitorganisiert. Es findet traditionell am 30. April am Leipziger Völkerschlachtdenkmal statt.

Und wenn Nazis kommen?

Überlegt euch VORHER, was ihr macht, falls Nazis vor der Halle auftauchen. Denn eins ist klar: Bei diesem Konzert haben Rassisten und Neonazis Hausverbot. Aber um das durchzusetzen, müsst ihr sichergehen, dass im Mietvertrag steht, dass ihr allein das Hausrecht habt. Dann dürft ihr jede Person der Halle verweisen, zur Not auch mit Unterstützung der Polizei. Schreibt einen großen Zettel, wo genau draufsteht, dass bei dem Konzert Neonazis und Rassisten keinen Zutritt haben. Hängt diesen Hinweis gut sichtbar am Eingang auf.

Redet – spätestens – ein bis zwei Wochen vorher mit lokalen Gruppen, die sich mit Neonazis in der Region auskennen, also mit dem „Runden Tisch gegen Rechtsextremismus", den es in eurer Gegend vielleicht gibt, oder auch mit der örtlichen Antifa. Oft kommen nämlich Rechtsextremisten zu solchen Konzerten und sind äußerlich nicht als solche zu erkennen. Daher müssen an der Tür zur Halle Leute stehen, die die Naziszene so gut kennen, dass sie die „Kameraden" auch in normaler Kleidung erkennen und abfangen können.

Redet vorher auch mit der Polizei. Sagt ihnen, dass ihr mit Nazis rechnet und dass ihr von eurem Hausrecht Gebrauch machen werdet. Argumente wie „Aber wenn die Rechten nicht gewalttätig werden, können wir nichts machen", die manchmal von Polizisten zu hören sind, die gelten nicht. Ihr habt das Hausrecht. Bei dessen Durchsetzung hat euch die Polizei zu helfen. Punkt.

Und jetzt: Rock 'n' Roll

Am Abend des Konzerts müsst ihr gut organisiert sein und braucht viele helfende Hände. Kasse, Einlass-Kontrolle, Getränkeverkauf (von dem die Einnahmen natürlich alle an euch oder eine von euch ausgewählte Initiative gegen Rechtsextremismus gehen müssen – und nicht an den Klubbesitzer!) und vieles mehr. Aber ihr werdet feststellen, dass der Aufwand sich lohnt. Und erst mal genießt auch ihr den Abend!

MEHR ZUM THEMA

- Auf der Website der Initiative www.keinbockaufnazis.de gibt es viele Informationen, Webbanner und auch Schülerzeitungen zum kostenlosen Herunterladen
- Ein kurzer Rückblick auf das allererste „Rock gegen Rechts"-Konzert 1979: www.wdr.de/themen/kultur/stichtag/2004/06/16.jhtml
- Das Hip-Hop-Projekt Brothers Keepers organisiert seit 2001 sehr erfolgreich Konzerte und Aktionen gegen Rassismus: www.brotherskeepers.org

In meiner Klasse haben Nazis Oberwasser – was kann ich tun?

Am Anfang sind es oft kleine Zeichen, etwa NPD-Aufkleber auf dem Jungs-Klo. Später häufen sich vielleicht rassistische Sprüche auf dem Pausenhof. Was sollen Lehrer – und Schüler – unternehmen? Antworten von Olaf Stuve, der beim Berlin-Brandenburger Bildungsteam seit Jahren Projekttage und -wochen zu Rechtsextremismus, Antisemitismus und Migration organisiert

Es ist klar: Eine Schule kann und soll niemanden aufgrund ihrer oder seiner Gesinnung vom Zugang zu Bildung ausschließen. Aber Lehrer und Schüler können sich um ein Schulklima bemühen, in dem Minderheiten nicht diskriminiert und offen rechtsextreme Erscheinungsformen nicht geduldet werden.

Schulklima und Hausordnung

Dafür gibt es unterschiedliche Möglichkeiten, beispielsweise lassen sich entsprechende Hinweise in der Schulordnung verankern und Vereinbarungen mit Schülern treffen. Zudem kann in der Hausordnung auch das Tragen von Symbolen oder Kleidung mit rechtsextremer Bedeutung verboten werden. Aber dies darf nur ein Punkt in einem umfangreichen Handlungskatalog sein.

Grundsätzlich gilt: Nichts unter den Teppich kehren, sondern das Problem für alle zur Sprache bringen. Seien es rechtsextreme Propagandaaktivitäten, rassistische Beleidigungen von Schülern oder politisch rechts motivierte Gewalttaten auf dem Schulhof, aber auch vor den Toren der Schule. Denn aus Erfahrung wissen wir, dass Schülern, die erkennbar nicht-rechts sind, auch außerhalb der Schule von rechtsextremen Mitschülern und deren Cliquen aufgelauert wird.

Gewalt und Propaganda

Handelt es sich um Gewalttaten, sollte in jedem Fall die Polizei eingeschaltet werden – unabhängig davon, ob es sich bei den Tätern um Schüler Ihrer Schule oder um schulfremde Personen handelt. Zudem müssen sich Lehrer und Schulleitung deutlich auf die Seite der Betroffenen stellen. Öffentliche Solidarisierung mit den Opfern setzt den Tätern Grenzen.

DAS MEINEN LESER - Auszüge aus den Netz-gegen-Nazis-Foren

Herforder_Pilskopf: „Auf keinen Fall sollte man solchen Mitschülern das Feld überlassen. Propaganda z.B. in Form von Aufklebern sollte man umgehend entfernen [...] In Diskussionen sollte man konsequent den Mund aufmachen [...] Der schweigenden Masse gilt es zu signalisieren, dass es eben nicht normal und cool ist, rechtes Gedankengut zu verbreiten."

RR: „Wir handhaben das so, dass Schüler ihre rechten Tattoos bedecken müssen. Zur Not müssen sie im Warmen die Jacke anlassen. Bedruckte T-Shirts müssen auf links gedreht werden."

Waschbaer: „Ich fürchte, [...] dass es viele Schulen gibt, die über das Problem lieber den Mantel des Schweigens legen würden, denn wenn man offen [...] drüber reden würde, könnte es ja bedeuten, dass z.B. die Schüleranmeldungen zurückgehen würden [...] Ich oute mich mal als Lehrer und habe vor etlichen Jahren schon so eine Erfahrung gemacht, dass einer meiner Schüler im Politikunterricht sich – zunächst in einer Klausur – offen als Rechter offenbarte. Ich war zunächst einmal nur perplex, denn dieser junge Mann war so ein völlig Unscheinbarer [...] Nach seinen rassistischen Äußerungen in der Arbeit habe ich mit ihm ein Gespräch unter vier Augen geführt, und mir wurde auf der einen Seite klar, dass da überhaupt keine wirkliche Logik oder Kenntnis dahintersteckte. Was mich aber ‚fasziniert' hat, war, dass er auf meine Frage, was er denn mit mir machen würde, wenn Leute seinesgleichen die Macht hätten, er mir offen sagte, dann würde ich halt auch in einer Art KZ landen. [...] Ich habe dann in einer Gesamtkonferenz den Kollegen von dem Vorfall erzählt. Auch das war wieder eine eigenartige Erfahrung. Ich wurde dazu beglückwünscht, dass ich so etwas überhaupt angesprochen habe! Seltsam. Ich dachte eigentlich, das wäre das Natürlichste der Welt."

Mitdiskutieren unter: www.netz-gegen-nazis.de/nazis-an-meiner-schule

Unterhalb der Schwelle von Gewalt geht es vor allem um eine inhaltliche Auseinandersetzung. Dafür muss man natürlich gut vorbereitet sein, aber mittlerweile gibt es ausgiebige Materialangebote zu Geschichtsbildern, Nationalsozialismus, rechtsextremen Musikgruppen oder Organisationen. Erste Hilfe bieten Initiativen vor Ort, aber auch bundesweite Organisationen wie „Schule ohne Rassismus – Schule mit Courage" [▸ Randspalte] oder das „Netzwerk für Demokratie und Courage", wo Schulprojekttage angeboten werden. Auch viele Bildungsträger, Stiftungen und Landeszentralen für politische Bildung offerieren Argumentationstrainings gegen Rechtsextremismus.

Inhaltliche Auseinandersetzung

Eine solche inhaltliche Vorbereitung hilft dabei, die eigenen Standpunkte klar und überzeugend zu vermitteln. Denn in der direkten Konfrontation mit rechtsextremen Schülern fühlen sich auch Lehrer leicht unsicher und überfordert. Allerdings sollten sie zweierlei Bedenken: Es geht in erster Linie nicht darum, Schüler mit einem geschlossenen rechtsextremen Weltbild zu überzeugen – sondern nicht-rechten und alternativen Jugendlichen den Rücken zu stärken und ihnen deutlich zu zeigen, wo die Lehrer stehen. Es ist wichtig, dass sie demokratische Werte und solidarische Lebensvorstellungen vertreten (was übrigens etwas anderes ist als irgendwelche parteipolitischen Positionen vorzutragen).

In jedem Fall müssen Lehrer die Ängste derjenigen Schüler ernst nehmen, die sich durch extrem rechte Aktivitäten und Meinungen bedroht und ausgegrenzt fühlen. Dazu gehört auch, Eigeninitiativen von Schülern zu unterstützen, wenn sie mit Projekttagen oder -wochen, aber auch Abendveranstaltungen eine Auseinandersetzung zum Thema Rechtsextremismus einfordern.

Auch das Verteilen rechtsextremer Propaganda an Ihrer Schule müssen Sie nicht dulden. Wird das Material durch schulfremde Leute verteilt, sollte die Schule unbedingt von ihrem Hausrecht Gebrauch machen. In einigen Fällen kün-

SCHULE OHNE RASSISMUS

Mit mehr als 600 Schulen bundesweit ist „Schule ohne Rassismus – Schule mit Courage" das größte Schulnetzwerk Deutschlands. Über 400.000 Kinder und Jugendliche besuchen mittlerweile eine Schule, die diesen Zusatztitel trägt. Im Netzwerk vertreten sind alle Schulformen und Bundesländer. Prominente Sportler wie Tim Borowski oder Dieter Baumann, Sänger wie Bela B. von den Ärzten und Jan Delay unterstützen die jeweiligen Schulen dabei als Paten.

Schulen, die den Titel erwerben wollen, müssen eine Reihe von Voraussetzungen erfüllen, die in einem gemeinsamen Prozess von Schülern und Lehrern erarbeitet werden. Mindestens 70 Prozent aller, die an dem Haus lernen oder lehren, verpflichten sich mit ihrer Unterschrift, sich beispielsweise künftig gegen jede Form von Diskriminierung, Mobbing und Gewalt sowie gegen totalitäre und demokratiegefährdende Ideologien aktiv einzusetzen. Der Titel ist also keine Auszeichnung für bereits Geleistetes, sondern Selbstverpflichtung für Gegenwart und die Zukunft. Bei der Umsetzung erhalten die Schulen Hilfe von Landeskoordinationsstellen oder dem Bundesbüro in Berlin.

www.schule-ohne-rassismus.org

WAS KÖNNEN SCHÜLERZEITUNGEN TUN?

Viel! Denn sie sind ja näher dran als „normale" Journalisten. Natürlich kann man Ärger kriegen – aber das gilt auch für andere Themen. Empfehlenswert ist, sich beim Thema Rechtsextremismus besonders gut vorzubereiten und abzusichern (indem zum Beispiel die ganze Redaktion einen Text unterzeichnet).

Oberste Regel ist: Was an der Schule passiert, gehört aufgeschrieben! Opfer von rechtsextremer Gewalt sollten eine Stimme bekommen und interviewt werden. Schülerzeitungen müssen Hintergründe liefern, zum Beispiel erklären, welche Neonazi-Gruppen es in der Stadt gibt, und deren Propagandatricks entlarven. Man kann recherchieren, was es mit Thor Steinar auf sich hat [▶ Kapitel 8] oder was an der „Schulhof-CD" der NPD denn schlimm ist. Schülerzeitungen sollten Kommentare drucken, was sich an einer demokratischen, humanistischen Schule gehört und was nicht. Und auch mal einen Direktor zum Interview bitten, der das Thema überhaupt nicht wahrhaben will.

Für besonders couragierte junge „Medien mit Mut" gibt es übrigens jedes Jahr Sonderpreise beim Schülerzeitungswettbewerb der Länder. Infos dazu unter:

www.schuelerzeitung.de

digt die NPD eine derartige Aktion schon vorher an. Dann können Sie gemeinsam mit Polizei und Ordnungsamt überlegen, inwieweit den Neonazis auch der öffentliche Raum vor dem Schulgelände genommen werden kann.

Und was tun aktive Schüler?

Wenn ihr erfahrt, dass Neonazis Propagandamaterial vor Eurer Schule verteilen wollen, habt ihr viele Möglichkeiten. Ihr könnt sogenannte Braune Tonnen aufstellen, in denen die CDs, Flugblätter und Zeitungen der Rechtsextremisten symbolisch und öffentlich entsorgt werden können. [▶ Kapitel 54] ihr könnt Transparente, Schilder, Flyer und Spuckis vorbereiten mit eindeutigen Aussagen, die ihr bei Bedarf immer zur Verfügung habt.

Gemeinsam mit Initiativen aus dem Ort oder überregionalen Vereinen und Netzwerken lassen sich Projekttage planen oder nach Absprache mit euren Lehren Schwerpunktunterrichtsstunden zum Thema gestalten. Viele Schüler mit rechtsextremen Einstellungen und einer entsprechenden Verankerung in der Neonaziszene sind geschult. Sie wissen genau, was sie dürfen – und wo die Grenzen sind. Sie kokettieren damit, dass andere Schüler – und manche Lehrer – sich vor ihnen fürchten und sie gewähren lassen. Und wenn ihnen Grenzen gesetzt werden, spielen sie mit dem Image der „Rebellen" und „Radikalen", die sich gegen die „spießigen Lehrer" auflehnen. Es wird immer Mitschüler geben, die sich von offen rechtsextremen Mitschülern angezogen fühlen – weil sie das Machogehabe fasziniert, weil sie hoffen, dann selbst nicht mehr gehänselt oder attackiert zu werden; oder auch, weil sie finden, dass „das doch ganz nette Typen sind, die nur eine komische Meinung haben".

Mitschüler unterstützen

Wenn Mitschüler offen oder verdeckt von rechtsextremen Schülern drangsaliert werden, sollten die Lehrer und andere Erwachsene informiert werden. Aber es ist auch sehr wichtig, dass andere Schüler sich mit den Betroffenen solidarisieren. Denn nichts ist schlimmer, als sich allein zu fühlen!

Wenn Neonazis sich als Rebellen ausgeben, dann konfrontiert sie mit ihrer eigenen Propaganda: Denn es ist doch überhaupt nicht rebellisch, wenn Neonazis fordern, dass die Hausarbeit nur von Frauen gemacht werden soll. Oder dass es einen Arbeitsdienst für Arbeitslose geben soll. Auch sonst ist vieles geheuchelt bei den Rechtsextremen: Zum Beispiel, wenn Neonazis gegen Drogen wettern und „Harte Strafen für Drogendealer" fordern, aber gleichzeitig bei Rechtsrock-Konzerten und „Kameradschafts"-Abenden Komasaufen angesagt ist.

Ablehnung deutlich machen

Und noch mal zum Punkt „netter Typ mit komischer Meinung". Vielleicht hat der Typ tatsächlich auch einige nette Seiten – aber Meinung und Mensch gehören nun einmal zusammen. Und das solltet ihr ihm oder ihr auch deutlich sagen. Denn die Ideologie, die er oder sie vertritt, ist menschenverachtend, intolerant und für andere tödlich. Ihr solltet euch daher genau überlegen, ob und wie euer Kontakt mit rechtsextremen Schülern aussieht. Neonazis versuchen sich in jüngster Zeit soft zu geben, die NPD beispielsweise will als normale Partei angesehen werden. Doch die NPD hat ein Programm, das für jeden humanistisch und demokratisch denkenden Menschen inakzeptabel ist [▶ Kapitel 12] – dasselbe gilt für rassistische oder andere rechtsextreme Sprüche und sollte zur Grundlage im Umgang mit Neonazis aller Art gemacht werden.

Deshalb: Schließt euch mit anderen Schülern und Lehrern zusammen, die euch unterstützen wollen. Informiert euch über die rechtsextreme Szene vor Ort und macht diese Informationen an eurer Schule öffentlich. Und lasst euch nicht entmutigen. Es gibt viele Jugendliche, die eure Meinung teilen.

MEHR ZUM THEMA

- Infoblatt zu Schulordnungen gegen Rechtsextremismus:
  www.osz-gegen-rechts.de/uploads/media/hausordnungen_01c.pdf
- Im bundesweiten www.netzwerk-courage.de bieten Jugendliche Projekttage an.
- Argumentationstraining zum Download: www.fes.de/rechtsextremismus/pdf/Vogel.pdf
- „Pädagogische Antworten auf Rechtsextremismus" – Aufsatz von Prof. Albert Scherr:
  www.netz-gegen-nazis.de/files/scherr.pdf
- Eine beispielhafte Sammlung von Schülerzeitungsartikeln zum Rechtsextremismus unter:
  www.amadeu-antonio-stiftung.de/w/files/pdfs/politikorange_extrem.pdf
- Ex-MTV-Moderator Markus Kavka erzählt von einem Schulbesuch:
  http://blog.zeit.de/stoerungsmelder/2009/06/19/storungsmelder-on-tour-luchow_1118

Was ist die richtige Reaktion auf die „Schulhof-CD" der NPD?

Nicht nur die NPD, sondern auch Neonazi-„Kameradschaften" versuchen seit Jahren, mit sogenannten Schulhof-CDs Jugendliche zu erreichen. Die Scheiben enthalten Stücke verschiedener rechtsextremer Bands, und manche davon klingen erst mal ganz unverfänglich. Thomas Weber vom Verein Miteinander in Sachsen-Anhalt über den besten Umgang damit

Erstmals warb die NPD 2001 bei der Wahl zum Berliner Abgeordnetenhaus mit kostenlosen CDs, inzwischen gibt es verschiedene Auflagen aus verschiedenen Jahren. Die Songs – die von der Partei auch im Internet zum Download angeboten werden – sind nicht strafrechtlich relevant, also nicht allgemein verboten.

Das Hausrecht durchsetzen ...
Aber natürlich kann eine Schule die Verteilung auf ihrem Gelände untersagen. Um ihr Hausrecht durchzusetzen und die Verteiler der CDs vom Schulgelände zu verweisen, können Lehrer auch die Polizei zu Hilfe holen. Eine Verteilaktion

außerhalb des Schulgeländes ist jedoch zulässig – sofern keine weiteren Straftatbestände vorliegen. Trotz Hausverbots könnten also Schulhof-CDs unter den Schülern kursieren – wie auch Flugblätter oder „Schülerzeitungen" von NPD und ihrer Jugendorganisation JN. Diese sind zwar deutlich schlechter gemacht als die CDs, haben aber auch ihre Wirkung. Als Adressaten solchen Materials nennt die NPD ideologisch noch nicht gefestigte Schülerinnen und Schüler. In jedem Fall empfiehlt es sich, die Inhalte der Liedtexte und Artikel offensiv aufzugreifen und fächerübergreifend zu thematisieren.

... die Inhalte aufgreifen und widerlegen ...
Das Geschickte an der Schulhof-CD ist nicht nur in der Wahl eines jugendgerechten Mediums, sondern das Aufgreifen gesellschaftlich relevanter Themen, etwa Arbeitslosigkeit, Globalisierung oder Abwanderung. In der Mehrzahl folgen die Liedtexte einem Muster: Aktuelle Probleme werden zunächst schematisch angerissen, dabei kann es um Armut im Allgemeinen, um Kinderarmut oder Arbeitslosigkeit gehen, aber auch um scheinbar ungewöhnliche Themen wie Umweltzerstörung und die Bedrohung des Weltfriedens. Im Refrain des Liedes folgen dann einfache Lösungsangebote, die meist mit gängigen rechtsextremen Parolen untersetzt werden. (Der Link zu einer Argumentationshilfe findet sich am Ende dieses Kapitels. Auf den folgenden drei Seiten ist ein Song von der Schulhof-CD beispielhaft behandelt.)

Bei der inhaltlichen Auseinandersetzung mit den Texten müssen einerseits das Gesellschaftsbild der Neonazis und andererseits die weitreichenden Folgen rechtsextremer „Lösungs"angebote herausgearbeitet werden. Moderne Gesellschaften zeichnen sich durch einen hohen Grad an Komplexität aus; und gesellschaftliche Entwicklungen lassen sich nicht – wie es die NPD so gern tut – auf eine einzige Ursache reduzieren, geschweige denn mit simplen politischen Richtungsänderungen korrigieren.

... und gemeinsam auftreten
Aber egal, ob es um die inhaltliche Auseinandersetzung oder die Durchsetzung des Hausrechts gegenüber rechtsextremen Kadern geht: Stets sollten sich Lehrerkollegium, Schulleitung und nach Möglichkeit auch die Schülervertretung untereinander absprechen – und ihr Vorgehen gegenüber der Schülerschaft transparent machen. Dass Jugendliche mit rechtsextremistischer Musik in Berührung kommen, wird sich nie verhindern lassen – nicht zuletzt über Tauschbörsen im Internet ist fast alles fast immer verfügbar. Umso wichtiger ist die inhaltliche Reaktion darauf.

WIE ENTLARVT MAN RECHTSEXTREME SONGS?

Rechtsextreme Musiktexte geben ungefiltert Einblick – besser als irgendwo sonst erfährt man hier, was und wie die rechtsextreme Jugend denkt. Oft sind die Songtexte gerade wegen ihrer Rohheit erhellend. Was sollte man bei der Analyse im Blick haben?

Zunächst natürlich die *darstellende Funktion*, also das Thema des Songs – und zwar im Kontext der ideologischen Bedeutung für die Neonazis.

Zweitens die *ästhetische Funktion*, das heißt Auffälligkeiten der Sprache, gewählte Bilder, Eigentümlichkeiten der Textkomposition; insbesondere ist auf typische Szenecodes zu achten [▶ Kapitel 25]

Drittens die *expressive Funktion*, also die Haltung des Autors/Interpreten: Wie wird das Publikum angesprochen, wie stellt sich der Autor selbst zum Thema? Wird argumentiert, informiert oder wird eine Gefühlsebene angesprochen?

Besonders wichtig – viertens – die *appellative Funktion*: Welche Stimmung wird erzeugt, welches Urteil provoziert? In welche Richtung soll die Meinung gelenkt werden?

Insgesamt sollte es das Ziel der Analyse sein, den neonazistischen Charakter des Textes herauszuarbeiten und seine ideologische Botschaft kritisch zu beurteilen.

Noie Werte: Die Vertriebenenballade – Volksverhetzung, gut versteckt

Würde die Vertriebenenballade im Radio gespielt – beim flüchtigen Hören fiele vermutlich kaum jemandem auf, dass es sich hier um das Werk einer neonazistischen Band handelt [▶ Kapitel 9]. Das Lied kommt so harmlos daher, wie ein kitschiger Allerwelts-Popsong. Und auch der Text wirkt auf den ersten Blick keineswegs rechtsextremistisch: Strafbare Inhalte? Fehlanzeige. Volksverhetzung? Kaum zu erkennen.

Doch das Stück war enthalten auf der sogenannten Schulhof-CD, mit der die NPD jugendliche Anhänger zu werben versucht. Ursprünglich stammt es vom Album „Am Puls der Zeit", das im Jahr 2000 von der Stuttgarter Nazi-Band Noie Werte herausgebracht wurde – einer der bedeutendsten und auch langlebigsten deutschen Rechtsrock-Gruppen überhaupt. Mitglieder der bereits seit 1987 aktiven Band spielten einst eine Schlüsselrolle bei der Etablierung des neonazistischen und mittlerweile verbotenen Skinhead-Musiknetzwerkes *Blood&Honour* in Deutschland.

> „Es ist genug!" sind nur drei Worte / der Schrecken hat so viele Namen
> ein kleines Lächeln, ein starker Blick / doch das seh ich nicht an ihr
> Sie nimmt mich traurig in die Arme / Versteckt den Kummer, zeigt ihn nicht
> Ein Leben lang hat sie es verborgen / Auch wenn ihr Herz zerbricht

So lautet die erste Strophe der „Vertriebenenballade" – aber von wem hier überhaupt die Rede ist, wird erst im Refrain klar:

> Die Mutter hat es mir oft erzählt / Die Hölle selber miterlebt
> Die Trauer steht ihr im Gesicht / So viele Jahre nur gequält
> Und nur das nackte Leben zählt / Was sie sah, vergisst sie nicht

Nirgendwo, auch nicht später im Lied wird das eigentliche Thema ausdrücklich benannt: die Vertreibung der deutschen Bevölkerung im Zuge des Vormarsches der Roten Armee in der Endphase des Zweiten Weltkrieges. Doch dies wird niemals ausgesprochen. Ein naiver Hörer könnte meinen, es ginge um Vertreibungen ganz allgemein. Angesichts der Omnipräsenz des Nationalsozialismus und des Zweiten Weltkrieges in den Texten und Mythen der extremen Rechten aber ist für die Zielgruppe von Noie Werte völlig klar, dass es nicht um irgendwelche Vertriebenen geht, etwa in den Staaten des ehemaligen Jugoslawien oder im Sudan – sondern selbstverständlich um die deutschen Vertriebenen.

Im weiteren Verlauf des Textes fällt bei genauerer Betrachtung ein typisches Element neonazistischen Denkens auf: eine strikte Dichotomie von Gut und Böse, wobei die Rollen eindeutig verteilt sind.

> Es war eine Zeit, über die man nicht spricht / Als das Licht von der Erde verschwand
> Das Böse kam und wollte nehmen / Den Hof, die Heimat und das Land
> Brennende Häuser, schreiende Kinder / Teuflisches Lachen lag in der Luft
> Sie wurden gefoltert, sie wurden erschlagen / Doch das Flehen der Menschen verhallte im Wind

„Das Böse", das ist natürlich die Rote Armee, noch unterstrichen durch das den russischen Soldaten zugeschriebene „teuflische Lachen". Sie begehen also nicht nur Verbrechen, sie begehen sie sogar lachend. Und wo die eine Seite so abgrundtief böse ist, muss die andere eindeutig gut und unschuldig sein – dieser Eindruck wird noch verstärkt durch die wiederholte Betonung des Leidens von Frauen und vor allem von Kindern, die klassische Symbole der Reinheit und Unschuld sind.

Der Mechanismus der Schuldumkehr ist einfach: In der dramatischen Überbetonung des Leidens der Deutschen verschwinden die deutschen Verbrechen und verschwindet auch die Frage, welche Ereignisse dem Vormarsch der Roten Armee denn vorausgingen. Jedenfalls spielt die Frage nach Ursache und Wirkung in dem Song keine Rolle. Vielmehr soll Deutschland durch Überbetonung der Verbrechen der Roten Armee von seiner Schuld reingewaschen werden.

Die Zeit der militärischen Niederlage Nazi-Deutschlands war, so der Text, „die Zeit, als das Licht von der Erde verschwand". Mehr noch, „das Böse kam und wollte nehmen". Damit wird der Vormarsch der Roten Armee ausschließlich als Plünderungs- und Eroberungsfeldzug beschrieben und aus sämtlichen historischen Zusammenhängen herausgelöst. Dies ist eine in neonazistischen Kreisen beliebte Projektion: Was in Wahrheit Wehrmacht, SS und Gestapo in den besetzten Gebieten taten, wird einfach der anderen Seite zugeschrieben.

> Ein dunkler Nebel, vor dem ich fliehe / Dahinter warten die Bilder von einst
> Ich hasse sie und will sie vergessen / doch am Ende zwingen sie mich auf die Knie
> Die Frauen entehrt, die Frauen geschändet / In jedem Dorf, an jedem Tag
> Ein kleines Mädchen bettelt um Gnade / Die sie bis heute nicht bekam

Auf demagogisch geschickte Weise werden in dem Lied Gefühle angesprochen. So heißt es, „ein kleines Mädchen bettelt um Gnade" – um dies dann für politische Zwecke zu nutzen. Denn es geht Noie Werte keineswegs nur um die Vergangenheit, sondern um die Gegenwart. Dies wird zum Beispiel in der zweiten Strophe deutlich, wo es heißt: „Es war eine Zeit, über die man nicht spricht". Diese Unterstellung ist ebenso verkehrt wie bei Rechtsextremen beliebt: Das Schicksal der Heimatvertriebenen war seit 1945 stets ein öffentliches Thema in Deutschland, Spitzenpolitiker pilgerten zu den Treffen der Landsmannschaften, Schriftsteller wie Walter Kempowski und Günter Grass verarbeiteten die Schicksale literarisch.

Am Ende des Liedes heißt es, ein kleines Mädchen habe bis heute keine „Gnade" bekommen. Dies wirft beim Hörer natürlich die Frage auf, wer für das Verschweigen und das Verweigern der „Gnade" verantwortlich sei. Die Antwort darauf dürfte in den üblichen Feindbildern der braunen Szene zu suchen sein. Der Hörer soll sich mit den Leiden von Kindern und vergewaltigten Frauen, er soll sich mit der Mutter identifizieren. Er findet sich „auf die Knie gezwungen" wieder. Man soll zum Schluss kommen, die falsche Seite habe den Krieg gewonnen. In der Mutter und dem kleinen Mädchen soll sich der Hörer auch mit Nazi-Deutschland als Ganzem identifizieren.

Henning Flad

MEHR ZUM THEMA

- Ein Hintergrundtext zu den sogenannten „Schulhof-CDs"
  www.netz-gegen-nazis.de/artikel/was-verbirgt-sich-hinter-der-schulhof-cd
- Tipps für einen „Notfallkoffer" www.netz-gegen-nazis.de/artikel/notfallkoffer-gegen-neonazis
- Handreichung des Verfassungsschutzes NRW zu Agitationstechniken
  und Inhalten der Schulhof-CD: www.im.nrw.de/sch/doks/vs/Schulhofaktion.pdf
- Eine Argumentationshilfe zur Schulhof-CD der NPD
  www.netz-gegen-nazis.de/files/argumente-gegen-npd-cd-2006.pdf
- Im Buch „Reaktionäre Rebellen" (herausgegeben 2001 vom Archiv der Jugendkulturen in Berlin)
  finden sich ausführliche Texte zur Interpretation und Entlarvung rechtsextremistischer Musik.

Wie soll man mit Kindern über Nazis reden?

Der Holocaust war so schrecklich, dass einem die Worte fehlen können – erst recht gegenüber Kindern. Und was soll man antworten, wenn sie fragen: Papa, was ist Rassismus? Wieso werden Menschen mit schwarzer Haut erschlagen? Prominente sagen, wie sie mit Kindern über solche Themen sprechen würden.

Bastian Schweinsteiger: Ich würde sagen: Nazis sind absolut nicht cool, sondern einfach nur dumpf. Vor allem ist es wichtig, Kindern eine Perspektive zu geben, damit sie sich nicht aus Frust mit rechtsradikalen Gedanken anfreunden.

Sandra Maischberger: Ganz einfach: „Was du nicht willst, was man dir tu', das füg' auch keinem andren zu."

Charlotte Knobloch: Ich sage Kindern und Jugendlichen, dass sie keine Schuld an den Verbrechen der Vergangenheit haben. Sie haben aber aufgrund ihrer nationalen Geschichte Verantwortung für die Gegenwart. Die Vergangenheit können wir nicht ‚bewältigen' – die Gegenwart schon. Wer gern Musik hört, dem seien die vertonten Gedichte ‚Selma – in Sehnsucht eingehüllt' empfohlen.

Frank-Walter Steinmeier: Gegen Nazis sein, das heißt, wir wollen ein Land, in dem niemand Angst haben muss, verschieden zu sein. Nazis haben keinen Respekt vor den Menschen. Sie fragen nicht, was du denkst, fühlst, machst oder kannst. Sie wollen andere einschüchtern und mundtot machen. Passt du ihnen nicht, weil du eine bestimmte Haarfarbe oder eine andere Meinung hast, dann grenzen sie dich aus – und das machen sie oft auch mit schlimmer Gewalt.

Wolfgang Schäuble: Kindern und Jugendlichen den Wert der Menschenrechte zu vermitteln, ist ein maßgeblicher Baustein, um sie gegen solche menschenfeindlichen Ideologien immuner werden zu lassen. Am Ende liegt aber eines offen auf der Hand: Alle Bildung wird wenig nützen, wenn ihre Inhalte keine erkennbare Resonanz in der Praxis, im von uns allen gelebten Alltag haben.

Klaus Staeck: Nicht vorlaut sein, das perlt ab. Kinder überzeugen heißt, sie Gleichberechtigung und Demokratie erleben lassen. Erfahrung macht klüger als jede Belehrung. Und Kreativität einsetzen! Kinder (aber nicht nur Kinder) wollen stolz auf etwas sein, womit sie Anerkennung erfahren, ob als kleiner Künstler, Sportler, Musiker oder Artist. Wer sich nirgendwo geborgen fühlt, flüchtet gern in Pseudo-Gemeinschaften, wie sie Nazibünde gezielt anbieten, und sucht sich seinen Respekt gern in Stärke, Abwertung und Einschüchterung anderer.

Ulrich Wickert: Kinder verstehen am besten über Gefühle, die sie nachvollziehen können. Wenn sie im richtigen Alter sind, sollte man ihnen das *Tagebuch der Anne Frank* zu lesen geben – oder ähnliche Literatur.

Hermann Otto Solms: Was ich meinen Kindern sagen würde? „Alle Menschen sind vor dem Gesetz gleich." So steht es in Artikel 3 des Grundgesetzes. Nazis handeln auf allen Ebenen gegen dieses Grundrecht. Sie sind geistige Brandstifter, die sich unseres demokratischen Systems nur bedienen, um ihre „Ausländer raus"-Parolen und absurde Vorstellungen von der Überlegenheit der weißen Rasse zu verbreiten. Setzt euch gegen sie zur Wehr und beschützt auch andere!

Gregor Gysi: Mit Kindern spreche ich darüber, was ihnen an anderen Kindern gefällt oder nicht gefällt. Ich versuche ihnen zu erklären, dass das vom Charakter abhängt und nicht von der Nationalität. Ich sage, dass sie sich wünschen, tolerant behandelt zu werden, ergo auch andere tolerant behandeln müssen. Ähnlich ist es bei der Solidarität, die es nur gegenseitig geben kann. Das klappt ganz gut.

MEHR ZUM THEMA

- Moysich, J./Heyl M.: Der Holocaust. Ein Thema für Kindergarten und Grundschule? Krämer 1998
- BenJelloun, Tahar: Papa, was ist ein Fremder. Gespräch mit meiner Tochter. Rowohlt 2000
- Wieviorka, Annette: Mama, was ist Auschwitz? Ullstein 2000
- Burger, Horst: Warum warst Du in der Hitlerjugend. Vier Fragen an meinen Vater. Rowohlt 2005
- Besser als Sachbücher eignen sich für Kinder sicherlich Romane, zum Beispiel diese:
  Boyne, John: Der Junge im gestreiften Pyjama. Fischer 2004
  Kerr, Judith: Als Hitler das rosa Kaninchen stahl. Ravensburger 2009
  Nöstlinger, Christine: Maikäfer flieg. Beltz 2001
  Richter, Hans Peter: Damals war es Friedrich. dtv 1996
  Tetzner, Lisa: Die Kinder aus Nr. 67. Band 1+2. Sauerländer 2004
- Und natürlich: Das Tagebuch der Anne Frank – Lernmaterialien und Ausstellungen zum Thema hält auch das Anne-Frank-Zentrum in Berlin bereit: www.annefrank.de

56

Hilfe, mein Kind ist in einer rechtsextremen Clique gelandet!

Seit vielen Jahren beraten Reinhard Koch, Kerstin Pallocks und Eva Prausner in Braunschweig und Berlin-Lichtenberg Eltern zum Thema – und die Experten raten: Als Allererstes sollte man sich Klarheit verschaffen, wie tief das eigene Kind wirklich schon in der rechtsextremen Szene steckt. Und dann sollte man professionellen Rat suchen – auch wenn die Angst groß sein mag, sich dann wie auf der Anklagebank zu fühlen. Die folgenden Tipps können deshalb nur ein Anfang sein.

Nicht hinter jeder Glatze steckt ein Rechtsextremer. Prüfen Sie, welche Musik Ihr Kind hört, welche Kleidungsmarken es trägt, welche Bücher, Broschüren und Flugblätter es liest! Machen Sie sich ganz allgemein kundig über rechtsextremistische Organisationen und Gruppen, über Rekrutierungstricks und Erkennungscodes. [▶ Kapitel 7 und Anhang] Mindestens genauso wichtig ist es, die Szene in Ihrer Stadt, in Ihrer Region zu kennen. Auskünfte von Jugendamt, Polizei oder Verfassungsschutz sind oft nicht vollständig – deshalb fragen Sie ebenso bei örtlichen Bürgerinitiativen oder Aktionsbündnissen nach. Auch Internetseiten der Antifa können wichtige Informationen liefern.

Und dann verändern Sie den Blickwinkel. Fragen Sie sich zum Beispiel: Was findet mein Kind bei den Rechtsextremen, was es woanders nicht bekommt? Bedenken Sie auch Aspekte wie Anerkennung, Gruppenzugehörigkeit, „Karriereerfahrungen" in der Szene oder die Bestätigung eines bestimmten Bildes von Männlichkeit. Sie können versuchen, attraktive Alternativangebote zu machen,

DAS MEINEN LESER – Auszüge aus den Netz-gegen-Nazis-Foren

Meierdings: „Sie können auch den Kontakt nicht abbrechen lassen und ihm zu verstehen geben, dass er immer Ihr Sohn bleibt, aber Sie ansonsten nichts mit seiner Einstellung zu tun haben wollen."

Freya: „Halten Sie durch, und lassen Sie sich nicht auf seine infiltrierten Argumente ein. Regen Sie sich bloß nicht zu sehr über seine Provokationen auf, sondern fragen Sie ihn doch lieber, wer ihm das gesagt hat oder woraus er das schließt, wie vertrauenswürdig seine Quellen sind und ob das […] tatsächlich seine persönliche Meinung widerspiegelt. […] Geben Sie ihm zu verstehen, dass er denken darf, was er möchte (wir sind schließlich Demokraten), aber dass er auf keinen Fall die vorgefertigte Meinung eines ganzen Kaders übernehmen darf und sollte."

Phase_1: „Warum junge Menschen sich für rechte Ideologien interessieren, ist ein sehr weites Feld. Sie alleine werden Ihr Kind nicht ändern können. Seine Alltagswelt mit einer wahrscheinlich rechten Clique ist einfach intensiver. Bleiben Sie bei Ihrer Meinung, das respektieren diese Leute meistens noch am ehesten. Sie brauchen Distanz. Inhaltlich und damit auch emotional. Lassen Sie sich nicht durch einzelne Themen provozieren. Das führt zu nichts. Informieren Sie sich über rechte Gruppen. Dann verstehen Sie Ihr Kind besser. […] Machen Sie klar, ruhig und besonnen, dass Gewalt etwas ist, das nur noch tiefere Gräben schafft."

Politischer Philosoph: „Ich halte Rausschmeißen für das Dümmste, was man tun kann. Das rechtsextreme Lager freut sich geradezu über so etwas. Wenn Ihr Sohn nicht mal mehr durch die eigene Familie Kontakt zu normalen Menschen bekommt, dann versinkt er doch endgültig in diesem braunen Sumpf. […] Versuchen Sie, sich schlauzumachen, damit immer, wenn eine Diskussion entbrennt, auch die passenden Argumente bei der Hand sind. Vielleicht ist es im Moment nicht möglich, durch die ideologische Mauer zu brechen, aber irgendwann wird Ihr Sohn vielleicht wieder aufnahmefähiger sein. Halten Sie Ihr Haus möglichst frei von radikalen Einflüssen und versuchen Sie, […] sich nicht provozieren zu lassen. Vielleicht fällt Ihnen irgendwann mal eine Schwäche in seinem Gedankenmuster auf, oder eine Möglichkeit ihn emotional wieder anzusprechen, ohne dass er mit rechter Ideologie konfrontiert wird. Vielleicht liegt des Rätsels Lösung auch in der Vergangenheit. Versuchen Sie zu reflektieren, wann die Änderungen auftraten, mit welcher Geschwindigkeit und durch welche Veränderungen. Unter Umständen finden Sie dort die Antworten, die Sie suchen."

Mitdiskutieren unter:
www.netz-gegen-nazis.de/frage/wie-begegne-ich-rechtsextremismus-bei-dem-eigenen-sohn-23j

besonders in der Freizeitgestaltung: Ausflüge, Ferienfahrten, Kurse oder Projekte. Auch dort können Kinder Anerkennung finden und positive „Karriere-erfahrungen" machen.

Sie sollten frühzeitig klare Regeln aufstellen, was Sie in Ihrer Wohnung dulden und was nicht. Aber Ihr Kind hat auch ein Recht auf Privatsphäre, dazu gehört beispielsweise die Wahrung des Postgeheimnisses. Übergehen Sie diese Rechte nicht leichtfertig!

Geben Sie dem Thema Rechtsextremismus in der Beziehung zu Ihrem Kind und in der Familie nicht zu viel Raum. Achten Sie darauf, dass das Familienleben trotz der Belastung funktioniert. Ist Ihr Kind bereits volljährig, kann auch eine räumliche Trennung die Situation entspannen. Das Prinzip „Nähe durch Distanz" ist auch ein Selbstschutz für Sie.

Bleiben Sie für Ihr Kind weiter Ansprechpartner ...

Klar, das ist oft einfacher gesagt, als getan. Aber es ist wichtig, dass Sie den Draht zu Ihrem Kind nicht abreißen lassen. Versuchen Sie durch eine „Draufsicht" auf sich und Ihr Kind konstruktive Kommunikationsformen zu entwickeln. Falls Sie es noch nicht getan haben: Machen Sie Ihrem Kind Ihren persönlichen Standpunkt über Rechtsextremismus deutlich – und begründen Sie diesen, ohne übereifrig zu werden.

In der rechtsextremen Szene ist es üblich, nach dem Einstieg viele Außenkontakte aufzugeben. Für den Zusammenhalt solcher Gruppen ist es eminent wichtig, sich als von Feinden umgeben zu sehen. Deshalb sollten nicht nur Sie unbedingt versuchen, den Kontakt zu halten – sondern auch Personen finden, die „Zugang" zu Ihrem Kind haben könnten. Fragen Sie: Wie ist deren Wahrnehmung? Haben die (noch) einen Draht? Solche Kontakte helfen auch gegen die verständliche Furcht, mit dem Problem allein zu sein!

... suchen Sie Verbündete ...

Ein Kind ist niemals nur Sohn oder Tochter; es ist zugleich Schüler, Auszubildende, Freund/Freundin, Vereinsmitglied, Feuerwehrmann, Sportlerin und vieles mehr. Die Kontaktpersonen, die Ihr Kind anderswo hat, sollten über das Problem informiert sein – und gemeinsam können Sie dann nach Reaktionsmöglichkeiten suchen. Auch ein frühes Aufsuchen von Jugendamt, Polizei und Jugendgerichtshilfe ist oft hilfreich.

Wenn es in Ihrem Dorf, in Ihrer Stadt bereits eine relativ verfestigte rechtsextreme Cliquen- oder Kameradschaftsstruktur gibt, die möglicherweise schon die dominante Jugendkultur ist und Sogwirkung entfaltet, von der Mitglieder anderer Szenen (Punks, Hip-Hopper, kirchliche Jugendliche usw.) eingeschüchtert oder angegriffen werden – dann ist das nicht mehr nur Ihr Problem, sonder geht längst das ganze Gemeinwesen an. Deshalb sollten Sie – auch wenn es schwerfällt – an die Öffentlichkeit gehen! Sie sollten (vielleicht gemeinsam mit mehreren) betroffenen Eltern das Gespräch mit Behörden und Politikern suchen, aber auch mit Leuten wie dem Vorsitzenden des Karnevalsvereins, dem Chef der Jugendfeuerwehr, dem Redakteur der Lokalzeitung, dem Pfarrer, dem Schuldirektor. In verschiedenen Bundesländern bieten Beratungsstellen explizit das „Community Coaching" an.

Häufig wollen Betroffene ihre Aufarbeitungsprozesse mit anderen teilen, sie können sogar selbst zu einer Hilfe für andere werden. Bei klassischen Selbsthilfegruppen besteht die Gefahr, dass mitgebrachte Problemszenarien und -hintergründe eher kumulieren und dann gegenseitig bestätigt und gestärkt statt produktiv abgebaut werden. Deshalb sind meist Elterngruppengespräche besser, die durch externe Fachleute moderiert werden. [▶ auch Kapitel 57]

… und vergessen Sie sich nicht selbst!

Bei aller Sorge um Ihr Kind dürfen Sie selbst nicht zu kurz kommen! Frischen Sie Ihre Kräfte regelmäßig auf! Betreiben Sie keine Selbstzerfleischung. Fragen Sie sich nicht ständig, wer „Schuld" hat an dieser Entwicklung.

Last but not least: Denken Sie daran, dass es keinen Königsweg aus der rechtsextremen Szene gibt. Manche „Karrieren" enden so abrupt wie sie angefangen haben: durch eine neue Freundin, einen Umzug, eine Lehrstelle. Haben Sie Geduld.

MEHR ZUM THEMA

- Broschüre „Mein Kind ist doch kein Nazi!?" der Mobilen Beratung Thüringen zum Herunterladen: www.mobit.org/Materialien/Brosch%FCre_051115.pdf
- Eine 85-seitige Handreichung für Eltern mit vielen Praxisbeispielen und Adressanhang: www.netz-gegen-nazis.de/files/Elternleitfaden_0.pdf
- Hafeneger, B./Jansen, M.: Rechte Cliquen. Alltag einer neuen Jugendkultur. Juventa 2001
- Der Verein „Gegen Vergessen – Für Demokratie" bietet im Internet eine anonyme und kostenlose Beratung: www.online-beratung-gegen-rechtsextremismus.de
- Bei www.exit-deutschland.de gibt es eine „Familienhilfe", weitere Anlaufstellen sind zum Beispiel in Berlin www.eltern-gegen-rechts.de, in Sachsen www.recall-sachsen.de oder in Rheinland-Pfalz www.lsjv.de/kinder_jugend_und_familie/elterninitiative_gegen_rechts

Wo gibt es Hilfe für Rechtsextremisten, die aussteigen wollen?

Wer in die Neonazi-Szene einsteigt, ist oft erst 12 bis 15 Jahre alt, und verbringt dann seine Jugend in einem fast hermetisch geschlossenen Umfeld. Wer dort wieder herauswill, braucht viel Überwindungskraft – und meist externe Hilfe. Denn die Angst vor einer Zukunft ohne die „Kameraden" ist in der Regel riesig.

Als sie in die Szene rutschte, war sie 12. Als sie ausstieg, 15 – und schwanger. C. wohnte im Süden Leipzigs, hatte ihre Mutter durch Krebs verloren und zu ihrem Vater kein Verhältnis. Notorische Schulschwänzerin war sie auch. Geborgenheit fand sie in einer rechtsextremen Clique, die sie am Leipziger Hauptbahnhof kennenlernte. Die kam wie gerufen, als sie – pubertätstypisch – Abenteuer und eine eigene Identität suchte. Die Nazi-Musik und das zugehörige Outfit gefielen ihr, die harten Jungs ebenso. NPD-Aufmärsche fand sie cool – „so viel Polizei nur wegen uns". Und wenn gelegentlich jemand verdroschen wurde, ein Migrant oder ein Aussteiger aus der eigenen Clique, gehörte

FÜNF SCHRITTE ZUM NEUEN LEBEN

Ein erfolgreicher Ausstieg aus dem Rechtsextremismus, so die Initiative Exit, vollziehe sich in der Regel in fünf Phasen:

Motivationsphase – Zweifel am Rechtsextremismus, die der Ausstiegswillige äußert, werden in Beratungsgesprächen bestärkt und Möglichkeiten des Ausstiegs aufgezeigt.

Ausstiegsphase – der Aussteigende beendet den Kontakt zur Szene; falls nötig, wird ein Sicherheitskonzept erarbeitet, um Racheakte und Verfolgungen zu vermeiden.

Etablierungsphase – jetzt sind soziale und wirtschaftliche Zukunftsperspektiven zentral sowie die Suche nach einem Arbeitsplatz oder einer Ausbildungsstelle.

Reflexionsphase – AussteigerInnen sollen sich mit der Vergangenheit, der von ihnen vertretenen Ideologie und evtl. begangenen Taten auseinandersetzen.

Stabilisierungsphase – üblicherweise nur noch gelegentliche Kontakte zu Exit; im Idealfall haben ehemalige Rechtsextreme zu diesem Zeitpunkt eine neue soziale Bezugsgruppe, sind wirtschaftlich abgesichert und vertreten humanistische Werte.

das dazu, „Schicksal eben", meinte sie. Erst als sie von einem Jungen aus der Gruppe schwanger wurde, fand sie das nicht mehr lustig.

Als sie daraufhin ankündigte, künftig lieber eigene Wege zu gehen, machte ihr die Clique klar: Du bleibst, das Kind gehört uns! Im Internet suchte sie Rat, fand eine Website gegen rechte Gewalt, bat dort per Mail um Hilfe. Es folgten Telefonate und Treffen in Leipzig, um zu überprüfen, was an der Geschichte stimmt. Sie zeigte alle ihre CDs und Klamotten im Schrank – komplett aus der Neonazi-Szene. Und sagte, dass sie Angst vor ihrer alten Clique habe, denn „ich weiß ja, was man da so macht". Doch eine Leipziger Psychologin, die ihr vermittelt wurde, traf sie nie, denn erwachsene Ratgeber lehnte das Mädchen „schon aus Prinzip" ab. Ihr Ausstieg kam überraschend anders. Inmitten ihrer Grübelphase lernte C. zufällig eine eher linke Clique in ihrem Wohngebiet kennen und fand die plötzlich sympathisch. Außerdem meldeten sich Verwandte aus einer nahen Kleinstadt, die sie weg aus Leipzig bringen wollten. Dann brach der Kontakt zu ihr ab.

„Jeder Mensch hat das Recht, sich zu ändern"

Der Fall – und auch sein Ende – ist durchaus typisch für die Arbeit von Projekten, die Aussteigern helfen wollen. Harten Neonazis bieten die Verfassungsschutzämter Unterstützung an, aber diese Behörden sind qua Profession stark am Abschöpfen ihrer Klienten interessiert, und das Misstrauen gegen sie ist groß in der Szene. Viele Hilfesuchende wenden sich deshalb eher an unabhängige Organisationen, etwa Exit, einen Berliner Verein, der im Herbst 2000 nach schwedischem Vorbild und mit finanzieller Unterstützung des *stern* entstand. Das Ziel: nach dem Prinzip „Hilfe zur Selbsthilfe" Aussteigewilligen neue Perspektiven außerhalb ihres bisherigen Milieus zu eröffnen. Rund 300 Leute wurden bislang erfolgreich betreut, die Rückfallquote liege unter fünf Prozent, versichern die Macher.

Federführend bei Exit ist der ehemalige Kriminalpolizist Bernd Wagner, der schon zu DDR-Zeiten auf Rechtsextremismus spezialisiert war, ein Tabu-Thema im SED-Staat. An seiner Seite stand anfangs Ingo Hasselbach, ein einstiger Neonazi-Führer aus Ost-Berlin, dessen bewegtes Leben 2001 im Dokumentarfilm *Verlorene Söhne* verarbeitet wurde. „Für mich hat jeder Mensch das Recht, sich zu verändern", sagt Hasselbach, „und wenn jemand dabei ein wertvolles Mitglied der Gesellschaft wird, dann soll er auch die damit verbundenen Chancen bekommen, sofern er sich klar von Vergehen distanziert und dafür gezahlt oder gebüßt hat." Er selbst habe harte Jahre hinter sich, „mit allem, was man sich vorstellen kann, mit Bombendrohungen und Gerichtsverhandlungen". Aus Furcht vor brutalen Ex-„Kameraden" riet ihm die Polizei sogar ab, zu seiner Filmpremiere zu erscheinen.

Das Schlimmste ist die Angst vor der Einsamkeit

Erfolgreiche Aussteiger hätten die Pflicht, meint Hasselbach, auch anderen zu helfen. „Ich habe versucht, dieser Szene den Nachwuchs abzuschneiden", sagt er. Man müsse die Jugendlichen aufklären, bis zum Alter von 18 oder 19 Jahren seien die meisten von ihnen noch zu erreichen. „Darüber wird es schwer." Hasselbach lebt heute fernab von Berlin und hat in einem neuen Beruf Fuß gefasst. Exit arbeitet ohne ihn weiter, aber mit den von ihm mitentwickelten Prinzipien: Elementar ist, dass die Initiative von dem Ausstiegswilligen ausgehen muss. Wichtig sei dann, so Exit, „nicht nur einen äußerlichen Rückzug aus der Szene zu bewirken, sondern auch eine Auseinandersetzung mit der rechtsextremen Ideologie und den begangenen Taten". Die Aussteiger sollen befähigt werden, rechtsextreme Ideologieelemente kritisch zu reflektieren – und ein eigenes humanistisches Weltbild zu entwickeln. Dies sei der oft schwierigste Teil. Denn wer sich auf den Rechtsextremismus einlasse, tauche ab „wie in eine Sekte", resümiert Aussteiger Matthias Adrian, der inzwischen selbst bei Exit arbeitet. Das Nazitum definiere sich als Keimzelle des einzig Guten. Alle anderen gelten als böse. Die eigene Verblendung mit allen verinner-

AUSSTIEG IM KNAST

Die Bundeszentrale für politische Bildung hat 2001 ein Aussteiger-Pilotprojekt in neun Jugendstrafanstalten gestartet. Gewalttäter mit rechtsextremem Weltbild können sich freiwillig beteiligen. Man trifft sich wöchentlich in Kleingruppen, tauscht sich über Sorgen und Beweggründe aus. Nach der Entlassung gibt es weitere Beratungsangebote. Rund 350 Jugendliche nehmen bereits teil, und die Nachfrage ist groß. Die Rückfallquote liegt nach Angaben der Macher „deutlich unter zehn Prozent", zumindest was erneute Gewaltstraftaten angeht.

„Uns scheint ein Kern des Problems darin zu liegen, dass diese Jugendlichen nicht in der Lage sind, menschliche Bindungen einzugehen", sagt Projektleiter Ulrich Dovermann. „Wir haben Erfolg, weil wir ihnen beibringen, diese wieder aufzubauen und Vertrauen in Bindungen zu investieren. Das können sie am Anfang eigentlich alle nicht. Das kann vom Elternhaus her begründet oder von Nazigruppen aus befördert worden sein, dass man sagt: Ihr dürft euch nicht binden. Das ist der entscheidende Defekt. Wenn man ihnen die Möglichkeit gibt, wieder Bindungen einzugehen, dann tun sie auch den Schritt hin in einen Diskurs. Und das ist die Grundlage für einen Ausstieg."

Mehr unter:
www.bpb.de/themen/9ODFD7

lichten Feindbildern zu durchbrechen, das dauere lange und sei ein schmerzlicher Prozess.

Staatsunabhängige Aussteiger-Initiativen sind auf Spenden oder Zuschüsse angewiesen – und daran mangelt es oft. Exit legte sich in höchster Not sogar eine 0900-Bezahl-Telefonnummer zu. Nur ernst zu nehmenden Aussteigern werden anschließend die Gebühren erstattet. Als Unterabteilung gibt es inzwischen auch eine „Elternhilfe" für Angehörige von Neonazi-Kids. Daneben gibt es längst weitere Gruppen, etwa www.eltern-gegen-rechts.de in Berlin-Lichtenberg oder die Elternberatung des bayerischen Jugendrings.

Der Lichtenberger Elternkreis weist von vornherein daraufhin, dass Familien „viel Geduld haben, Grenzen setzen und miteinander reden" müssen: „Erwarten Sie nach den ersten Gesprächen und sicher auch ersten Konfrontationen mit Ihrem Kind keine Wunder. Es werden kleine und vorerst kaum sichtbare Schritte sein." Selbst mit Helfern finde der Ausstieg praktisch nie abrupt statt, im Gegenteil, es ist ein oft quälend langes Hin- und Hergerissensein. Das Schlimmste sei die Angst vor der Einsamkeit, erzählt auch Oliver Westerwinter. Er war mit 15 zur NPD-Jugendorganisation JN gekommen und hatte dort schnell Karriere gemacht. Mit dem Einstieg, sagt er, verlor er seinen gesamten alten Freundeskreis. Und mit der Entscheidung, die Szene wieder zu verlassen, verlor er dann auch die neuen „Kameraden". Diese Aussicht auf „soziale Isolation", so Westerwinter, könne „durchaus dazu führen, dass ansonsten Ausstiegswillige diesen Schritt letztendlich doch nicht vollziehen oder nach kurzer Zeit die Tätigkeit in der rechtsextremen Szene wieder aufnehmen".

Die 15-jährige C. aus Leipzig meldete sich irgendwann noch einmal kurz per Telefon. Da war sie gerade mit einem Fernfahrer unterwegs. Einem alten Kumpel aus der braunen Szene.

MEHR ZUM THEMA

- „Letzter Halt: Ausstieg. Wege aus der rechten Szene" – Broschüre zum Download: www.exit-deutschland.de/_obj/BC8A58CC-6CEF-4D26-88C9 98E1679842F2/inline/Exit_2008.pdf
- Koch, Reinhard / Pfeiffer, Thomas (Hrsg.): Ein- und Ausstiegsprozesse von Rechtsextremisten. Arug Braunschweig 2009
- Rommelsbacher, Birgit: Der Hass hat uns geeint. Junge Rechtsextreme und ihr Ausstieg aus der Szene. Campus 2005
- Über den teils zweifelhaften Boom von staatlichen Aussteigerprogrammen für Neonazis: www.zeit.de/2001/20/Dabeisein_ist_alles

58

Wie soll man auf rechtsextreme Drohungen reagieren?

Küchenschaben im Briefkasten, Drohanrufe, ein zerkratztes Auto – Menschen zu drohen ist eine der wichtigsten Strategien von Rechtsextremisten. Umso wichtiger ist es, sich davon nicht einschüchtern zu lassen.

„Ich will verdammt sein, wenn ihr antideutschen Multikulti-Pseudo-Demokraten nach unserer Machtübernahme lebendig davonkommt!" So kann es klingen, wenn ein Rechtsextremist eine Nachricht auf dem Anrufbeantworter hinterlässt. Im ersten Moment ist man natürlich erschrocken, das Herz klopft etwas lauter. Genau das ist das Ziel von Drohungen – und deshalb sollte man lernen, eine solche Nachricht eher zu belächeln. Denn bei Briefen, E-Mails oder Anrufen handelt es sich meist nur um verbale Muskelspiele und Wichtigtuereien. Die Absender finden Selbstbestätigung in der Vorstellung, sie könnten anderen Angst einjagen. Daraus folgt auch schon die wichtigste Gegenmaßnahme: Gelassenheit. Man sollte aber schon mit anderen Menschen, mit der Familie, mit Freunden, den Mitstreitern in der Initiative darüber reden, denn selbst substanzlose

SPRENGSTOFF
UNTER DEM AUTO

Die Fachjournalistin Andrea Röpke erhielt für ihre Arbeit nicht nur Preise, sondern auch Morddrohungen von Neonazis.

Was haben Sie konkret erlebt?
Die Palette ist groß. Sie reicht von direkter Gewaltandrohung, anonymen Schreiben bis zu Klageandrohungen. Einmal tauchten vor meiner Tür Neonazis mit einer Videokamera auf und klingelten. Später wurde das Video mit der Anfahrtsbeschreibung immer wieder bei YouTube eingestellt. Übers Internet erhielt ich zudem Morddrohungen, die Rede war von „Brandsätzen durchs Fenster" und „Sprengstoff unterm Auto". Das nimmt deutlich zu, das Internet hat die Hemmschwelle gesenkt.

Wie kann man sich wehren?
An den Provider – in meinem Fall YouTube – wenden und Druck machen. Wenn sich nichts rührt, publizistisch und juristisch wehren. Bei ernsthaft Bedrohlichem sofort die Polizei vor Ort informieren und Anzeige erstatten. Außerdem Nachbarn, denen man vertraut, um erhöhte Aufmerksamkeit bitten. Es ist gut, sich eine Solidargemeinschaft aufzubauen. Einmal hat eine Nachbarin Neonazis vor dem Grundstück eigenhändig verscheucht – da haben sie das Gefühl bekommen, dass man nicht alleine ist und sie keine Chance haben.

Drohungen können an den Nerven zerren. Doch hinter absenderlosen Kraftmeiereien steckt meist keine echte Gefahr.

Weit gravierender sind Sachbeschädigungen, körperliche Bedrängungen oder tätliche Angriffe. Derartige Einschüchterungsversuche sind aber seltener, als viele Laien denken. Nur relativ wenige Engagierte machen Erfahrungen wie Rainer Sauer. Im Jahr 2007 hat der Gewerkschafter die Initiative „Bocholt stellt sich quer" mitgegründet und wurde seitdem mehrfach attackiert. Mal umzingelten Neonazis sein Auto, beschimpften ihn und seine Frau, traten gegen das Fahrzeug. Mal wurde sein Haus mit Eiern beworfen, SS-Runen ans Garagentor gemalt, Schüsse in die Luft gefeuert. „Rainer, wir werden Dich am Wochenende töten", hieß es in einem zurückgelassenen Brief. „Ihr Dreckschweine habt in unserem Deutschland nichts verloren. Ihr seid die Verbrecher der Deutschen Nation. Wir werden Euch ausrotten und das Lachen über uns wird Euch noch vergehen. Wir empfehlen Dir, die Strafanzeige gegen unsere Freunde umgehend zurückzuziehen! Sonst wirst Du keine Ruhe mehr haben. Wir werden Dich verfolgen auf Schritt und Tritt. Heil Hitler." Der ver.di-Sekretär machte das einzig Richtige: Er alarmierte die Polizei und ging an die Öffentlichkeit. Zeitweise stand er sogar unter Polizeischutz.

Doch auch, wer nur die mildere Form erlebt und lediglich verbale Drohungen erhält, sollte sicherheitshalber die Polizei einschalten. Handelt es sich um Briefe, sollten diese nicht durch zu viele Hände gehen, um eventuelle Spuren darauf nicht zu verwischen. Bei E-Mails ist es wichtig, auch den sogenannten „Header" an die Polizei zu geben – mit Angaben aus diesem, vom Mailprogramm meist nicht angezeigten Teil der Nachricht kann über den Internet-Provider möglicherweise die Spur zum Absender rückverfolgt werden. Auf Internetseiten von Initiativen lassen sich lästige Massenmails und auch viele Drohungen in Gästebüchern oder Foren bereits abwenden, wenn die Nutzer bei der Eingabe von Nachrichten einen ständig wechselnden Zahlen- und Buchstabencode (ein sogenanntes „Captcha") eintippen oder E-Mail-Adressen hinterlassen müssen.

Meist ist es sinnvoll, Bedrohungen umgehend öffentlich zu machen. Das bringt den Absendern zwar Aufmerksamkeit, nimmt Drohungen aber auch einen Teil ihrer Wirkung. Denn Einschüchterungen funktionieren am besten im Verborgenen. Außerdem ermöglicht die Veröffentlichung, dass sich andere Menschen oder auch Prominente in einer Stadt mit dem Bedrohten solidarisieren. Ein solcher Schritt ist extrem wichtig, um Rechtsextremisten in die Schranken zu weisen: Das Resultat ihrer Drohung ist dann nicht weniger Aktivität des Opfers – sondern mehr Engagement von noch mehr Menschen.

Weitergehende Schritte, etwa das Streichen des eigenen Eintrags im Telefonbuch, sollte man erst nach Rücksprache mit der Polizei oder anderer professioneller Beratung erwägen. Das Auftreten unter Pseudonym ist nur bei besonders bedrohten Aussteigern sinnvoll, auch einige Fachjournalisten haben sich zu diesem Schritt entschlossen. Denn natürlich gibt es – gerade in der rechtsextremen Szene – viele Waffennarren und auch einige durchgeknallte Möchtegern-Rächer.

Eine besonders gelassene Reaktion auf Drohbriefe verriet 2006 der damals 83-jährige Schriftsteller Ralph Giordano einer Hamburger Schülerzeitung. Giordano überlebte den Holocaust, weil er mit seiner jüdischen Mutter untertauchen konnte. Seit Jahrzehnten wird der engagierte Publizist mit Hasspost eingedeckt. In den Sechzigerjahren hätten meist frustrierte Alt-Nazis dahintergesteckt, „die ihre Wut loswerden wollten, weil die Weltgeschichte einen anderen Lauf genommen hat als in ihren Siegträumen", erzählte Giordano den Schülern. Heute seien die Absender oft „intellektueller", was „das Ganze umso unheimlicher macht". Sie „unterschreiben mit ‚Herosolima es perdita‘, kurz ‚HEP‘. Das war der Schlachtruf der Römer im jüdischen Krieg von 67–71 nach Christus, das bedeutet ‚Jerusalem muss zerstört werden‘." Und, wie reagiert er darauf? „Indem ich versuche, nicht zu reagieren. Die Morddrohungen habe ich in einen großen Umschlag gesteckt und ans Literaturhaus in Marbach geschickt, wo mein gesamter Nachlass hinkommen wird."

MEHR ZUM THEMA

- Ein Bericht über die Drohungen gegen Rainer Sauer in Bocholt:
  www.netz-gegen-nazis.de/artikel/neonazi-drohvideos-bei-youtube
- Das vollständige Interview mit Ralph Giordano:
  www.amadeu-antonio-stiftung.de/w/files/pdfs/politikorange_extrem.pdf (S. 30)
- Bianca Klose von der Mobilen Beratung gegen Rechtsextremismus in Berlin:
  www.taz.de/regional/berlin/aktuell/artikel/1/ich-erlebe-regelmaessig-bedrohungen-durch-neonazis

59

Was tun bei einem rechtsextremen Angriff?

Werden sie Zeuge eines Übergriffs, sind die meisten Menschen geschockt und gelähmt. „Zehn Punkte für Zivilcourage" von der Initiative Augen auf!

1. Seien Sie vorbereitet

Überlegen Sie sich eine Situation, in der ein Mensch belästigt, bedroht oder angegriffen wird. Zum Beispiel: Eine Frau dunklerer Hautfarbe wird in der S-Bahn von zwei augenscheinlich rechtsextremen Männern beleidigt und angepöbelt. Überlegen Sie genau, was Sie dann fühlen – und was Sie tun würden.

2. Bleiben Sie ruhig

Wenn es passiert: Konzentrieren Sie sich darauf, zu tun, was Sie sich vorgenommen haben. Lassen Sie sich nicht ablenken von Gefühlen wie Angst oder Ärger.

3. Handeln Sie sofort

Erwarten Sie nicht, dass ein anderer hilft. Je länger Sie zögern, desto schwieriger wird es, einzugreifen.

4. Holen Sie Hilfe

In der Bahn: Nehmen Sie Ihr Handy und rufen Sie die Polizei oder ziehen Sie die Notbremse. Im Bus oder in der Straßenbahn: Alarmieren Sie die Fahrerin beziehungsweise den Fahrer. Auf der Straße: Schreien Sie laut!

5. Erzeugen Sie Aufmerksamkeit

Sprechen Sie andere persönlich an. Ziehen Sie sie in die Verantwortung: „Sie da, in der gelben Jacke, können Sie bitte den Busfahrer rufen?" Sprechen Sie laut. Ihre Stimme gibt Ihnen Selbstvertrauen und ermutigt andere zum Einschreiten.

6. Verunsichern Sie die Täter

Schreien Sie laut und schrill. Das geht auch, wenn die Stimme versagt.

7. Halten Sie zum Opfer

Nehmen Sie Blickkontakt zum Opfer auf. Das vermindert seine Angst. Sprechen Sie das Opfer direkt an: „Ich helfe Ihnen."

8. Wenden Sie keine Gewalt an

Spielen Sie nicht die Heldin beziehungsweise den Helden, und begeben Sie sich nicht unnötig in Gefahr. Setzen Sie keine Waffen ein, diese führen häufig zur Eskalation. Fassen Sie die Täter niemals an, sie oder er kann dann schnell aggressiv werden. Lassen Sie sich selbst nicht provozieren, bleiben Sie ruhig.

9. Provozieren Sie die Täter nicht

Duzen Sie die Täter nicht, damit andere nicht denken, Sie würden sie oder ihn kennen. Starren Sie den Angreifern nicht direkt in die Augen, das könnte sie noch aggressiver machen. Kritisieren Sie das Verhalten der Täterin beziehungsweise des Täters, nicht aber ihre oder seine Person.

10. Helfen Sie der Polizei

Beobachten Sie genau, merken Sie sich Gesichter, Kleidung und Fluchtweg der Täter. Erstatten Sie Anzeige. Melden Sie sich als Zeuge beziehungsweise Zeugin.

MEHR ZUM THEMA

- Diesen „Zehn-Punkte-Plan" gibt es auch als auffällig gestaltetes Plakat zum Herunterladen:
  www.augenauf.net/de/dnl/10_punkte.98.pdf

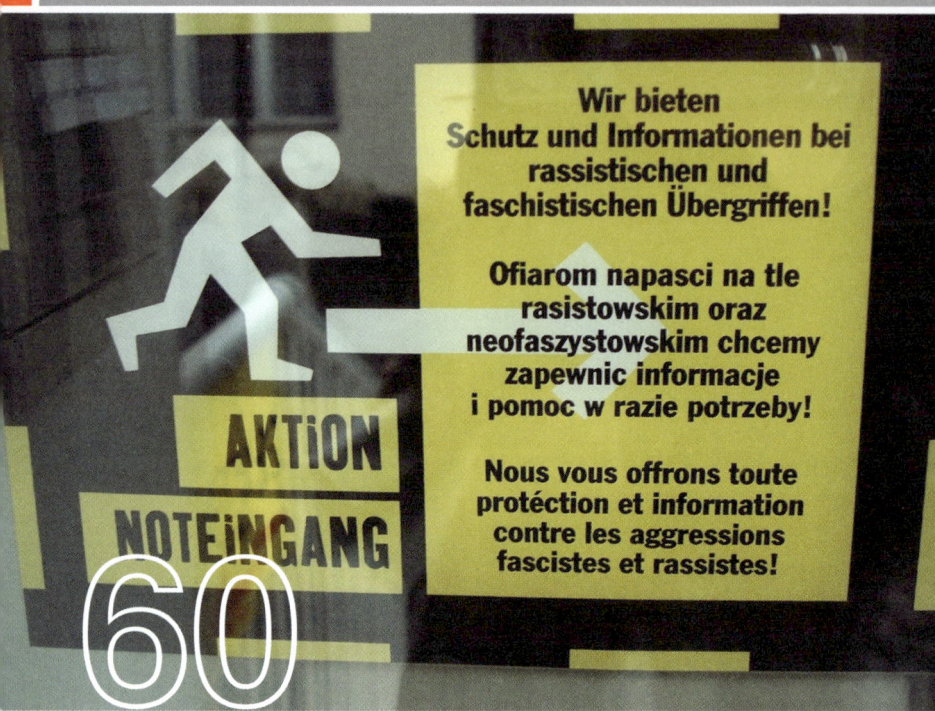

Wo gibt es Hilfe
für Opfer rechtsextremer Gewalt?

Verprügelt, bedroht, gedemütigt – ein Angriff ist für Betroffene oft schwer zu verarbeiten. Umso wichtiger ist es, dass sie schnell Hilfe finden und nicht alleingelassen werden. Heike Kleffner hat jahrelang als Opferberaterin in Sachsen-Anhalt gearbeitet und erklärt die ersten Schritte nach einem Überfall.

Ob Migranten, Flüchtlinge, schwarze Deutsche, Punks, antifaschistisch aktive Jugendliche oder engagierte Gewerkschafter – für viele gehören rassistische oder menschenfeindliche Beschimpfungen, Diskriminierungen oder gar gewalttätige Angriffe zum Alltag. Für Menschen, die im Weltbild der extremen Rechten und Rassisten als „minderwertig", „schwach" oder „politische Gegner" gelten, gibt es längst keine absolut sicheren Orte mehr. Angriffe ereignen sich in der Schule, am Arbeitsplatz, an der Bushaltestelle oder auf dem Parkplatz eines belebten Einkaufszentrums. Getroffen werden soll nicht nur der oder die Einzelne – vielmehr stehen die Opfer in den Augen der Täter für ganze Gruppen. Wird ein Flüchtling aus Togo an einem Bahnhof in Magdeburg zusammengeschlagen oder ein ägyptischer Besucher eines Weinfestes in Rheinland-Pfalz, dann sind meist alle gemeint, die scheinbar oder tatsächlich nicht-deutscher Herkunft sind.

Solidarität mit den Opfern zeigen

Das Wichtigste für Opfer rechtsextremer Gewalt ist direkte, konkrete und praktische Unterstützung. Das fängt an bei einer eindeutigen und öffentlichen Solidarisierung mit den Geschädigten. Einerseits werden dadurch den Tätern und potenziellen Nachahmern Grenzen gesetzt. Andererseits hilft es den Betroffenen, die Folgen der Angriffe zu überwinden und wieder ein selbstbestimmtes, angstfreies und aktives Leben zu führen.

Die konkrete Unterstützung kann ganz unterschiedlich aussehen: Wenn beispielsweise ein Flüchtling in der Disco einer Kleinstadt von Neonazis zusammengeschlagen wurde und die Lokalzeitung darüber berichtet, ist es fast immer möglich, als Einzelperson oder als Initiative dem Betroffenen ein Hilfs- und Unterstützungsangebot zu machen. Kontakt zum Opfer kann meist das örtliche Flüchtlingsheim oder eine Migrationsberatungsstelle herstellen. Dasselbe gilt bei Überfällen auf alternative Jugendclubs. Man kann einfach dort vorbeigehen und fragen, welche Unterstützung sich die Betroffenen wünschen und wobei sie eventuell Hilfe benötigen.

Zentral ist in jedem Fall, Wünsche und Perspektive der Betroffenen ernst zu nehmen, Informationen vertraulich zu behandeln beziehungsweise deren Weitergabe genau abzusprechen und nur diejenige Unterstützung zuzusagen, die man tatsächlich leisten kann.

In den neuen Ländern und Berlin existieren unabhängige Beratungsstellen für Opfer rechtsextremer Gewalt. Weisen Sie Betroffene darauf hin. Auch Sie können sich dort melden, wenn Sie von einem Angriff erfahren haben. Die Berater werden dann versuchen, Kontakt mit den Betroffenen aufzunehmen. Wo es keine spezialisierten Opferberatungsstellen gibt (in den meisten westdeutschen Bundesländern), sind oft Bündnisse gegen Rechts-

FREUND UND HELFER?

In vielen Fällen rufen Opfer oder Zeugen eines rechtsextremen Angriffs die Polizei – doch die Einsätze verlaufen nicht immer wie erhofft: Flüchtlinge oder Migranten berichten häufig, sie seien zuallererst nach Ausweispapieren und ihrer Aufenthaltsgenehmigung gefragt oder gar nach Drogen durchsucht worden, bevor sich Polizeibeamte überhaupt dafür interessierten, was geschehen ist und ob sie verletzt sind.

Punks oder alternative Jugendliche hören gelegentlich von Polizisten, sie seien „doch selbst schuld" an Angriffen, weil sie bunte Haare oder nazi-kritische Aufnäher an der Jacke trügen. Betroffene berichten oft, sie hätten den Eindruck gehabt, manche Beamte hätten selbst Angst vor den Neonazis oder teilten deren Ansichten und seien an einer Strafverfolgung nicht interessiert. Scharfe Kritik am Vorgehen der Polizei gab es etwa im Jahr 2007 in Halberstadt (Sachsen-Anhalt). Dort wurden Mitglieder eines Theaterensembles – einer der Schauspieler hatte einen roten Irokesenschnitt – überfallen und teils erheblich verletzt. Die per Notruf alarmierte Polizei nahm vor Ort aber lediglich die Personalien der Opfer auf. Im folgenden Prozess wurden deshalb drei von vier angeklagten Rechtsextremisten mangels Beweisen freigesprochen.

extremismus oder Runde Tische, antifaschistische Initiativen und Flüchtlingsräte erste Anlaufstellen, bei denen Hilfe und Unterstützung gesucht werden kann.

Gedächtnisprotokolle, Fotos, ärztliche Atteste

Sind Sie selbst Opfer geworden, ist es in fast allen Fällen angebracht, die Polizei zu informieren, falls möglich per Handy noch während des Übergriffs. Wenn Sie Verletzungen erlitten haben, sollten Sie diese unbedingt und schnellstmöglich durch Fotos und ärztliche Atteste dokumentieren. Schreiben Sie unverzüglich ein Gedächtnisprotokoll über den Vorfall, bitten Sie auch mögliche Zeugen darum. Denn Gerichtsprozesse finden oft erst Monate oder Jahre später statt.

Anschließend sollten Sie Strafanzeige und Strafantrag stellen. Das geht bei jedem Polizeirevier oder auch schriftlich über einen Anwalt. Sie haben zudem das Recht, sich von einer Person Ihres Vertrauens zur polizeilichen Vernehmung begleiten zu lassen. Wenn Sie keine Anzeige erstatten möchten, ist das ebenfalls Ihr gutes Recht. In einigen Fällen, etwa bei gefährlicher Körperverletzung, muss die Polizei jedoch automatisch ermitteln, sofern sie Kenntnis davon erhält. Erhalten Sie aus diesem Grund eine Vorladung von der Staatsanwaltschaft oder einem Gericht, sind Sie in der Regel zur Aussage verpflichtet.

Als Opfer eines rechtsextremen oder rassistischen Angriffs sollten Sie sich folgende Fragen stellen: Sind weitere Angriffe zu befürchten und sind deshalb Wohnung oder Wohnort zu wechseln? Benötigen Sie jemanden, der Ihnen bei Behördengängen zur Seite steht? Oft hilft es schon, mit jemandem darüber reden zu können, was passiert ist, und die unmittelbaren Ängste und Wünsche, die sich aus dem Angriff ergeben, zu besprechen. Bei professionellen Opferberatungsstellen können Sie (oder auch Angehörige, Freunde und Zeugen) sich melden und an einem Ort Ihrer Wahl beraten lassen – auf Wunsch anonym. Zu deren Prinzipien gehört Parteilichkeit im Sinne der Betroffenen und Freiwilligkeit, alle Leistungen sind selbstverständlich kostenlos.

MEHR ZUM THEMA

- „Was tun nach einem rechtsextremen Angriff?" – Broschüre mit Ratschlägen, Briefvorlagen und Adressanhang: www.opferperspektive.de/service/get_file?file=Ratgeber_Rechte_Gewalt.pdf (in Englisch und Französisch: www.mobile-opferberatung.de/index.php?lnk=3&sbl=4)
- Liste professioneller Beratungsstellen: www.opferperspektive.org/Home/Adressen/333.html#01 Soweit möglich helfen diese sicherlich auch Betroffenen außerhalb des jeweiligen Bundeslandes
- Bei der Amadeu Antonio Stiftung gibt es einen www.opferfonds-cura.de, der Opfern rechtsextremer Gewalt hilft und in den auch der Reinerlös aus diesem Buch fließt.

Wie reagiere ich, wenn ein Kollege rassistische Sprüche macht?

Wer kennt sie nicht, die Situation: Ein Arbeitskollege meint, über „Ausländer" scherzen zu können – und die Reaktion ist betretenes Schweigen. Björn Resener von der Gewerkschaft ver.di erklärt, wie man besser darauf reagiert.

Das sei „doch nicht rassistisch gemeint", ist meist die Rechtfertigung für Witze über Türken, Polen oder andere Minderheiten. Oder ein: „Man wird doch wohl noch ..." Doch gerade scheinbar harmlose Äußerungen können den Nährboden für Neonazi-Gedankengut schaffen – eine Beleidigung und unterschwellige Bedrohung für Angehörige jener Minderheiten sind sie zudem.

Leider wird Widerspruch gegen rassistische Sprüche oft als borniert verspottet. Dabei ist das Motto „Wehret den Anfängen" kaum irgendwo passender als hier. Möglichst früh sollte man das Gespräch mit Kollegen suchen (nicht nur mit dem Sprücheklopfer) und im Büro, in der Abteilung oder der ganzen Firma über Ideologie und Auftreten von Rechtsextremisten aufklären. Bei allen Gewerkschaften gibt es Kollegen, die Seminare, Infomaterial und Hilfe anbieten. Seit

MACH MEINEN KUMPEL NICHT AN!

Die Gewerkschafts-Kampagne „Mach meinen Kumpel nicht an!" engagiert sich seit über zwanzig Jahren gegen Rassismus und tritt für die Gleichberechtigung von Migranten in der Arbeitswelt ein. Der Schwerpunkt liegt in der aufklärenden und präventiven Arbeit. Die Aktion versucht soziales Engagement für Migranten zu fördern, entwickelt Aktivitäten gegen Rassismus und Fremdenfeindlichkeit am Arbeitsplatz und unterstützt Initiativen gegen Rechtsextremismus im Jugend- und Schulbereich. Mit der Gelben Hand soll gezeigt werden: „Wir sind gegen Rassismus und Ausländerfeindlichkeit!"

Die Ursprünge dieses Symbols liegen in der Aktion „SOS Racisme", die in den 1980er-Jahren in Frankreich entstand. Unter dem Logo der Gelben Hand wurde 1985 von der Redaktion des Gewerkschaftsmagazins „Ran" und der Gewerkschaftsjugend schließlich der Verein „Mach meinen Kumpel nicht an!" gegründet. Der Verein schreibt jährliche Wettbewerbe aus und hält ein breites Angebot von Tipps und Informationen bereit.

www.gelbehand.de

2006 gibt es für solche Aufklärungsaktivitäten eine explizite juristische Grundlage: Das Allgemeine Gleichbehandlungsgesetz (AGG) verpflichtet Arbeitgeber, vorbeugende Maßnahmen zum Schutz vor Benachteiligung zu treffen – dazu gehören auch Schulungen zum Thema Diskriminierung.

Bewährt haben sich außerdem Betriebs- oder Dienstvereinbarungen „für ein partnerschaftliches Verhalten am Arbeitsplatz". Dass sich Betroffene im Ernstfall darauf berufen können, ist hierbei nicht einmal das Wichtigste; die Vereinbarungen wirken bereits vorbeugend, da sie deutlich machen, dass bestimmtes Verhalten nicht geduldet wird. Auch Kleinigkeiten wie Anti-Rassismus-Plakate am Schwarzen Brett beeinflussen das Unternehmensklima schon merklich.

Mustergültig engagiert sich seit mehr als zehn Jahren die Firma EKO in Eisenhüttenstadt, eine Tochter des Stahlriesen ArcellorMittal: Als „Unternehmen, das vom Export lebt, mit internationalem Kapital arbeitet und seine Rohstoffe aus dem Ausland bezieht", so die Geschäftsleitung, könne man sich „Intoleranz und Gewalt gegen Fremde nicht leisten". Deshalb fördere man „eine Kultur der Offenheit, Toleranz sowie der Wertschätzung der Vielfalt in unserer Gesellschaft" – und zwar nicht nur im Betrieb. Für ganz Brandenburg hatte diese eindeutige Stellungnahme eines so prominenten Unternehmens Signalwirkung.

Häufig hilft schon ein einziges klares Widerwort

Kommt es am Arbeitsplatz doch zu diskriminierenden Äußerungen, sollte man unmittelbar einschreiten. Sprechen Sie bereits vorher mit anderen Kollegen über das Thema – so sinkt die Gefahr, dass im Ernstfall nur sie allein reagieren. Jedenfalls führt häufig schon ein deutliches Widerwort dazu, dass rechtsextreme Sprücheklopfer verstummen. Denn oft glauben sie, für die „schweigende Mehrheit" zu sprechen – und sind überrascht, wenn sie Gegenwind bekommen.

Bleibt der Erfolg aus oder ist man selbst Opfer von Diskriminierung und hat keine couragierten Kollegen, dann gibt es immer noch Ansprechpartner im Betrieb, die sich um solche Angelegenheiten kümmern müssen. Existiert ein

FÜR EIN „GEMEINSCHAFTLICHES MITEINANDER IM BETRIEB"

In vielen Unternehmen gibt es inzwischen Betriebsvereinbarungen zum Rechtsextremismus, beispielsweise bei der Deutschen Bahn AG. Wir dokumentieren Auszüge:

Präambel

Der Anstieg rechtsextremer und fremdenfeindlicher Gewalttaten [...] fordert von allen gesellschaftlichen Gruppen aktives Handeln. Diese Taten schaden in erster Linie den Opfern solcher Gewalttaten, aber auch dem Ansehen der Bundesrepublik und der deutschen Unternehmen, auch der Deutschen Bahn AG, im Ausland und gefährden das kollegiale Klima in den Betrieben. [...] Ziel der Konzernbetriebsvereinbarung ist es zum einen, Beschäftigte, unabhängig von ihrer ethnischen und religiösen Zugehörigkeit oder ausländischen Herkunft, im Betrieb wirksam vor Diskriminierungen zu schützen und zu einem gemeinschaftlichen Miteinander im Betrieb beizutragen. Zum anderen soll antidemokratischen und neonazistischen Tendenzen im DB-Konzern vorgebeugt und entgegengewirkt werden. Diese Ziele gelten für die Beschäftigten insbesondere auch in Ausübung ihrer beruflichen Tätigkeit gegenüber Kunden [...].

§ 3 Grundsätze

(1) Der Vorstand sowie der Konzernbetriebsrat der DB AG und die Beschäftigten treten nachdrücklich Rassismus, Fremdenfeindlichkeit sowie antidemokratischen und neonazistischen Tendenzen entgegen. Dies gilt vor allem im Betrieb bei konkreten Anlässen, wie Äußerungen rassistischen, fremdenfeindlichen und antidemokratischen sowie neonazistischen Inhalts, Vorurteilen, [...] Tätlichkeiten, Drohungen und Beleidigungen [...]

(2) Die Grundsätze für Gleichbehandlung und kollegiales Miteinander [...] umfassen insbesondere den Grundsatz der Nicht-Diskriminierung, [und] das Auftreten gegen Rassismus, Fremdenfeindlichkeit und antidemokratische [...] Tendenzen im Betrieb, in Einrichtungen, in denen die DB AG das Hausrecht ausübt, und in der Öffentlichkeit.

§ 4 Umsetzung der Grundsätze

(1) Ungeachtet der Tatsache, dass insbesondere die Straftatbestände der Volksverhetzung, Aufstachelung zum Rassenhass, des Verbots des Zeigens verfassungsfeindlicher Symbole sowie des Verbots des Leugnens der nationalsozialistischen Gewalttaten strafrechtliche Sanktionen nach sich ziehen, haben auf Täterseite beteiligte Beschäftigte des DB-Konzerns darüber hinaus mit arbeitsrechtlichen bzw. beamtenrechtlichen Konsequenzen zu rechnen. [...] wie z. B. Belehrung, Abmahnung, Kündigung [...] Der Vorstand und der Konzernbetriebsrat erwarten, dass die Beschäftigten aktiv gegen derartige Übergriffe, Handlungen und Äußerungen insbesondere im Betrieb und im kundennahen Bereich entgegentreten.

(Der volle Wortlaut im Internet: www.migration-online.de/practice._aWQ9ODE_.html)

Betriebsrat, sollte man sich zuerst an diesen wenden. Paragraph 80 des Betriebsverfassungsgesetzes (BetrVG) verpflichtet den Betriebsrat in Absatz 7 explizit, „die Integration ausländischer Arbeitnehmer im Betrieb und das Verständnis zwischen ihnen und den deutschen Arbeitnehmern zu fördern, sowie Maßnahmen zur Bekämpfung von Rassismus und Fremdenfeindlichkeit im Betrieb zu beantragen". Der Betriebsrat kann deshalb Kollegen, die durch diskriminierende Sprüche auffallen, zum persönlichen Gespräch laden. Er sollte zudem Fälle von Diskriminierung bekannt machen und sich mit dem Opfer solidarisieren, etwa auf extra einberufenen Abteilungs- oder Betriebsversammlungen. Sollte alles nichts helfen, darf der Betriebsrat nach Paragraph 104 BetrVG vom Arbeitgeber sogar die Entlassung von betriebsstörenden Beschäftigten verlangen – womit nach Paragraph 75 BetrVG ausdrücklich auch Leute gemeint sind, die beispielsweise gegen Nicht-Deutsche und Asylsuchende hetzen.

Gibt es keinen Betriebsrat, kann auch der Arbeitgeber in die Pflicht genommen werden. Immerhin fordert das Gleichbehandlungsgesetz (AGG) die Ernennung eines Anti-Diskriminierungs-Beauftragten in der Firma. Außerdem verlangt es vom Arbeitgeber, jeder Beschwerde über Verstöße gegen das AGG nachzugehen. Natürlich, dies ist unangenehm und aufwendig – deshalb sollte allein schon die Aussicht darauf hinreichende Motivation für den Arbeitgeber sein, Diskriminierungen am Arbeitsplatz vorbeugend entgegenzuwirken.

Sollten jedoch weder solidarische Kollegen noch ein Betriebsrat und auch kein aufgeschlossener Chef zu finden sein, dann bleibt immer noch der Rechtsweg. Spätestens das ist dann auch der Moment, in dem die breitere Öffentlichkeit (etwa über die Lokalzeitung) von den Zuständen im Unternehmen informiert werden sollte. Klar, eine solche Klage ist nur das letzte und unangenehmste Mittel, doch man muss dabei nicht allein bleiben. Insbesondere die Gewerkschaften stehen dabei mit Rat und Tat zur Seite – und stellen ihren Mitgliedern sogar kostenlose Anwälte.

MEHR ZUM THEMA

- Übersicht über Betriebs- und Dienstvereinbarungen zu Rechtsextremismus und Diskriminierung: www.migration-online.de/beitrag._aWQ9NDQ0OQ_.html
- Zeuner, Bodo / Stöss, Richard (u. a.): Gewerkschaften und Rechtsextremismus. Westfälisches Dampfboot 2007 (Kurzfassung einer umfassenden Studie der FU Berlin)
- Eine ver.di-Broschüre „Rechte Gespenster?" über Rechtsextremismus in Gewerkschaften und sozialen Bewegungen kann per E-Mail bestellt werden unter: andreas.koehn@verdi.de
- Weitere Informationen und Links unter: www.netz-gegen-nazis.de/arbeitsplatz-ohne-rassismus

Was können die Kirchen gegen Nazis tun?

Das Christentum gilt vielen Neonazis als Feind – nicht nur wegen der jüdischen Wurzeln. Die Kirchen verkörpern Werte, die von der NPD strikt abgelehnt werden. Und in der Jugendarbeit ist sie oft die härteste Konkurrenz.

Ein Tag im Juli 2006, die NPD will im unterfränkischen Miltenberg eine Kundgebung abhalten, da fasst Pfarrer Ulrich Boom einen spontanen Entschluss: Er lässt die sechs riesigen Glocken seiner St.-Jakobus-Kirche läuten und verschlägt den Rechtsextremisten damit buchstäblich die Sprache. Nach zwanzig Minuten kapitulieren sie. Vor Ort wird der katholische Pfarrer als Held gefeiert, doch die NPD verklagt ihn, da er sie an der Ausübung des Rechts auf freie Meinungsäußerung gehindert habe. „Aber wenn diese Meinung die Demokratie zerstört", sagt Boom, „dann muss man etwas dagegensetzen." So sieht das letztlich auch die Staatsanwaltschaft und stellt – nachdem anfangs eine Geldbuße von 2.000 Euro im Raum stand – das Verfahren ein.

Es ist kein Zufall, dass sich vielerorts Geistliche wie auch einfache Gemeindemitglieder gegen NPD & Co. engagieren. Rechtsextremismus und Glaube seien

NPD „NICHT WÄHLBAR"

Anfang Mai 2009 hat die Synode der Evangelischen Kirche in Deutschland (EKD) diesen Beschluss gefasst:

„Demokratie lebt von der Beteiligung der Bürgerinnen und Bürger. Aus den Kirchen in der DDR ist im Herbst 1989 die Forderung nach freien und geheimen Wahlen auf die Straßen und Plätze getragen worden. Heute haben wir in ganz Deutschland die Möglichkeit, an demokratischen Wahlen teilzunehmen. Diese Errungenschaft sollten wir nicht verkümmern lassen. [...] Eine hohe Wahlbeteiligung ist wichtig für den Zusammenhalt der Bürgergesellschaft. [...] Wir bitten unsere Gemeindemitglieder wählen zu gehen und mit ihrer Stimme diejenigen Parteien und Kandidatinnen und Kandidaten zu stärken, die für Menschenrechte und die freiheitlich-demokratische Grundordnung eintreten.

Rechtsextreme Parteien wie insbesondere die NPD sind für Christinnen und Christen nicht wählbar. Rechtsextremismus, Rassismus, Antisemitismus und Fremdenfeindlichkeit sind mit dem christlichen Glauben nicht vereinbar. Sie widersprechen der biblischen Botschaft von Gott dem Schöpfer aller Menschen, sie stehen im Widerspruch zum Versöhnungshandeln Jesu Christi und missachten die jüdischen Wurzeln unseres Glaubens. Es bleibt unsere Aufgabe, Demokratie zu stärken und zu gestalten."

„unvereinbar", stellten die Evangelischen Kirchen in Sachsen und Thüringen im Mai 2008 in einem „Wort an die Gemeinden" klar: „Die Bibel verkündet die von Gott allen geschenkte Menschenwürde und widerspricht damit der von Rechtsextremisten verbreiteten Ideologie, dass bestimmte Menschen aufgrund ihrer Herkunft, ihrer Hautfarbe, ihres Geschlechts weniger Wert hätten als andere", heißt es in der Erklärung. Nicht zuletzt verkünde die Bibel „die Liebe Gottes zu seinem Volk Israel" und widerspreche damit „jeder Form von Antisemitismus und des Rassismus".

„Unser Kreuz hat keine Haken"

Dies, aber nicht nur dies, ist Rechtsextremisten natürlich ein Dorn im Auge. Viele in der NPD sprechen verächtlich vom „Judäo-Christentum" und übertragen ihren Judenhass auf alles Christliche. [▶ Kapitel 12] Dessen Grundansatz von Dialog, Toleranz und Vielfalt steht ihren eigenen Anschauungen diametral entgegen, ein Graus ist ihnen das Engagement von Christen für Flüchtlinge. Als etwa im Juni 2009 vier Asylbewerberfamilien in einer Kirche in Sachsen Asyl suchten, forderte die dortige NPD-Landtagsfraktion wutschnaubend eine polizeiliche Räumung. Die Neonazi-Band Landser bringt den Hass auf den Punkt: „Wir wollen euren Jesus nicht, das Judenschwein / Denn zu Kreuze kriechen kann nichts für Arier sein / Walvater Wotan soll unser Herrgott sein / Walvater Wotan wird Germanien befrei'n."

In der Jugendarbeit sieht die NPD die Kirchen – nachdem sich der Staat zurückgezogen hat – als einzig verbliebene Konkurrenz. Im sachsen-anhaltischen Kusey erhielt der evangelische Pastor Bernd Schulz Morddrohungen, als er Bildungsfahrten nach Auschwitz organisierte und im Jugendclub Rechtsextremen Hausverbot erteilte. Im brandenburgischen Joachimsthal führte Pastorin Beatrix Spreng Breakdance-Kurse in die Gemeindearbeit ein, um „das zu machen, was die Kids wollen – damit sie uns nicht nach rechts wegrutschen". Als Rache wurden im Pfarrhaus Fenster eingeworfen, in der Kirche Orgelpfeifen zerstört und der Pfarrerin Limonade in den Autotank geschüttet.

Lange Zeit waren, gerade im Osten, manche Gemeinden und Kirchengremien unsicher und scheuten – aus einem falschen Verständnis parteipolitischer Neutralität – eine klare Positionierung gegen die NPD. Inzwischen aber gibt es in vielen Landeskirchen ausdrückliche Appelle und ausführliche Handreichungen. In Bayern, wo sich die CSU lange Zeit eher mäßig engagierte, waren die Kirchen Vorreiter in der Auseinandersetzung mit Rechtsextremismus. Im fränkischen Alexandersbad riefen sie 2005 ein landesweites „Bündnis für Toleranz" ins Leben. Die erfolgreiche Bürgerinitiative gegen die jährlichen „Rudolf-Hess-Gedenkmärsche" in Wunsiedel wäre ohne die dortige evangelische Jugendpfarrerin nie denkbar gewesen. Vielerorts sind die Kirchen ausschlaggebend, um auch konservative Demokraten in Bündnisse gegen Rechtsextremismus einzubinden. Unter dem Motto „Unser Kreuz hat keine Haken" brachten 2008 in Lübeck alle Gemeinden der Stadt Tausende Menschen gegen die NPD auf die Beine. Doch auch im Westen musste die Sensibilität manchmal erst wachsen. Im niedersächsischen Süpplingen etwa saß zwanzig Jahre lang ein NPD-Mann im Kirchenvorstand. Erst öffentlicher Druck führte 2007 schließlich zum Rauswurf. „Die theologische Analyse des NPD-Parteiprogramms hat ergeben", so die Begründung, „dass die dort vertretene Weltanschauung mit den Grundlagen des christlichen Glaubens nicht vereinbar ist."

Im Kirchenalltag bleiben natürlich Unsicherheiten. Wenn beispielsweise im Gottesdienst plötzlich ein Skinhead sitzt mit schwarzem T-Shirt, auf dem Rücken ein weißes Maschinengewehr und ein Bekenntnis zum Ariertum. Was soll man da tun? Ihn zur Rede stellen? Hinauskomplimentieren? Oder auf die Kraft des Gottesdienstes vertrauen? Eine betroffene Gemeinde fand diese Lösung: Der Junge darf bleiben – aber nur, wenn er etwas überzieht oder das T-Shirt linksherum wendet.

MEHR ZUM THEMA

- Zu Pfarrer Boom: http://wissen.spiegel.de/wissen/dokument/dokument.html?id=49767399
- Artikel über heidnische Antichristen in der NPD: www.netz-gegen-nazis.de/artikel/braeuche-jul
- Handreichungen der evangelischen Landeskirchen Berlin-Brandenburg-Schlesische Oberlausitz (www.ekbo.de/Dateien/Hinsehen-Wahrnehmen-Ansprechen.pdf) und Mecklenburg www.kirche-mv.de/fileadmin/ELLM-Downloadtexte/090602_HandreichungDemokratieELLM1.pdf
- www.bayerisches-buendnis-fuer-toleranz.de – Ökumenischer Zusammenschluss im Freistaat
- Eine christliche Initiative aus Magdeburg: www.hingucken-denken-einmischen.de
- Die 1958 gegründete Aktion Sühnezeichen engagiert sich in den Bereichen Frieden, Demokratie, Rechtsextremismus und christlich-jüdische Zusammenarbeit – www.asf-ev.de

Was tun gegen Nazis an der Uni?

Nicht alle Neonazis entsprechen dem Klischee vom Schulabbrecher und Versager. Genauso gibt es NPD-Leute, die an Hochschulen studieren, etwa an der Universität Mainz. Laura-Luise Hammel, die Vorsitzende des dortigen Allgemeinen Studierenden-Ausschusses (AStA), berichtet von ihren Erfahrungen.

Frau Hammel, was kann man tun, wenn im Geschichtsseminar plötzlich ein NPD-Kader anfängt, revisionistische Thesen zu verbreiten oder Antisemiten zu zitieren? ❙ Da muss man natürlich eingreifen – und zwar noch gar nicht als Universität, sondern jede und jeder Studierende selbst. Die sogenannte „Wortergreifungsstrategie" ist eines der wichtigsten Mittel von Neonazis, um öffentlichen Raum einzunehmen und Grenzen zu verschieben. Aber einzelne Studierende erreichen da natürlich nicht so viel, man sollte sich mit Kommilitonen absprechen und auch den Seminarleiter bitten, einzugreifen und beispielsweise die vertretenen Neonazi-Thesen explizit zum Thema des Seminars zu machen. Und dann ist es auch wichtig, in solchen Fällen die Studierendenvertretung zu informieren.

Will die NPD jetzt auch an Unis Fuß fassen? ▐ Neonazis versuchen, ihren Einfluss auf allen Ebenen zu stärken – dazu gehören eben auch die Hochschulen. Die NPD hat da in den vergangenen Jahren ihre Aktivitäten verstärkt und unterhält sogar einen eigenen Studentenverband. Offen agierende Rechtsextremisten an Universitäten sind aber kein neues Phänomen. Die Studentenverbindungen etwa gibt es schon ewig, und von denen fungieren manche ganz klar als Schnittstellen zur rechtsextremen Szene. [▶ Kapitel 24]

Ein Fall an der Uni Mainz hat Aufsehen erregt: Mario Matthes, Vize-Chef der hessischen NPD … ▐ … und Mitglied einer örtlichen Neonazi-Kameradschaft, hat wie ich Mittlere und Neuere Geschichte studiert. Ich kam 2006 an die Uni, er war nur ein Semester über mir. In Vorlesungen und Seminaren wurden zu dem Zeitpunkt aber schon von der Antifaschismus-AG des AStA Flugblätter verteilt, die über seine politische Arbeit informierten.

Im Januar 2008 hat Matthes dann auf dem Campus einen Studenten zusammengeschlagen. ▐ Er traf vor der Universitätsbibliothek einen Kommilitonen, den er wiedererkannte als Gegendemonstranten bei einer NPD-Kundgebung. Matthes hat ihn angespuckt und gesagt, das sei die Quittung. Als beide das Gebäude verließen, hat Matthes, ein erfahrener Kickboxer, den Kommilitonen zu Boden gestoßen und ihm, als er schon lag, noch einmal ins Gesicht getreten. Das Opfer hatte mehrere Verletzungen im Gesicht, die genäht werden mussten, und verlor einen Schneidezahn.

Was hat der AStA unternommen? ▐ Wir haben die Universitätsleitung informiert und den Fall öffentlich gemacht.

Und? ▐ In einem Brief an den Uni-Präsidenten haben wir gefordert, rechtliche Schritte zu prüfen. Als Reaktion berief die Uni-Leitung den Exmatrikulationsausschuss ein, doch plötzlich zog die Rechtsabteilung der Uni ihren Antrag auf Exmatrikulation zurück. Es hieß, es habe sich nur um einen

WERDEN NAZIS KLÜGER?

Intelligente und redegewandte Leute sind ziemlich selten in der rechtsextremen Szene. Deshalb versucht vor allem die NPD schon lange, akademischen Nachwuchs zu gewinnen oder zu fördern. Offenbar mit zunehmendem Erfolg. Etliche junge Parteikader sind an Hochschulen eingeschrieben: Michael Schäfer beispielsweise, Bundesvorsitzender der NPD-Jugend JN, ist Student der Politikwissenschaft an der Universität Halle.

Mit dem Nationaldemokratischen Hochschulbund (NHB) verfügt die NPD über einen eigenen Studentenverband. Er wurde 1967 gegründet und sollte die „Speerspitze für eine neue deutsche Elite" sein. Als Gegengewicht zur linken Studentenbewegung gedacht, blieb er nach außen nahezu wirkungslos. Parteiintern aber ist der NHB eine wichtige Kaderschmiede, Peter Marx und Jürgen Gansel zum Beispiel begannen dort ihre Parteikarrieren.

2006 kündigte die NPD großspurig an, mit der „Dresdner Schule" und angebunden an die dortige Landtagsfraktion eine eigene „Denkfabrik" zu schaffen. Seitdem hat man aber wenig von dem Projekt gehört, nach Ansicht vieler Experten ist es mangels intellektueller Masse schlicht gescheitert.

einfachen Streit gehandelt und keine politisch motivierte Tat – es sei keine Störung des Uni-Ablaufs zu erkennen, weil ja nur *ein* Studierender betroffen war.

Gab es Unterstützung von außerhalb der Uni? ▌Zum Glück ja. Der Vorfall – und die zynische Haltung der Universität – hat in Mainz viel Aufsehen erregt. Auch außerhalb der Uni gründeten sich Bündnisse, die eine Exmatrikulation forderten. Doch erst nach Matthes' gerichtlicher Verurteilung wegen Körperverletzung hat die Universität endlich gehandelt. Der Exmatrikulationsausschuss wurde ein zweites Mal einberufen und hat diesmal gegen Mario Matthes entschieden.

Solange ein Rechtsextremist nicht wegen einer Gewalttat an der Uni verurteilt ist, kann man also wenig unternehmen? ▌Klar ist es gut und richtig, dass niemand allein wegen seiner politischen Gesinnung von der Uni verwiesen werden kann. Gibt es aber bekennende Neonazis an der Uni, müssen die Studis darauf aufmerksam gemacht werden. Auch Ausstellungen, Partys und Konzerte sind eine gute Möglichkeit, das Thema in den Fokus des Campuslebens zu bringen.

Was sollte man tun, wenn man erfährt, dass ein Studierender Mitglied einer rechtsextremen Gruppe oder Partei ist? ▌Erste Anlaufstelle ist die Studierendenvertretung. Aber auch das Rektorat und lokale Gruppen und Initiativen, die sich gegen Neonazis engagieren, sollten informiert werden.

Wenn ein „prominenter" NPD-Kader regelmäßig eine Lehrveranstaltung besucht, spricht sich das schnell herum. Viele Studierende versuchen, die Rechtsextremen zu meiden, manche äußern sich laut. Aber klar, es gehört auch Überwindung dazu, im Seminar zu sagen: „Mit *dem* möchte ich auf keinen Fall in eine Referatsgruppe." Die meisten Lehrkräfte tolerieren die Anwesenheit der NPD-Kader, solange sie nicht mit politischen Äußerungen auffallen. Es gibt aber auch Dozenten, die sich einfach weigern, rechtsextreme Studierende zu prüfen. Das ist eine Gewissensentscheidung, die kann jeder treffen. Aber diese Dozenten sind sicherlich in der Minderheit.   Interview: Johannes Radke

---

MEHR ZUM THEMA

- Reportage über NPDler an Universitäten: www.netz-gegen-nazis.de/artikel/welcher-ist-der-nazi
- Überblick mit weiteren Links: www.mut-gegen-rechte-gewalt.de/news/reportagen/nazis-an-unis/
- Der Studierenden-Dachverband fzs veranstaltet jeden Sommer eine bundesweite Aktionswoche gegen Rassismus und Antisemitismus: www.contre-le-racisme.de

Im Gemeinderat sitzt neuerdings die NPD – wie können Lokalpolitiker reagieren?

Eigentlich lässt sich die Frage sehr schlicht beantworten: Die demokratischen Parteien sollten einfach gute Kommunalpolitik machen. Und keinesfalls mit der NPD zusammenarbeiten – denn das nützt nur den Rechtsextremisten.

Im April 2007 bekam der Landrat des sächsischen Muldentalkreises, Gerhard Gey (CDU), ungewöhnlichen Besuch. Ein paar Jugendliche, sagt er, habe er erwartet. Vermittelt worden sei das Treffen von einem NPD-Kreistagsabgeordneten – der aber am Ende gemeinsam mit zwei weiteren örtlichen Parteikadern ebenfalls am Tisch saß. Um „Probleme der Jugendarbeit im Kreis" hatte es gehen sollen, erklärte Gey später der Lokalzeitung. Von dem Treffen gibt es zwei Versionen. Die örtliche NPD verbreitete im Internet, man habe in einem „zweistündigen, von gegenseitigem Respekt und Fairness getragenen Dialog" die „vielfältige Arbeit in den Begegnungsstätten der nationalen Jugend" vorgestellt – und am Ende sogar Fördermittel zugesagt bekommen. Das bestritt Landrat Gey. Er verteidigte aber, sich mit rechtsextremen Jugendlichen und Parteifunktionären so freundlich zusammengesetzt zu haben: Toleranz bedeute doch, „auch mit denen zu reden, die auf der anderen Seite stehen".

Wenn Politiker (und zwar nicht nur ehrenamtliche) Rechtsextremisten direkt gegenüberstehen, sind sie meist unsicher. Das ist kein Wunder: Sie mögen Profis sein für die Fußangeln von Flächennutzungsplänen und die Gemeindeordnung in- und auswendig kennen – doch grundsätzliche Angriffe auf die Demokratie, wie sie von der NPD kommen, und das generelle Infragestellen humaner Prinzipien, das sind sie nicht gewohnt. Die wohl wichtigste Voraussetzung für ein erfolgreiches Re-Agieren auf Rechtsextremisten in der Kommunalpolitik ist deshalb, sich über den eigenen Standpunkt bewusst zu werden – also darüber, was einen Demokraten von der NPD unterscheidet.

Ausgrenzen – aber nicht ohne Begründung

Rechtsextremistische Mandatsträger sind zwar demokratisch legitimiert, ihr Programm aber ist es nicht. Grundlage der NPD-Politik ist ein rassistisch-völkisches Welt- und Menschenbild – deshalb kann die Partei kein Partner für Demokraten sein. Daher sollten Demokraten auch weder an Podiumsdiskussionen mit NPD-Leuten teilnehmen noch im Parlament mit ihnen zusammenarbeiten. Diese Ab- und Ausgrenzung muss aber gegenüber der Öffentlichkeit stets begründet werden, damit die NPD sich nicht als verfolgte Unschuld präsentieren kann.

Alle Erfahrungen zeigen, dass klare Absprachen unter den demokratischen Parteien bei der Auseinandersetzung mit der NPD helfen. Umgekehrt wurden die Rechtsextremen in Orten langfristig stärker, wo sie als normaler Partner akzeptiert oder bei Abstimmungen gar das Zünglein an der Waage waren und die demokratischen Parteien gegeneinander ausspielen konnten. In vielen Parlamenten gibt es zum Beispiel Vereinbarungen, dass stets nur ein Redner auf die NPD antwortet und generell keinem ihrer Anträge zugestimmt wird   [▶ Kasten]. Jeden Versuch, sie einzubinden, nutzt die Partei für Prestigegewinne – reichlich naiv bekannte der Landrat aus dem Muldentalkreis, er sei „entsetzt" darüber, wie die NPD das Treffen mit ihm propagandistisch ausgeschlachtet hat.

Im Allgemeinen bringt es wenig, der NPD etwa durch Änderungen der Geschäftsordnung die parlamentarischen Möglichkeiten beschneiden zu wollen – es bestärkt die Rechtsextremisten nur in der für ihr Selbstbild wichtigen Opferrolle. Zudem werden dadurch die Rechte *aller* Abgeordneten eingeschränkt und die Demokratie insgesamt beschädigt. Es wäre beispielsweise grundfalsch, in kommunalen Räumen generell keine politischen Veranstaltungen mehr zuzulassen, nur um die NPD draußen zu halten – sinnvoller ist es, inhaltliche Regeln aufzustellen und beispielsweise in den Hausordnungen rassistische und andere

„WIR VERHINDERN, DASS DIE NPD DEN KREISTAG MISSBRAUCHT"

Zieht die NPD in ein Parlament, sollten die Demokraten genaue Absprachen treffen. Die könnten etwa so aussehen wie dieser Beschluss, auf den sich sechs Fraktionen – von Linkspartei bis CDU – in einem ostdeutschen Kreistag geeinigt haben:

1. Eine politische Auseinandersetzung mit der NPD wird von uns nicht anhand von Einzelthemen geführt. Vielmehr stellen wir den verfassungsfeindlichen Charakter der NPD heraus und zeigen auf, welche Folgen diese Ideologie hat (Missachtung der Menschenwürde, Gewaltbereitschaft).

2. Wir nehmen auch schwierige Themen in Anträgen auf und überlassen sie nicht der NPD. Damit wollen wir verhindern, dass die NPD sie besetzen kann.

3. Bei Anträgen der NPD stimmen wir uns vor der Sitzung ab, dass jeweils nur ein Mitglied des Kreistages für alle Fraktionen kurz und knapp Stellung nimmt.

4. Anträgen der NPD stimmen wir generell nicht zu, auch dann nicht, wenn das Anliegen inhaltlich zustimmungsfähig ist. In einem solchen Fall wird das Anliegen von einer unserer Fraktionen übernommen und neu formuliert.

5. Die Geschäftsordnung wenden wir konsequent an, um zu verhindern, dass die NPD den Kreistag für ihre Zwecke missbraucht. Wir bitten das Präsidium gegebenenfalls durch Ordnungsruf oder Verweis die demokratische Kultur im Kreistag zu stützen.

6. Wir sorgen zusammen mit den Medien für eine stärkere Beteiligung von Bürgern an den öffentlichen Sitzungen der Gremien. Damit widerstehen wir zugleich dem Bestreben der NPD, durch ihre Gäste unter den Zuhörern Stimmung zu machen.

7. Rechtsextreme, nationalistische oder rassistische Äußerungen nehmen wir nicht unwidersprochen hin. Wir nutzen das Instrument der persönlichen Erklärung, um klar und deutlich darauf hinzuweisen, dass wir eine solche Ideologie unter uns nicht dulden. Wenn es zu Volksverhetzungen kommen sollte, werden wir Strafanzeige erstatten.

8. Wir beteiligen uns aktiv in landes- oder bundesweiten Netzwerken gegen Rechtsextremismus und unterstützen die zivilgesellschaftlichen Initiativen.

rechtsextreme Veranstaltungen zu untersagen. In jedem Fall sollte mit NPD-Abgeordneten korrekt umgegangen werden, aber nie kumpelhaft – was sicherlich umso schwieriger wird, je kleiner die Gemeinde ist. Unfaires Taktieren gegen die NPD führt meist nur dazu, dass ihre öffentlichen Sympathien steigen.

Um den richtigen Umgang mit Initiativen der NPD zu finden, müssen Kommunalpolitiker bedenken, was die jeweils bezwecken sollen [▶ Kapitel 16]. Provokationen sind zu kontern – aber ohne in Hektik oder Schreierei zu verfallen. Es ist nicht nur albern, sondern falsch, den Plenarsaal zu verlassen, wenn Rechtsextremisten reden. „Ich hätte nicht gedacht, dass es so einfach ist, ein Parlament zu säubern", lästerte der sächsische NPD-Frontmann Holger Apfel, nachdem die demokratischen Abgeordneten aus dem Saal gestürzt waren. Klar und deutlich, durchaus leidenschaftlich, aber stets unaufgeregt sind Provokationen zurückzuweisen. Auch wenn es ermüdet, dürfen Demokraten den Neonazis keine Entgleisung, keine rassistische Parole, keine antisemitischen Anspielung durchgehen lassen – sonst würden sie langfristig salonfähig. Umgekehrt sollte man die NPD immer wieder zu klaren Bekenntnissen (oder Nicht-Bekenntnissen) zwingen: Der Oberbürgermeister von Pirna zum Beispiel verlangte zu Beginn der Legislaturperiode von allen Abgeordneten einen Eid auf das Grundgesetz – die beiden NPDler wagten nicht, sich zu verweigern. Überhaupt hat sich immer wieder gezeigt, dass klare Positionierungen der anderen Parteien und von (Ober-)Bürgermeistern – für Demokratie und gegen Rechtsextremismus – das gesamte gesellschaftliche Klima gerade in kleinen Gemeinden prägen.

Anträge so formulieren, dass die NPD nicht zustimmen kann

Anträge, die offen oder verschlüsselt NPD-Ideologie transportieren, müssen argumentativ zerpflückt und das zugrunde liegende Weltbild entblättert werden. Natürlich, das ist mühsam. Man muss gut vorbereitet sein und die Programmatik der NPD genau kennen. Aber wenn die NPD sich als Sozialkämpfer aufspielt, muss man ihr Konzept einer wärmenden, aber unfreien Volksgemeinschaft bloßstellen. Wenn sie für Umweltschutz eintritt, muss man die zugrunde liegende Blut-und-Boden-Ideologie offenlegen. Wenn die NPD – wie einmal in der Berliner Bezirksverordnetenversammlung – die Umwandlung der kommunalen Ausländerbeauftragten in „Rückführungsbeauftragte" beantragt, dann könnte man rein defensiv darauf verweisen, dass eine „Rückführung" von „Ausländern" nicht in den Kompetenzbereich einer Kommune fällt. Man kann aber auch eine flammende Rede halten, in der die Verletzung der Menschenwürde kritisiert und die Bereicherung der Gemeinde durch Zuwanderer erörtert wird.

Die Adressaten sind dabei nicht wirklich die rechtsextremen Abgeordneten, denn die verfügen meist über ein geschlossenes Weltbild und sind nicht mehr für Argumente zugänglich. Die Reden richten sich an die breite Öffentlichkeit, an Wähler und mögliche Sympathisanten. Oder, wie es der Psychoanalytiker Micha Hilgers einmal formulierte: „Man redet sozusagen auf den Zehenspitzen über die Köpfe der rechtsextremen Abgeordneten hinweg zu derjenigen Öffentlichkeit, die sich potenziell anfällig für rechte Parolen zeigt."

Die demokratischen Parteien sind oft überrascht und ratlos, wenn sich die NPD ihren Anträgen anschließt. Das tut sie gern, um Keile zwischen ihre Gegner zu treiben. Dem können Demokraten vorbeugen, indem sie ihre eigenen Anträge so formulieren, dass die NPD nicht zustimmen *kann*. Das mag schwer klingen, geht aber praktisch immer – wenn nicht im Antragstext, so doch zumindest im Begründungsteil. Stellt etwa die Linkspartei einen Antrag auf Erhöhung der Hartz-IV-Regelsätze, würde die NPD sicher gern zustimmen – doch sie wird es nicht tun, wenn in dem Antrag festgestellt wird, dass jeder in Deutschland lebende Mensch Anspruch auf Sozialleistungen hat. Oder: Wenn sich demokratische Parteien gegen die Schließungen von Dorfschulen aussprechen, ist die NPD immer dabei – sie ist es nicht mehr, wenn der Erhalt von Schulen auch als Maßnahme der politischen Bildung gegen Rechtsextremismus begründet wird.

Und wie begegnet man nun als Demokrat den reinen, sachpolitischen Anträgen der NPD, die es ja auch gibt? Jedenfalls nicht, indem man ihnen zustimmt – selbst wenn man einräumen muss, dass sie richtig sind. Sondern indem man sie selbst stellt, indem man also schneller ist als die NPD – und einfach gute Kommunalpolitik macht.

Es ist ja leider so, dass sich an vielen Orten Kommunalpolitik vom Wähler entfernt hat. Dass die demokratischen Parteien unter Mitgliederschwund leiden und ihre Bindungen in die Gesellschaft gelitten haben. Dass in etlichen Kommunalparlamenten autoritäre Charaktere regieren, die die Opposition, den Bürger oder auch engagierte Jugendliche als störend empfinden. Dass es Dörfer gibt, aus denen sich die demokratischen Parteien vollkommen zurückgezogen zu haben scheinen. Wenn die anderen Parteien aber offensiv auf die Aktivitäten der NPD reagieren, wenn sie selbst ihre kommunalpolitische Arbeit verbessern und verstärken, ist die Konsequenz der Auseinandersetzung mit dem Rechtsextremismus am Ende sogar ein demokratischeres Gemeinwesen.

MEHR ZUM THEMA

- Analyse der kommunalen NPD-Arbeit in Berlin mit Tipps für Gegenstrategien:
  www.mbr-berlin.de/rcms_repos/attach/2007_MBR_HR_Kampf-um-die Rathäuser_Web.pdf
- Wahlanalysen und Ratschläge:
  www.mbr-berlin.de/rcms_repos/attach/09-06-17_Material_Rechtsextreme-und-Kommunalpolitik.pdf
- Molthagen, Dietmar/Korgel, Lorenz (Hrsg.): Handbuch für die kommunale Auseinandersetzung mit dem Rechtsextremismus. Friedrich-Ebert-Stiftung 2009
- Strobl, Rainer (u. a.): Demokratische Stadtkultur als Herausforderung. Juventa 2003. – Tiefenstudie über zwei ostdeutsche Städte im Umgang mit Rechtsextremismus

65

Wie verhindert man, dass Rechtsextremisten Immobilien erwerben?

Plötzlich ist ein ganzer Ort in Aufregung: Neonazis wollen ein Haus oder einen Hof erwerben, melden die Lokalnachrichten. Angeblich um ein „Schulungszentrum" aufzubauen. Manchmal ist das tatsächlich eine ernste Gefahr, manchmal auch nur Bluff, um als Preistreiber ein Geschäft mit Provisionen zu betreiben. In jedem Fall sind Kommunen alles andere als wehrlos.

Seit einigen Jahren gibt es in der rechtsextremistischen Szene auffallend öffentliche Bestrebungen, Immobilien zu kaufen. Das geschieht zum Teil über Einzelpersonen, die der NPD sehr verbunden sind – häufig ist es der NPD-Vizechef und Anwalt Jürgen Rieger aus Hamburg. Aber auch Stiftungen aus dem Ausland treten bisweilen als Interessenten auf, zum Beispiel die Londoner Wilhelm Tietjen Stiftung Limited zur „Fruchtbarkeitsforschung" (hinter der ebenfalls Jürgen Rieger steht).

Wie ernsthaft das Kaufinteresse ist, ist oft nur schwer zu erkennen. Schon mehrfach sind Neonazis offensichtlich nur zum Schein als Interessenten aufgetreten, um den Kaufpreis für eine bis dahin unverkäufliche Immobilie hochzutreiben. Der Trick ist simpel: Ein Kaufinteresse von NPD-Kreisen wird angedeutet, die öffentliche Aufregung ist groß – und um Schaden vom Ort abzuwenden, übernehmen die Kommunen die jeweilige Immobilie lieber selbst und oft zu überhöhtem Preis. Bei solch einem „antifaschistischen Kauf", so die lästernde Bezeichnung der Szene, macht der vorherige Eigentümer einen satten Gewinn und zahlt den Rechtsextremisten einen Teil davon aus.

Wie kann eine Gemeinde verhindern, auf solche Täuschungen hereinzufallen? „Anhaltspunkte für mögliche Scheinkäufe", heißt es in einem Papier der Innenministerkonferenz aus dem Jahr 2007, „sind zum Beispiel eine möglichst medienwirksame Ankündigung der Erwerbsabsicht mit Ankündigung, ein ‚nationales Begegnungszentrum' oder Ähnliches errichten zu wollen." Weiterhin, so der Rat, solle man auf „finanzielle Schwierigkeiten des Verkäufers" achten sowie auf „eine hohe Diskrepanz zwischen Höhe des Angebotes beziehungsweise des Kaufpreises und dem Verkehrswert". Ein solcher Fall trug sich offenbar 2006 im vorderpfälzischen Kirchheim zu: Das bayerische NPD-Vorstandsmitglied Uwe Meenen wollte für 760.000 Euro einen Gasthof erwerben – angeblich jedenfalls. Ein Gutachten im Auftrag der Gemeinde ergab lediglich einen Verkehrswert von 440.000 Euro. Daraufhin verzichtete die Kommune auf ihr Vorkaufsrecht – und plötzlich war auch das Interesse des NPD-Mannes erloschen.

Daneben gibt es aber auch ernsthafte Projekte. Denn der Besitz von Immobilien ist für Aktivisten von Neonazi-„Kameradschaften" wie auch für NPD-Funktionäre von kaum zu überschätzendem Wert. „Ohne eine feste, örtliche Basis ist effektive Parteiarbeit schwer zu leisten", analysiert ein Ratgeber *Kommunen und Rechtsextremismus*, den das rheinland-pfälzische Innenministerium herausgegeben hat. Gasthöfe im strukturschwachen ländlichen Raum, leer stehende Bahnhöfe, alte Hotels, Garagen, Lagerhallen oder Wohnhäuser mit großem Grundstück – solche Immobilien

UND WENN SIE „NUR" MIETEN?

Neonazis tarnen ihre Konzerte oft als Geburtstagsfeiern, für Sportveranstaltungen wollen sie häufig die Hallen und Plätze gemeinnütziger Vereine anmieten. Und die NPD versucht regelmäßig, ihre Parteitage in öffentlichen Sälen abzuhalten. Doch es gibt eine ganze Reihe von Möglichkeiten, solche Anmietungen zu verhindern – oder zumindest mit strengen Auflagen zu versehen. In Nutzungssatzungen oder Mietverträgen lassen sich Klauseln unterbringen, die das Verbreiten beispielsweise von rassistischem Gedankengut in den Räumen verbieten. Bei Zuwiderhandlungen besteht für den Vermieter dann ein Sonderkündigungsrecht.

Ausschlaggebend ist in jedem Fall eine kluge Vorbereitung. Für private Vermieter wie Gastwirte oder Hoteliers hat beispielsweise die Dehoga gemeinsam mit dem Kulturbüro Sachsen eine detaillierte Handreichung erarbeitet (kann angefordert werden bei www.kulturbuero-sachsen.de). Die Mobile Beratung gegen Rechtsextremismus in Berlin hält für Kommunen eine Broschüre mit Mustermietverträgen und relevanten Gerichtsurteilen vorrätig:

www.mbr-berlin.de/ Materialien/454.html

ermöglichen beinahe jede Form von Veranstaltung, vom Kameradschaftsabend über den Parteitag bis hin zum großen Neonazi-Konzert. Eigene Häuser und Grundstücke gelten in der Szene als „national befreite Zonen", denn dort können Behörden erheblich schwerer einschreiten als in nur angemieteten Immobilien. Aus eigenen Objekten heraus, schrieb einmal der zeitweilige Schlossbesitzer und ehemalige NPD-Landesvorsitzende von Sachsen-Anhalt, Steffen Hupka, könne man später darangehen, die Umgebung „zu erobern".

Jedenfalls werden die wirklich wichtigen Immobilienprojekte meist ohne Schlagzeilen angebahnt. Mal wird nur eine Wiese oder ein halb verfallener Landgasthof erworben, mal mit langem Vorlauf eine Scheune gepachtet, um dort erst viel später Zeltlager oder Rechtsrock-Konzerte zu organisieren. Erkenn-

Vielen Kommunen ist es durch die penible Anwendung des komplexen deutschen Bau- und Planungsrechts gelungen, Immobilienprojekte von Rechtsextremisten auszubremsen

bar – oder eben nicht erkennbar – sind diese Geschäfte daran, dass Kontakte unauffällig über Privatpersonen angebahnt werden, „ohne dass die Öffentlichkeit vorher eingeschaltet wird", wie ein Merkblatt der Landesregierung Mecklenburg-Vorpommern warnt. „Das Objekt wird dann zu marktüblichen Konditionen gekauft." Regelmäßig erhält die NPD auch Schenkungen oder Nachlässe von Alt-Nazis oder ihren Witwen; Jürgen Rieger, das trifft sich gut, ist auch Erbrechtsanwalt.

Doch selbst nach einem geglückten Immobiliendeal sind Kommunen nicht machtlos. Denn worüber viele Bauherren klagen, kann in der Auseinandersetzung mit Rechtsextremisten ein wirkungsvoller Hebel sein: die detaillierten und teils hoch komplizierten deutschen Gesetze und Verordnungen. „Vorrangig geht es hier um das sogenannte ‚Kleingedruckte'", erklärt Reinhard Koch von der Arbeitsstelle Rechtsextremismus und Gewalt (Arug) in Braunschweig: Bauplanungs-, Bauordnungs- oder Brandschutzrecht, Denkmalschutz-, Gaststätten- und Gewerberecht – auf all diesen Gebieten lassen sich Ansatzpunkte finden, die den Rechtsextremisten die Nutzung ihrer Immobilie zwar nicht unmöglich, aber doch sehr unbequem machen. So kann beispielsweise ausgiebig geprüft werden, ob die Gebäude Anforderungen an eine straßenmäßige Erschließung, an Trink- und Löschwasserversorgung sowie die ordnungsgemäße Abwasserentsorgung erfüllen. In Bebauungs- oder Flächennutzungsplänen können Kommunen Vorgaben machen, welche Gebäudenutzungen überhaupt erlaubt sind. Fehlende Einrichtungen für Brandschutz, Beleuchtung, Lüftung und Dunstabzug können Gründe sein für behördliche Auflagen, die von einer Nachbesserungs-pflicht bis zum Nutzungsverbot reichen können. Schon die Zahl der vorzuhal-tenden Toiletten etwa (getrennt nach Frauen und Männern und möglicherweise auch behindertengerecht) kann erheblichen Einfluss auf die Baukosten und die prinzipielle Nutzbarkeit für Versammlungs- oder Musikveranstaltungen haben; das Fehlen von Rettungswegen oder hinreichend feuerbeständigen Treppen kann sie möglicherweise ganz vereiteln. „Die Kontrolle all dieser Bestimmungen bietet auch immer die Gelegenheit, Begehungs- und Zugangsmöglichkeiten für die Behörden zu schaffen", betont Reinhard Koch. Über bewährte Maßnahmen tauschen sich Bürgermeister betroffener Gemeinden längst im Rahmen von Fachtagungen aus. Aber Stephan Loge, Baudezernent des brandenburgischen Landkreises Dahme/Spree, betont, dass das „Baurecht grundstücksbezogen ist und nicht auf Personen oder eine politische Gesinnung abstellt".

Auch NPD-Mann Rieger hat die Tücken von Bau- und Planungsvorschriften bereits leidlich erfahren müssen. Im thüringischen Pößneck zum Beispiel be-schnitt ein ausgedehntes Parkverbot den „Verkehrs-Wert" seiner Immobilie als Versammlungsort erheblich. In Dörverden nahe Bremen bereiteten ihm Ent-scheidungen der Denkmalschutzbehörde Kopfzerbrechen. Im niedersächsi-schen Hameln hatte er 1999 ein ehemaliges Kino gekauft. Aber als Anfang 2008 dort gemeinsam mit Parteiprominenz eine Wahlkampf-DVD vorgestellt werden sollte, sperrte die Kommune das Gebäude wegen Baufälligkeit, und den eigens angereisten Gästen erteilte die Polizei Platzverweise.

MEHR ZUM THEMA

- Merkblatt der Landesregierung Mecklenburg-Vorpommern zu rechtsextremen Immobilien:
  www.regierung-mv.de/cms2/Regierungsportal_prod/Regierungsportal/_downloads/IM/Merkblatt
  _Immobilienkauf_durch_Rechtsextremisten.pdf
- Stephan Loge, Baudezernent des Landkreises Dahme-Spree (Brandenburg), erklärt bau- und planungsrechtliche Möglichkeiten:
  www.netz-gegen-nazis.de/artikel/entzug-rechtsextremer-handlungsraeume-moeglichkeiten-
  und-grenzen-verwaltungsrechtlicher-mass
- Die Broschüre „Kommunen und Rechtsextremismus" kann beim Innenministerium Rheinland-Pfalz per E-Mail bestellt werden: matthias.heck@ism.rlp.de
- Auch die Stadt Leipzig hat eine Handreichung für Vermieter, Anwohner und Kommunen erarbeitet: www.leipzig.de/de/buerger/newsarchiv/2009/13802.shtml

Was ist schlimm daran, wenn in meiner Stadt ein Laden für rechte Szeneklamotten eröffnet?

**Seit Langem hat die rechtsextreme Szene Bekleidungsmarken, die sie beson-
ders mag. [▶ Kapitel 7 und Anhang] Relativ neu ist, dass eigens Ladengeschäfte zu deren Vertrieb eröffnet werden – und das nicht in irgendwelchen Hin-
terhöfen, sondern in prominenten Einkaufslagen. Doch immer öfter regt sich
Widerstand dagegen. Stephanie Kesselbauer vom Bündnis „Ladenschluss"
aus Leipzig erklärt, wie man sich dort gegen einen Thor-Steinar-Laden wehrte – und dass es nicht ausreicht, nur auf ein einzelnes Geschäft zu blicken.**

Frau Kesselbauer, was passiert mit einer Straße oder sogar einem ganzen Stadtviertel, wenn dort ein rechtsextremes Geschäft eröffnet? ❙ Durch einen Laden,
der auf rechtsextreme Kundschaft zielt, kann sich das Klima in einem Viertel
von heute auf morgen stark verändern. So ein Laden soll ja auch eine Art Macht-
demonstration der Szene sein. Die wollen zeigen, dass es sie gibt, dass sie stark
sind. Solche Geschäfte werden schnell zu regelrechten Treffpunkten für organisierte Nazis – und die Straße davor wird zu einem gefährlichen Ort für alle, die

nicht in deren Weltbild passen, für Migranten oder Obdachlose oder auch einfach nur nicht-rechte Anwohner.

Oft geht von Läden auch direkt Gewalt aus. In Leipzig kam es beispielsweise während zweier angemeldeter Protestaktionen vor dem Thor-Steinar-Geschäft zu brutalen Übergriffen. Einmal wurde ein Stand der Jusos von Nazis angegriffen, ein andermal stürmten rechtsextreme Hooligans auf die Kundgebung los.

Was sind die allerersten Schritte, wenn man bemerkt, dass im Ort ein Naziladen eröffnen will? | **Das Wichtigste ist,** sich mit anderen Menschen zusammenzuschließen. Als Nächstes muss man schauen, wie die Öffentlichkeit informiert werden kann. Man muss mit der Presse in Kontakt treten und auch die Anwohner und vor allem den Vermieter direkt informieren. Anschließend kann man ganz verschiedene Formen von Protest nutzen. Das geht von Kundgebungen und Demonstrationen über Infostände, Informationsveranstaltungen, bis hin zu Theateraktionen. Das hat in Leipzig prima funktioniert.

Wer verbirgt sich hinter dem „Ladenschluss-Bündnis"? Und wie ist es entstanden? | **Im September 2007 eröffnete plötzlich** in der Leipziger Innenstadt ein Thor-Steinar-Laden. Das ist derzeit in der Neonazi-Szene die beliebteste Marke, viele Naziaufmärsche wirken inzwischen wie eine einzige Thor-Steinar-Modenschau. [▶ Kapitel 8]

Schon kurz danach gab es eine Demonstration gegen den Laden, an dem sich 2.000 Menschen beteiligten, und dann fanden sich schnell Leute zusammen, die sich auch längerfristig gegen das Geschäft engagieren wollten. Da saßen dann antifaschistische Initiativen, Gewerkschafts- und Parteijugend, Kulturschaffende und Anwohner an einem Tisch und haben überlegt, was man zusammen unternehmen kann. Mit der Gründung des Ladenschluss-Bündnisses wollten wir einerseits unseren Protest gegen das Geschäft zeigen und andererseits Aufklärungsarbeit über den neuen Nazi-Lifestyle starten.

PROTESTE GEGEN BRAUNE KUNDSCHAFT

2009 gab es Thor-Steinar-Geschäfte in Magdeburg, Erfurt, Dresden, Leipzig, Nürnberg und Berlin. Gegen einige Läden laufen bereits – vor allem aufgrund der vielen Proteste – langwierige Räumungsklagen. In Hamburg schloss ein neu eröffnetes Geschäft schon nach wenigen Wochen. Andere Thor-Steinar-Läden mussten nach zähen Gerichtsstreits ausziehen. In allen genannten Städten gab und gibt es regelmäßig Demonstrationen und bunte Aktionen gegen die Geschäfte, teilweise mit mehreren Tausend Teilnehmern.

Andere Läden, die beispielsweise rechtsextreme Musik vertreiben oder einen Querschnitt von Szene-Kleidung vertreiben, eröffnen ihre Geschäfte gezielt in kleinen Ortschaften auf dem flachen Land. Sie hoffen, dass sie dort nicht mit all zuviel Widerstand rechnen müssen – aber das Beispiel Wurzen (Sachsen) zeigt, dass es auch in Kleinstädten kreative Proteste gibt.

Wie klappt die Zusammenarbeit untereinander? I Klar, es gab es anfänglich Diskussionen, welche Aktionsformen am besten sind, und was überhaupt die Strategie sein soll. Aber letztlich funktionierte das Zusammenspiel zwischen den teilweise sehr verschiedenen Gruppen ganz gut. Der Fokus lag damals aber auch auf dem ganz konkreten Ziel, eine Schließung des Thor-Steinar-Ladens zu erreichen.

Das bedeutet, die Ziele ihres Bündnisses haben sich in der Zwischenzeit geändert? I Im Grunde ja. Wir haben uns inhaltlich weiterentwickelt. Am Anfang ging es nur um den Laden, inzwischen engagieren wir uns auch gegen das zunehmende Auftreten der NPD und von anderen Neonazi-Gruppen in Leipzig und Umgebung. Außerdem geht es uns nun stärker um die grundsätzliche Frage, wie ein rechter Lifestyle überhaupt funktioniert und wo so ein Ausgrenzungsdenken herkommt.

War Ihre Arbeit erfolgreich? I Auf jeden Fall. Nur drei Monate nach der Eröffnung wurden Thor Steinar die Geschäftsräume schon wieder gekündigt. Dagegen wehrte sich der Mieter gerichtlich, aber bis Juni 2009 musste der Laden endgültig geräumt sein. Darüber hinaus haben die vielen Proteste dazu beigetragen, die Leipziger Öffentlichkeit für den neuen Stil der Rechtsextremisten zu sensibilisieren. Der größte Studentenclub der Stadt etwa erließ ein Verbot für Thor Steinar, und sogar der Oberbürgermeister sprach sich am Ende öffentlich gegen den Laden aus.

Den größten Erfolg sehen wir aber darin, dass unser Bündnis mittlerweile, seit fast zwei Jahren, erfolgreich zu unterschiedlichen Themen arbeitet. Wir bringen die zunehmende rechtsextreme Gewalt in der Stadt an die Öffentlichkeit, haben Demos gegen fünf Naziaufmärsche im Jahr 2008 organisiert und uns mit vielen anderen Initiativen vernetzt. Außerdem entstand aus unserem Bündnis heraus die Internetseite „ChronikLE.org", die rechtsextreme und rassistische Übergriffe in Leipzig dokumentiert.

Haben Sie auch Kontakt zu ähnlichen Initiativen in anderen Städten? I Natürlich. Es ist für uns wichtig, Informationen aus anderen Städten zu bekommen und Erfahrungen auszutauschen. Beispielsweise hat sich kürzlich in Sachsen ein landesweites „Ladenschluss"-Bündnis gegründet, das unter anderem einen städteübergreifenden Aktionstag vorbereitet. Uns ist es wichtig, Leute im ländlichen Raum zu unterstützen – denn in den kleineren Orten gibt es meist nur wenige Menschen, die sich gegen Nazis engagieren, und es fehlt in der Regel eine öffentliche Auseinandersetzung mit dem Thema.

In vielen größeren Städten hat die Thor-Steinar-Vertriebsfirma bereits versucht, Läden in prominenter Lage zu eröffnen. Was glauben Sie steckt dahinter? ❚ Thor Steinar ist vor allem ein profitorientiertes Projekt, und in einer großen Stadt kann man natürlich mehr Umsatz machen als in kleineren Orten. Derzeit ist die Bestellseite im Internet noch der Hauptvertriebsweg, aber die Marke versucht gezielt, ihr Image zu verbessern. Sie will offenbar neue Käuferschichten jenseits der eindeutigen Naziszene erschließen. Indem man Läden in schicken Einkaufsgegenden eröffnet, kann man sich als „ganz normale" Marke präsentieren. Genau deswegen sind die Proteste so wichtig – denn sie durchkreuzen diese Strategie des Einschleichens in die normale Modewelt.

In vielen Fällen machen betroffene Geschäfte nach einer Kündigung in derselben Stadt einfach einen neuen Laden auf, und alles geht von vorn los … ❚ … genau dies ist vermutlich auch in Leipzig der Fall. In der Gerichtsverhandlung um die Kündigung des Thor-Steinar-Geschäfts hat deren Anwalt schon angekündigt, auf der Suche nach neuen Geschäftsräumen zu sein.

Wie sinnvoll ist da Ihr Engagement überhaupt? ❚ Wir haben nach dieser Ankündigung Briefe an Immobilienfirmen, Einkaufszentren und Stadtteilvereine geschrieben und sie vor der Marke gewarnt. Und da haben wir schon gemerkt, dass unsere Proteste bereits gewirkt haben. Das Problembewusstsein bei Vermietern ist inzwischen viel größer. Wenn es Thor Steinar tatsächlich gelingt, einen neuen Laden in Leipzig zu eröffnen, besteht natürlich die Gefahr, dass viele Leute keine Lust mehr haben, schon wieder auf die Straße zu gehen. Genau deshalb arbeiten wir nicht nur gegen einen bestimmten Szene-Laden, sondern kümmern uns um das grundsätzliche Rechtsextremismus-Problem in der Gesellschaft.

Interview: Johannes Radke

MEHR ZUM THEMA

- Eine Videoreportage über eine Anti-Thor-Steinar-Initiative in Berlin-Mitte: www.netz-gegen-nazis.de/artikel/das-ist-ein-massives-ding
- Die Webseite des Ladenschluss-Bündnisses findet sich unter: http://ladenschluss.blogsport.de, die der erfolgreichen Berliner Initiative unter: http://mittegegenrechts.blogspot.com
- Im sächsischen Wurzen hat das Netzwerk Demokratische Kultur (NDK) eine Kampagne gegen das Geschäft eines örtlichen Rechtsextremisten organisiert, die zeigt, dass so etwas nicht nur in großen Städten möglich ist: http://nazisausladen.ndk-wurzen.de/

Hilfe, mein Nachbar ist Neonazi!

Was tun, wenn nebenan ein junger Mann eingezogen ist, der laut Nazi-Musik hört und dunkelhäutige Mitmieter anpöbelt? Sabine Kritter von der Mobilen Beratung gegen Rechtsextremismus in Berlin (MBR) wird das häufig gefragt.

Erstes Anliegen sollte sein, im Haus ein Klima des Hinsehens und Eingreifens zu schaffen, in dem potenzielle Opfer rechtsextremer Bedrohungen oder Gewalt auf die Solidarität ihrer Nachbarn bauen können. Dazu gehört zunächst einmal, alle Bewohner über die Einstellung des neuen Mieters zu informieren. Vielleicht haben ja einige noch gar nicht realisiert, wer da gerade eingezogen ist.

Um später die notwendigen Schritte einleiten zu können, sollten Sie genau beobachten und alles umfassend – mit Datums- und Ortsangabe – notieren. Das hilft, gegenüber dem Vermieter, der Polizei und gegebenenfalls vor Gericht zu argumentieren. Achten Sie beispielsweise auf Kleidungsmarken, Tätowierungen und Aufnäher. Welche Musik wird gehört? Sind Texte zu verstehen? Warum wird der rechtsextreme Nachbar als bedrohlich wahrgenommen? Droht er direkt oder indirekt, werden Menschen angepöbelt, durch Gesten verängstigt? Traut sich jemand nicht aus der Wohnung, wenn der Nachbar Besuch bekommt? Fühlen Sie sich durch Musik, in der zu Gewalt aufgerufen wird, eingeschüchtert?

Wenn in der Nachbarswohnung indizierte Lieder abgespielt werden oder Personen Kennzeichen verfassungswidriger Organisationen tragen, dann empfiehlt sich eine Anzeige bei der Polizei. Das macht Rechtsextremen und auch anderen Nachbarn klar, dass solches Verhalten nicht hingenommen wird. Natürlich ist vieles nicht verboten und außerdem schwierig zu erkennen – auch deshalb ist das juristische Vorgehen lediglich ein Aspekt. Bei den Gesprächen mit Nachbarn sollten Sie deutlich machen, dass einige Menschen im Haus die Anwesenheit des Rechtsextremen als bedrohlich und beängstigend empfinden. Wenn einzelne Nachbarn daraufhin potenziellen Opfern Unterstützung anbieten, ist das ein erster Erfolg. So wächst die Sicherheit, mit dem Problem nicht alleinzustehen.

Antirassistische Briefkastenaufkleber – und Druck auf den Vermieter

Die gründlichste Beendigung einer (potenziellen) Bedrohungssituation ist natürlich, den Rechtsextremen zum Auszug zu bewegen. Einfach ist das nicht, aber durchaus möglich. Ein gemeinsames Vorgehen möglichst vieler Mieter verringert für jeden einzelnen das Risiko von Racheakten. Gleichzeitig erhöht sich dadurch der Druck auf den rechtsextremen Nachbarn wie auf den Hauseigentümer. Dem Nachbarn sollte immer wieder signalisiert werden, dass er – und zwar im besten Fall von allen Hausbewohnern – nicht erwünscht ist. Man kann beispielsweise antirassistische Aufkleber an den eigenen Briefkasten kleben oder ihm demonstrativ den belanglosen Plausch im Treppenhaus verweigern. Denn wer sich unwohl fühlt in seinem Wohnumfeld, wird sicherlich nicht ewig dort bleiben.

Fordern Sie den Hauseigentümer auf, das Mietverhältnis außerordentlich zu kündigen. Machen Sie ihm klar, dass der Rechtsextreme den Hausfrieden gründlich stört. Von (möglichst) allen Bewohnern unterzeichnete Beschwerden oder die Dokumentation von Bedrohungssituationen wären mögliche Vorgehensweisen. Prinzipiell kann nämlich jeder Mietvertrag auch wieder gekündigt werden. Die Bedingungen dafür gestalten sich aber recht unterschiedlich. Das Bürgerliche Gesetzbuch (BGB) besagt in Paragraph 543 (Absatz 1): „Jede Vertragspartei kann das Mietverhältnis aus wichtigem Grund außerordentlich fristlos kündigen." Und solch ein „wichtiger Grund" liegt zum Beispiel (laut Paragraph 569, Abs. 2) vor, „wenn eine Vertragspartei den Hausfrieden nachhaltig stört, sodass dem Kündigenden unter Berücksichtigung aller Umstände des Einzelfalls, insbesondere eines Verschuldens der Vertragsparteien, und unter Abwägung der beiderseitigen Interessen die Fortsetzung des Mietverhältnisses bis zum Ablauf der Kündigungsfrist oder bis zur sonstigen Beendigung des Mietverhältnisses nicht zugemutet werden kann". Was konkret eine „nachhaltige Störung des Hausfriedens" darstellt und damit ausreichend ist für eine außerordentliche Kündigung, ist im Gesetz nicht definiert. Das subjektive Bedrohungsgefühl von (potenziellen) Opfern und weiteren Bewohnern kann dieses Kriterium aber durchaus erfüllen. Im Zweifelsfall – in einem Gerichtsprozess – wird die Entscheidung bei einem Richter liegen. Umso wichtiger ist es, die bedrohlichen Situationen dann möglichst nachvollziehbar schildern zu können.

Vermieter können sich auch von vornherein für solche Auseinandersetzungen wappnen, indem sie etwa eine Klausel in den Mietvertrag schreiben, die rechtsextremes Auftreten mit dem Mietverhältnis für unvereinbar erklärt.

DAS MEINEN LESER – Auszüge aus den Netz-gegen-Nazis-Foren

NichtdieMama: „Wenn es gesichert ist, dass es ein Nazi ist, in jedem Fall mit den Nachbarn darüber reden. Das klingt zwar nach ‚Tratsch‘, aber allein das kann schon viel bewirken, und eventuell erfährt man dabei so einiges über die Sicht der Nachbarn […] Ich habe eine solche Situation selbst erlebt: Ein Neuhinzugezogener, der täglich sein Lügenmund gegen die (seit 30 Jahren hier lebenden) ach-so-bösen, integrationsunwilligen, türkischen Nachbarn aufgerissen hatte (‚putzt nicht richtig‘, ‚stinkt‘, ‚ungewaschene Haare unter dem Kopftuch‘). Es hat keine vier Monate gedauert, und er war raus. Das Interessante dabei ist: Es waren die Alteingesessenen Ü-60er, die dabei am aktivsten die Wohngegend vor dem Rassisten verteidigten."

Pippilotta: „Wichtig wäre, antifaschistische Organisationen (örtliche Antifa, Bündnis gegen Rechts etc.) zu informieren […]. Dann kümmern sich (zumindest sollten sie das) solche Organisationen darum, den Rechtsextremisten in der Wohngegend bekannt zu machen, falls dieser wirklich ein aktiver Spitzenkamerad ist. Wachsam sollte man auf jeden Fall sein, besonders wenn er abends seine ‚Freunde‘ zu einem oder zwei Bier einlädt, und sie danach etwas angetrunken durch die Wohngegend ziehen."

Neindanke: „Wir haben hier in Hamburg Wandsbek ne Menge Nazis, einen direkt über uns. Die Polizei habe ich inzwischen 6 Mal gerufen. Der Vermieter reagiert mit ‚Drohbriefchen‘, viel ist dabei nicht rausgekommen. Gestern ist die Situation eskaliert, die Nazimucke war so laut, dass ich jedes Wort der gegrölten Parolen verstand. Der Polizei hat der Idiot die Tür natürlich nicht aufgemacht, ich habe das Aktenzeichen eingeholt und werde am Montag erneut den Vermieter informieren. Vielleicht klappt es diesmal, der Typ hat meinen Freund bedroht und herumgespuckt, hoffe, dass der Vermieter diesmal reagiert, sonst werde ich mich damit an die Zeitung wenden, falls das was bringt oder den Vermieter unter Druck setzt. Bei uns im Haus wohnen elf Personen mit Migrationshintergrund, aber keiner reagiert, weil sie Angst vor Problemen haben. Oh Mann…"

Mitdiskutieren unter:
www.netz-gegen-nazis.de/frage/was-kann-ich-tun-wenn-nebenan-ein-nazi-wohnt

Was tun, wenn Onkel Rolf am Kaffeetisch rassistische Witze loslässt?

Die Familienfeier ist schön, die Stimmung gelöst, die Gespräche angeregt. Da sagt Onkel Rolf: „Ist doch schrecklich – junge Deutsche sitzen arbeitslos zu Hause, und die Ausländer nehmen ihnen die Jobs weg." Alle hören weg, starren auf ihr Stück Kuchen. Und was tun Sie jetzt? Tipps von Simone Rafael

Rechtsextreme Sprüche zu ignorieren, hat unangenehme Folgen: Der Parolenschwinger fühlt sich bestärkt und als Gewinner. Ein verschämter Themenwechsel bringt meist wenig. Denn solche Leute hören fast nie von allein wieder auf.

Widersprechen, nachhaken, beim Thema bleiben

Aber hat es überhaupt Sinn, mit Leuten wie Onkel Rolf zu diskutieren? Häufig werden sie alle Argumente, die ihren Vorurteilen widersprechen, einfach ignorieren. Sie werden einem Gesprächspartner das Wort im Munde herumdrehen und Fakten passend zur eigenen Wahrnehmung umformen. Aber: Es gibt Strategien, die funktionieren besser als andere: Fakten, die Aha-Erlebnisse er-

„DU JUDE!"

Rassismus fängt oft ganz klein an, wenn sich etwa auf dem Schulhof „Du Jude" als Schimpfwort etabliert. Wie soll man darauf reagieren?

„Es ist sehr schwierig zu bestimmen, wo pure Gedankenlosigkeit in Absicht umschlägt", sagt Prof. Wolfgang Benz vom Zentrum für Antisemitismusforschung in Berlin. Unterschwellig transportierte Stereotypen dürfe man aber keinesfalls als harmlos abtun, denn sie können irgendwann, später, instrumentalisiert werden. „Bedenklich ist auf jeden Fall, wenn ,Du Jude' tatsächlich zum Schimpfwort wird." Lehrer beispielsweise dürften dies nicht einfach stehenlassen oder als jugendsprachliche Marotte hinnehmen. „Wenn Schüler das Gefühl bekommen, ,Du Jude' oder auch nur ,Du Loser', das sage ich zu denen, die mir nicht so viel Wert sind – das geschieht anfangs vielleicht unbewusst, später immer treffsicherer. Allein schon im Gebrauch der Worte festigt sich aus dem Klischee heraus das immer tiefer sitzende Vorurteil."

möglichen, Nachdenklichkeit provozieren, Irritation auslösen. Am besten vermittelt man diese – gerade im Kreise von Freunden und Verwandten – in Form persönlicher Geschichten, Anekdoten, Erfahrungen. Oft genügen auch schon einfache Nachfragen, damit ein Sprücheklopfer sich in Widersprüche verwickelt – denn präzise Fakten kennt er selten (anders übrigens als geschulte NPD-Kader, die zwar meist exakt klingende Daten parat haben, die sich bei genauer Betrachtung dann aber als falsch oder aus dem Zusammenhang gerissen entpuppen).

Deshalb: Haken Sie (nachdem Sie Zweifel an der pauschalen These von Onkel Rolf angemeldet haben) nach: „Woher weißt du das denn?" oder „Hast du dafür mal ein konkretes Beispiel?" Häufig wechselt das Gegenüber daraufhin das Thema oder haut Ihnen einfach die nächste Stammtischweisheit um die Ohren. Dann fordern Sie, beim ersten Thema zu bleiben. Es ist immer besser, eine Parole zu entschärfen, als sich in vielen verschiedenen Argumentationssträngen zu verheddern. [▶ Kapitel 45]

„Willst du das wirklich?"

Ein sehr überzeugendes Argument kann das Aufzeigen von Konsequenzen sein, gerade wenn Onkel Rolf kein überzeugter Rechtsextremist ist. Denken Sie seine Parole laut weiter: Wozu führt es, wenn sie in Handlungen mündet? Will er das wirklich? Weiterdenken hilft auch bei kurz gegriffenen Aussagen. (Etwa: „Wie sähe denn dein Leben aus, wenn morgen früh wirklich alle sogenannten Ausländer das Land verlassen würden?")

Verbissenheit tut Diskussionen selten gut, erst recht nicht in entspannter Kaffeetischatmosphäre. Ein passender Witz oder eine Portion Selbstironie können Wunder wirken, um das Klima zu entspannen und alle Gesprächsteilnehmer oder Zuhörer wieder für Argumente zu öffnen.

Und wie reagieren Sie selbst, wenn jemand wie ein Oberlehrer auftritt oder allzu moralisierend redet? Genervt, abwehrend, weniger offen für das, was gesagt wird? Genau. Unterlassen deshalb auch Sie selbst einen solchen Gestus!

Außerdem: Diskutieren Sie gern allein gegen den Rest der Welt? Eben. Wenn also jemand anderes am Tisch ein wirkungsvolles Argument nennt oder es einige gemeinsame Punkte mit ihm oder ihr gibt – nehmen Sie diese in Ihrem nächsten Gesprächsbeitrag auf und benennen Sie die Gemeinsamkeit. Das nimmt der Angesprochene positiv wahr und unterstützt Ihre Punkte dann womöglich auch.

Alles, nur nicht mitbrüllen!

Jetzt nennt Onkel Rolf eine These, von der Sie finden, dass vielleicht „etwas Wahres dran" ist? Dann sollten Sie ruhig auch mal teilweise zustimmen, ihm zunicken, Verständnis zeigen. Das beugt einer vergifteten Grundatmosphäre vor. Aber lassen Sie nie nach darin, pauschale Aussagen zu relativieren, Vielschichtigkeit aufzuzeigen und alternative Denkweisen anzuregen.

Die Diskussion kocht, der Ton wird laut? Reden Sie bewusst leise und ruhig. Oft hört man Ihnen dann aufmerksamer und offener zu, als wenn Sie im Kampf um die lautstärkste Meinung mitbrüllen.

Denken Sie daran: Die Unentschiedenen und Indifferenten, die schweigend zuhören, sind viel wichtiger als der Sprücheklopfer selbst! Sie nämlich können eher zum Nachdenken angeregt werden. Und wenn man sie gezielt nach ihrer Meinung oder Erfahrung befragt, entpuppen sie sich vielleicht als Verbündete, die Ihre Überzeugungskraft unterstützen können.

Auch Körpersprache hilft. Jeder möchte ernst genommen werden und den Eindruck haben, dass der Gesprächspartner zuhört. Schauen sie deshalb Ihr Gegenüber an, seien Sie locker und offen. Verschränkte Arme dagegen signalisieren eher Abwehr. Sich weit nach vorn zu beugen, kann wirken, als wollten Sie Onkel Rolf „über den Tisch ziehen" oder gar handgreiflich werden.

Manchmal fehlen Ihnen gerade die Worte? Und möglicherweise auch Hintergrundinformationen, um gut argumentieren zu können? Es ist keine Kapitulationserklärung, eine Diskussion auf einen späteren Zeitpunkt zu verschieben, zu dem man sich besser vorbereiten kann. Jedenfalls ist alles besser, als einfach um des lieben Familienfriedens willen zu schweigen.

MEHR ZUM THEMA

- Entgegnungen auf rechtsextreme Sprüche: www.netz-gegen-nazis.de/artikel/stammtisch-ecke
- Forendebatte über rassistische Schülerwitze – und mögliche Reaktionen: www.netz-gegen-nazis.de/frage/was-machen-bei-auslaenderwitzen-wenn-es-keiner-schlimm-findet-und-sogar-lacht
- Siehe auch die Leseempfehlungen in den Kapiteln 28, 29 und 45

69

Sonst noch Fragen?

Auch dieses Buch kann natürlich nicht alle Fragen behandeln, die beim Umgang mit Rechtsextremismus auftreten. Einige weitere, kurze Antworten gibt es hier. Wenn Sie noch mehr oder etwas ganz anderes wissen wollen, wenn Sie Korrekturhinweise haben oder auch Kritik, dann senden Sie bitte eine Mail an fragen@dasbuchgegennazis.de. Wir werden uns um Antworten bemühen.

Was tun, wenn in der Disco Migranten vom Türsteher immer abgewiesen werden? | Zwar wird es schwierig nachzuweisen sein, dass Gäste *wegen* der Nationalität oder Hautfarbe der Zugang zu Clubs oder Diskotheken verwehrt wird. Aber klar ist, dass das Hausrecht des Betreibers nicht über dem Diskriminierungsverbot des Grundgesetzes (und des Allgemeinen Gleichbehandlungsgesetzes) steht. Einen begründeten Verdacht rassistischer Gästeauswahl sollte man vor Ort publik machen, etwa über die Lokalzeitung (schlechte Presse kann den Umsatz schmälern), aber auch der Polizei, dem Ordnungsamt und – falls vorhanden – den kommunalen Ausländer- oder Gleichstellungsbeauftragten melden.

Ich habe ständig Naziwerbung im Briefkasten, wie kann ich mich dagegen wehren? ❙ Erster Schritt ist ein allgemeiner Aufkleber „Keine Werbung einwerfen", aber Sie können auch einen speziellen basteln: „Nazipost muss draußen bleiben!" Wird derlei dann trotzdem eingeworfen, können Sie den oder die für das Material Verantwortlichen verklagen (ein Musterurteil: www.bnr.de/content/unerwuenschte-braune-werbung). Gegen Ihrer Ansicht nach volksverhetzende Druckschriften können Sie (gemäß Paragraph 130 Strafgesetzbuch) gegen alle an der Formulierung und Verbreitung Beteiligten Anzeige erstatten.

Wo finde ich kompakte – und verlässliche – Definitionen zum Rechtsextremismus im Internet? ❙ Verlassen Sie sich nicht blind auf Wikipedia, denn dort schreiben – offen oder verdeckt – auch Neonazis mit. Drei Fachwebseiten bieten ausführliche Glossare an, die kontinuierlich ergänzt und vor allem auch redaktionell betreut werden: www.netz-gegen-nazis.de (Register gleich links auf der Startseite), www.bpb.de/themen/CNCDW9 (Glossar des Online-Dossiers der Bundeszentrale für politische Bildung) oder auch www.mut-gegen-rechte-gewalt.de/service/lexikon [weitere Tipps ▶ Kapitel 70].

Schon etwas veraltet, doch als Nachschlagewerk immer noch grundsätzlich geeignet sind das *Handbuch Deutscher Rechtsextremismus* (herausgegeben von Jens Mecklenburg, ElefantenPress 1996) und das *Handbuch Rechtsradikalismus* (von Thomas Grumke und Bernd Wagner, Leske+Budrich 2002).

Über Rechtsextremismus weiß ich jetzt viel. Aber was ist eigentlich Faschismus? ❙ Der Begriff stammt ursprünglich aus Italien und beschreibt eine Bewegung, die sich dort Anfang der 1920er-Jahre entwickelte. Deren Anhänger bezeichneten sich selbst als Faschisten, ihr Symbol war das Rutenbündel (ital.: „fascio"), was Stärke und Überlegenheit des Bundes gegenüber dem Einzelnen bedeuten soll. Mit zunehmender Radikalisierung, dem Einsatz von Gewalt und Terror und der Konzentration auf einen Führer (ital.: „duce") übernahm die faschistische Bewegung unter Benito Mussolini 1922 die Macht. Bis zur Absetzung durch den italienischen König herrschte Mussolini praktisch unbeschränkt in einem Einparteienstaat.

Die italienische Entwicklung war eines der Vorbilder von Hitlers NSDAP, aber auch totalitäre Regime in anderen Staaten (etwa Spanien) werden bis heute unter den unklaren Sammelbegriff „faschistisch" gefasst. Gemeinsam ist ihnen a.) eine charismatische, autoritäre Führerfigur, b.) die strikte Unterwerfung unter das Führerprinzip und c.) der hierarchische Aufbau der politischen Organisation; weiterhin d.) das rechtsextreme, offen rassistische und fremdenfeindliche

Gedankengut und e.) die negative Eigendefinition (als anti-demokratisch, anti-parlamentarisch, anti-liberal, anti-humanistisch und so weiter).

Wo gibt es gute Plakate und Aufkleber gegen Rechtsextremismus? | Am schönsten sind eigentlich immer die selbst gemachten. Professionelle Motive entstanden beispielsweise im Fachbereich Design der Fachhochschule Dortmund (unter www.artikeleins.de zu finden), es gibt sie auch als Wanderausstellung oder Gratis-Postkarten. Plakate im Stil der gelben Ortseingangsschilder für Ihre Gemeinde mit der Unterzeile „… hat keinen Platz für Rechtsextremismus" druckt auf Bestellung die Gewaltakademie Villigst (www.gewaltakademie.de), 300 Stück für hundert Euro. Zwei kostenlose Plakatmotive („Kein Ort für Nazis" und „Bei Fremdenhass: Zivilcourage") gibt es bei: www.amadeu-antonio-stiftung.de.

Was kann ich tun, wenn mein Kiosk rechtsextreme Zeitungen verkauft? | Nicht viel. Denn das Grundgesetz garantiert – und das ist auch gut so! – in Artikel 5 die Pressefreiheit, also das Recht jeder Person, die eigene Meinung in Wort, Schrift und Bild frei zu äußern und zu verbreiten und sich aus allgemein zugänglichen Quellen ungehindert zu unterrichten. Grundlage ist die Erfahrung der Pressezensur während des Dritten Reiches, Artikel 5 schließt eine solche Gleichschaltung der Presse aus. Wer mit Publikationen handelt (also die Grossisten und Einzelhändler), ist deshalb zu Neutralität verpflichtet. Was nicht ausdrücklich strafrechtlich verboten oder aus Jugendschutzgründen indiziert ist (und das sind die meisten rechtsextremen Blätter nicht), muss deshalb auch angeboten werden. Ein Kioskbesitzer ist aber frei darin, ihm weniger zusagende Zeitschriften auch weniger attraktiv zu platzieren. Und Sie selbst können – wenn ein Händler rechtsextreme Blätter prominent präsentiert – diesen Laden boykottieren und das dem Inhaber auch mitteilen. Das wirkt.

Wohin fließen die Gewinne aus diesem Buch? | Verlag, Herausgeber und Projektpartner haben sich darauf geeinigt, die Überschüsse aus dem Verkauf an Opfer rechtsextremer Gewalt zu spenden. Denn die bleiben häufig allein mit den Folgen – mit Verletzungen und oft lebenslanger Angst, aber auch mit materieller Not. Viele Opfer können ihre Arztkosten nicht zahlen (zum Beispiel den Ersatz für ausgeschlagene Zähne), haben kein Geld für Anwälte oder den Wiederaufbau ihres Hauses oder des Geschäfts. Für solche Fälle wurde 1993 der Opferfonds Cura gegründet, unter anderem von Ursula Kinkel, der Ehefrau des damaligen Bundesaußenministers. Die Bucherlöse fließen in diesen Fonds – an den übrigens auch Sie spenden können: www.opferfonds-cura.de.

Wie halte ich mich auf dem Laufenden?

In den vergangenen Jahren ist eine ganze Reihe von Internetseiten entstanden, die aktuell und mit unterschiedlichen Schwerpunkten über Rechtsextremismus informieren. Die meisten werden ehrenamtlich betrieben oder haben nur Etats für eine Ein-Mann- oder Ein-Frau-Redaktion.

www.netz-gegen-nazis.de – 2008 von der *ZEIT* gestartet, bietet ein umfassendes Lexikon, aktuelle Berichte, Ratgebertexte sowie moderierte User-Foren

www.bpb.de/rechtsextremismus – Online-Dossier der Bundeszentrale für politische Bildung mit monatlich wechselnden Schwerpunktthemen

www.mut-gegen-rechte-gewalt.de – 2003 mit Hilfe des *stern* gegründet, berichtet tagesaktuell über Rechtsextremismus und vorbildliche Gegen-Initiativen

www.npd-blog.info – hier schreibt der tagesschau.de-Journalist Patrick Gensing (nicht nur) über Entwicklungen innerhalb der NPD

www.bnr.de – der SPD-nahe Informationsdienst *Blick nach rechts* ist seit 1986 ebenfalls auf Hintergrundberichterstattung spezialisiert, heute nur noch online

www.redok.de – hervorgegangen aus dem 2006 eingestellten Info-dienst IDGR, ein Team freier Journalisten informiert hintergründig über Rechtsextremimus

www.endstation-rechts.de – gestartet als Juso-Initiative, heute ein tagesaktuelles Info-Portal mit Schwerpunkt auf Mecklenburg-Vorpommern und Sachsen

www.stoerungsmelder.org – Debattenportal für Jugendliche, eine Kooperation von *ZEIT*, dem Verein „Gesicht zeigen!", jetzt.de und und weiteren Partnern

www.hagalil.com – nach eigenen Angaben das „größte jüdische Online-Magazin in deutscher Sprache", berichtet unter anderem über Antisemitismus

http://de.indymedia.org – weltweite Plattform linker (und linksradikaler) Gruppen, viele Informationen über Rechtsextremismus aus dem Antifa-Spektrum

DAS VERSTECKSPIEL

Für Laien ist es mittlerweile schwer,
Rechtsextremisten zu erkennen –
denn sie tragen nur noch selten Glatze und
Springerstiefel.

Die folgenden Seiten bieten einen kleinen
Wegweiser durch die Szene(n);
Texte und Fotos stammen aus einer ausführlicheren
Broschüre, die der Berliner Verein
Agentur für soziale Perspektiven (ASP)
herausgegeben hat

Weitere Informationen:
www.dasversteckspiel.de/broschuere.html

Symbole mit nationalsozialistischem Bezug

Man könnte annehmen, dass moderne Rechtsextremisten sich nicht mehr für Adolf Hitler interessieren. Dass eine rechte beziehungsweise extrem rechte Jugendkultur, die mit Piercings und Girlie-Tops modisch auf dem neuesten Stand zu sein scheint, kein Interesse mehr hat am Nationalsozialismus. Das Gegenteil ist der Fall. Symbole mit NS-Bezug haben nichts an Popularität verloren und besitzen für Rechtsextremisten bis heute eine herausragende Bedeutung. Weil aber das öffentliche Zeigen von Erkennungszeichen nationalsozialistischer Organisationen in Deutschland verboten ist, werden derartige Symbole vielfach in leicht verfremdeter Darstellung genutzt. Häufig recyceln lokale Gruppen auch Symbole aus der örtlichen NS-Geschichte. Wer wissen will, warum eine Neonazi-Kameradschaft in einer bestimmten Region ein bestimmtes Symbol als Gruppenemblem nutzt, wird deshalb häufig im Stadtarchiv fündig.

Jedenfalls erschließt sich die Bedeutung von Symbolen mit nationalsozialistischem Bezug der breiten Öffentlichkeit und auch den Behörden meistens nicht sofort. Die Träger aber wissen in der Regel ganz genau, auf welche Elemente des Dritten Reiches sie sich beziehen – und was sie damit implizit oder explizit verherrlichen.

Hakenkreuz

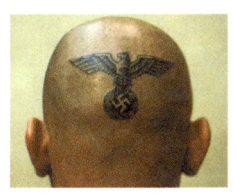

Auch Swastika oder Sonnenrad genannt, wurde es zu Beginn des 20. Jahrhunderts durch esoterische Gruppen in den deutschen Sprachraum eingeführt und von anti-semitischen und völkischen Kreisen, aber auch von der Turnerbewegung aufgegriffen. 1933 wurde das Haken-kreuz zum amtlichen Symbol des Nationalsozialismus erklärt, später auch zum Staatssymbol. Die Fahne des NS-Regimes bestand aus dem schwarzen Haken-kreuz in weißem Kreis auf rotem Grund. Das Rot der Hakenkreuzfahne stand für den vorgeblich „sozialen Gedanken der Bewegung", während das Weiß den Nationalismus symbolisieren sollte. Das Hakenkreuz sollte die „Mission des Kampfes für den Sieg des arischen Menschen" verdeutlichen.

Heute ist die Verwendung des Hakenkreuzes, das im Szenejargon oft HK abgekürzt wird, auch in abgewandelten Formen verboten. CDs, Fahnen oder andere Devotionalien mit dem Symbol werden daher verdeckt oder übers Aus-land gehandelt. Oft wird das Hakenkreuz auch aus der Fahne retuschiert oder durch andere Symbole und Gruppenkürzel ersetzt.

Schwarz-Weiß-Rot

Diese Farben sind ein wichtiger Eckpfeiler der Identifi-kation innerhalb der extremen Rechten: Schwarz-Weiß-Rot waren bis zum Ende des Ersten Weltkrieges die offi-ziellen Farben des Deutschen Reiches. Als am 9. No-vember 1918 die Weimarer Republik ausgerufen wurde, wurde die Kombination Schwarz-Rot-Gold zu den deutschen Nationalfarben er-klärt. Dagegen standen die alten Reichsfarben in der Weimarer Republik für die nationalistische, antidemokratische Reaktion und deren Umsturzversuche.

Mit der Machtübertragung an die Nationalsozialisten 1933 wurden durch Hindenburg die Hakenkreuzfahne und die schwarz-weiß-rote Fahne gemeinsam zu Reichsfahnen erklärt. Wenn heute die Farbkombination Schwarz-Weiß-Rot verwendet wird, symbolisiert dies nicht nur die Ablehnung der parlamentari-schen Demokratie, sondern auch eine farbliche Annäherung an die Symbolik des Nationalsozialismus.

Reichkriegsfahne

Die Reichskriegsflagge ist eines der meistverwendeten Symbole in der Neonazi-Szene und häufig als Aufnäher oder als Motiv auf T-Shirts und CDs zu sehen. Die Fahne existierte seit 1867 in verschiedenen Varianten, besonders beliebt unter heutigen Rechtsextremisten ist das ursprüngliche Motiv mit schwarzem Kreuz, in dessen Mitte ein Kreis mit Reichsadler sowie in der linken oberen Ecke das Eiserne Kreuz auf schwarz-weiß-rotem Hintergrund abgebildet sind. Eine Variante der Reichskriegsfahne, die unter Hitler am weitesten verbreitet war und ein Hakenkreuz in der Mitte enthielt, ist heute explizit verboten.

Laut gültiger Rechtsprechung kann auch das öffentliche Zeigen der Reichskriegsfahne in der Variante von 1867 bis 1921 (siehe Abbildung) im Einzelfall eine polizeiliche Sicherstellung zur Abwehr „konkreter Gefahren für die öffentliche Sicherheit und Ordnung" nach sich ziehen.

Reichsadler

Der Adler wird weltweit als Wappentier verwendet. In Deutschland gilt er seit dem Mittelalter als Sinnbild für Macht, Erhabenheit, Göttlichkeit und Glück. Die romanisch-gotische Form des Reichsadlers, wie sie beispielsweise in der Reichskriegsfahne zu sehen ist, wurde im Nationalsozialismus weitgehend durch stilisierte Darstellungen ersetzt. Das sollte Modernität suggerieren. Nach 1945 wurde der Bundesadler zum Wappenvogel der Bundesrepublik. In rechten und neonazistischen

Kreisen sind alle Darstellungsformen gebräuchlich. Häufig wird das Hakenkreuz im Ring unter den Adler-Klauen retuschiert und durch Gruppenkennzeichen, Logos oder nicht verbotene Symbole ersetzt.

Eisernes Kreuz

Das Eiserne Kreuz ist das wohl bekannteste soldatische und militärische Symbol. Ab 1813 wurde es als Verdienstabzeichen im preußischen „Befreiungskrieg" gegen die napoleonische Herrschaft verliehen. 1939 ist es in modifizierter Form zum bekanntesten Orden des Dritten Reichs geworden. Eine Variante wird heute auch in der Bundeswehr verwendet.

Das Eiserne Kreuz genießt als Motiv oder Motivzusatz beinahe universale Verwendung in den verschiedenen rechten Spektren. Eine extrem rechte Deutung ist nicht zwingend, aber es ist stets ein militaristisches Symbol und dient als Sinnbild eines Männlichkeitskultes.

Landser

Als „Landser" wurden und werden in der Umgangssprache Infanteristen im Zweiten Weltkrieg bezeichnet. Die positive Bezugnahme auf Landser dient heute allein der Huldigung der Wehrmachtssoldaten. Verbunden ist diese mit der Leugnung oder Glorifizierung der Verbrechen, die von der Wehrmacht begangen wurden. Bilder von Landsern werden

häufig zur Illustration von CDs und Zeitschriften, aber auch als Poster oder auf T-Shirts verwendet. Landser ist auch der Name einer der bekanntesten Neonazi-Bands. [▶ Kapitel 9]

Schutzstaffel/SS

Die 1925 gegründete SS war die einflussreichste Organisation innerhalb des Nationalsozialismus. Sie war unter anderem für die Konzentrations- und Vernichtungslager zuständig und organisierte den Völkermord an den Juden Europas. Die SS vertrat einen eliminatorischen Rassismus und Antisemitismus und sah sich als Elite des Dritten Reichs, dazu passend gab sie sich den Charakter eines Ordens. In den Nürnberger Prozessen wurde die SS als verbrecherische Organisation verboten.

Kennzeichen der SS waren die doppelte Sig-Rune, auch Doppelblitz genannt, der SS-Totenkopf und die Schwarze Sonne als mystisches Symbol. Die nur zum Teil verbotene SS-Symbolik und Terminologie ist heute in der neonazistischen Szene allgegenwärtig. Die öffentliche Darstellung geschieht meist in verfremdeter und damit straffreier Form. So leitete die populäre Neonazi-Rockband Landser ihr Bandlogo aus dem Abzeichen der 37. SS-Freiwilligen-Kavallerie-Division Lützow ab. Nach Auflösung der Band dient das erneut modifizierte „L" nun als Bandsymbol des Nachfolgeprojektes Die Lunikoff-Verschwörung.

Sturmabteilung/SA

Die paramilitärische SA (Sturmabteilung) diente der NSDAP in ihrer Frühphase als Schutztruppe und betrieb die Einschüchterung und Terrorisierung ihrer politischen Gegner. Infolge interner Machtkämpfe wurde die SA politisch kaltgestellt, ihre wichtigsten Personen um SA-Führer Ernst Röhm wurden am 30. Juni 1934 („Nacht der langen Messer") verhaftet und später er-

mordet. Die SA schuf Symbole, die unter Neonazis hohen Stellenwert haben. Vor allem ihre Uniformierung mit „Braunhemden" war stilbildend. Heute werden in der Szene zahlreiche straffreie Verfremdungen der SA-Symbole genutzt. So entwarf die Neonazi-Band Nahkampf ein Logo, in dem das „A" dem Zivilabzeichen der SA nachempfunden ist. Einige Kameradschaften greifen bei ihrer Namenswahl auf ehemalige lokale SA-Stürme und SA-Führungspersonen zurück, etwa der „Sturm III/167 Waldhessen" aus Bad Hersfeld oder die „Kameradschaft Josef Terboven" aus Nordrhein-Westfalen, benannt nach dem gleichnamigen Essener SA-Obergruppenführer und Gauleiter.

Hitler-Jugend/HJ

Der Nachwuchsorganisation der NSDAP oblag die Aufgabe, Kinder und Jugendliche im Sinne des Nationalsozialismus ideologisch und vormilitärisch zu „erziehen". Teil der Hitler-Jugend war die Mädchen- und Frauenorganisation Bund Deutscher Mädel (BDM).

Die HJ nutzte Symbole wie Hammer und Schwert sowie Gaudreiecke. Erkennungszeichen der HJ und ihrer Untergruppierungen enthielten in vielen Fällen auch germanische Runen. Besondere Verwendung fand die Odal-Rune. Sie diente der 1994 verbotenen Wiking-Jugend als Symbol, ist durch ihre Gebräuchlichkeit außerhalb der extremen Rechten (z. B. in der Bundeswehr) vor Strafverfolgung dennoch weitgehend geschützt. Der HJ-Leitspruch „Blut und Ehre" war namensgebend für das Neonazi-Netzwerk Blood& Honour. Die NPD-Jugendorganisation JN greift ebenfalls auf HJ-Traditionen zurück, mehrfach wurden bei Aufmärschen HJ-Lieder gesungen.

Gauwinkel

Im Nationalsozialismus wiesen Gauwinkel oder Gaudreieck die TrägerInnen als Angehörige aus einem bestimmten Gau der NSDAP oder der Hitler-Jugend bzw. ihrer Unterorganisationen aus. Heute verwendet die Neonazi-Szene Gauwinkel als Ärmelaufnäher zur Kennzeichnung der Herkunft bzw. lokalen Zugehörigkeit (Bundesland oder Region), wobei bisweilen die ehemaligen Gaubezeichnungen des Dritten Reichs übernommen werden. Der Bundesgerichtshof entschied im Juli 2002, dass das Gaudreieck als NS-Symbol gilt und das Verwenden daher verboten ist – selbst wenn die Abzeichen in der Öffentlichkeit nicht mehr als NS-Symbole wahrgenommen werden.

Schwarze Sonne

Im Nationalsozialismus diente die Schwarze Sonne, die als ein zwölfarmiges Hakenkreuz oder als Rad aus zwölf Sig-Runen gedeutet werden kann, der SS als Sinnbild einer nordisch-heidnischen Religion und eines vorgeblich uralten geheimen Wissens. In der SS-Kultstätte Wewelsburg nahe Paderborn ist die Schwarze Sonne als Bodenmosaik „verewigt".

Heute symbolisiert sie in extrem rechten Kreisen die Verbundenheit mit der „eigenen Art" und „arteigenen Wertvorstellungen". Entgegen mancher Behauptungen aus der rechten Szene ist die Schwarze Sonne (in gezeigter Darstellung) kein historisches, sondern ein von der SS geschaffenes Symbol. In weiten Teilen der extremen Rechten, von Neonazi-Skinheads, der rechten Dark-Wave-Szene bis hin zur sogenannten Neuen Rechten, erfreut sich die Schwarze Sonne nach dem Entwurf der SS hoher Popularität. Das Symbol ist nicht verboten.

Werwolf

Werwölfe sind dem Mythos nach Menschen, die sich bei Vollmond in blutrünstige Wölfe verwandeln. Werwolf war auch der Name einer SS-Organisation, die hinter den feindlichen Linien einen Untergrundkampf gegen die Alliierten weiterführen sollte. Der Name der Organisation geht zurück auf den Roman *Der Wehrwolf* von Hermann Löns, in dem der heidnische Untergrundkampf gegen das Christentum verherrlicht wird.

Die Wolfsangel (auch Gibor-Rune), Symbol des Wehrwolfes bei Löns, wurde von militärischen Einheiten im Zweiten Weltkrieg und der Werwolf-Organisation benutzt. Neonazistischen Kreisen dienen Rückgriffe hierauf als Ausdruck eines unbedingten Kampfeswillens, der die Vernichtung politischer GegnerInnen einschließt. Der Name wird von Bands und Wehrsportgruppen oder in anonymen Drohungen benutzt. Die Wolfsangel ist in der Szene weit verbreitet.

Triskele

Die Triskele war in ihrer gerundeten Darstellungsform im ehemals keltischen Siedlungsraum weitverbreitet. Die eckige Darstellung ähnelt einem dreiarmigen Hakenkreuz und wird daher von neonazistischen Kreisen entsprechend interpretiert. Die eckige Triskele dient als

Organisationskennzeichen der rassistischen südafrikanischen Burenorganisation Afrikaaner Weerstandsbeweging (AWB), wurde auch von der in Deutschland verbotenen Skinhead-Organisation Blood&Honour benutzt und darf in diesem Zusammenhang nicht gezeigt werden.

Die gerundete Version der Triskele ist häufig verschnörkelt und damit schwer identifizierbar, diese Version wird auch außerhalb des neonazistischen Spektrums, beispielsweise in heidnischen Kreisen, verwendet.

Hammer und Schwert

Die gekreuzten Symbole sollen eine Volksgemeinschaft aus Soldaten und Arbeitern symbolisieren. Benutzt wurde das Symbol unter anderem von den Gebrüdern Gregor und Otto Strasser, die in der NSDAP den „nationalrevolutionären" Flügel führten. Ab 1929 war es Gaufeldzeichen der Hitler-Jugend (HJ). Seit den Neunzigerjahren wird es in der Neonazi-Szene u. a. als „Symbol der Nationalen Revolution" gedeutet. Im neonazistischen Spektrum sind gekreuzter Hammer und Schwert in den vergangenen Jahren zunehmend populär geworden. Das Symbol verdeutlicht den Bezug auf die pseudo-sozialistischen Phrasen des Nationalsozialismus. Es wird von verschiedenen Gruppen des militanten Neonazismus und der NPD-Jugend Junge Nationaldemokraten genutzt.

Zahnrad

Unter Hitler bildete das Zahnrad im Verbund mit dem Hakenkreuz die Organisationssymbolik der Deutschen Arbeitsfront (DAF), der größten NS-Massenorganisation. Die 1995 verbotene Freiheitliche Deutsche Arbeiterpartei (FAP) benutzte es ebenfalls als Teil ihres Logos. Das Zahnrad unterliegt keinem umfassenden Verbot, da es seit dem Zeitalter der Industrialisierung als Symbol für Technik, Fortschritt und Arbeit dient und als solches heute noch u. a. vom Technischen Hilfswerk (THW) verwendet wird. Da das Zahnrad aufgrund dieser wechselvollen Geschichte weitgehend straffrei gezeigt werden darf, hat es für Neonazis einen hohen Gebrauchswert. Es wird beispielsweise bei den Hammerskins und der NPD verwendet. Die Neonazi-Band Faustrecht ließ eine ihrer CDs sogar in Form des Zahnrades ausstanzen.

Embleme und Logos
extrem rechter Organisationen

Die Organisationen der extremen Rechten verfügen meist über eigene, unverwechselbare Symbole. Parteien wie die NPD versuchen sogar, den Gebrauch von Stilmitteln in Publikationen und bei Aufmärschen durch parteiinterne Beschlüsse vorzuschreiben.

Träger und Trägerinnen eines Organisationsemblems geben sich als Mitglieder oder SympathisantInnen einer Gruppierung und ihrer Programmatik zu erkennen. Sie identifizieren sich im doppelten Sinn eindeutig: mit einer Organisation und für die Betrachter. Einen Spielraum für Interpretationen, der bei anderen Symbolen besteht und auch gewollt sein kann, gibt es in diesem Fall nicht. Im Gegenteil: Das Symbol ist exklusiv.

Die von Parteien und Organisationen verwendeten Symbole, Farben oder Schriften greifen oft auf historische Vorbilder zurück. Bei deren Adaption und Verbreitung arbeiten Teile der extremen Rechten bewusst mit den Regeln des modernen Marketings.

Blood&Honour (B&H)

Die deutsche „Division" dieses internationalen Neonazi-Skinhead-Netzwerks wurde hierzulande im September 2000 verboten, es gibt aber bis heute verdeckt arbeitende Nachfolgestrukturen. Schwerpunkt der B&H-Aktivitäten in Deutschland waren die Durchführung von Konzerten sowie Produktion und Vertrieb illegaler Musik. Angebunden an das Netz waren zahlreiche Bands, Musikverlage, Versandhäuser und Läden. Übersetzt bedeutet der Organisationsname „Blut und Ehre",
dies war auch der Sinnspruch der Hitler-Jugend, der beispielsweise auf HJ-Fahrtenmessern eingraviert war. Die Worte stellen zudem einen Bezug her zu den Nürnberger Rassegesetzen bzw. deren offizieller Bezeichnung: „Gesetz zum Schutz des deutschen Blutes und der deutschen Ehre".

Als Symbol von Blood&Honour dient insbesondere die Triskele sowie ein Wappen, welches das Organisationskürzel in Frakturschrift auf schwarz-weiß-rotem Schild zeigt. Für Mitglieder gibt es entsprechende T-Shirts und Aufnäher, für das Umfeld wird „Supporter"-Bekleidung mit entsprechender Symbolik angeboten. Das typische Schriftdesign hat derart hohen Symbolwert, dass auch bei Einsetzung anderer Worte der Bezug zu B&H deutlich wird. Ein weiteres straffreies Bekenntnis zu B&H ist der Zahlencode 28.

Combat 18 (C18)

Combat 18 gilt als „bewaffneter Arm" von Blood&Honour. Wenngleich sich C18 selbst als ein internationales Terror-Netzwerk darstellt, so ist es seit Zerschlagung einzelner Gruppen in Deutschland durch die Polizei eher ein allgemeines Etikett für äußerste Gewaltbereitschaft. Dieser Ruf begründet sich auf Mord- und Bombenanschläge von C18-Anhängern in England und Skandinavien. Die C18-Symbolik ist hierzulande (etwa auf T-Shirts) relativ weitverbreitet. Als Symbol von C18 wird auch der SS-Totenkopf verwendet. Das Auftauchen von Combat-18-Parolen beispielsweise als Wandsprühereien deutet weniger auf eine bestehende Gruppe hin, sondern ist als massive Drohung gegen politische Andersdenkende zu verstehen.

Hammerskins

Ein weiteres internationales Neonazi-Skinhead-Netz sind die Hammerskins. Dabei handelt es sich um eine 1986 in den USA gegründete Organisation mit elitärem Selbstverständnis und paramilitärischer Ausrichtung. Die gekreuzten Hämmer sollen ein Symbol der „weißen Arbeiter" sein. Es ist durch den Film „The Wall" der Band Pink Floyd inspiriert, wobei das dort gezeichnete Schreckensbild der unter gekreuzten Zimmermannshämmern marschierenden faschistischen Masse positiv umgedeutet wurde. Das Hammerskin-Symbol, das sich auf Titelseiten verschiedener Magazine, CD-Cover und auf Kleidungsstücken findet, darf gewöhnlich nur von Mitgliedern verwendet werden.

Der Kern deutscher Hammerskins wird auf ca. 200 Mitglieder geschätzt, die neben paramilitärischem Training auch Versandhäuser und Läden betreiben sowie Konzerte organisieren. Schwerpunkte deutscher Hammerskin-Aktivitäten liegen in Ostvorpommern, in Berlin, im südlichen Baden-Württemberg und im Großraum Mannheim/Ludwigshafen. Als interner Gruß wird das Kürzel H.F.F.H. („Hammerskins Forever – Forever Hammerskins") verwendet.

Anti-Antifa

Anti-Antifa ist ein unter Rechtsextremen populär gewordener Begriff, der das organisationsübergreifende Vorgehen gegen politische GegnerInnen bezeichnet. Er dient vor allem militanten und pseudomilitanten Gruppen als identitätsstiftende Sammelbezeichnung. In sogenannten „Anti-Antifa-Listen" werden Adressen und personenbezogene Daten sogenannter „Volksfeinde" gesammelt und veröffentlicht.

Der Begriff wird vor allem in Wandsprühereien und Aufklebern, aber auch auf T-Shirts und Aufnähern verwendet. Er soll Gefährlichkeit und Entschlossenheit suggerieren und die Gegenseite einschüchtern.

Ku-Klux-Klan (KKK)

Diese militante rassistische Organisation wurde 1866 nach dem US-amerikanischen Bürgerkrieg gegründet und gilt weißen RassistInnen weltweit als Vorbild. Obwohl bisher alle Versuche scheiterten, den Ku-Klux-Klan in Deutschland zu verankern, wird dessen Symbolik in der Szene gern aufgegriffen. Das KKK-Kreuz zeigt ein schwarz-weißes Kreuz in rotem Kreis mit einem Blutstropfen im Zentrum. Angeboten werden

unter anderem Aufnäher, T-Shirts und Poster mit dem KKK-Kreuz, dem bloßen Buchstabenkürzel oder Zeichnungen typischer KKK-Kapuzenmänner. Ein weiterer Begriff der Organisation ist „Invisible Empire" (zu Deutsch „Unsichtbares Reich") – er bezieht sich auf die Tradition des Klans, bei Aktionen weiße Kapuzen zu tragen, um die Identität seiner Mitglieder zu verbergen.

Heimattreue Deutsche Jugend (HDJ)

Die HDJ wurde im März 2009 vom Bundesinnenminister verboten. Diese neonazistische Organisation betrieb Kinder- und Jugendarbeit in Tradition der Hitler-Jugend und der 1994 verbotenen Wiking-Jugend. Mit der stilistischen und ästhetischen Nachahmung dieser völkischen Vorbilder (beispielsweise durch lange Röcke für Mädchen oder ordentliche Hemden) war die HDJ ein bewusster Gegenpol zur neonazistischen Popkultur.

Bis zum Verbot war die HDJ im ganzen Bundesgebiet aktiv, häufig bestanden Doppelmitgliedschaften bei der NPD, deren Jugendorganisation JN oder Neonazi-„Kameradschaften". Die HDJ veranstaltete vor allem Zeltlager, Fahrten, „Heimabende" und andere Gemeinschaftsveranstaltungen. Die HDJ-Zeitschrift hieß Funkenflug, das Organisations-Emblem zeigte ein stilisiertes Lagerfeuer in Schwarz-Weiß-Rot. Bei internen Initiationsriten schworen Kinder und Jugendliche den Eid auf eine „leere", weiße Fahne – als Ersatz für Fahnen / Symbole, deren öffentliches Zeigen verboten ist.

Freie Kameradschaften

Im deutschen Rechtsextremismus ist das Spektrum der Neonazi-„Kameradschaften" [▶ Kapitel 18] der wohl dynamischste und aktionsorientierteste Teil. Eine „Kameradschaft" ist eine meist nur regional aktive Gruppe. Einheitliche Symbole gibt es deshalb nicht, als identitätsstiftende Bezeichnungen dienen Sammelbegriffe wie „Freie Nationalisten", „Freie Kräfte" oder „Nationaler Widerstand". Schriftzüge oder T-Shirts der Gruppen kombinieren meist den Begriff „Kameradschaft" mit dem Herkunftsort und sind häufig in Frakturschrift gehalten. Gruppennamen beziehen sich oft auf einstige SA-Formationen der jeweiligen Region, oft werden nationalsozialistische oder heidnische Symbole benutzt. Auf Demonstrationen werden gern schwarze Fahnen gezeigt, einige „Kameradschaften" orientieren sich inzwischen am Stil linker Autonomer.

Symbole mit germanisch/heidnischen Bezügen

Die Darstellung von Elementen des germanischen Heidentums und der nordischen Mythologie hat in den vergangenen Jahren auffällig zugenommen. Sie ist für die völkisch geprägte extreme Rechte geradezu identitätsstiftend: Die Vorstellung einer seit Jahrtausenden bestehenden „Blutsbande" und Traditionslinie arischer Kämpfer trägt wesentlich zum Selbstbild und zur Selbstaufwertung bei. Ein wirlich religiöses Bekenntnis ist mit der Verwendung heidnischer Symbole selten verbunden. Doch spiegelt sich stets die Sehnsucht nach einer romantisch verklärten „alten" und „unverfälschten" Kultur wider – und eine zumindest implizite Ablehnung des Christentums als „artfremd".

Nahezu alle Gruppen der extremen Rechten praktizieren Kulthandlungen wie Sonnenwendfeiern, „Ostara-Feste" oder Osterwasserschöpfen. Das ist keine harmlose Folklore, sondern knallharte Ideologie. Die Vermittlung eines vorgeblich alten, „geheimen" oder „verbotenen" Wissens und die Verwendung ihrer Zeichen sind wichtige Bausteine des elitären Selbstverständnisses. Dabei wird der Fundus des Germanentums benutzt wie ein Supermarkt, in dem Helden und Mythen wahllos aneinandergereiht und interpretiert werden. Dass wissenschaftliche Erkenntnisse über die germanische Frühzeit lückenhaft sind, ist für die freihändige Interpretation der Symbole sogar eher nützlich.

Asgard, Odin, Sleipnir & Co.

Fast alle denkbaren Begriffe und Namen aus dem germanischen oder heidnischen Kosmos werden von Rechtsextremisten aufgenommen und für Gruppennamen und Modemarken benutzt. Einige Beispiele sind Asgard (Sitz der germanischen Götter), Berserker (Elitekrieger von Göttervater Odin/Wotan), Ulfhednar (Elitekrieger der Berserker), Sleipnir (Wotans achtbeiniges Pferd), Ragnarök (Tag des Weltenendes) oder Walküre (germanische Götterbotin). Die völkische Rechte ersetzt zudem christlich geprägte Sprache durch „ursprüngliche" Begriffe germanischer Herkunft. Beliebt sind beispielsweise die altertümlichen Monatsnamen (Hartung, Hornung, Lenzing etc.).

Walhalla/Walhall

Der Mythos Walhalla ist eine heidnisch-religiöse Erlösungsvision. Walhalla bezeichnet den Ort, an dem Göttervater Odin die im Kampf gestorbenen männlichen Krieger zu einem Festmahl um sich sammelt, sie für ihre Hingabe und Tapferkeit belohnt. In szenetypischen Klischeezeichnungen wird Walhalla oft als ein generationsübergreifender Treffpunkt von „Kämpfern" der Germanen, des Nationalsozialismus und der heutigen Neonazi-Szene dargestellt. Von extrem Rechten sind mehrere Modemarken namens Walhalla oder Walhall eingetragen.

Odin

Die Götter und Göttinnen der Germanen verkörpern Urgewalt und Seelenheil. Eine übergeordnete Rolle spielt Göttervater Odin (auch Wotan genannt), der über Asgard und Walhalla thront. Sehr beliebt in der extremen Rechten sind T-Shirts und Anstecker mit dem Spruch „Odin statt Jesus", der explizit die antichristliche / antisemitische Haltung widerspiegelt. Einer von der NPD angemeldeten Bekleidungsmarke „Odin statt Jesus" wurde vom Deutschen Patent- und Markenamt die Eintragung verweigert – wegen „Verstoßes gegen die guten Sitten".

Wikinger

Die Wikinger – Seefahrer, Eroberer und Händler im Mittelalter – werden als nordische, „reine Rasse" nach arischem Vorbild beschrieben. Sie verkörpern für Neonazis „Opferbereitschaft für Blut und Boden". Als Wikinger-Symbol wird vor allem der Thorshammer verstanden. In rechtsextremen Publikationen und auf den Covern von CDs sind Wikinger-Klischeezeichnungen und -Schlachtengemälde oft zu sehen. Die Heldenfigur Wikinger wird oft mit einer eindeutig rassistischen Komponente angereichert, indem man seine Gegner als Menschen aus dem arabischen Raum darstellt, wie auf dem hier gezeigten Cover der Band Noie Werte.

Thorshammer

In der Bildsprache der extremen Rechten, insbesondere ihrer Musikbands, ist der Gott Thor die reinigende Kraft. Er soll mit seinem Thorshammer „das deutsche Volk" vom „verderbenden Ungeziefer" reinigen. Bis nach dem Ersten Weltkrieg war der Thorshammer das populärste Symbol der völkischen Bewegung, heute hat es unter Neonazis einen sehr hohen Verbreitungsgrad. Besonders populär sind Halsketten-Anhänger, die in unzähligen Varianten angeboten werden.

Der Thorshammer wird auch in nicht-rechten Teilen der Heiden-, Dark-Wave- und Heavy-Metal-Szenen und vereinzelt von Linksalternativen getragen.

Adler und Fisch

Das Symbol des Adlers, der den (christlichen) Fisch greift, gilt in der Rechten als „Wehrsymbol des jungdeutschen Heidentums gegen den seit über tausend Jahren vorgetragenen Vergewaltigungswillen der Christenheit". Das Symbol gewinnt an Popularität, da es auch von der Bekleidungsmarke Thor Steinar verbreitet wird. [▸ Kapitel 8] Die neonazistische, heidnisch-germanische „Artgemeinschaft" (führendes Mitglied ist NPD-Vizechef Jürgen Rieger) erhebt auf das Symbol patent- und markenrechtlichen Anspruch.

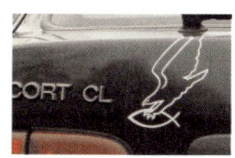

Irminsul

Zu den meistverbreiteten heidnischen Symbolen gehört die Irminsul, das Symbol für den Lebensbaum, oder die Weltenesche, die in der germanischen Mythologie das Dach der Welt trägt. Sie gilt als Gegen-

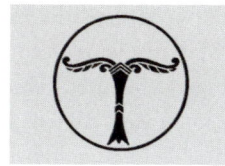

stück zum christlichen Kreuz und war im Nationalsozialismus das Symbol des „Ahnenerbes", der zentralen SS-Forschungseinrichtung. Heute ist sie unter anderem Symbol der neonazistischen „Artgemeinschaft".

Runen

Runen sind altnordische / germanische Zeichen, die teils Laut-, teils Symbolcharakter hatten. In der extremen Rechten werden meist Deutungen aus der Zeit der Jahrhundertwende (18./19. Jahrhundert) ohne originär-historischen Bezug, dafür mit völkischer Interpretation herangezogen. Verwendung finden Runen und „Runenzauber" nicht nur bei Rechtsextremisten, sondern zum Beispiel auch in Strömungen des esoterischen Heidentums, die eine verschüttete, angeblich ursprüngliche Naturreligion wiederzubeleben versuchen.

Das Runenalphabet (Futhark) taucht als Schrift in verschiedensten rechtsextremen Publikationen und Bandlogos auf. Auch „Runenmagie" oder „nordische Runengymnastik" werden praktiziert. Sehr häufig benutzt wird die Lebens-Rune („Man-Rune"), ein universales Symbol der völkischen Bewegung für „die lebendigen Kräfte des Volkes". Sie wird etwa in Geburtsanzeigen abgebildet, als Propagandazeichen benutzt oder auch als Schmuck getragen. Inhaltlicher und bildlicher Gegenpol ist die Todes-Rune (auch Yr-Rune), die entsprechend in Todesanzeigen verwendet wird (statt des christlichen Kreuzes). Die Hagal-Rune verbindet Todes- und Lebens-Rune. Im Nationalsozialismus verwendete sie unter anderem die SS, heute findet sie sich bei religiösen und extrem rechten Organisationen, wie dem Deutschen Bund.

Die Pfeil-, Kampf- oder auch Tyr-Rune symbolisiert die „Tat", den Kampf beziehungsweise Krieg. Verbreitet war sie schon bei Jugendbünden nach dem Ersten Weltkrieg und wurde später unter anderem von der SA genutzt. Das Logo der NPD-Jugend JN lässt sich als verfremdete Tyr-Rune deuten.

Die Odal-Rune (Abb. unten) gilt als Symbol für „Blut und Boden" oder allgemein für „Besitz" der Familie oder „Sippe". Unter Hitler war sie das Symbol der Reichsbauernschaft und der HJ. Nach dem Zweiten Weltkrieg wurde u. a. von der 1994 verbotenen Wiking-Jugend benutzt. Weitere für Rechtsextreme bedeutende Runen sind die Sig-Rune (verwendet im SS-Logo) und die Gibor-Rune (auch Wolfsangel genannt – ▶ S. 277).

Szene-Codes und -Kürzel

Zahlenkombinationen und Abkürzungen, die nur Eingeweihte verstehen, sind in vielen Jugendkulturen beliebt. Unter Rechtsextremisten dienen sie dazu, strafrechtlich relevante Symbole, Grußformeln oder Organisationszeichen zu verschlüsseln. Solche Codes werden überaus häufig auf T-Shirts oder auch in Bandnamen verwendet. Zahlen stehen dabei oft für die entsprechenden Buchstaben im Alphabet. Diese „Verschlüsselungstechnik" wurde Anfang der Achtzigerjahre durch die Rockergruppe Hells Angels popularisiert, die nach einem Vereinsverbot kurzerhand als „81er" auftraten. Weil mit Zahlen bedruckte Kleidung auch von großen Markenherstellern ohne politischen Hintergrund angeboten wird, sollte in jedem Fall darauf geachtet werden, in welchem Kontext Kürzel auftauchen.

Bisweilen kennt nicht jeder Träger eines Codes oder Kürzels alle Hintergründe und Bedeutungen. Häufig greifen Neonazis Symbole anderer Subkulturen auf und wandeln sie ab oder reichern sie mit eindeutig rechtsextremer Symbolik an. Aus der Graffiti-Szene wurde etwa das Prinzip abgekupfert, Zahlen eine Laut- oder Wortbedeutung zuzuschreiben. Auf den ersten Blick ist das Kürzel „2yt4U" rätselhaft, inhaltlich aber eindeutig: „Too White for You" spielt auf eine Überlegenheit der „weißen Rasse" an.

18

18 steht für Adolf Hitler. Die Zahlenkombination findet sich beispielsweise in den Namen der Organisation Combat 18 und der Band Sturm 18.

28

Seitdem die Organisation Blood&Honour hierzulande verboten ist, wird die 28 als Synonym verwendet. Typische T-Shirt-Motive sind etwa „28 – Ich lass mich nicht verbieten" oder „28 Supporter" („B&H-Unterstützer"). Deutsche Nachfolgestrukturen von Blood& Honour nennen sich beispielsweise Division 28 oder MSC 28. Eine Grußformel von Anhängern der Organisation ist 828 („Hail Blood&Honour").

88

Die 88 steht für Heil Hitler. Als konspirativer Gruß wurde die Zahl bereits in den Nachkriegsjahren von NS-Veteranen verwendet. Der Code 88 findet sich heute unter anderem auf T-Shirts und Aufnähern. Er ist häufig Bestandteil von Band- und Organisationsnamen, von Auto-Wunschkennzeichen oder Telefonnummern und wird zudem als Grußformel in Briefen oder Internetbeiträgen benutzt.

H8

Dieses Kürzel ist ähnlich populär wie die „88" – hier wird der Gruß „Heil Hitler" mit einem Wortspiel verbunden, da H8 – englisch ausgesprochen – wie das Wort „Hate" klingt (zu deutsch: Hass). Modemarken wie H8wear oder Max H8 stehen somit für „Hass-Kleidung" oder „Maximalen Hass". Der Code entstand ursprünglich in der US-amerikanischen Graffiti-Szene und wurde von Neonazis politisch aufgeladen.

14 words/14 Worte

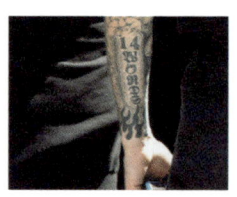

Ist ein Code für die aus 14 Worten bestehende Losung „We must secure the existence of our people and a future for white children" („Wir müssen die Existenz unseres Volkes sichern und die Zukunft unserer weißen Kinder"). Dieses „Glaubensbekenntnis" ist ein Zitat des 2007 verstorbenen US-amerikanischen Neonazis David Lane, der

Mitglied der terroristischen Organisation The Order war. Die „14 words" werden oft als Grußformel genutzt und in Liedtexten, als T-Shirt-Aufdruck oder auf CD-Covern verwendet. Sehr beliebt in der Szene ist die Kombination der Zahl 14 mit anderen Zahlencodes, z. B. in Autokennzeichen.

168:1

Diese Zahlenkombination spielt auf einen Sprengstoffanschlag auf ein US-Regierungsgebäude an, der 1995 in Oklahoma City 168 Menschen das Leben kostete. Der Attentäter Timothy McVeigh, der aus dem Milieu rechtsextremer Milizen stammte, wurde dafür zum Tode verurteilt und gilt vielen Rechtsextremen als Held. In makabrer Verherrlichung des Anschlags gibt der Code die „Bilanz" wieder.

ACAB

Das Kürzel steht für „All Cops are Bastards" (etwa: „Alle Bullen sind Schweine"). Es entstand in den Siebzigerjahren unter Fußballfans und wurde später von Skinheads, Punks und Autonomen übernommen. Es ist auf keine politische Szene festgelegt. Extreme Rechte haben aber mittlerweile mehrere Modemarken mit ACAB-Schriftzügen angemeldet. Wie andere jugendkulturelle Codes wird auch dieser ständig abgewandelt: AJAB etwa steht für „All Jews are Bastards" („Alle Juden sind Schweine").

Kategorie C (KC)

In der polizeilichen Einstufung von Fußballfans werden gewaltbereite Personen als Fans der „Kategorie C" bezeichnet. Der Begriff ist in der Hooligan-Szene populär und findet auch Gebrauch unter Neonazis, die damit ihre eigene Gewaltbereitschaft ausdrücken wollen. Kategorie C ist in verschiedenen Varianten, teilweise von Neonazis, als Marke eingetragen. Die Bremer Hooligan-Band Kategorie C („KC – Die Band" oder „Kategorie C –Hungrige Wölfe") ist der extrem rechten Szene angebunden und dort sehr beliebt.

ZOG

Diese Abkürzung für „Zionist Occupied Government" (zu Deutsch „zionistisch besetzte Regierung") wird in der Neonazi-Szene als Code für die Wahn-

vorstellung einer jüdischen Weltverschwörung benutzt, in deren Rahmen auch die eigene Regierung
okkupiert sei. Der Begriff wurde von rechtsterroristi-
schen Gruppen geprägt. Die dazu gelieferten Symbole stehen für einen hasserfüllten Antisemitismus, seine Verwendung geschieht stets im Kontext mit dem
Aufruf, den Kampf gegen „ZOG" auf einer militan-

ten, terroristischen Ebene zu führen. Popularität erfahren Motive zur Verherrlichung der Anschläge vom 11. September 2001, die manchmal an die
Begrifflichkeit „ZOG" gekoppelt sind.

White-Power-Faust

White Power („Weiße Macht") wird im Sinne von „weißer Vormachtstellung" verwendet. Die WP-Faust sollte
ursprünglich das Gegenstück weißer US-Rassisten zur
Faust der afro-amerikanischen Black-Power-Bewegung
sein. „White Power" ist einer der Schlüsselbegriffe und
meistgebrauchten Slogans der neonazistischen Skinhead-Szene weltweit. Selbstbezeichnungen als „White-

Power-Bewegung" oder „White-Power-Musik" (für rechtsextremen Rock) sind
allgegenwärtig. Die Faust, meist zwischen den Wörtern „White" und „Power"
platziert, gehört – neben dem Keltenkreuz – zu den beliebtesten Symbolen.

Keltenkreuz

Das stilisierte Keltenkreuz dient der extrem rechten
Szene weltweit als Symbol für eine „Vormachtstellung
der weißen Rasse" und gilt gemeinhin als „White-Po-
wer"-Zeichen. Das Keltenkreuz findet in der Szene beinahe unbegrenzte Verwendung. Häufig wird in Schriftzügen der Buchstabe „O" durch das Einfügen eines
Kreuzes verfremdet.

Die Original-Abbildung des Keltenkreuzes mit nach unten verlängerten
Balken ist in der extremen Rechten kaum gebräuchlich. Wegen der Omnipräsenz der stilisierten Variante in der Neonazi-Szene erscheint eine nicht-
rassistische Interpretation dieses Symbols kaum möglich. Der Bundesgerichtshof hat im Oktober 2008 dessen Verwendung in der Öffentlichkeit generell, also auch ohne direkten Bezug auf eine verbotene Organisation, für
strafbar erklärt.

Modemarken und Dresscodes

Unter Rechtsextremisten sind viele Modefirmen populär. Auf den folgenden Seiten werden einige vorgestellt, die tatsächlich aus der Szene kommen; andere gezeigte Marken werden zwar getragen, haben aber eigentlich keinen Bezug zu ihr.

Neonazis nehmen Marken in ihren Lifestyle auf, wenn sie ihre Inhalte in diese hineininterpretieren können oder wenn diesen ein Image anhängt, das kompatibel zur eigenen rechten „Lebenswelt" erscheint. Deutlich wird dies an Marken, die Kampfhunde zeigen: Der Kampfhund wird gefürchtet, steht für Aggression, Stärke und Wehrhaftigkeit. Dies korrespondiert mit dem Image des „Underdogs" und des „Geächteten", der „verkannt" wird, verfemt ist und zu Unrecht von der Gesellschaft angefeindet wird. Das extrem rechte Lebensgefühl, das aus der Kombination von Größenwahn und Verfolgungswahn, von Selbsterhöhung und Opferstilisierung besteht, wird durch eine solche Chiffre bedient.

Kleiden sich Jugendliche zunehmend mit Marken wie Pitbull, so ist dies häufig Zeichen eines Einstiegs in eine rechte Lebens- und Erlebniswelt, Das kann der Beginn einer Radikalisierung sein.

Bomberjacke

Paradoxerweise werden Nachbildungen der Jacken US-amerikanischer Bomberpiloten im Zweiten Weltkrieg von Neonazis gern getragen. Typisch sind die orange Innenseite und der fehlende Kragen. Die martialisch wirkenden Jacken sind beliebt, weil sie durch ihren Schnitt ein breites Kreuz vortäuschen.

Alpha-Industries

In der Neonazi-Szene ist die Marke beliebt, weil das Logo (meist als Emblem auf der Brust) dem verbotenen Zivilabzeichen der SA ähnelt. Die kommerzielle US-Marke beliefert auch die US-Army, eine Verbindung zu rechtsextremistischen Kreisen existiert nicht.

Pitbull

Benannt nach der als aggressiv geltenden Hunderasse bietet die Marke alle erdenklichen Kleidungsstücke von T-Shirts über Bademäntel bis zu kugelsicheren Überwurfwesten an. Die Firma aus Frankfurt/Main wird dem Rocker- und Hooligan-Milieu zugerechnet. Pitbull ist auch über Neonazi-Versandhäuser erhältlich.

Troublemaker

Der Markenname bedeutet im Deutschen „Krawallmacher", ihre Kleidung ist bei Hooligans und Skinheads ebenso beliebt wie im Rockermilieu. Angeboten wird eine breite Palette von Hosen, T-Shirts, Jacken, Wollmützen und Basecaps. Troublemaker wird auch über rechte Versändhäuser und Läden vertrieben.

Dr. Martens (Doc Martens)

Diese englische Schuhmarke, die traditionell schwere Arbeitsschuhe mit Stahlkappen produziert, wird in der gesamten Skinhead-Szene getragen (und nicht nur von Rechtsextremisten). Maßgeblich dafür sind sowohl Kult-Gründe als auch die Stahlkappen, die als Waffen eingesetzt werden können.

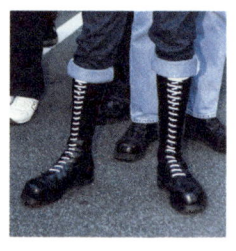

Fred Perry

Der aus einfachen Verhältnissen stammende Tennisspieler Fred Perry, der als Erster das Turnier von Wimbledon dreimal hintereinander gewann, avancierte zur Kultfigur der englischen Arbeiterklasse. Der Lorbeerkranz dient als Symbol des Siegers und wurde stilbildendes Modefragment der extremen Rechten.

Fred Perry ist eine traditionelle Skinhead-Marke, die von den verschiedenen, also auch nicht-rechten Spektren der Szene getragen wird. Angeboten werden vor allem qualitativ hochwertige Hemden, Pullunder mit V-Ausschnitt und Jacken. Die Popularität unter Neonazis und neonazistischen Skinheads erklärt sich aus der Verwurzelung der Marke in der Skin-Szene und daraus, dass die T-Shirts teilweise mit schwarz-weiß-roten Kragen erhältlich sind. Rechtsextremisten tragen die Marke oft in Unkenntnis dessen, dass Fred Perry Jude war. Die Firma distanziert sich ausdrücklich von Neonazis und unterstützt antirassistische Aktionen. Dennoch wird Fred Perry auch über neonazistische Versandhäuser und Läden verkauft.

LONSDALE

Der Legende nach war Lonsdale ein englischer Arbeitersportverein und Boxsport-Club, dem in den Sechzigerjahren viele Skinheads angehört haben sollen. Heute trägt eine Bekleidungsmarke diesen Namen. Deren Popularität bei Neonazis gründet sich auf die darin enthaltenen Buchstaben NSDA, die bei geöffneter Jacke oft einzig erkennbarer Namensbestandteil sind.

Das Schriftdesign sich zur Mitte hin verkleinernder Buchstaben findet stetig Nachahmer (z.B. Masterrace Europe oder Consdaple) und ist mittlerweile fast zum Standard der neonazistischen Szene geworden. 1999 distanzierte sich Lonsdale vom rechtsextremen Kundenkreis, stellte die Belieferung einiger Neonazi-Versandhäuser ein und unterstützt nun antirassistische Kulturinitiativen.

New Balance

Das Markensymbol der Lauf- und Sportschuhe ist ein aufgenähtes „N". Rechtsextreme deuten es als Kürzel für National(sozialist). Durch den Wandel der Mode eines Teiles der Neonazi-Szene hin zu einem sportlichen und athletischen Erscheinungsbild hat die Marke dort inzwischen einen recht hohen Verbreitungsgrad. New Balance hat sich entschieden von ihrem neonazistischen Kundenkreis distanziert.

CONSDAPLE

Anders als bei Lonsdale ist in diesem Markennamen, abgeleitet vom englischen „Constable" (zu Deutsch „Schutzmann"), das NSDAP vollständig enthalten. Auch das Schriftdesign erinnert an Lonsdale. Die Marke wurde vom Betreiber eines extrem rechten Versandes auf den Markt gebracht, nachdem Lonsdale seinen Liefervertrag gekündigt hatte. Sie wird bis heute nur in neonazistischen Läden verkauft. Der Marke wurde nachträglich vom Deutschen Patent- und Markenamt die Schutzwürdigkeit aberkannt.

Doberman

Die Marke bezieht sich auf die deutsche Hunderasse mit dem Ruf eines scharfen Wachhundes. Doberman ist eine auf kommerziellen Vertrieb ausgelegte Marke und Produktlinie der Firma Commando Industries aus dem Raum Kassel, die der rechten Szene zugerechnet wird. Da es nicht gelang, Doberman als Popmarke neben Pitbull zu etablieren, findet der Verkauf verstärkt über extrem rechte Versandhäuser und Läden statt.

Masterrace Europe

Der Markenname (zu Deutsch: „Herrenrasse Europa") lässt keine Doppeldeutigkeiten zu. T-Shirts, Pullover und Jogginghosen dieser Marke sind in allen Neonazi-Spektren sehr beliebt und werden ausschließlich in rechtsextremistischen Läden und Versänden verkauft.

Rizist

Mit Schriftzügen und Logos im Graffiti-Style versucht diese Marke Kunden am rechten Rand der Hip-Hop- und Skater-Szene zu erreichen. Neben den szenetypischen weiten Jeans sind diverse T-Shirts und Windjacken im Angebot. Die über Naziläden und Versandhäuser vertriebenen Kleidungsstücke sind vor allem in ostdeutschen Großstädten beliebt.

Pro Violence/Alle gegen alle – Sport frei

Die Macher dieser beiden Marken entstammen der Magdeburger Hooligan-Szene. Verbreitung finden ihre Produkte unter rechten Hooligans oder bei Ordnerdiensten extrem rechter Veranstaltungen. Die Produzenten versuchen, auf die Erfolgswelle von Thor Steinar aufzuspringen, und geben sich entsprechend unpolitisch. Die Marken sind über Neonazi-Versandhäusern und -Läden erhältlich, werden jedoch auch

in Geschäften angeboten, die eher dem Rockermilieu zugehören. Der Marke Pro Violence wurde die Eintragung ins Register des Deutschen Patent- und Markenamtes wegen des menschenverachtenden Slogans verweigert.

Thor Steinar, Hemland, Erik&Sons

Thor Steinar ist eine Bekleidungsmarke, die ausgehend vom brandenburgischen Königs Wusterhausen in der rechten Szene über deren Versandhäusern verbreitet wird. Die produzierende Firma erzielt Jahresumsätze von mehreren Millionen Euro und hat über 70 Marken angemeldet. Die Namen, Logos und Motive beziehen sich insbesondere auf die germanisch / nordische Mythologie (Nordland, Viking Company, Nordmark, Walhalla, Walküre etc.), jedoch auch auf die deutsche Kolonial- und NS-Militärgeschichte. [▶ Kapitel 8 und 66]

Das aus Runen zusammengesetzte Thor-Steinar-Logo geriet 2004 unter juristischen Druck. Grundlage war eine Ähnlichkeit des Logos mit Symbolen verbotener Organisationen aus dem Nationalsozialismus. Die Rechtsprechung darüber ist bis heute nicht einheitlich, in einigen Bundesländern darf es nicht öffentlich gezeigt werden. Ein 2005 auf den Markt gebrachtes neues Logo (siehe Abbildung) stellt eine Rune dar, die keine Verwendung im Nationalsozialismus fand und deshalb nicht strafbewehrt ist. Wenngleich TrägerInnen von Thor-Steinar-

Kleidung nicht pauschal als Neonazis gesehen werden dürfen, so ist die Marke doch das Symbol für einen „rechten Chic" und somit eine Positions- und Identitätsbestimmung.

Neuere Marken wie Hemland (schwedisch für Heimatland) oder Erik&Sons sind in der extrem rechten Szene verortet und versuchen das Konzept von Thor Steinar (relativ hochwertige Ware, „nordisches Flair", Orientierung an Modetrends, aggressives Marketing) zu kopieren – bislang mit eher wenig Erfolg.

Verwirrspiel

Die rechtsextreme Szene hat sich in den vergangenen Jahren deutlich differenziert: Neonazis haben Zugang gefunden zu verschiedenen Jugendkulturen – aber auch umgekehrt verstehen sich Jugendliche verschiedener Subkulturen heute als rassistisch, antisemitisch oder gar explizit neonazistisch.

Im Zuge des stilistischen und ästhetischen Wandels haben Neonazis auch linke Symbole übernommen. Etliche der „Freien Kameradschaften" orientieren sich heute an einem „pop-linken" Erscheinungsbild – auf Neonazi Demonstrationen sind schwarze (Marken-)Kleidung, Kapuzen-Pullis, Halstücher, Baseballkappen und Sonnenbrillen inzwischen häufig zu sehen. Die dazugehörigen Symbole werden von Rechtsextremisten aus ihrem politischen Kontext gerissen und mit zum Teil absurden Argumentationen völkisch umgedeutet.

Vor allem die sogenannten „Autonomen Nationalisten" (AN) versuchen Dinge, die ihrer neonazistischen Ideologie eigentlich fremd sind, mit dieser zu vereinbaren: revolutionären Habitus, Lust auf Action und Provokation sowie das Bedürfnis nach Zugehörigkeit zu Popkultur und Moderne.

Rote und schwarze Fahne

Von „Autonomen Nationalisten" wird gern eine Ab-
wandlung des Symbols der „Antifaschistischen Aktion"
verwendet: Dabei bleiben die schwarze und rote Fahne
erhalten, jedoch wird der Schriftzug meist ausgetauscht,
etwa gegen „Autonome Nationalisten" oder „Nationale
Sozialisten". Manchmal wird die rote Fahne, alternativ
der rote Stern, sogar ohne weitere Zusätze gezeigt.

Ursprünglich war die schwarze Fahne ein Symbol
von Anarchisten. Durch einen verkürzten historischen
Rückgriff wird sie von Rechtsextremen als Symbol der „Unterdrückten" gedeutet, als „Fahne der Not" oder auch als „leere Fahne", Letztere als Ersatz für die
verbotene Hakenkreuzfahne.

Palästinensertuch

Frei nach dem Motto „Der Feind meines Feindes ist
mein Freund" ergreifen Neonazis bisweilen Partei für
befreiungsnationalistische palästinensische Strömungen. Mit Islamisten teilen die Rechtsextremisten den
Antisemitismus, wie jene sehen sie sich als „völkische
Freiheitskämpfer". Das Tragen des „Palästinenser-Tu-
ches" ist ein allenfalls verquerer Ausdruck von Solida-

rität, denn weniger rassistische Ressentiments gegen Palästinenser oder andere
Fremde sind damit nicht verbunden.

Che Guevara

Die Verbreitung von T-Shirts mit dem Konterfei von
Ernesto „Che" Guevara, teilweise ergänzt durch den
Schriftzug „Nicht nur Che wäre bei uns", ist ein überaus abstruser, jedoch in der Neonazi-Szene populärer
Versuch, den zum Sinnbild des „Befreiungskampfes"
gewordenen südamerikanischen Revolutionär umzu-
deuten und für sich nutzbar zu machen. Dabei hätte
dem überzeugten Internationalisten Guevara nichts
ferner gelegen, als mit völkischen Rechtsextremisten
zusammenzuarbeiten.

In der Praxis wird das Che-Konterfei auch gern zur bloßen Verwirrung der
Öffentlichkeit und zur Provokation politischer GegnerInnen eingesetzt.

Register

Dank

Das Buch gegen Nazis ist möglich geworden durch die User von www.netz-gegen-nazis.de, und natürlich die ZEIT und die Bundeszentrale für politische Bildung. Zum Erfolg des Projekts „Netz gegen Nazis" haben die Partner Deutscher Fußball-Bund, Deutsche Fußball-Liga, Deutscher Olympischer Sportbund, Deutscher Feuerwehrverband, ZDF und Studi/Schüler-/MeinVZ beträchtlich beigetragen. Weiterer Dank gilt der Amadeu Antonio Stiftung, den Redaktionen www.mut-gegen-rechte-gewalt.de und www.bnr.de sowie allen Beteiligten bei Kiepenheuer & Witsch, die unkompliziert und schnell dieses Buch verwirklicht haben.

Besonders danken wir Johannes Radke für die Unterstützung auf den letzten Metern, Stefan Wendel für seine umsichtige Geduld, dem Antifaschistischen Pressearchiv und Bildungszentrum Berlin für den unerschöpflich scheinenden Informationsfundus. Ohne Moritz Müller-Wirth und Sirkka Jendis von der ZEIT und auch ohne Matthias Jung, Stefan Lampe und Thorsten Schilling von der Bundeszentrale für politische Bildung wäre es vermutlich nie zu diesem Buch gekommen. Ohne Antonie Rietzschel und Arne Semsrott hätten wir die viele Arbeit kaum geschafft – und ohne die Unterstützung unserer Familien nicht durchgehalten.

Wir danken außerdem folgenden Autoren, Co-Autoren und weiteren Helfern:
Christian Bangel, Wolfgang Benz, David Begrich, Dierk Borstel, Michael Brehm, Jan Buschbom, Brandenburger Landeszentrale für politische Bildung, Haidy Damm, Ulrich Dovermann, Silke Dürrhauer, Henning Flad, Wolfgang Gessenharter, Gerd Graus, Alexander Häusler, Faycal Hamouda, Michael Helmbrecht, Florian Hirsch, Carsten Hübner, Ulli Jentsch, Anetta Kahane, Doreen Karger, Miriam Katzenberger, Sebastian Klauder, Heike Kleffner, Albrecht Kolthoff, Benjoran Leander, Marie von Mallinckrodt, Martina Müller, Gabriele Nandlinger, Thomas Niehoff, Christian Pfennig, Simone Rafael, Caspar Rehner, Andrea Röpke, Martin Schönwandt, Julia Schörken, Jan Schwab, Anna-Lisa Schwarz, Wolfgang Sischke, Arno Speiser, Romano Sposito, Alexander Stock, Harald Stenger, Fabian Stroetges, Bernd Wagner, Thomas Weber, Anne-Rose Wergin und Joachim Wolf.

Auf Ihre Anregungen auch in Zukunft freuen wir uns unter fragen@dasbuchgegennazis.de

Berlin, Juli 2009 – Toralf Staud & Holger Kulick

Bild-Nachweise

Die Fotorechte liegen bei: Antifaschistisches Infoblatt AIB (Foto auf Seite 184), artikeleins.de (241), ASP (121, 272-297), bpb (12), Christine Böckmann (155), Bongarts/Getty Images (200), Bürgerbündnis Gräfenberg (164), Bundesarchiv/Wikipedia (132), ddp (21,146, 241), Deutsches Marken- und Patentamt (40), Gedenkstätte Buchenwald (124), Antje Frohmüller (195), jugendfotos.de/Nata-Lee (266), Kataloge Thor Steinar (38-40), Björn Kietzmann (260), Kindergarten Gan-Israel (28), MDR (176), Christian Mang (206, 256), Recherche Nord (33, 41, 54, 225), Mach meinen Kumpel nicht an e.V. (237), Raymond Romanos (86), Madeleine Warsitz (37), Wikipedia (39, 132), DIE ZEIT-Infografik (17), DIE ZEIT/Werner Bartsch (13), Matthias Zickrow (152, 203, 263). Alle übrigen Fotos: Holger Kulick

Quellen für die Infografik in Kapitel 2 (von links oben im Uhrzeigersinn):
Decker, O./Brähler, E.: Vom Rand zur Mitte. Friedrich-Ebert-Stiftung 2006;
Decker, O./Brähler, E.: Bewegung in der Mitte. Friedrich-Ebert-Stiftung 2008;
Heitmeyer, W. (Hrsg.): Deutsche Zustände, Folge 7. Suhrkamp 2009;
Pfeiffer, C. (u.a.): Jugendliche in Deutschland als Opfer und Täter von Gewalt. KfN 2009